承运代刘氏者,必兴于东南。

——《三国志》

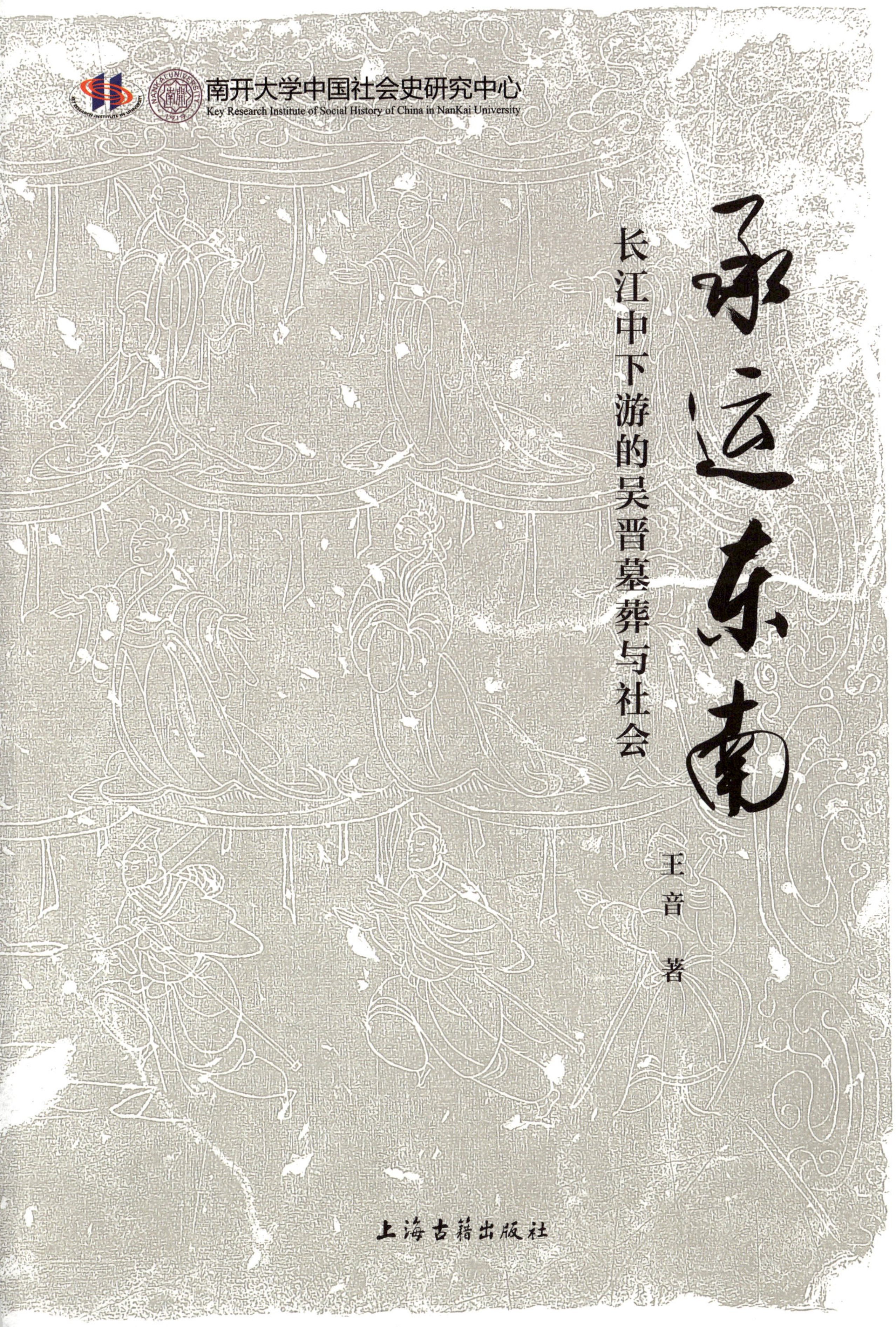

南开大学中国社会史研究中心
Key Research Institute of Social History of China in NanKai University

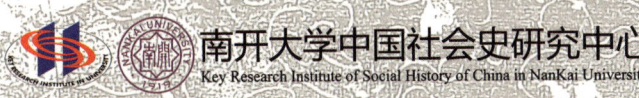

承运东南

长江中下游的吴晋墓葬与社会

王音 著

上海古籍出版社

本书由
教育部人文社会科学研究青年基金项目"三国西晋时期南方
地区社会与文化的考古学研究"(20YJC780004)
与
南开大学中国社会史研究中心
资助出版

王音,女,1990年生。北京大学考古文博学院博士。现任教于南开大学,主要研究领域为魏晋南北朝考古、美术考古。主持教育部人文社科青年基金项目与博士后面上资助项目各1项,发表学术论文10余篇,参与撰写考古简报2篇。

序

  王音于2008年进入北大考古文博学院读书,我是在2009年春季学期"中国古代史"课堂上初识王音的。当时北大考古专业的中国古代史课程由本院老师讲授,秦汉以后的段落由我负责。我是考古专业出身,受院里指派讲"中国古代史",自然摆脱不了考古色彩,注重阐释历史与考古之间的关系,这对本科同学而言有一定难度。不过,刚刚开启本科学习的王音展示出了很好的历史感,这对她后来选择历史时期考古有直接影响。2012年起,王音随我陆续攻读硕士和博士研究生学位;其间,她的硕博论文都是围绕历史时期考古问题展开的。

  历史时期考古与史前三代考古有所不同,对田野考古的要求甚或更高。历史时期考古的基本要求是,相关人员需要用更短的时间掌握和运用考古学理论和方法,同时要对相关历史文献和研究成果有基本的掌握、对自己研究方向的历史文献和研究成果有良好的把握。不然,若仍主要利用类型学方法统合整理考古资料,再比附上有所关联的文献资料或学术观点,给自己的研究"蒙上"历史色彩,这就与无文字时代的考古无甚差别,历史时期考古的独特性和魅力也会被削弱。有鉴于此,我和王音商定攻读学位期间一定要两手抓,一方面要坚持连续阅读历史文献、掌握历史研究成果,一方面要尽量参加田野考古工作。王音的田野考古水平很好,这与她本科时在著名的邓州八里岗新石器时代遗址进行田野实习,得到北大新石器时代考古老师直接指导有关。硕博学习期间,她又陆续参加了以下田野工作:郧县杨溪铺汉唐墓地遗址、涪陵麻溪汉代墓地遗址、洛阳龙门石窟唐代香山寺建筑遗址的发掘,张家口尚义县土城子北魏城址的调查、钻探与试掘。在历史时期考古研究生中,这是一份很突出的田野工作成绩单。在积累了丰富田野工作经验的基础上,王音带领师弟师妹们参与徐州狮子山北朝隋唐墓发掘资料的室内整理工作时,真正做到了游刃有余。以上学习和实习经历,为她博士论文的写作打下了良好基础。

  博士阶段,王音结合实践积累与个人兴趣,将研究方向选定为魏晋南北朝墓葬考古。在这一过程中,她逐渐培养出了对墓葬礼制与社会文化问题的关心。2019年,王音毕业,入职南开大学历史学院。南开大学历史学科底蕴深厚,在汉唐史、社会史、日常生活史、历史时期考古与物质文化等领域有自己的鲜明特色和研究优势,与王音的关注点相当契合。依托这一优质平台，王音以博士论文为基础，申请到了2020年度教育部社科青年基金项目。以此为学术保障，王音保持业已形成的良好研究习惯，继续稳步推进研究的深化开展。此次付梓出版的专著，可以说是她博士阶段以来研究积累和沉淀的结晶，集中体现了她对如何研究魏晋南北朝时期南方地区考古学文化与地方社会的思考和探索。

历史研究中的"重北轻南"现象，古已有之。昔者史籍书写多以汉人王朝中心所居之北方为正统，对南方的记载远逊于北方。中国现代考古学诞生以来，特别是新中国成立之后，全国各地的考古材料以"井喷"态势迅速积累，虽然在此基础上，南方考古学文化发展的年代学序列和区系谱系已基本建立，但相关研究无论在数量还是深度上仍与北方差距较大。孙吴，作为在中国南方地区建立的第一个广域政权，引起了社会各个方面的深刻变化；西晋平吴，对这里没有造成太大触动。吴晋两代既是南方地区开始汉唐间文化转型的起点，也是南方酝酿出未来持续上升发展并反超北方之能量的重要阶段。有鉴于此，该书将时间范围设定在吴晋时期，地域范围设定在当时南方社会重心所在的长江中下游地区，以系统、细化整理墓葬材料为基础，探讨物质现象背后的政治、社会、文化层面的问题，既有很强的合理性，又有很重要的学术意义。

纵观全书，我认为所获成果集中在以下三个方面。

其一，对考古材料和既往研究成果有充分、准确的掌握，并进行了全面、系统的梳理，在利用丰富材料的同时又不流于繁琐，为进行深入研究奠定了坚实的资料基础。全书图表丰富，能够充分说明学术问题的观察点。插图的编排颇具美感，表格的制作简洁又不失全面。

其二，以区域为单位，从墓葬形制、随葬品种类与组合、墓室空间布局三大方面入手，对墓葬材料所体现的文化因素、文化交流与区域互动进行了阐释，并注重分析考古遗存中的"传统"与"创新"，以此解释墓葬文化乃至地方社会的变迁过程。从对物质现象的归纳到对社会层面问题的解释，层层递进，有理有据，体现出合理的研究思路和科学的研究框架。

其三，在基础研究之后对研究对象有宏观上的把握，结合历史背景，进一步深入探讨了墓葬的政治社会内涵。整体研究有理论、有章法，对相关问题的分析科学而细致，论述翔实而充分，可归结出区域史、专门史（如礼制）、社会史等多个切入视角，而非大而化之的背景式的简单套用和比附。

总之，该书从考古学的角度切入，而最终目标在于复原吴晋时期长江中下游的社会情态。这是王音探索汉唐考古学研究方法"由物及人"、由"归纳"向"解释"转型的一次尝试。毋庸置疑，她收获了不错的成果。然而，该书也不可避免地存在一些小的瑕疵，如今后可更广泛地检索出土文献、方志等正史之外的文字资料，将实物材料与文献记载更充分地结合起来；并且对墓葬体现的具体礼仪行为、生死观念等亦可作进一步思考，使研究更具历史鲜活感。不过，"瑕不掩瑜"，相信该书的出版，能够为南方墓葬乃至南方考古学文化与社会研究的深入开展提供有益的助力。

工作之后，王音相继开设了"美术考古""中国佛教考古学概论"等课程，以教促研，对考古资料中美术因素的关注已经成为其新的研究增长点，这两年间陆续有相关成果发表。在繁忙的教学和科研工作中，王音不忘田野，还是尽可能参加一线工作。我所知道的有：在西安考古院领导的关照下，在柴怡老师的直接帮助下，2022、2023年暑假她带同学参加了西咸新区北杜村十六国北魏墓地的发掘和整理工作；2023年夏天我在龙门石窟给国家文物局委托北大举办的佛教考古培训班上课时，王音还特地过来一起深入石窟现场进行观察和研讨。我期待王音能延续现有节奏，再接再厉，不断拓展研究的广度和深度，带给我们更多学术上的惊喜。

2024年5月16日

目 录

序 .... 韦　正　1

绪　论 1

一、引言 3
二、时空范围与墓葬发现概况 5
　（一）长江下游 6
　（二）长江中游 9
三、研究简史 11
　（一）综合性研究 11
　（二）专题性研究 13
四、研究重点及行文结构 17

第一章　墓葬形制研究 19

一、长江下游墓葬形制的类型学分析 21
　（一）南京地区 21
　（二）皖南地区 23
　（三）苏南浙北地区 25
　（四）浙南地区 28
二、长江中游墓葬形制的类型学分析 29
　（一）鄂州地区 29
　（二）江西地区 32

1

（三）湖南地区 ... 34

三、墓葬形制所见丧葬文化与地方社会 ... 52
  （一）墓葬的主流形制：正方形墓室 ... 52
  （二）正方形墓室流布中的地域差异 ... 55
  （三）弧壁墓室的流布与所见区域交流 ... 60
  （四）袝葬墓的发现与所见地域社会风俗 ... 64

第二章 随葬品研究 ... 69

一、长江下游陶瓷随葬品的种类与组合 ... 72
  （一）南京地区 ... 72
  （二）皖南地区 ... 80
  （三）苏南浙北地区 ... 84
  （四）浙南地区 ... 88

二、长江中游陶瓷随葬品的种类与组合 ... 93
  （一）鄂州地区 ... 93
  （二）江西地区 ... 100
  （三）湖南地区 ... 104

三、小议镇墓俑 ... 108
  （一）类型学分析 ... 108
  （二）形象来源与流行情况 ... 110
  （三）共存情况与丧葬内涵 ... 113

四、陶瓷随葬品的文化因素构成与交流互动 ... 114
  （一）陶／低温釉陶器：旧传统的延续与衰落 ... 114
  （二）瓷器：新趋势的形成与发展 ... 117
  （三）小结 ... 121

五、其他随葬品发现概述 ... 122
  （一）铜铁器 ... 122
  （二）漆器 ... 125

（三）金银器 ... 127
（四）石（玉）器 ... 128

第三章 墓室空间布局研究 ... 131

一、长江下游 ... 135
（一）南京地区 ... 135
（二）皖南地区 ... 143
（三）苏南浙北地区 ... 146
（四）浙南地区 ... 150

二、长江中游 ... 152
（一）鄂州地区 ... 152
（二）江西地区 ... 159
（三）湖南地区 ... 162

三、墓室空间布局与地方社会传统：以砖台为中心 ... 164

第四章 墓葬的规格问题 ... 169

一、孙吴墓葬的规格问题 ... 171
（一）规格差异 ... 172
（二）等级性元素及其适用范围 ... 174
（三）与文献相结合的思考 ... 180
（四）孙吴、曹魏墓葬之比较：以宗室墓为中心 ... 182

二、西晋墓葬的规格问题 ... 186
（一）规格差异 ... 186
（二）规格结构的流变：从孙吴到西晋 ... 188
（三）墓葬所见中原等级规制因素的渗入 ... 189

第五章 墓葬中的文化传统与革新 ... 193

一、孙吴政权丧葬文化建设的过程与所涉丧葬中心 ... 195

（一）马鞍山：孙吴丧葬举措推行第一阶段的中心 195
（二）南京：孙吴丧葬举措推行第二阶段的中心 197
（三）鄂州：长江中游分立的丧葬文化中心 199
二、西晋时期长江中下游丧葬文化格局的重组 200
（一）苏南浙北大族墓地的内部规划及其社会背景 201
（二）浙南墓葬的特征与地域社会情态 204
（三）从墓葬文化看长江中游的区位变动 205

结　语 209

参考文献 212
插图索引 228
表格索引 230
后　记 231
Abstract 233

绪 论

承运东南

一、引　言

本书所讨论的吴晋时期，主要指孙吴、西晋二政权的统治时期。孙吴政权所处的三国时代可谓中国历史上的"明星时代"，不仅为史家所关注，更为世人所津津乐道。不过，在记录三国历史的正史《三国志》和以三国历史为基础改编的古典小说《三国演义》中，曹魏和蜀汉分别被置于叙述视角的中心，孙吴则似乎一直被视为配角。然而，从当时之客观历史情势来看，据有江表的孙吴政权绝非无足轻重的角色。孙吴政权是南方地区在汉亡后经济、社会、文化得以继续发展的有力政治保障，江表崛起之进程由此开启。孙吴晚期，南方地区甚至出现了某种程度上的"太平盛世"，《三国志·吴书·三嗣主传》注引陆机《辨亡论》，谓：

> （吴）地方几万里，带甲将百万，其野沃，其民练，其财丰，其器利，东负沧海，西阻险塞，长江制其区宇，峻山带其封域，国家之利，未见有弘于兹者矣。[1]

《抱朴子·外篇》卷三十四《吴失》言：

> 势利倾于邦君，储积富乎公室。出饰翟黄之卫从，入游玉根之藻棁。僮仆成军，闭门为市。牛羊掩原隰，田池布千里。……金玉满堂，妓妾溢房，商贩千艘，腐谷万庾，园囿拟上林，馆第僭太极，梁肉余于犬马，积珍陷于帑藏。[2]

至司马氏以晋代魏，其南下平吴后，"对江南基本上并没有实行何种政策而是一种放置"[3]，南方社会未受到大的触动，之前的发展也得以继续。总体而言，吴晋作为六朝时代的早期阶段，历史发展与文化变迁一脉相承，大土地所有制呈直线上升态势[4]，带有开发

---

[1]〔晋〕陈寿撰,〔宋〕裴松之注《三国志》卷四十八,北京：中华书局,1982年,页1181。
[2] 杨明照《抱朴子外篇校笺（下）》卷三十四,北京：中华书局,1997年,页145—148。
[3]〔日〕川胜义雄著,徐谷芃、李济沧译《六朝贵族制社会研究》,上海：上海古籍出版社,2007年,页139。
[4] 唐长孺《三至六世纪江南大土地所有制的发展》,上海：上海人民出版社,1957年,页1。

领主化倾向[1]的地方豪族集团在不断壮大之中,从经济基础和社会结构两方面,为之后晋室南迁和东晋门阀政治局面的形成铺平了道路。

与中原北方曹魏政权力主薄葬、革新汉制不同,孙吴作为偏安江南的地方政权,于墓葬文化建设方面是在承袭本地汉传统的基础上进行调整和改动,加之北人南迁和域外文化因素的涌入,使南方地区逐渐形成了与中原墓葬面貌迥异的自身特色。至西晋时,由于引领官方主流文化的中央政权尚居北方,孙吴朝基本定型的文化面貌得以在南方大地延续;并且,在短暂的南北统一局面下,西晋的官方文化因素也渗入南方,为其发展注入了新的活力。南方地区由此在墓葬方面迈出了汉唐文化嬗变之第一步。

吴晋时期的长江中下游是南方地区的重心所在,文化历史悠久、经济实力雄厚、水陆交通发达。黄武元年(222年),孙权以长江中游的古武昌(今鄂州市)为都创建吴国,后又于黄龙元年(229年)迁都下游之建业(今南京市)即帝位;诸葛恪辅政孙亮时曾有迁都武昌之计划,后孙皓当政时于甘露元年(265年)再次徙都武昌,次年还建业。由此,长江中下游所属的荆、扬二州逐渐发展为六朝政权的根本,古武昌、建业及其周边地区更成为孙吴政权所倡导的官方文化的集中体现地。对于吴晋时期长江中下游的社会文化情况,考古材料也有较充分的反映。在这一阶段众多考古遗存中,墓葬具有分布广、延续性强、内涵丰富等特点,是一类十分重要的物质遗存。迄今发现的长江中下游的吴晋墓葬材料颇为丰富,并具有大范围分布广而小区域内集中、趋于等级化分层、地域特征鲜明、文化构成复杂等特点,是一批值得细化研究和深入分析解读的重要考古材料。

文化分析与文化复原研究在现今中国考古学界正受到越来越多的关注;也有学者指出,汉唐考古学研究的趋势是从"归纳"向"解释"转变,即在描述好历史现象之后,对为什么产生这样的历史现象进行说明[2]。在这样的学术研究背景下,本书计划对长江中下游的吴晋墓葬材料进行更为细化的分析与解读,进而在前人研究的基础之上,结合同时期中原北方的墓葬情况、相关历史文献记载与史学研究成果,从政治、社会、文化的角度重新审视这批材料,探讨官方政权对墓葬的控制和干预、地方葬俗、家族文化、人口迁徙与区域交流等问题,希望能够从墓葬的角度进行一次具象复原吴晋南方社会情态的有益尝试,为学界更准确地评估这一阶段南方地区在汉唐演进历程中所发挥的作用尽绵薄之力。

---

[1] [日]川胜义雄著,徐谷芃、李济沧译《六朝贵族制社会研究》,页124。
[2] 韦正《从"归纳"到"解释":汉唐考古研究的趋势》,《东南文化》2016年第4期,页6—10。

二、时空范围与墓葬发现概况

本书所涵盖的时间范围主要以孙吴、西晋政权的统治时限为界,大致上起黄武元年(222年)孙权徙都武昌建吴,下至建兴五年(317年)西晋灭亡、晋室南迁。不过,为了保持一些重要墓葬材料的延续性,此时间范围前后略有延伸。

空间范围上,长江下游在吴晋时主要属扬州辖区的东半部,即现今江苏南部、安徽南部和浙江全境;长江中游则主要包括当时荆州辖区的东半部和扬州辖区的西半部[1],即现今湖北中东部和江西、湖南全境。不过,考虑到一些重要材料的空间分布特征,此范围也会因具体情况便宜伸缩。

对长江中下游吴晋墓葬的科学田野发掘始于20世纪50年代初,可以1951年在南京南郊邓府山进行的六朝墓葬发掘为标志,两座古残墓的时代被认定为六朝初[2]。之后,随着基本建设需求的增长,长江中下游相关地区均发现了数量可观的吴晋墓葬。70余年来,正式公布材料的墓葬数量已逾800座,其中有明确纪年的墓葬在140座左右[3]。以南京、鄂州为中心,江苏的扬州、镇江、常州、无锡、宜兴、苏州、仪征,安徽的马鞍山、芜湖、宣城、巢湖、池州、滁州,浙江的杭州、宁波、绍兴、湖州、金华、衢州、温州、台州、丽水,湖北的武汉、咸宁、黄冈、黄石、荆州、孝感,江西的南昌、宜春、九江、鄱阳、吉安、赣州,湖南的长沙、常德、衡阳、益阳、岳阳、郴州等地都有一定数量的发现。

目前所见,长江中下游吴晋墓葬材料多数是以简报的形式公布的,正式出版的考古发掘报告数量并不多;且成批成区的墓葬多发掘于20世纪80年代以前,但一般只作简单的报道或只公布其中的典型墓葬。在《邓府山古残墓清理记》之后,最具分量的考古报告当推2007年出版的《鄂城六朝墓》[4]。是书所报道的为1956年至1983年发掘的394座六朝墓葬,其中属吴晋时期的墓葬有246座。毋庸置疑,该报告的出版对于六朝墓葬的研究具有里程碑性质的意义,但稍显遗憾的是,作为如此庞大体量资料的载体,报告采取了将墓葬形制结构和随葬品分开介绍的编写体例,并且其中不少未选作标本的墓葬信息并未得以全面公布。近十几年来,由于田野工作多是服务于经济开发的抢救性发掘,在相应的考古报告中,吴晋墓葬多是作为六朝墓葬的一部分,与其他时期的墓葬合编。这一类

---

[1] 西晋元康元年(291年)后,自荆州和扬州析出新置之江州的中、西大部地区亦位于长江中游。
[2] 南京博物院《邓府山古残墓清理记》,上海:上海出版公司,1952年。
[3] 本书对相关墓葬资料的统计截至2023年12月。
[4] 南京大学历史系考古专业、湖北省文物考古研究所、鄂州市博物馆《鄂城六朝墓》,北京:科学出版社,2007年。

报告包括《沪杭甬高速公路考古报告》[1]《南京文物考古新发现》[2]《马鞍山六朝墓葬发掘与研究》[3]《印记与重塑:镇江博物馆考古报告集(2001—2009)》[4]《余杭义桥汉六朝墓》[5]《浙江汉六朝墓报告集》[6]《杭州余杭汉六朝墓》[7]《余杭凤凰山汉六朝墓》[8]等。与先前的考古报告相比,新报告的进步之处在于基本都采取了以墓葬为单位整体介绍材料的编写体例,信息公布较完整,其中涉及的吴晋墓葬材料研究价值不可低估。

下面分区域对墓葬发现情况做进一步介绍。

(一)长江下游

吴晋墓葬具有较鲜明的区域性特征。根据现有材料,并结合已有的研究成果,可将长江下游的吴晋墓葬划分为南京、皖南、苏南浙北、浙南四区[9](图一)。

(1)南京地区

南京有"六朝古都"之称,六朝时先后作建业、建邺、建康。孙吴建国之前,南京只是汉秣陵县城北郊的一块沿江边地。建安十六年(211年),"(孙)权徙治秣陵。明年,城石头,改秣陵为建业"[10]。黄龙元年(229年)春,孙权在古武昌南郊即帝位,同年九月迁都建业,使南京地区由一块沿江边地一跃而成一国之都,从此逐步晋升为长江下游的政治、经济和文化中心。西晋太康三年(282年),建业改称建邺,为丹阳郡治,其作为南方地区发展中心的优势得以继续保持。

根据现有的发掘、研究资料,在南京市周围多个方向存在相对集中的吴晋墓葬区:城北区有中央门外幕府山、五塘村一带墓群[11],郭家山墓群[12]等;城东北区有甘家巷墓群[13];

---

[1] 浙江省文物考古研究所《沪杭甬高速公路考古报告》,北京:文物出版社,2002年。
[2] 南京市博物馆《南京文物考古新发现》,南京:江苏人民出版社,2006年。
[3] 王俊主编《马鞍山六朝墓葬发掘与研究》,北京:科学出版社,2008年。
[4] 镇江博物馆《印记与重塑:镇江博物馆考古报告集(2001—2009)》,镇江:江苏大学出版社,2010年。
[5] 杭州市文物考古所、余杭区博物馆《余杭义桥汉六朝墓》,北京:文物出版社,2010年。
[6] 浙江省文物考古研究所《浙江汉六朝墓报告集》,北京:科学出版社,2012年。
[7] 杭州市文物考古研究所、余杭博物馆《杭州余杭汉六朝墓》,北京:文物出版社,2017年。
[8] 杭州市文物考古研究所《余杭凤凰山汉六朝墓》,北京:文物出版社,2020年。
[9] 由于吴晋时期行政区划变更频繁,为方便起见,统一采用现今行政区划称之。
[10] [晋]陈寿撰,[宋]裴松之注《三国志》卷四十七,页1118。
[11] 李蔚然《南京六朝墓葬》,《文物》1959年第4期,页21—25;南京市文物保管委员会《南京六朝墓清理简报》,《文物》1959年第5期,页231—236;南京市博物馆《南京郊县四座吴墓发掘简报》,《文物资料丛刊》第8辑,北京:文物出版社,1983年,页1—15;南京市博物馆《南京北郊五塘村发现六朝早期墓》,《文物资料丛刊》第8辑,北京:文物出版社,1983年,页65—67。
[12] 南京市博物馆《江苏南京市北郊郭家山东吴纪年墓》,《考古》1998年第8期,页21—26;南京市博物馆《江苏南京郭家山八号墓清理简报》,《华夏考古》2001年第1期,页25—28、49。
[13] 金琦《南京甘家巷和童家山六朝墓》,《考古》1963年第6期,页303—318;南京博物院、南京市文物保管委员会《南京栖霞山甘家巷六朝墓群》,《考古》1976年第5期,页316—325。

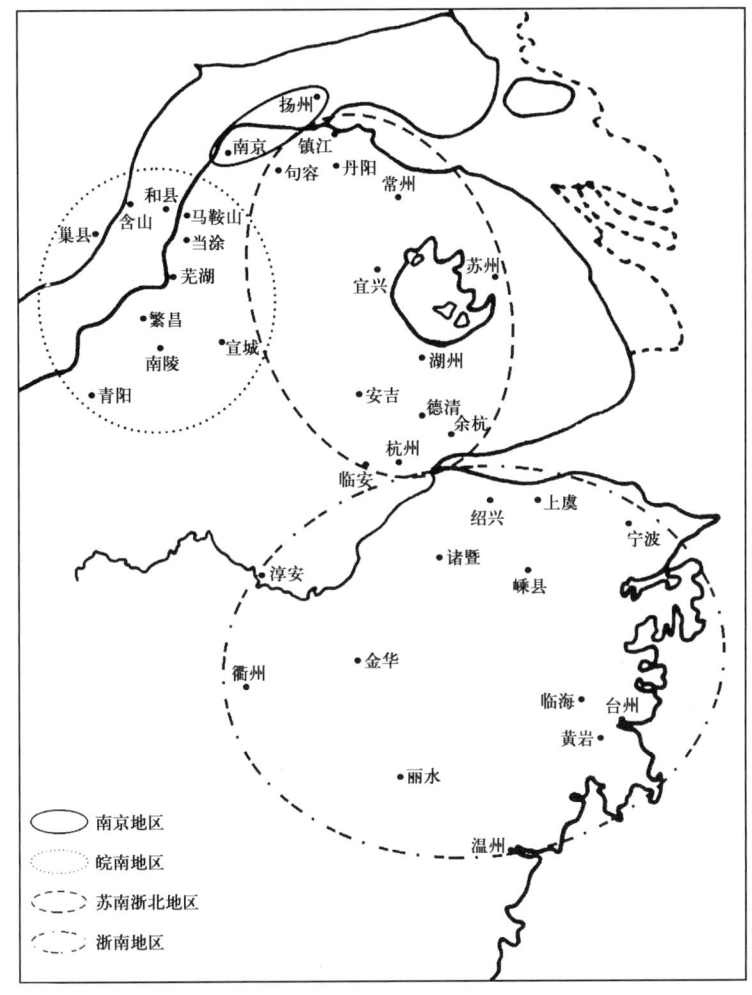

图一 长江下游吴晋墓葬分布示意图

城南区有中华门外墓群[1]和邓府山墓群[2];城西南区有西善桥墓群[3]和板桥墓群[4]等。另

---

[1] 李鉴昭《南京市南郊清理了一座西晋墓葬》,《文物参考资料》1955年第7期,页157—158;李蔚然《南京六朝墓葬》;南京市文物保管委员会《南京六朝墓清理简报》。
[2] 南京博物院《邓府山古残墓清理记》;李蔚然《南京南郊邓府山发现六朝古墓》,《考古通讯》1955年第2期,页52;南京博物院《南京邓府山古残墓二次至四次清理简介》,《文物参考资料》1955年第11期,页24—30;李蔚然《南京六朝墓葬》;南京市文物保管委员会《南京六朝墓清理简报》;南京市博物馆《一九八七年至一九八八年南京邓府山六朝墓群清理简报》,《东南文化》1992年第2期,页158—173。
[3] 胡继高《记南京西善桥六朝古墓的清理》,《文物参考资料》1954年第12期,页75—78;李蔚然《南京西善桥六朝墓的清理》,《考古通讯》1958年第4期,页57—59。
[4] 李蔚然《南京南郊六朝墓葬清理》,《考古》1963年第6期,页340—342;南京市文物保管委员会《南京板桥镇石闸湖晋墓清理简报》,《文物》1965年第6期,页37—44;南京市博物馆、南京市雨花台区文管会《江苏南京市板桥镇杨家山西晋双室墓》,《考古》1998年第8期,页31—34;南京市考古研究所《南京板桥新凹子两座西晋纪年墓》,《中国国家博物馆馆刊》2015年第12期,页60—77。

外,今扬州(时作广陵)一带的吴晋墓葬与南京地区表现出高度的一致性[1],故从文化地理的角度将其纳入南京墓葬区,一并论述。

截至目前,南京地区发现的孙吴墓葬逾80座、西晋墓葬逾70座[2]。

(2)皖南地区

皖南地区主要指位于今安徽省境内长江以南的区域。根据现有的发掘、研究资料,这一地区的吴晋墓葬主要发现于今马鞍山市、当涂县、繁昌县、南陵县、宣城市、青阳县等地。孙吴时期,上述市县所辖地域属丹阳郡,郡治宛陵(今宣城市);西晋太康二年(281年),分设宣城郡,治宛陵,丹阳郡治迁至建邺,马鞍山市、当涂县属丹阳郡,繁昌县、南陵县、宣城市、青阳县属宣城郡。此外,安徽省的全椒县、和县、含山县三地,虽在长江以北但处于沿江地带,墓葬面貌与皖南相近,故也纳入皖南墓葬区的研究范围中。截至目前,皖南地区发现孙吴、西晋墓葬各30余座。

总体而言,皖南地区在墓葬面貌上的区域统一性,是孙吴政权所划分的丹阳郡辖区在文化上之统一性的反映,且这种统一性并未被西晋政权进一步的行政区划所割裂。

(3)苏南浙北地区

苏南浙北地区主要指位于今江苏省境内长江入海口以南的区域和今浙江省境内浙江以北的区域。根据现有的发掘、研究资料,这一地区的吴晋墓葬主要发现于今江苏省镇江市、句容市、丹阳市、苏州市、宜兴市、溧阳市和浙江省杭州市、湖州市等。孙吴嘉禾三年(234年),设毗陵典农校尉屯田垦殖,领武进(今镇江市丹徒区)、云阳(今丹阳市)、毗陵(今常州市)三县,治毗陵,即上述镇江市、句容市、丹阳市、溧阳市所辖地域;苏州市、杭州市区属吴郡,郡治吴县(今苏州市姑苏区);杭州市下辖淳安县属新都郡;宜兴市、湖州市及杭州市下辖临安县初属吴郡,孙吴宝鼎元年(266年)分吴、丹阳两郡置吴兴郡,治乌程(今湖州市),上述区域移属吴兴郡。西晋太康二年(281年),省毗陵典农校尉置毗陵郡,治毗陵;吴郡和吴兴郡的名称及辖区范围则基本延续宝鼎年后的设置。因此在西晋时期,镇江市、句容市、丹阳市、溧阳市所辖地域属毗陵郡,苏州市、杭州市区属吴郡,宜兴市、湖州市及杭州市下辖临安县属吴兴郡,淳安县属新都郡。截至目前,苏南浙北地区发现孙吴墓葬40余座、西晋墓葬50余座。

苏南浙北地区可谓孙氏起家之处,也是都城建业的腹地所在。出身吴郡富春(今杭

---

[1] 韦正《六朝墓葬的考古学研究》,北京:北京大学出版社,2011年,页119。
[2] 南京地区早年的考古发掘简报多对六朝墓葬进行批量报道,且只选among其中较典型的墓葬形制与随葬器物作具体介绍。这类简报既未交代发掘的墓葬总数,更未对墓葬作进一步的时代判定,给现今研究中的统计工作造成了一定困难。可以肯定的是,南京地区目前发现的吴晋墓葬数量,必远大于根据可确定时代之墓葬所统计出来的数字。

州市）的孙氏一族以曲阿（今丹阳市）为据点，接应南北、联络富春，由此而发迹。同时，在吴晋时期，这一地区还出有颇具高位旧望的顾、陆、朱、张等著姓士族以及"江东之豪莫强周、沈"[1]的豪族强宗，是江东大族的重要聚集地之一。苏南浙北地区在墓葬面貌上呈现出的区域性特征，与当时的地域社会发展状态有密切关联。

（4）浙南地区

浙南地区主要指位于今浙江省境内浙江以南的区域。根据现有的发掘、研究资料，这一地区的吴晋墓葬主要发现于今绍兴市、宁波市、金华市、衢州市、温州市、台州市和丽水市等地。东汉时，上述地点均属会稽郡辖区，治所在山阴（今绍兴市）。孙吴太平二年（257年），釐原会稽郡东部临海之地置临海郡[2]；永安三年（260年），釐南部置建安郡[3]；宝鼎元年（266年），又釐诸暨、剡县以南置东阳郡[4]。故至西晋时，绍兴市、宁波市所辖地域属会稽郡，金华市、衢州市所辖地域属东阳郡，温州市、台州市、丽水市所辖地域属临海郡。截至目前，浙南地区发现孙吴墓葬30余座、西晋墓葬70余座。

虽然原东汉会稽郡辖域在孙吴时被严重分割，但浙南地区墓葬面貌所呈现的区域统一性，反映出东汉时的会稽郡辖区已具备较高程度的文化统一性，形成了较为牢固的地域社会单元。

（二）长江中游

根据墓葬面貌所呈现出的区域性特征，可将长江中游的吴晋墓葬划分为鄂州、江西、湖南三区（图二）。至于在长江中、上游的分界点——宜昌——附近，虽然也发现有一定数量的三国西晋墓葬，但由于这一地带常年为吴、蜀争夺之地，墓葬的文化属性难以判断，且墓葬规模一般较小，故对于研究孙吴至西晋长江中游主体文化面貌而言，其学术价值不宜估计过高，因此本书暂不将其纳入研究范围。

（1）鄂州地区

今湖北鄂州及其周郊一带，秦时置鄂县，两汉沿用之，至黄初二年（221年），"权自公安都鄂，改名武昌，以武昌、下雉、寻阳、阳新、柴桑、沙羡六县为武昌郡"[5]。自此，鄂州以武昌之名为吴都凡八年余，直至黄龙元年（229年）孙权迁都建业，武昌改为江夏郡治。不过，此后太子孙登及尚书九官仍留于武昌，以大将军陆逊辅之，"并掌荆州及豫州三郡

---

[1]〔唐〕房玄龄《晋书》卷五十八，北京：中华书局，1974年，页1575。
[2]〔晋〕陈寿撰，〔宋〕裴松之注《三国志》卷四十八，页1153。
[3] 同上注，卷四十八，页1159。
[4] 同上注，卷四十八，页1166。
[5] 同上注，卷四十七，页1121。

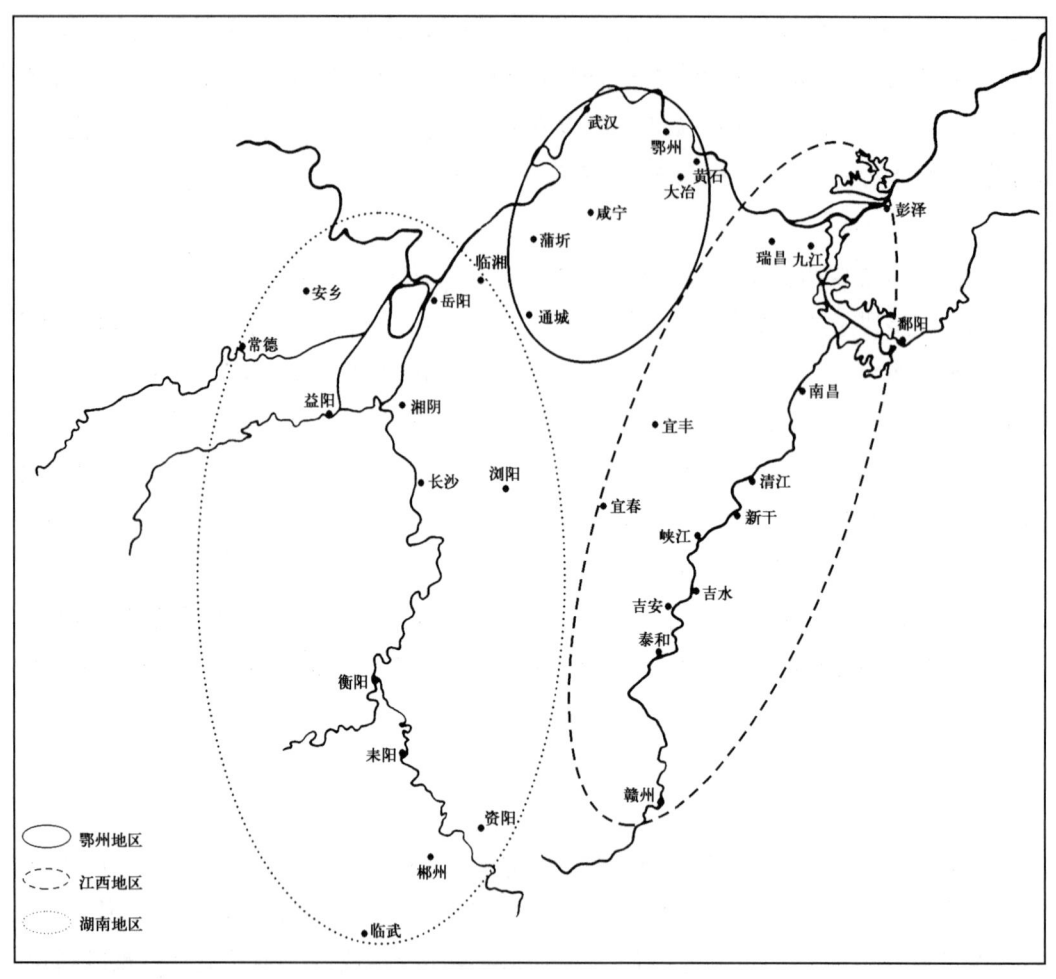

图二　长江中游吴晋墓葬分布示意图

事"[1];诸葛恪辅政孙亮时,曾"有迁都意,更起武昌宫"[2];后孙皓当政时于甘露元年(265年)再次徙都武昌,次年还建业。因此之故,终孙吴之世,鄂州地区一直处于王都或陪都的重要地位,是长江中游当之无愧的发展中心所在。西晋平吴(280年)后,析江夏郡南部重置武昌郡,仍以此地为郡治。

根据现有的发掘、研究资料,今鄂州市辖区内密集分布有数量庞大的吴晋墓葬。此外,在时归孙吴统辖的今湖北中东部的武汉、咸宁、黄冈、黄石、荆州、孝感等地,同时期墓葬的面貌与鄂州地区基本一致,故也纳入鄂州地区的研究范围中。截至目前,鄂州地区发现孙吴墓葬140余座、西晋墓葬150余座。

―――――――――
[1]〔宋〕司马光编著《资治通鉴》卷七十一,北京:中华书局,2011年,页2301。
[2]〔晋〕陈寿撰,〔宋〕裴松之注《三国志》卷四十八,页1152。

（2）江西地区

根据现有的发掘、研究资料，江西地区的吴晋墓葬主要发现于长江、赣江及鄱阳湖沿岸的今南昌市、九江市、宜春市、吉安市、赣州市、鄱阳县等地。汉时，今江西省全境皆属豫章郡，治南昌县（今南昌市）；汉献帝建安五年（200年），孙策分豫章郡立庐陵郡，治西昌（今泰和县）；孙吴沿置豫章郡，仍治南昌，只是孙权又分立鄱阳郡、孙亮分立临川郡；西晋时这一地区大体沿用了孙吴最终确定的行政区划。故在西晋时，南昌市、九江市、宜春市所辖地域属豫章郡，鄱阳县属鄱阳郡且为其郡治，吉安市、赣州市属庐陵郡。截至目前，江西地区发现孙吴墓葬逾40座、西晋墓葬40余座。

（3）湖南地区

根据现有的发掘、研究资料，湖南地区的吴晋墓葬主要集中发现于洞庭湖及湘江沿岸的今长沙、岳阳、常德、益阳、衡阳、耒阳、郴州等地。东汉时，今湖南省中东部属长沙郡、西北部属武陵郡、西南部属零陵郡、东南部属桂阳郡，以长沙郡辖域面积最广，治所在临湘（今长沙市）。孙吴时武陵、零陵、桂阳三郡沿置，长沙郡则在孙权时被析分出衡阳、湘东二郡，孙皓时析分出安成郡；西晋时这一地区大体沿用孙吴最终确定的行政区划。故在吴晋时，长沙市、岳阳市所辖地域属长沙郡，常德市所辖地域属武陵郡，益阳市、衡阳市所辖地域属衡阳郡，耒阳市、郴州市所辖地域属桂阳郡。截至目前，湖南地区发现孙吴墓葬10余座、西晋墓葬20余座。

三、研 究 简 史

（一）综合性研究

目前学界与本书所涉时段和地区相关之考古学综合性研究，多是包含于对整个六朝时期的长时段观察中。兹将与本书研究方向有所关联者列举如下。

涉及长江中下游吴晋墓葬的综合性研究，最早见于宿白编写的北大考古系讲义《魏晋南北朝考古》[1]，这是首次对六朝墓葬进行全面的分区分期研究。讲义将中国南方划分为长江中下游、闽广、西南三个区域，其中被归为长江中下游第一、二期（东汉末至东晋初）的墓葬即为本书的研究对象。讲义对长江中下游东汉末至东晋初的墓葬形制结构和随葬器物组合做了详细的型式划分，并联系相关历史背景进行了初步的社会分析，在今天看来仍具较高的学术价值；之后在《中国大百科全书·考古学》的"三国两晋南北朝考

---

[1] 宿白《魏晋南北朝考古》试用讲义，北京大学考古系，1974年，页38—46。

古"词条[1]中,宿先生又对之前的一些提法进行了完善。

20世纪80年代,墓葬发现的增加,为进行综合研究特别是分区分期研究提供了更为充分的材料基础。蒋赞初《关于长江下游六朝墓葬的分期和断代问题》[2]《长江中游六朝墓葬的分期和断代——附论出土的瓷器》[3]二文,对长江中下游六朝墓葬的分期和断代标准进行了较为详细的探讨,有力地推动了六朝墓葬区域性研究的深入。

20世纪80年代中期至今,虽然发表的著述数量远超以往,但研究范围仍多限于局部地区,更为宏观的综合性研究并不多见。这一时期,最重要的著作是韦正的《六朝墓葬的考古学研究》[4],它将六朝墓葬划分为长江下游、长江中游、赣中南和闽西北、福建沿海、两广地区、西南地区六个地理单元,分别进行分期分析,在此基础上进而探讨了墓葬形制、随葬品、墓葬制度、文化交流等专题性问题,提出了许多颇有见地、发人深思的新观点。尤其是从马鞍山出发考察吴晋墓葬形制演化中心的转换,从江西出发考察砖柱墓的流布与变异,都是结合历史大背景对非统治中心区域墓葬的文化来源与传播进行阐述,跳出了过于重视区系类型学研究的传统框架,拓展了六朝墓葬研究的视角,对本书的研究思路有重要指导作用。此外,吴桂兵的《两晋墓葬文化因素研究》[5],分析了两晋时期北方地区和南方长江中下游地区的墓葬类型与文化因素,阐述了其中所体现的汉晋变迁过程,并对文献所见汉晋丧葬礼俗的变迁进行了探讨。其中,长江中下游的西晋墓葬属于本书的研究对象,南北对比以及与礼制文献相结合的研究角度也是本书所计划采纳的。其新作《孙吴墓葬制度述考》探讨了孙吴自古武昌至建业的建国道路与墓葬制度的演变历程[6],与本书主题亦有较密切的关联和一定的启示作用。

与本书相关的区域综合性研究[7],比较重要的有:

---

[1] 中国大百科全书总编辑委员会《考古学》编辑委员会、中国大百科全书出版社编辑部编《中国大百科全书·考古学》,北京:中国大百科全书出版社,1986年,页421—422。
[2] 蒋赞初《关于长江下游六朝墓葬的分期和断代问题》,原载中国考古学会编《中国考古学会第二次年会论文集》,北京:文物出版社,1982年,页196—205;此据氏著《长江中下游历史考古论文集》,北京:科学出版社,2000年,页74—84。
[3] 蒋赞初《长江中游六朝墓葬的分期和断代——附论出土的瓷器》,原载中国考古学会编《中国考古学会第三次年会论文集》,北京:文物出版社,1984年,页140—147;此据《长江中下游历史考古论文集》,页85—93。
[4] 韦正《六朝墓葬的考古学研究》。
[5] 吴桂兵《两晋墓葬文化因素研究》,南京:南京大学出版社,2017年。
[6] 吴桂兵《孙吴墓葬制度述考》,载《建康问学》编委会《建康问学:麦舟和他的弟子们》,南京:凤凰出版社,2022年,页107—154。
[7] 本书所涉地理范围,还多有以现今省级行政区划为单元进行的区域研究,如韦正《江西六朝墓葬综述》(《南方文物》2009年第4期,页114—123)、刘卫鹏《浙江六朝墓概述》(《西部考古》第12辑,北京:科学出版社,2016年,页259—287)、郑睿瑜《浙江地区六朝墓葬的考古学研究》(西北大学硕士学位论文,2017年)、刘玉健《湖南地区六朝墓葬研究》(湖南师范大学硕士学位论文,2017年)等。

黎毓馨《论长江下游地区两汉吴西晋墓葬的分期》[1]，文章首次将两汉与吴晋墓葬合并进行期划分析，符合长江下游汉至西晋墓葬一脉相承的实际，与本文的研究时段也较为契合。文章在结语部分，结合历史背景，从人口迁徙带来文化交流的角度分析了长江下游两汉吴西晋墓葬与中原洛阳一带墓葬的异同，与之前单纯从实物材料出发的分期研究相较，朝社会分析的方向深入，是十分有益的探索。

蒋赞初先生在80年代两篇研究的基础上，又撰写了《长江中下游孙吴墓葬的比较研究》[2]一文，以墓主身份或年代较明确的大中型墓葬为讨论对象，分析了长江下游和中游孙吴墓各自所承袭的东汉传统，并结合历史地理区位，在考古学文化层面上阐释了两地的文化交流以及造成两地墓葬面貌差异之原因。该文与本书的研究范围及时段重合度较高，也对本书第一步之基础研究颇有启发。

李蔚然《南京六朝墓葬的发现与研究》[3]，在成书之时当为有关南京六朝墓最为详细、全面的研究。其中对葬地分布与排葬情况的分析，以及根据地券与墓志对世家大族联姻、建康人口来源等问题的探讨，所揭示的研究方向在今天看来仍颇具学术价值。

王志高撰写的《江苏考古五十年》中的"三国、两晋、南北朝"部分[4]，对江苏地区的六朝墓葬进行了全面的总结和分析，给未来研究提供了颇多角度与思路。

随着南方六朝墓葬区系类型大框架的基本建立，近年来区域性研究也出现了更加细化之趋势，如《马鞍山地区六朝墓葬的初步研究》[5]《镇江地区六朝墓葬的初步研究》[6]《宁波地区两晋墓葬发掘与研究》[7]等。地理范围的缩小有助于发现大区域共性之下的小地方特色，也便于更具体、深入地结合历史背景探讨社会层面的相关问题，这也是本书在研究中密切关注的方面。

（二）专题性研究

与长江中下游吴晋墓葬相关的专题性研究在20世纪80年代即已出现，如魏正瑾、易家胜《南京出土六朝青瓷分期探讨》[8]，基于墓葬出土器物梳理了六朝青瓷的发展趋势与

---

[1] 黎毓馨《论长江下游地区两汉吴西晋墓葬的分期》，载浙江省文物考古研究所编《浙江省文物考古研究所学刊》，北京：长征出版社，1997年，页258—295。
[2] 蒋赞初《长江中下游孙吴墓葬的比较研究》，原载《东南文化》1998年增刊2，页78—81；此据《长江中下游历史考古论文集》，页94—100。
[3] 李蔚然《南京六朝墓葬的发现与研究》，成都：四川大学出版社，1998年。
[4] 邹厚本主编《江苏考古五十年》，南京：南京出版社，2000年。
[5] 戴贝贝《马鞍山地区六朝墓葬的初步研究》，安徽大学硕士学位论文，2013年。
[6] 刘华军《镇江地区六朝墓葬的初步研究》，南京师范大学硕士学位论文，2015年。
[7] 王结华《宁波地区两晋墓葬发掘与研究》，《东南文化》2006年第4期，页28—33。
[8] 魏正瑾、易家胜《南京出土六朝青瓷分期探讨》，《考古》1983年第4期，页347—353。

阶段性特征；杨泓《三国考古新发现——读朱然墓简报札记》[1]，从朱然墓这一小角度切入，结合宏观历史背景，论证了其所反映的孙吴的墓葬新特征、对汉传统的沿袭、与蜀地间的商品流通、绘画发展水平等问题，见微知著。

20世纪90年代后，与综合性研究的发展相对应，专题性研究也大量涌现，为本书的写作提供了颇多思路与参考。主要有：

随葬品方面的研究为大宗，其下又可分出多个门类，以陶瓷器研究为主，此外还有对金属器（尤其针对铜镜）、漆器、买地券、舶来品等的研究。陶瓷器研究中，又可细分出陶瓷器具、明器、俑等专题。相关代表性论著有谢明良《六朝陶瓷论集》[2]、贺中香《略论鄂城两晋青瓷》[3]、蒋赞初《长江中游地区东汉六朝青瓷概论》[4]、贺云翱等《东亚地区出土早期钱纹陶瓷器的研究》[5]、韦正《六朝早期俑的地域特征和相关问题》[6]、朱浒《六朝胡俑的图像学研究》[7]、管维良《汉魏六朝铜镜的社会观察》[8]及《汉魏六朝铜镜中神兽图像及有关铭文考释》[9]、王志高等《六朝买地券综述》[10]等。其中，谢明良《六朝陶瓷论集》上篇第一章总结了江苏六朝墓出土陶瓷器物组合的特征，进而探讨了青瓷与陶器在各阶段的消长以及陶瓷器物组合与墓葬形制、规模间的关系等问题；第三章归纳了江西六朝墓出土陶瓷器物的阶段性特征，并将之与周边地区六朝墓出土陶瓷器物进行比较，分析了区域间的文化交流情况；此二章与本书研究内容有较密切的关联。是书下篇第三章从阶级的角度出发去审视六朝墓随葬器物，探讨了墓主阶层和墓葬形制、出土器物的关系，反映墓主等级的器物及其表现方式等问题，虽未得出较系统的结论，但其由物及人的研究思路仍值得肯定。此外，《鄂城六朝墓》[11]考古报告在报道墓葬材料的基础上，对鄂城六朝青瓷、铜镜、金属器、漆木器和玻璃器等的主要特点进行了总结，为全面了解鄂城六朝墓随葬品的面貌提供了诸多便利。

关乎墓葬形制结构的研究多包含于综合性研究之中，专题研究相对较少，重要论著为

---

[1] 杨泓《三国考古新发现——读朱然墓简报札记》，原载《文物》1986年第3期，页16—24；此据氏著《汉唐美术考古和佛教艺术》，北京：文物出版社，页37—50。
[2] 谢明良《六朝陶瓷论集》，北京：生活·读书·新知三联书店，2019年。
[3] 贺中香《略论鄂城两晋青瓷》，《景德镇陶瓷》1984年第S1期，页101—104。
[4] 蒋赞初《长江中游地区东汉六朝青瓷概论》，《江汉考古》1986年第3期，页71—75。
[5] 贺云翱、冯慧、李洁《东亚地区出土早期钱纹陶瓷器的研究》，《考古与文物》2008年第2期，页84—95。
[6] 韦正《六朝早期俑的地域特征和相关问题》，《南方民族考古》第七辑，北京：科学出版社，2011年，页255—278。
[7] 朱浒《六朝胡俑的图像学研究》，《中国美术研究》2015年第1期，页56—69。
[8] 管维良《汉魏六朝铜镜的社会观察》，《四川文物》1990年第3期，页25—29。
[9] 管维良《汉魏六朝铜镜中神兽图像及有关铭文考释》，《江汉考古》1983年第3期，页85—93。
[10] 王志高、董庐《六朝买地券综述》，《东南文化》1996年第2期，页49—54。
[11] 南京大学历史系考古专业、湖北省文物考古研究所、鄂州市博物馆《鄂城六朝墓》。

赵胤宰的《长江中下游汉六朝砖墓的建筑结构与技术研究》[1]。此外，由于南方地区六朝墓葬多采用花纹砖或画像砖，使得墓砖构成了一个独立的研究主题，如武翔《江苏六朝画像砖研究》[2]、姚义斌《六朝画像砖研究》[3]等。

葬俗方面，主要有韦正《东汉、六朝的朝服葬》[4]、李婷《墓内祭祀的继承与流变——基于六朝都城地区的墓内祭祀空间的考古学观察》[5]等。此外，齐东方《三国两晋南北朝时期的祔葬墓》和《祔葬墓与古代家庭》[6]、杨泓《谈中国汉唐之间葬俗的演变》[7]、韩国河《秦汉魏晋丧葬制度研究》[8]等，在宏观层面上考察了汉唐时期的葬俗和丧葬制度沿革，为更准确把握吴晋时期长江中下游这一短时期小范围内的葬俗变迁奠定了大框架。

长江中下游地区的吴晋墓葬中还有诸多宗教信仰之体现，以佛教和道教因素为多，其中又以佛教因素备受学界关注。杨泓《跋鄂州孙吴墓出土陶佛像》[9]、宿白《四川钱树和长江中下游部分器物上的佛像——中国南方发现的早期佛像札记》[10]等，结合墓内所出佛像，就早期佛教在南方地区的传播路线、发展情况等问题提出见解，使得相关研究从实在的墓葬物质材料延伸入精神信仰世界。

由于长江中下游的吴晋墓葬多数墓主身份并不明确，更甚者年代亦不确定，因此还有相当一部分讨论集中于一些重要的大中型墓葬，或要解决墓主与年代问题，或从墓葬出发作更深入分析，这些可归为墓葬个案研究。前文已述，早期可以杨泓先生对朱然墓的讨论为代表；20世纪90年代之后比较重要的有熊寿昌《论鄂城东吴孙将军墓与鄂钢饮料厂一号墓之墓主人身份及其相互关系》[11]，徐劲松、李桃元《武汉黄陂滠口古墓与孙吴宗室墓

---

[1] 赵胤宰《长江中下游汉六朝砖墓的建筑结构与技术研究》，北京大学博士学位论文，2007年。
[2] 武翔《江苏六朝画像砖研究》，《东南文化》1997年第1期，页72—96。
[3] 姚义斌《六朝画像砖研究》，南京艺术学院博士学位论文，2004年。
[4] 韦正《东汉、六朝的朝服葬》，《文物》2002年第3期，页72—78。
[5] 李婷《墓内祭祀的继承与流变——基于六朝都城地区的墓内祭祀空间的考古学观察》，云南民族大学硕士学位论文，2015年。
[6] 齐东方《三国两晋南北朝时期的祔葬墓》，《考古》1991年第10期，页938、943—949；《祔葬墓与古代家庭》，《故宫博物院院刊》2006年第5期，页26—51。
[7] 杨泓《谈中国汉唐之间葬俗的演变》，原载《文物》1999年第10期，页60—68；此据《汉唐美术考古和佛教艺术》，页1—10。
[8] 韩国河《秦汉魏晋丧葬制度研究》，西安：陕西人民出版社，1999年。
[9] 杨泓《跋鄂州孙吴墓出土陶佛像》，原载《考古》1996年第11期，页28—30；此据《汉唐美术考古和佛教艺术》，页291—295。
[10] 宿白《四川钱树和长江中下游部分器物上的佛像——中国南方发现的早期佛像札记》，原载《文物》2004年第10期，页61—71；此据氏著《魏晋南北朝唐宋考古文稿辑丛》，北京：文物出版社，2011年，页211—223。
[11] 熊寿昌《论鄂城东吴孙将军墓与鄂钢饮料厂一号墓之墓主人身份及其相互关系》，《东南文化》2000年第9期，页34—40。

葬》[1]，栗中斌《谈朱然家族墓的年代和墓主身份》[2]，白彬《湖北武昌任家湾东吴初年道士郑丑墓再研究》[3]，王志高《马鞍山朱然家族墓时代及墓主身份的分析》[4]和《南京上坊孙吴大墓墓主身份的蠡测——兼论孙吴时期的宗室墓》[5]，赵娜《孙吴宗室墓葬的考古学研究》[6]等。明晰墓葬归属是进行后续研究的必要基础；针对单个或一小类墓葬的研究由于关注点集中，便于将分析做深做细，因此参考价值不容小觑。

总体来看，过去的研究已基本建立起了相对完整的长江中下游吴晋墓葬发展变化的年代学序列和区系谱系，墓葬各组成要素基本都有相应的专题性考察，并且也在由单纯着力于物质材料的基础性研究向文化分析的方向逐步转变。不过，考虑到现今吴晋墓葬材料的体量，相应的针对性研究仍显得较为单薄。

首先，据前所述，目前有关吴晋墓葬的研究多是包含于对六朝墓葬的长时段考察中。这对于构建墓葬发展变化的大框架固然必要，但研究范围广容易导致对细节的忽视，在年代学序列和区系谱系基本建立的今天，也需要站在六朝全局的高度上，动态考察其中不同阶段墓葬的具体特征及其所反映的社会文化状况。六朝时期的南方社会经历了多次复杂的结构性调整，统治集团和社会组织的性质一变再变，并非前后一贯相承的紧密整体。之前学界有将两晋时期合并探讨的先例，却鲜见将孙吴、西晋两代合并探讨的尝试。事实上，就文化发展的连贯性而言，孙吴、西晋可谓一脉相承，更具合并探讨的可行性，之后随着汉人中央政权南迁，南方文化更多表现出的是断裂性的革新与转变。本书以南方文化核心区——长江中下游——的吴晋墓葬为研究对象，意在补充、完善和深化对六朝早期墓葬乃至六朝早期社会的认识，力图在六朝墓葬深化研究的道路上迈出较为扎实的一步。

其次，就当今中国考古学的发展要求来看，以往的研究仍存在一些不足，主要是对于物质遗存背后的政治、社会、文化状况的探讨，力度仍有欠缺。具体表现如下：

1. 研究多将墓葬的各组成要素如随葬品、墓砖、墓葬图像等分别提取加以研究，忽略了这些组成要素的原生语境，也割裂了墓葬的整体性；对墓室空间布局的研究涉及较少。以《墓内祭祀的继承与流变——基于六朝都城地区的墓内祭祀空间的考古学观察》为代表的一些研究，虽然对墓室空间布局进行了一定程度的整体考量，但浅尝辄止，止步于对

---

[1] 徐劲松、李桃元《武汉黄陂滠口古墓与孙吴宗室墓葬》，《长江文化论丛》第一辑，北京：中国文史出版社，2002年，页218—229。
[2] 栗中斌《谈朱然家族墓的年代和墓主身份》，《东南文化》2004年第4期，页34—35。
[3] 白彬《湖北武昌任家湾东吴初年道士郑丑墓再研究》，《江汉考古》2006年第4期，页58—66、72。
[4] 王志高、王俊《马鞍山朱然家族墓时代及墓主身份的分析》，《东南文化》2008年第5期，页20—28。
[5] 王志高、马涛、龚巨平《南京上坊孙吴大墓墓主身份的蠡测——兼论孙吴时期的宗室墓》，《东南文化》2009年第3期，页41—50。
[6] 赵娜《孙吴宗室墓葬的考古学研究》，山东大学硕士学位论文，2020年。

一些规律性现象的总结。事实上，墓室空间布局是反映当时社会丧葬礼俗的重要方面，对于探讨社会文化意义重大。在进行过专题性考察后，将各要素重新放回墓葬中做整体考量，才能获取隐藏在组织结构中的文化信息。

2. 研究大多还停留于物质层面即遗存本身。近年来一些研究虽在向文化分析的方向靠拢，但仍以对物质文化特征和物质文化因素的归类总结为多，与历史文献记载相结合的论述尚可再深化，且在以考古遗存补历史文献之不足的方面尝试较少，在"由物及人"的文化分析道路上还有前进空间。

四、研究重点及行文结构

由前一节对六朝墓葬研究史的总结可知，鉴于现今六朝墓葬的年代序列和区系类型谱系已基本建立，并且中国考古学在由年代学和类型学研究向注重历史语境的研究转型，因此，站在全局的高度之上将研究做精做细，从考古材料中提取尽可能多的信息以复原社会文化面貌，是六朝墓葬考古学研究未来发展的必然趋势。同时，关于吴晋时期的丧葬乃至文化情况，史籍书写以北方为正统，对南方的情况着墨不多，这就更需要通过对墓葬考古材料进行分析与解读，从中提取尽可能多的信息，以复原南方地区的社会文化面貌，达到补史、证史之目的。

有鉴于此，研究将首先从墓葬形制结构、随葬品种类与组合、墓室空间布局这三大方面入手，以区域为单位，对墓葬材料进行全面考察和细致分析，以期挖掘出隐藏在考古遗存背后的丧葬习俗、政治文化与社会风貌信息。在对墓葬三大方面的情况进行总结时，既会归纳每一区域墓葬的地域性共性以及孙吴至西晋时期的沿革，更会联系人口迁徙、区域交通、地域区位变动等历史地理背景，关注区域间的文化交流以及区域内部的文化分流情况，并尝试将其融汇于当时的社会变动图景中。

在分专题进行基础研究之后，将对长江中下游的吴晋墓葬作一综合考察，将墓葬与这一阶段的社会文化背景相联系，主要从两个角度对墓葬材料做更深入的解读：一是提取墓葬规格的有关信息，尝试勾勒出孙吴墓葬的规格结构及其在西晋时的变动情况，进而探讨政权对墓葬的控制和干预举措；二是分析墓葬中的文化传统与革新因素以及墓葬面貌的延续与改变，进而尝试复原孙吴政权进行丧葬建设的过程以及探索西晋控制下的南方地区的丧葬文化乃至社会发展情况。

要言之，本书旨在充分结合墓葬考古材料、前人考古学研究成果、历史文献记载和相关的史学研究成果，尝试于吴晋时期特定的历史背景下，把握墓葬文化发展的来龙去脉，具体而微地诠释墓葬所揭示的当时政治、社会、文化之特征与变化,力求进一步明确吴晋时期南方考古学文化在中国考古学文化发展史中的定位,以及其在中国社会、文化实现汉唐之变过程中所扮演的角色。这既可以丰富六朝考古研究的成果,也将是探索考古学研究方法转型、推进考古学研究"由物及人"进程的一次尝试。

第一章
墓葬形制研究

有关墓葬形制结构的分析研究,历来学者已做了不少工作[1]。不过,在已有成果中,墓葬形制方面多作为综合性研究之一部分存在。由于只选取了作为六朝早期阶段的吴晋时期,相较于以往对六朝墓葬所做的长时段整体性考察,本章节将更注重把握墓葬形制结构在特征与演变上的细节,进而探讨其所反映的时代性革新及区域文化特征等问题,以期对六朝早期社会的认识有所补充、完善和深化。

一、长江下游墓葬形制的类型学分析

首先需要说明的是,为保持墓葬形制分类标准的统一,本章节的型式划分是针对长江中下游全体吴晋墓进行的。根据墓葬的构建材质,可分为砖室墓和土坑墓;砖室墓下根据中轴线上主墓室的数量及排列方式[2]分为四类,每类之下再根据墓室的平面形状及墓室间的分隔方式细分型和亚型(图三)。因此,在对各区域的墓葬形制分别进行描述时,会存在某种类型缺失的情况,敬请读者注意。

(一)南京地区

砖室墓。其下四类本地区均可见到。

第一类　主墓室为一间。根据墓室的平面形状,可分为三型,本地区见其二。

A型　墓室平面呈长方形。墓葬全长[3]在2.5—6米之间。墓壁基本较平直,永宁元年(301年)的板桥新凹子M8两侧壁外弧,使得墓室平面呈弧壁长方形[4],在本地区属于极为特殊的情况。墓顶多采用券顶,也见有穹窿顶、叠涩顶等。墓室前部常有短甬道,位置多居中。孙吴时期,还有数量可观的墓葬附设小耳室,基本为一间。江宁赵士冈M7,为

---

[1] 详见本书绪论第三节。
[2] 长江中下游的吴晋砖室墓基本为"中轴线配置型"的结构。"中轴线配置型"为黄晓芬提出的术语,指:"室的平面布局按墓道、羡道(甬道)、前室、后室为中轴做直线配置,其左右设置的耳室、侧室基本成中轴对称配列。"(黄晓芬《汉墓的考古学研究》,长沙:岳麓书社,2003年,页21)长江中下游吴晋墓葬的形制结构与此描述基本相合,故作一借用。
[3] 鉴于墓道损毁的情况较普遍,本书所统计的墓葬全长,均为不含墓道的尺寸。
[4] 南京市考古研究所《南京板桥新凹子两座西晋纪年墓》。

长方形券顶砖室墓，全长4.84、宽1.7、高2.2米。墓室前有甬道，长0.48、宽0.96、高1.13米。南壁距甬道0.54米处砌一券顶耳室，高0.88、宽0.74、进深1.01米[1]。南京滨江开发区15号路M3，方向160°，砖室平面呈"凸"字形，由封门墙、甬道、墓室等部分组成，全长5.39米。墓室券顶，平面呈长方形，内长3.9、内宽1.68、内高1.92米（图三，1）[2]。

B型　墓室平面呈正方形。此类型发现很少，见有2座。郭家山M6为一近正方形的单室附一小侧室的结构[3]；小行西晋墓，方向287°，砖室平面呈凸字形，由封门墙、甬道、墓室三个部分构成，全长2.85、外宽2.62、残高1.5米。墓室四隅券进式穹窿顶，平面近方形，内长3.2、内宽2.16、残高1.5米（图三，2）[4]。

第二类　主墓室为前后二间。根据前室平面形状及前、后室分隔方式，可分为四型，本地区见其三。

A型　前室平面呈正方形。根据后室的平面形状，可分为二亚型，本地区见其一。

Aa型　后室平面呈长方形。墓葬全长一般在6—10.5米之间。前室墓顶多采用四隅券进式穹窿顶。部分墓葬会在前室附耳室，多为一间；个别墓葬会在前室附1—3间侧室[5]。另外，江宁上坊M1全长20.16米，在前、后室两侧均设大型对称耳室[6]，该墓墓主应为孙吴宗室，故较为特殊，需区别对待。江宁沙石岗M1，方向290°，由封门墙、甬道、前室、过道、后室组成，全长8.38米。前室四隅券进式穹窿顶，平面近方形，内长2.5、内宽2.46、内高2.52米；后室券顶，平面长方形，内长4.26、内宽1.9、内高2.06米（图三，3）[7]。唐家山M1，方向277°，由封门墙、甬道、前室、耳室、过道与后室等部分构成，全长6.88、最宽3.8米。前室四隅券进式穹窿顶，内长2.16、宽2.2米；耳室位于前室南侧，内长1.14、宽0.8、高0.72米；后室四隅券进式穹窿顶，内长3.3、宽2.12米[8]。

B型　前室平面呈横长方形，即学界习称的横前堂。根据后室的平面形状，可分为二亚型，本地区见其一。

Ba型　后室平面呈长方形。墓葬全长在6—9米之间。此类型墓葬在本地区所见较少，有幕府山M2、郭家山M7、东善桥吴墓、江宁张家山西晋墓等。附属结构罕见，唯郭家

---

[1] 江苏省文物管理委员会《南京近郊六朝墓的清理》，《考古学报》1957年第1期，页187—191。
[2] 南京市江宁区博物馆《南京滨江开发区15号路六朝墓清理简报》，《东南文化》2009年第3期，页36—40。
[3] 南京市博物馆《江苏南京市北郊郭家山东吴纪年墓》。
[4] 南京市博物馆《南京小行西晋、五代墓葬》，载《南京文物考古新发现》，页62—65。
[5] 胥浦六朝墓发掘队《扬州胥浦六朝墓》，《考古学报》1988年第2期，页233—256；南波《南京西岗西晋墓》，《文物》1976年第3期，页55—60。
[6] 南京市博物馆、南京市江宁区博物馆《南京江宁上坊孙吴墓发掘简报》，《文物》2008年第12期，页4—34。
[7] 南京市江宁区博物馆《南京江宁孙吴"天册元年"墓发掘简报》，《东南文化》2009年第3期，页26—31。
[8] 南京市博物馆《南京唐家山孙吴墓》，《东南文化》2001年第11期，页37—43。

侧，使得墓葬平面呈刀形[1]。孙吴至西晋早期，偶有附设小耳室者，宣城电厂墓地M39附1间[2]，青阳县五星M2两侧各附1间[3]。南陵县麻桥M3四隅砌有角柱[4]，比较特殊。全椒县卜集吴墓，方向150°，为平面呈凸字形的单室砖室墓，由墓门、甬道和墓室三部分组成，全长6.08米。墓室券顶，内长4.2、宽1.6、高2.2米（图三，9）[5]。

B型　墓室平面呈正方形。此类型仅见1座。郎溪M2，方向坐西朝东，平面呈凸字形，由封门墙、甬道、墓室三部分组成，全长6.73米。墓室券顶，平面近似正方形，长3.8、宽4、残高0.6米（图三，10）[6]。

第二类　主墓室为前后二间。其下四型本地区见其三。

A型　前室平面呈正方形。其下二亚型本地区均可见到。

Aa型　后室平面呈长方形。墓葬全长一般在6—11米之间。前室墓顶多采用四隅券进式穹窿顶。耳室等附属结构罕见，唯马鞍山寺门口吴墓前室两侧各有一侧室[7]，和县西晋墓前、后室各带一小龛且后室墓壁略外弧[8]。另外，当涂"天子坟"吴墓全长15.5米，在前室两侧设有大型对称耳室，该墓墓主应为孙吴宗室，甚至可能为吴景帝孙休[9]，故需区别对待。马鞍山朱然墓，方向180°，由甬道、前室、过道、后室构成，全长8.7、宽3.54米。前室四隅券进式穹窿顶，平面近正方形，内长2.76、宽2.78、高2.94米；后室券顶，平面长方形，内长4.08、宽2.3、高2.25米（图三，11）[10]。

Ab型　后室平面呈腰鼓形。见有马鞍山盆山M1和马鞍山桃冲村M3共2座，全长均在6.8米左右。马鞍山盆山M1，方向南偏西30°，全长6.83米。前室四隅券进式穹窿顶，平面为方形，长1.46、残高1.6米；后室两边壁外弧，呈腰鼓形，长3.4、最宽处1.43、高1.94米（图三，12）[11]。

---

[1] 李艳天、刘平生《安徽南陵长山西晋纪年墓发掘报告》，《东南文化》2002年第5期，页40—42。
[2] 安徽省文物考古研究所、宣城市文物管理所《安徽宣城电厂墓地发掘简报》，《文物研究》第14辑，合肥：黄山书社，页311—326。
[3] 青阳县文物管理所《安徽青阳县五星东吴—西晋墓发掘简报》，《文物研究》第20辑，北京：科学出版社，2013年，页242—249。
[4] 安徽省文物工作队《安徽南陵县麻桥东吴墓》，《考古》1984年第11期，页974—978、1020。
[5] 朱振文《安徽全椒县卜集东吴砖室墓》，《考古》1997年第5期，页90—93。
[6] 宋永祥《安徽郎溪的三座晋墓》，《东南文化》1989年第2期，页133、143—147。
[7] 马鞍山市博物馆《安徽马鞍山寺门口东吴墓发掘简报》，《东南文化》2007年第3期，页32—36。
[8] 安徽省文物工作队、和县文物组《安徽和县西晋纪年墓》，《考古》1984年第9期，页826—832。
[9] 叶润清《安徽当涂"天子坟"东吴墓》，《大众考古》2016年第7期图版；叶润清《安徽当涂发现高等级东吴宗室墓葬"天子坟"》，《中国文物报》2017年3月10日第8版；叶润清、殷春梅、杨彭、罗海明《安徽当涂"天子坟"孙吴墓发掘收获》，载国家文物局编《2016中国重要考古发现》，北京：文物出版社，2017年，页106—109。
[10] 安徽省文物考古研究所、马鞍山市文化局《安徽马鞍山东吴朱然墓发掘简报》，《文物》1986年第3期，页1—15。
[11] 马鞍山市文物管理所《马鞍山市盆山发现六朝墓》，原载《文物研究》第6辑，合肥：黄山书社，1990年，页153—157；此据《马鞍山六朝墓葬发掘与研究》，页80—83。

B型　前室平面呈横长方形。其下二亚型本地区见其一。

Ba型　后室平面呈长方形。见有马鞍山采石M1、马鞍山宋山大墓、繁昌新潮M1共3座，皆为券顶。马鞍山宋山大墓全长17.68米，在甬道两侧设有与前室相连的凸字形耳室[1]，该墓墓主身份应不低于皇族[2]。马鞍山采石M1，方向215°，墓葬平面呈"十"字形，由甬道、横前室、过道和后室组成，全长6.04米。前室券顶，内长4.1、内宽1.5米；后室内长2.54、内宽0.9米（图三，13）[3]。

D型　前后室之间以砖柱相隔。仅马鞍山桃冲村M2一例。方向180°，由甬道、前室、后室组成，残长6.5、宽1.7米（图三，14）[4]。

第三类　前后主墓室数量超过二间。其下二型本地区见其一。

A型　前室加双后室的三室墓。见有马鞍山独家墩墓、青阳县五星M1、青阳县庙前乡墓共3座，皆为横前堂加双后室的配置。马鞍山独家墩墓在横前堂右东壁、南壁、北壁近左东壁处及右后室的西壁中部各有一耳室[5]，余两座无主室之外的附属结构。青阳县五星M1，方向276°，由甬道、前室、过道和双后室组成，全长8、总宽4.6米。前室平面呈长方形，长2.6、宽1.59米；二后室长均为3.36、宽分别为1.59和1.95米（图三，15）[6]。

（三）苏南浙北地区

目前所见，本地区的吴晋墓葬皆为砖室墓。其下四类本地区均可见到。

第一类　主墓室为一间。其下三型本地区均可见到。

A型　墓室平面呈长方形。墓葬全长在2—6.5米之间。墓壁平直，墓顶为券顶。墓室前部常有短甬道，位置以居中者为多；浙北则存在一定数量甬道偏于墓室一侧的刀形墓，如淳安M11[7]、湖州长超山M1[8]、余杭凤凰山M65[9]、余杭义桥M20及M21[10]等。镇

---

[1] 原简报将其定名为"侧室"，不甚准确。侧室应为放置尸体之用，耳室为放置随葬器物之用，结合简报描述，甬道两侧应为耳室，只是规模较大而已。

[2] 安徽省文物考古研究所、马鞍山市文物管理所《安徽马鞍山宋山东吴墓发掘简报》，《江汉考古》2007年第4期，页29—37。

[3] 马鞍山市文物管理所《马鞍山采石东吴墓发掘简报》，原载《文物研究》第14辑，合肥：黄山书社，2005年，页331—337；此据《马鞍山六朝墓葬发掘与研究》，页46—53。

[4] 马鞍山市文物管理所、马鞍山市博物馆《安徽马鞍山桃冲村三座晋墓清理简报》，《文物》1993年第11期，页13—18、34。

[5] 马鞍山市文物管理所《安徽省马鞍山市独家墩三国早期墓发掘简报》，《东南文化》2008年第6期，页37—40。

[6] 青阳县文物管理所《安徽青阳县五星东吴—西晋墓发掘简报》。

[7] 新安江水库考古工作队《浙江淳安古墓发掘》，《考古》1959年第9期，页464—468。

[8] 湖州市博物馆《湖州长超山发现孙吴时期纪年墓》，《东方博物》第37辑，杭州：浙江大学出版社，2010年，页91—93。

[9] 杭州市文物考古研究所《余杭凤凰山汉六朝墓》，页160。

[10] 杭州市文物考古所、余杭区博物馆《余杭义桥汉六朝墓》，页114、122—125。

江句·陆M1在墓室前端设有两耳室[1]，其他基本不见附属结构。宜兴周墓墩M3，方向110°，为带甬道的长方形砖室墓，全长6.1、宽2.72米，墓室券顶，长4.52、宽2.52米（图三，16）[2]。

B型　墓室平面呈正方形。见有2座。苏州虎丘黑松林97M6为一近正方形的单室附一小侧室的结构[3]；苏州虎丘路新村土墩M5，方向8°，砖室平面呈凸字形，自北向南可分为封门砖、甬道、墓室三部分。甬道平面呈长方形，内部南北长1.2、东西宽0.85米；墓室平面呈方形，内部边长3.6米（图三，17）[4]。

C型　墓室平面呈腰鼓形。见有苏州平门城墙M1、句容陈家村M2、宜兴M6共3座。皆为券顶。句容陈家村M2，为带甬道的砖砌单室墓，坐北朝南，墓全长4.9、最宽处2.3、残高1.35米（图三，18）[5]。

第二类　主墓室为前后二间。其下四型本地区均可见到。

A型　前室平面呈正方形。其下二亚型本地区均可见到。

Aa型　后室平面呈长方形。墓葬全长在5.5—14米之间。墓顶结构不甚统一，见有四隅券进式穹窿顶、四边券进式穹窿顶、券顶等。耳室等附属结构少见：镇江丁卯"江南世家"工地M8前室左侧和安吉天子岗M3后室东壁各附一小耳室[6]；苏州虎丘路新村土墩M1前室两侧设有大型对称耳室[7]，属于孙吴宗室墓特有之现象[8]。宜兴周墓墩M2，方向105°，全墓长8.95、宽3.05米。前室四隅券进式穹窿顶，长、宽各2.22、高3米；后室四隅券进式穹窿顶，长3.9、宽1.94、高3.97米（图三，19）[9]。

Ab型　后室平面呈腰鼓形。此类型墓葬在本地区发现较多，全长在6.5—11.5米之间。墓顶结构不甚统一，见有四隅券进式穹窿顶、四边券进式穹窿顶、四角攒尖式顶、券顶等。宜兴周墓墩M5前室两侧各有一侧室[10]。宜兴周墓墩M4，方向101°，为长方形前后室带甬道的砖室墓，全长11.3、宽3.54、高3.38米。墓前有封门墙和墓门，墓门为石门；前室方形穹窿顶，长宽均为3.54、高3.38米；后室长方椭圆形穹窿顶，长5.5、宽3.58、残高1.02

---

[1] 镇江博物馆《镇江东吴西晋墓》，《考古》1984年第6期，页514、528—545。
[2] 南京博物院《江苏宜兴晋墓的第二次发掘》，《考古》1977年第2期，页115—122。
[3] 苏州市考古研究所、苏州博物馆《虎丘黑松林墓地》，北京：文物出版社，2022年，页27—30。
[4] 苏州市考古研究所《江苏苏州虎丘路新村土墩三国孙吴M5发掘简报》，《东南文化》2020年第6期，页40—48。
[5] 江苏省文物管理委员会《江苏句容陈家村西晋南朝墓》，《考古》1966年第3期，页152—154。
[6] 镇江博物馆、镇江市文管办《镇江丁卯"江南世家"工地六朝墓》，《东南文化》2008年第4期，页17—27；安吉县博物馆、程亦胜《浙江安吉天子岗汉晋墓》，《文物》1995年第6期，页28—39。
[7] 苏州市考古研究所《江苏苏州虎丘路新村土墩三国孙吴M1发掘简报》，《东南文化》2019年第6期，页26—41。
[8] 据发掘者张铁军先生在2021年12月举行的"三国两晋南北朝考古新发现报告交流会"上的发言，该墓墓主很可能为孙策。
[9] 罗宗真《江苏宜兴晋墓发掘报告——兼论出土的青瓷器》，《考古学报》1957年第4期，页83—106。
[10] 南京博物院《江苏宜兴晋墓的第二次发掘》。

米（图三，20）[1]。

B型　前室平面呈横长方形。其下二亚型本地区均可见到。

Ba型　后室平面呈长方形。见有安吉天子岗M2及吴县狮子山M2、M4，前者全长约6.5米，后两者全长在9米左右。吴县狮子山M2，方向坐南朝北，由封门墙、墓道、前室、甬道、后室组成，全长9.01米。前室四隅券进式穹窿顶，平面呈扁方形，宽3.24、进深1.95、高2.8米；后室四隅券进式穹窿顶，平面呈长方形，宽1.8、进深4.3、高2.95米（图三，21）[2]。

Bb型　后室平面呈腰鼓形。仅吴县狮子山M1一座。方向北偏西15°，由封门墙、墓道、前室、甬道、后室和耳室组成，全长7.9米。前室四边券进式穹窿顶，平面呈长方形，宽2.9、进深1.42、高2.45米；后室四边券进式穹窿顶，平面呈长方椭圆形，进深3.9、宽2.65、高2.65米，左侧有一耳室（图三，22）[3]。

C型　前室平面呈纵长方形。仅句容石狮公社西晋墓一座。方向270°，全长约9米，分前、后两室，中间有甬道相通。墓室左右壁均略外弧，前室内长3.62、宽2.7米，后室内长4.8、宽3.15米（图三，23）[4]。

D型　前后室之间以砖柱相隔。主要见于湖州市白龙山汉六朝墓群，共3座，分别为M3、M11和M24。湖州市白龙山M3，方向180°，由甬道、前室和后室组成，全长8.04米。墓室前端内设柱券，形成甬道；前室近方形，长2.24、宽2.24、残高0.2—1.28米；前室后设一道券墙，形成短过道，与后室相通；后室呈近长方形，长3.6、宽2.4、高3.08米（图三，24）[5]。

第三类　前后主墓室数量超过二间。其下二型本地区均可见到。

A型　前室加双后室的三室墓。见有镇江高·化M1及苏州虎丘黑松林97M4[6]。镇江高·化M1，坐北朝南，由甬道、前室和二后室组成。前室券顶，平面横长方形，长4.08、宽1.24、高2.25米；左后室券顶，平面长方形，长4.38、宽2、高2.3米；右后室穹窿顶，平面正方形，边长3.4、残高1.5米（图三，25）[7]。

---

[1]　南京博物院《江苏宜兴晋墓的第二次发掘》。
[2]　吴县文物管理委员会、张志新《江苏吴县狮子山西晋墓清理简报》，《文物资料丛刊》第3辑，北京：文物出版社，1980年，页130—138。
[3]　同上注。
[4]　南波《江苏句容西晋元康四年墓》，《考古》1976年第6期，页360、396—397。
[5]　浙江省文物考古研究所、湖州市博物馆《湖州市白龙山汉六朝墓葬发掘报告》，载《浙江汉六朝报告集》，页152。
[6]　据何文竞、徐苏君《苏州地区六朝墓综述》（苏州市考古研究所、苏州博物馆《虎丘黑松林墓地》，北京：文物出版社，2022年，页46—71），苏州虎丘半塘高邮墩"三国"墓似也为六朝早期的前室加双后室的三室墓。但由于缺乏更为翔实的墓葬形制尺寸、出土器物等信息，其时代归属仍然存疑，故暂不纳入本书的统计范围。
[7]　镇江博物馆《镇江东吴西晋墓》。

B型　前中后三室墓。见有一座。吴县张陵山M3，方向坐南朝北，中轴线上有前、中、后三室，全长近13米。前室呈横长方形，长1.05、宽3.1米；中室呈椭圆形，长4.2、最大宽2.9米；后室亦呈椭圆形，长2.2、宽1.4米（图三，26）[1]。

第四类　主墓室并列。见有湖州市白龙山M9一例。方向200°，全长7.08米，由左右两个并列的墓室组成。右室较长，由前室、过道、后室组成。前室长方形，残长2.5、宽2.42米；后室近长方形，长2.98、宽1.86—1.94米。左室长方形，残长4.6、宽2.6米（图三，27）[2]。

（四）浙南地区

砖室墓。其下四类本地区见其二。

第一类　主墓室为一间。其下三型本地区见其一。

A型　墓室平面呈长方形。墓葬全长在3—7.5米之间。墓壁大多平直，但也存在一定数量墓壁外弧的现象：如余姚穴湖M1，墓室两侧壁与后壁微外弧[3]；宁波鄞州老虎岩M9，墓室两侧壁中部略外折[4]。墓顶基本为券顶。根据墓室前部甬道的有无及位置，可将墓葬的平面形状分为凸字形、刀形和长方形，以凸字形者最多，其次为刀形。附属结构罕见，衢县街路村西晋墓在墓室南壁附有一小耳室[5]，其他个别墓葬存在于墓室四角砌砖柱或开壁龛的现象。宁波市蜈蚣岭M1，方向90°，券顶。墓室平面呈长方形，内长4.55、宽1.55、高2.26米；甬道平面呈长方形，内长1.45、宽1、高1.2米（图三，28）[6]。上虞驿亭谢家岸后头山M26，墓向270°，券顶。砖室长4.32、宽1.61、高2.1米；甬道位于墓室左侧，长1.4、宽0.87、内高1.42米。墓室后壁有壁龛两个[7]。

第二类　主墓室为前后二间。其下四型本地区见其二。

A型　前室平面呈正方形。其下二亚型本地区见其一。

Aa型　后室平面呈长方形。目前仅见一座。金华古方M12，方向310°，由甬道、前室、后室三部分组成，全长9.1米，券顶。前室近正方形，长2.5、宽2.46、残高1.42米；后室

---

[1] 南京博物院《江苏吴县张陵山张氏墓群发掘简报》，《南方文物》2005年第4期，页14—18。
[2] 浙江省文物考古研究所、湖州市博物馆《湖州市白龙山汉六朝墓葬发掘报告》，页161—162。
[3] 宁波市文物考古研究所、余姚市文物保护管理所《浙江余姚穴湖孙吴时期虞氏墓发掘简报》，《文物》2020年第9期，页20—25。
[4] 宁波市文物考古研究所、鄞州区文物管理委员会《宁波鄞州老虎岩三国至唐代墓葬发掘报告》，《东南文化》2011年第2期，页25—40。
[5] 衢县文化馆《浙江衢县街路村西晋墓》，《考古》1974年第6期，页379—381。
[6] 宁波市文物考古研究所、宁波市鄞州区文物管理委员会办公室《浙江宁波市蜈蚣岭吴晋纪年墓葬》，《考古》2008年第11期，页44—53。
[7] 浙江省文物考古研究所《上虞驿亭谢家岸后头山古墓葬发掘》，载《沪杭甬高速公路考古报告》，页266—308。

为长方形，长5、前宽1.88、后宽2.03米（图三，29）[1]。

B型　前室平面呈横长方形。其下二亚型本地区见其一。

Ba型　后室平面呈长方形。见有嵊县大塘岭M101、M95，绍兴官山岙西晋墓，绍兴柯桥区M3、M26共5座，墓葬全长在7.7—10.5米之间。前三者墓顶为券顶，后两者为四边券进式穹窿顶。绍兴官山岙西晋墓在后室右侧前部设有一方形耳室[2]，其余几座无附属结构。嵊县大塘岭M95，墓向305°，墓内总长为9.56米。前室呈横长方形，横券顶，横长4.02、进深1.75、残高2.37米；后室呈竖长方形，纵向券顶，长4.4、宽1.92、内高1.94米（图三，30）[3]。

土坑墓。在瑞安县的桐溪、芦蒲、隆山等地[4]，发现有少量竖穴土坑墓，均破坏较严重，无详细的形制、尺寸等信息。

二、长江中游墓葬形制的类型学分析

（一）鄂州地区

砖室墓。其下四类本地区均可见到。

第一类　主墓室为一间。其下三型本地区见其二。

A型　墓室平面呈长方形。墓葬全长在2.5—6米之间。墓壁大多较平直，两侧壁外弧者仅见鄂城M2025一例[5]；不过，鄂州地区还存在封门墙呈圆弧形外凸或内凹以及墓室后壁外弧者，为富于地方特色之现象。如：鄂城M2182封门墙呈弧形向外凸出，封砌方式为下部"三顺一丁"，上部错缝顺砌[6]；鄂城M2034封门墙呈弧形外凸，且与甬道侧壁封砌不严合[7]；鄂城M2139封门墙弧形向内封砌[8]；鄂城M2057后壁向外弧出[9]等。墓顶多采用券顶。根据墓室前部甬道的有无及位置，可将墓葬的平面形状分为凸字形、长方形和刀形，以凸字形者最多。有附属结构者不多，带耳室者仅见鄂城M2192，在长方形墓室两侧

---

[1] 金华地区文管会《浙江金华古方六朝墓》，《考古》1984年第9期，页816—825。
[2] 梁志明《浙江绍兴官山岙西晋墓》，《文物》1991年第6期，页55—63。
[3] 嵊县文管会《浙江嵊县大塘岭东吴墓》，《考古》1991年第3期，页206—216。
[4] 浙江省文物管理委员会《浙江瑞安桐溪与芦蒲古墓清理》，《考古》1960年第10期，页30—36、46；瑞安县文物馆《浙江瑞安隆山晋墓清理简报》，《文物资料丛刊》第8辑，北京：文物出版社，1983年，页50—53。
[5] 南京大学历史系考古专业、湖北省文物考古研究所、鄂州市博物馆《鄂城六朝墓》，页56—57。
[6] 同上注，页54。
[7] 同上注，页73。
[8] 同上注，页112。
[9] 同上注，页93。

附有两耳室[1]；另有墓室内壁砌砖柱者，如鄂城M3051两侧壁各有两个相互对称的砖柱、后壁中部砌有凸字形砖柱[2]。鄂城M5004，方向174°，墓葬平面呈凸字形，全长4.18米；墓室券顶，平面呈长方形，长2.98、宽1.58、高1.42米（图三，31）[3]。鄂城M3002，方向270°，墓葬平面呈长方形；墓室券顶，长3、宽0.76、高0.82米[4]。鄂城M3019，方向180°，墓葬平面呈刀形，全长4.72米；甬道偏于墓室西侧；墓室平面呈长方形，长3.66、宽1.82、残高1.6米[5]。

B型　墓室平面呈正方形。仅见鄂城M4020一座。方向180°，砖室平面呈凸字形，由封门墙、甬道、墓室三个部分构成，全长3.4米。墓室平面近方形，长2.24、宽1.88、残高0.36米（图三，32）[6]。

第二类　主墓室为前后二间。其下四型本地区均可见到。

A型　前室平面呈正方形。其下二亚型本地区见其一。

Aa型　后室平面呈长方形。墓葬全长一般在6.5—11米之间。前室墓顶见有券顶、四隅券进式穹窿顶、四边券进式穹窿顶等，采用券顶者可能会在前室两侧附耳室或侧室，最多有3间[7]。武昌任家湾M113，方向160°，由墓道、前室、耳室、后室三部分构成，全长7.15米。前室券顶，平面近正方形，长1.99、宽2.1米；耳室位于前室左右两侧，长0.99、宽0.7米；后室券顶，平面呈长方形，长3、宽1.6米；后室后壁有一券顶小龛，长0.4、宽0.5米（图三，33）[8]。黄梅县松林咀晋墓，方向225°，平面呈双凸字形，由甬道、前室、过道和后室四部分组成，全长8.61、宽2.84米。前室四边券进穹窿顶，平面呈弧边方形，长2.44、宽2.48、高2.2米；后室四边券进穹窿顶，平面呈弧边长方形，长3.14、宽1.7、高2.38米[9]。

B型　前室平面呈横长方形。其下二亚型本地区见其一。

Ba型　后室平面呈长方形。墓葬全长一般在7.5—10米之间；鄂钢饮料厂M1全长14.5米[10]，该墓墓主应属孙吴宗室，故需区别对待。耳室在此类型墓葬中较常见。鄂城孙将军墓，方向180°，由甬道、前室、耳室、后室构成，全长9.03米。前室券顶，为横堂式，横长

---

[1] 南京大学历史系考古专业、湖北省文物考古研究所、鄂州市博物馆《鄂城六朝墓》，页111。
[2] 同上注，页77。
[3] 同上注，页61。
[4] 同上注，页99。
[5] 同上注，页93。
[6] 同上注，页62。
[7] 鄂州市博物馆《鄂钢综合原料场M30发掘简报》，《江汉考古》1995年第3期，页21—27；《鄂城六朝墓》，页28—29。
[8] 武汉市文物管理委员会《武昌任家湾六朝初期墓葬清理简报》，《文物参考资料》1955年第12期，页65—73。
[9] 黄冈市博物馆《湖北黄梅县松林咀西晋纪年墓》，《考古》2004年第8期，页93—96。
[10] 鄂州博物馆、湖北省文物考古研究所《湖北鄂州鄂钢饮料厂一号墓发掘报告》，《考古学报》1998年第1期，页103—131。

4.52、宽2.73—2.8、高2.98米。耳室位于前室左右两侧，左耳室长1.71、宽1.19米，右耳室长1.61、宽1.22米，均高1.28米。后室券顶，平面呈长方形，长4.37、宽2.54—2.67、高2.4米（图三，34）[1]。

C型　前室平面呈纵长方形。见有鄂城M2169一座。方向78°，由前、后室和各附的两个耳室组成，复原长8.87米。前室平面呈纵长方形，长4.27、宽2.9、高2.4米；其左右各附一耳室，左耳室长1.1、宽0.73、高0.9米；右耳室长1.06、宽1.24、高1.24米。后室平面亦呈长方形，长4.24、宽2.5、高2.1米；其左右亦各附一耳室，左耳室长1.04、宽1.24、高1.24米；右耳室长1.1、宽0.73、高0.9米（图三，35）[2]。

D型　前后室之间以砖柱相隔。此类型在本地区发现不多，墓葬全长在5—7米左右。鄂城M2087，方向180°，由甬道、前室、后室三部分组成，全长6.8米。墓室券顶，长6、宽1.96、高2.52米。分隔前、后室的砖柱位于墓室中前部（图三，36）[3]。

第三类　前后主墓室数量超过二间。其下二型本地区均可见到。

A型　前室加双后室的三室墓。本地区的第三类砖室墓多为此形制。前室多呈横长方形，唯鄂州郭家细湾M3不仅前室平面呈方形，且带左右两耳室[4]。鄂城M2006，方向161°，由甬道、前室、过道和双后室组成，全长7.49米。前室四隅券进式穹窿顶，平面呈横长方形，长2.22、宽3.26、高2.46米；两后室券顶，均长3.46、宽1.8、高2.07米（图三，37）[5]。

B型　前中后三室墓。见有赤壁古家岭吴墓一座。方向80°，由甬道、前室、中室、耳室、过道和后室组成，通长10.32、宽4.52、高2.66米。前室平面呈横长方形，长2、宽1.5米。中室长1.62、宽1.4米；两耳室位于中室的南北两侧，内长1.28、宽1.02米。后室呈凸字形，长3.06、宽2米（图三，38）[6]。

第四类　主墓室并列。此类型墓葬在本地区有不少发现，以两单室并列为主；鄂州塘角头M2由两个前堂后室加一个长方形单室并列连接而成，结构较复杂。鄂城M4008，方向180°，由一大一小的两个凸字形墓室并列相连组成，全长4.34米。右室略大，平面呈长方形，长3.54、宽1.6米；甬道右侧及主室右侧各附一耳室，分别为长0.46、宽0.34米和长1.06、宽0.66米。左室略小，平面亦呈长方形，长1.64、宽0.8米（图三，39）[7]。鄂州塘角头M2，方向155°，由甬道、前堂、棺室、耳室、过道、排水沟等部分组成，全长9.16、宽12.16米。

---

[1] 鄂城县博物馆《鄂城东吴孙将军墓》，《考古》1978年第3期，页163—167；《鄂城六朝墓》，页24—25。
[2] 南京大学历史系考古专业、湖北省文物考古研究所、鄂州市博物馆《鄂城六朝墓》，页22。
[3] 同上注，页77。
[4] 黄义军、徐劲松、何建萍《湖北鄂州郭家细湾六朝墓》，《文物》2005年第10期，页34—46。
[5] 南京大学历史系考古专业、湖北省文物考古研究所、鄂州市博物馆《鄂城六朝墓》，页30。
[6] 湖北省文物考古研究所《湖北赤壁古家岭东吴墓发掘报告》，《江汉考古》2008年第3期，页33—42。
[7] 南京大学历史系考古专业、湖北省文物考古研究所、鄂州市博物馆《鄂城六朝墓》，页43—44。

西室由甬道、前堂、过道、棺室及两个耳室组成：甬道西壁中部有一耳室，长1.06、宽0.65、高0.83米；前堂长3.56、宽2.04—2.25、残高0.83米；前堂西壁中部亦有一小耳室，长0.88、宽0.56、残高0.73米；棺室长3.34、宽1.88、残高0.8米。中室由甬道、前堂、棺室组成：前堂长4.2、宽2.4米；棺室长3.02、宽1.56米。东室位于中室前堂东侧，平面呈长方形，长3.07、宽1.78米[1]。

土坑墓。墓室为长方形的土坑，规模较小。鄂城M3035，方向324°，墓坑长方形，长2.66、宽0.88米（图三，40）[2]。

（二）江西地区

砖室墓。其下四类本地区见其三[3]。

第一类 主墓室为一间。其下三型本地区见其一。

A型 墓室平面呈长方形。墓葬全长在2—5米之间[4]。墓壁基本较平直，墓顶基本采用券顶。墓室前部设甬道者，其位置多居中；波阳西晋墓和瑞昌白杨镇M1的甬道偏于墓室一侧，使得墓葬平面呈刀形[5]。有附属结构者很少：带耳室者仅见南昌东湖区叠山路M2，在长方形墓室一侧附有耳室[6]；南昌市郊绳金塔晋墓则在前后两端的内壁中央各贴砌有砖柱，并在两侧壁偏前端各设一壁龛[7]。江西农业大学化工厂M3，方向53°，为平面形状呈凸字形的单室砖墓，全长3.8、宽1、残高0.3—0.8米；墓室券顶，内长3.1、宽0.7米（图三，41）[8]。

---

[1] 湖北省文物考古研究所、鄂州市博物馆《湖北鄂州市塘角头六朝墓》，《考古》1996年第11期，页1—27。

[2] 南京大学历史系考古专业、湖北省文物考古研究所、鄂州市博物馆《鄂城六朝墓》，页114—115。

[3] 在2018—2019年发掘的南昌赣江新区七星堆六朝墓群中，有多座属于第二类及第三类砖室墓的大型墓葬。鉴于目前只有简讯发表（江西省文物考古研究院《七星伴月 茔域千年——江西赣江新区七星堆六朝墓群考古发掘取得阶段性重大成果》，《中国文物报》2019年12月6日第7版），墓葬详细信息尚未公布，故本书暂不将这批资料纳入统计范围。

另外，1991年发掘的吉水城郊M1、M2，原简报将其年代都定为西晋早期（江西省文物考古研究所、吉水县博物馆《江西吉水城郊2号晋墓》，《文物》2001年第2期，页4—11；江西省文物考古研究所、江西吉水县博物馆《江西吉水县晋墓发掘简报》，《南方文物》2013年第4期，页27—30）；而韦正根据吉水城郊M1的回廊结构和M2所出高圈足盘口壶，认为两墓年代均应提前至东汉，下限不过三国初年。本书认同韦正的观点，另补充一证据即吉水城郊M2所出铜雀、铜兽、铜灯亦带有鲜明的东汉器物特征。综上所述，本书不再将此二墓纳入研究范围。

[4] 吉水富滩吴墓全长9米，简报称其为"长方形单室墓"但无形制图，按其尺寸，颇疑墓室内应有砖柱分隔成多室，故本书中不做单室墓统计。李希朗《江西吉水富滩东吴墓》，《南方文物》1996年第3期，页6—10。

[5] 唐山《江西波阳西晋纪年墓》，《考古》1983年第9期，页858；江西省文物考古研究院、九江市文物保护中心、瑞昌市博物馆《江西瑞昌市白杨镇西晋永熙元年墓发掘简报》，《南方文物》2023年第2期，页56—61。

[6] 唐昌朴《江西南昌东吴墓清理简记》，《考古》1983年第10期，页903—907。

[7] 江西省博物馆《江西南昌市郊的两座晋墓》，《考古》1981年第6期，页500—503。

[8] 江西省文物考古研究所、江西南昌市博物馆《江西农业大学化工厂汉晋墓葬发掘简报》，《南方文物》2016年第2期，页90—94。

第二类　主墓室为前后二间。其下四型本地区见其三。

A型　前室平面呈正方形。其下二亚型本地区见其一。

Aa型　后室平面呈长方形。见有2座。南昌县小兰乡吴墓前室两侧各有一侧室，西侧室西壁又连接一小耳室[1]。瑞昌马头"西晋"墓，方向162°，由甬道、前室、过道及后室组成，全长10.28米。前室穹窿顶，平面近正方形，长3.32、宽3.25、高2.71米；后室券顶，平面呈长方形，长4.4、宽2.1、高2.27米（图三，42）[2]。

B型　前室平面呈横长方形。其下二亚型本地区见其一。

Ba型　后室平面呈长方形。见有南昌高荣墓一例。方向坐北朝南。由甬道、前室、后室和一对耳室组成，全长6.18米。前室券顶，平面为横堂式，横长为2.84、进深1.35、高2.2米；前室左右正中各有一相同的耳室，券顶，长1.09、宽0.6、高0.65米。后室券顶，平面呈长方形，长3.25、宽1.68、高1.45米（图三，43）[3]。

D型　前后室之间以砖柱相隔。墓葬全长在3—10米之间。墓壁基本较平直，墓顶基本采用券顶。砖柱除砌于墓室侧壁中部以分隔前、后室外，还砌于墓室四隅，也有在墓室后壁中央加砌砖柱者。附属结构较少见：带耳室者仅见清江晋墓M9，在前室一侧附有耳室[4]；宜丰潭山西晋墓则在前室设有壁龛[5]。根据墓室前部甬道的有无及位置，可将墓葬的平面形状分为长方形和凸字形。南昌市南郊吴墓，方向坐西朝东，为平面呈长方形的券顶砖室，分前、后二室。前室长1.89、后室长3.47，宽度均为2.13米。两室之间以一长37、宽87厘米的砖柱券门分隔[6]。南昌西湖区老福山M2，方向90°，为平面呈凸字形的券顶砖室，分甬道、前室、后室三部分。前室长2.13、宽1.8米；后室长4.03、宽1.8米。两室之间以一高24厘米的砖柱分隔，后壁中央又砌一砖柱直托内券顶（图三，44）[7]。

第三类　前后主墓室数量超过二间。其下二型本地区见其一。

---

[1] 南昌县博物馆《江西南昌县发现三国吴墓》，《考古》1993年第1期，页91—94。原简报将该墓形制描述为"平面呈'十'字形的砖室墓，有前、后室，位于十字中心的天井东西两侧各有一耳室"。结合墓葬平剖面图，笔者认为简报的描述颇有值得推敲之处。首先，天井应为露天空地，而该墓所谓的"天井"应做叠涩攒尖顶，应为该墓前室，其南北两侧的墓室结构应分别为甬道和后室。其次，简报将"天井"东西两侧的墓室结构判定为了耳室，而该墓与鄂城M5014形制基本相同，后者将左右二室定为了侧室。根据小兰乡吴墓东西二室的大小并结合西室还连接一小耳室的情况，将此二室判定为侧室应更为合理。

[2] 江西省博物馆《江西瑞昌马头西晋墓》，《考古》1974年第1期，页27—32、39。据张科考证，该墓年代应在孙吴。参见：张科《论瑞昌马头"西晋"墓的年代与归属——兼谈孙吴时期的不归葬》，《东南文化》2021年第6期，页77—87。

[3] 刘林《南昌市东吴高荣墓的发掘》，《江西历史文物》1980年第1期，页24—30；江西省历史博物馆《江西南昌市东吴高荣墓的发掘》，《考古》1980年第3期，页219—228。

[4] 江西省博物馆考古队《江西清江晋墓》，《考古》1962年第4期，页186—189。

[5] 刘林《宜丰潭山清理一座西晋墓》，《文物工作资料》1977年第2期，页4。

[6] 秦光杰《江西南昌市郊吴永安六年墓》，《考古》1965年第5期，页258—259。

[7] 江西省博物馆《江西南昌晋墓》，《考古》1974年第6期，页373—378。

B型 前中后三室墓。有靖安虎山M1、M2和新干县塔下西晋墓共3座。墓壁平直，墓顶采用券顶。前两者以砖柱分隔中、后室[1]，后者三室均以砖柱相隔。新干县塔下西晋墓，方向坐东朝西，为平面呈长凸字形的券顶砖室，由甬道和前、中、后三室组成，全长9.95米。前室长1.72、中室长1.8、后室长3.9米，三室均宽1.8米。三室之间以砖柱券门相分隔（图三，45）[2]。

土坑墓。墓室为长方形的土坑，规模颇小。靖安老虎墩M127，墓向275°，平面呈近长方形，直壁，平底。长2.5、宽0.4—0.6、残深0.4米（图三，46）[3]。

（三）湖南地区

砖室墓。其下四类本地区均可见到。

第一类　主墓室为一间。其下三型本地区见其二。

A型　墓室平面呈长方形。墓葬全长在1.5—5米之间。墓壁平直，墓顶采用券顶。有附属结构者很少：长沙左家塘西晋墓在后壁附有一小耳室[4]，郴建M3在墓室后壁正中设有方形浅龛[5]。另值得一提的是，耒阳发现的几座此类型墓葬尺寸殊小，如耒阳城关M169墓室仅长1.68、宽0.4米，很可能为安置骨骸的二次葬墓[6]。衡东大浦M4，方向155°，平面呈凸字形。券顶已毁。甬道长1.7、宽1.53、残高0.6米；墓室长3.49、宽2.15、残高0.9米（图三，47）[7]。

B型　墓室平面呈正方形。主要发现于湖南北部的长沙、常德两地。墓葬全长多在5米以上。墓壁多有外弧，墓顶见有四隅券进式穹窿顶、券顶、四角攒尖顶等，墓室前部设甬道。附属结构如小龛、耳室等较常见，多设于甬道或墓室的一侧或两侧。安乡刘弘墓，由墓道、甬道、墓室三部分组成。墓室四隅券进式穹窿顶，平面为正方形，四壁微外弧，边长3.6、高4.2米（图三，48）[8]。

第二类　主墓室为前后二间。其下四型本地区见其三。

A型　前室平面呈正方形。其下二亚型本地区见其一。

---

[1] 江西省文物工作队《江西靖安虎山西晋、南朝墓》，《考古》1987年第6期，页538—541、575。
[2] 刘诗中、许智范《新干县塔下西晋墓》，《江西历史文物》1983年第2期，页13—16。
[3] 厦门大学历史系、江西省文物考古研究院、靖安县博物馆《江西靖安老虎墩遗址汉晋墓与器物坑发掘报告》，《考古学报》2021年第4期，页583—607。
[4] 刘廉银《湖南长沙左家塘西晋墓》，《考古》1963年第2期，页107。
[5] 郴州地区文物工作队《湖南郴州晋墓》，《东南文化》1991年第5期，页202—205。
[6] 衡阳市文物工作队《湖南耒阳城关六朝唐宋墓》，《考古学报》1996年第2期，页237—277。
[7] 衡东县文物局《湖南衡东大浦西晋南朝墓发掘简报》，《湖南考古辑刊》第8集，长沙：岳麓书社，2009年，页118—121。
[8] 安乡县文物管理所《湖南安乡西晋刘弘墓》，《文物》1993年第11期，页1—12。

Ab型　后室平面呈腰鼓形。较明确者为长沙晋墓M23。方向150°,由甬道、前室、过道、后室组成,全长11.12米。前室四角攒尖顶,两壁呈弧形,长3.4、两端宽2.9、中间最宽3.74米;后室四角攒尖顶,两壁也呈弧形,长4、两端宽3.12、中间最宽3.22米。后室后壁有一小拱形龛(图三,49)[1]。

B型　前室平面呈横长方形。其下二亚型本地区见其一。

Ba型　后室平面呈长方形。见有资兴市李家组M1一座。方向165°,由墓道、封门、甬道、前室和后室组成,券顶,全长7.36米。甬道长1.54、宽1.6、高1.6米;前室长1.96、宽2.56、高2.24米;后室长3.86、宽2.24、高2.02米(图三,50)[2]。

C型　前室平面呈纵长方形。较明确者为浏阳姚家园M1。为长方凸字形券顶砖墓,全长4.24米。前室长1.34米,封门处宽0.88、与后室相接处宽0.92;后室长2.9米,与前室相接处宽1.46、后端宽1.4米[3]。

第三类　前后主墓室数量超过二间。其下二型本地区见其一。

B型　前中后三室墓。墓葬全长在6—8.5米之间。湖南地区此类型墓葬的特点是:前、后室稍窄而中室稍宽,且前、室的宽度大体相当。墓壁基本平直,墓顶采用券顶;附属结构很少,唯益阳县李宜墓的后室后壁正中有一小耳室[4]。益阳梓山湖M8,方向345°,由墓道、封门墙、甬道、前室、中室、后室组成,全长8.5米。前室长2.4、宽2、残高1.35米;中室长3.3、宽2.4、残高1.35米;后室长2.4、宽2、残高1.7米(图三,51)[5]。

第四类　主墓室并列。见有耒阳城关M116一座。方向162°,墓室分左右两室,双室共一单券,长2、宽0.75米(图三,52)[6]。

土坑墓。包括土坑砖底墓和土坑木椁墓两类。湘阴城关镇剑坡里墓,南北向,为凸字形土坑砖底墓,由墓道、墓门、墓室和耳室组成。墓室底部用平砖铺砌成人字形,墓门用砖封闭,但墓壁未用砖砌[7]。长沙青少年宫晋墓,方向坐北朝南,平面呈凸字形,墓道北端东西两壁各有一壁龛。墓室长4.7、宽2.2米,其内为椁室(图三,53)[8]。

---

[1] 湖南省博物馆《长沙两晋南朝隋墓发掘报告》,《考古学报》1959年第3期,页75—105。
[2] 陈斌《湖南资兴市发现一座西晋纪年砖墓》,http://www.hnkgs.com/show_news.aspx?id=2266。
[3] 高至喜《浏阳姚家园清理晋墓二座》,《文物》1960年第4期,页88—89。
[4] 益阳地区文物工作队、宜阳县文化馆《湖南省益阳县晋、南朝墓发掘简况》,《文物资料丛刊》第8辑,北京:文物出版社,1983年,页45—49。
[5] 湖南省文物考古研究所、益阳市文物管理处《湖南益阳梓山湖孙吴、宋墓发掘简报》,《湖南考古辑刊》第9集,长沙:岳麓书社,2011年,页128—154。该简报将封门墙之后的结构判定为了甬道,但考虑到此部分结构与墓葬的最后一部分等宽,且随葬品多出于此部分,应作前室更为合适。
[6] 衡阳市文物工作队《湖南耒阳城关六朝唐宋墓》。
[7] 湘阴县博物馆《湘阴县城关镇东吴墓》,《湖南考古辑刊》第4集,长沙:岳麓书社,1987年,页52—57。
[8] 长沙市文物工作队《长沙发现一座晋代木椁墓》,《考古学集刊》3,北京:中国社会科学出版社,1983年,页150—153。

表一　长江下游吴晋纪年墓形制表

墓　名	年　代	墓葬样式	墓顶结构	墓葬尺寸（米）	墓　向	相关设施	纪年物	出　处
南京地区								
南京五佰村M3	太元元年（251年）	第二类Aa型砖室墓	双四边券进式穹隆顶	全长8.2 前室2.6-2.7×2.6-2.9 后室3.1-3.2×1.9-2.3	185°	侧室1	砖地券	《考古》2023.9
南京幕府山M1	五凤元年（254年）	第一类A型砖室墓	券顶	全长5.26 墓室3.75×1.72	100°	小龛1	砖地券	《文物资料丛刊》8
南京幕府山M2	五凤元年（254年）	第二类Ba型砖室墓	前室四边券进式穹隆顶，后室券顶	全长8.65 前室1.96×2.58 后室3.12×1.72	107°	小龛1	砖地券	《文物资料丛刊》8
南京郭家山M7	永安二年（259年）	第二类Ba型砖室墓	前室四隅券进式穹隆顶，后室券顶	前室2.2×2.45 后室3.6×1.9	160°	耳室2	砖地券	《考古》1998.8
南京郭家山M6	永安四年（261年）	第一类B型砖室墓	四隅券进式穹隆顶	全长3.2 主室2.55×3.1	232°	侧室1	砖地券	《考古》1998.8
南京雨花台区古杏山M1	宝鼎二年（267年）	第二类A型砖室墓	前室穹隆顶，双后室券顶	—	—	砖台1	墓砖	《江苏考古2010—2011》
南京滨江开发区15号路M3	建衡元年（269年）	第一类A型砖室墓	券顶	全长5.39 墓室3.9×1.68	160°	—	砖地券	《东南文化》2009.3
南京栖霞山甘家巷M29	建衡二年（270年）	第二类Aa型砖室墓	双四隅券进式穹隆顶	全长6.94 前室1.88×1.9 后室3.46×1.9	160°	—	铅地券	《考古》1976.5

（续 表）

墓 名	年 代	墓葬形制结构					纪年物	出 处
		墓葬样式	墓顶结构	墓葬尺寸（米）	墓 向	相关设施		
南京东善桥吴墓	凤凰三年（274年）	第二类Ba型砖室墓	双券顶	全长6.65 前室2.06×2.76 后室3.5×1.95	120°	砖台1 砖棺垫	墓砖	《文物》1999.4
南京江宁沙石岗M1	天册元年（275年）	第二类Aa型砖室墓	前室四隅券进式穹隆顶，后室券顶	全长8.38 前室2.5×2.46 后室4.26×1.9	290°	砖台1 石棺座	墓砖	《东南文化》2009.3
南京江宁上坊棱角山M1	天册元年（275年）	第二类Aa型砖室墓	前室四隅券进式穹隆顶，后室券顶	全长9.5 前室3.05×2.98 后室4.4×1.95	坐北朝南	耳室3	墓砖	《文物资料丛刊》8
南京丁墙村97M1	天册元年（275年）	第一类A型砖室墓	—	全长4.7 墓室3.9×1.78	105°	砖台1	砖地券	《南京文物考古新发现》
南京雨花台区农花村M19	天玺元年（276年）	第二类Aa型砖室墓	前室穹窿顶，后室四隅券进式穹隆顶	全长9.1 前室2.9×2.9 后室4×2	145°	耳室1	墓砖	《考古》2013.3
南京江宁索墅M1	太康元年（280年）	第二类Aa型砖室墓	前室四边券进式穹隆顶	前室1.92×1.92–1.98	70°	砖台1	墓砖	《考古》1987.7
南京江宁秣陵公社西晋墓	太康四年（283年）	第一类A型砖室墓	券顶	墓室3.4×1.96	180°	小龛1	墓砖	《文物》1973.5
南京柳塘村西晋墓	太康五年（284年）	第二类Aa型砖室墓	双四隅券进式穹隆顶	前室2×2.1 后室3.53×2.1	坐北朝南	砖台1	铅地券	《考古》1992.8
南京江宁咸墅村M1	太康六年（285年）	第一类A型砖室墓	券顶	全长4.66 墓室4×1.84	225°	—	墓砖	《东南文化》2019.4

（续　表）

墓　名	年　代	墓葬样式	墓顶结构	墓葬尺寸（米）	墓　向	相关设施	纪年物	出　处
南京江宁咸墅村M2	太康六年（285年）	第一类A型砖室墓	叠涩顶	墓室2.62×0.62	220°	—	墓砖	《东南文化》2019.4
南京江宁周岗镇尚义采石场M1	太康六年（285年）	第一类A型砖室墓	券顶	全长4 墓室3.2×1.5	102°	砖台1	墓砖	《南京文物考古新发现》
南京江宁丁甲山M1	太康六年（285年）	砖室墓	—	—	—	—	铭地券	《考古学报》1957.1
南京将军山M12	太康七年（286年）	第二类Aa型砖室墓	双四边券进式穹窿顶	全长8.06 前室2.5×2.5 后室3.66×2.2	175°	—	墓砖	《文物》2008.3
南京中华门外郎家山晋墓	元康三年（293年）	第一类A型砖室墓	券顶	5.3×2.42	—	—	墓砖	《文物参考资料》1955.7
南京雨花台区古杏山M5	元康六年（296年）	第一类A型砖室墓	券顶	—	—	—	墓砖	《江苏考古2010—2011》
南京板桥新凹子M13	元康七年（297年）	第一类A型砖室墓	券顶	全长5.2 墓室3.76×1.6	163°	砖台1	墓砖	《中国国家博物馆馆刊》2015.12
南京江宁张家山晋墓	元康七年（297年）	第二类Ba型砖室墓	前室穹窿顶，后室券顶	全长6.22 前室1.76×2.56 后室2.6×1.9	170°	砖台1	墓砖	《考古》1985.10
扬州育浦M93	元康七年（297年）	第二类Aa型砖室墓	—	全长8.2 前室3.38×3.36 后室3.25×1.85 东侧室3.25×1.95 西侧室3.15×1.68	350°	—	墓砖	《考古学报》1988.2

（续表）

墓 名	年 代	墓葬形制结构					纪年物	出 处
^	^	墓葬样式	墓顶结构	墓葬尺寸（米）	墓向	相关设施	^	^
江苏六合瓜埠西晋墓	元康九年（299年）	第一类A型砖室墓	券顶	全长5.12 墓室4.5×2	100°	—	墓砖	《考古》1973.2
扬州胥浦M94	元康九年（299年）	第一类A型砖室墓	—	墓室3.7×1.7	260°	砖台1	墓砖	《考古学报》1988.2
南京板桥新回子M8	永宁元年（301年）	第一类A型砖室墓	四边券进式穹隆顶	全长5.54 墓室4.26×1.72–2.1	273°	砖台1	墓砖	《中国国家博物馆馆刊》2015.12
南京板桥镇石闸湖晋墓	永宁二年（302年）	第二类Aa型砖室墓	前室四隅券进式穹隆顶，后室券顶	全长7.8 前室2.26×2.1 后室3.85×1.87–1.93	324°	砖台1 小龛4	铅地券	《文物》1965.6
南京殷巷M1	永兴二年（305年）	第二类Aa型砖室墓	前室四隅券进式穹隆顶，后室券顶	全长7.96 前室2.76×2.8 后室3.64×2.16	146°	砖台1	墓砖	《文物》2002.7
南京迈皋桥西晋墓	永嘉二年（308年）	第二类Aa型砖室墓	双四隅券进式穹隆顶	全长约8 后室3.3×1.75	坐东朝西	—	墓砖	《考古》1966.4
皖 南 地 区								
南陵县麻桥M1	赤乌八年（245年）	第一类A型砖室墓	券顶	—	—	角柱4	铅地券	《考古》1984.11
马鞍山东吴朱然墓	赤乌十二年（249年）	第二类Aa型砖室墓	前室四隅券进式穹隆顶，后室券顶	全长8.7 前室2.76×2.78 后室4.08×2.3	180°	砖台2	木谒、名刺	《文物》1986.3

第一章｜墓葬形制研究　39

(续 表)

墓 名	年 代	墓葬形式	墓葬形制结构					纪年物	出 处
			墓顶结构	墓葬尺寸（米）	墓 向	相关设施		
青阳县五星M1	凤凰三年（274年）	第三类A型砖室墓	—	全长8 前室2.6×1.59 二后室3.36×1.59	276°	—	墓砖	《文物研究》20
郎溪晋墓M1	太康元年（280年）	第一类A型砖室墓	券顶	4.2×1.92	坐西朝东	—	墓砖	《东南文化》1989.2
当涂太白乡陈山西晋墓	太康七年（286年）	砖室墓，形制不详	—	—	—	—	墓砖	《文物研究》3
青阳县五星M3	太康八年（287年）	砖室墓，形制不详	—	残长2.9×残宽0.2-2.8	—	—	墓砖	《文物研究》20
和县西晋墓	太康九年（288年）	第二类Aa型砖室墓	双券顶	全长6.18 前室1.95×1.93 后室3.05×1.64	15°	砖台2 小龛2	墓砖	《考古》1984.9
南陵长山M2	太康九年（288年）	第一类A型砖室墓	券顶	4.5×1.25-1.5	38°	—	墓砖	《东南文化》2002.5
和县张集乡西晋墓	元康五年（295年）	第一类A型砖室墓	券顶	4.76×1.6	90°	—	墓砖	《文物研究》11
含山县道士观M1	元康五年（295年）	第一类A型砖室墓	券顶	全长5.86 墓室4.74×2.4	354°	砖台1	墓砖	《江汉考古》2014.6
含山县道士观M2	元康五年（295年）	第一类A型砖室墓	四隅券进式穹窿顶	全长5.06 墓室3.8×1.26	355°	砖台1	墓砖	《江汉考古》2014.6
南陵长山M3	元康八年（298年）	第一类A型砖室墓	券顶	全长6.05 墓室4.35×2.6	40°	—	墓砖	《东南文化》2002.5

（续 表）

墓 名	年 代	墓葬形制结构					纪年物	出 处
^	^	墓葬样式	墓顶结构	墓葬尺寸（米）	墓 向	相关设施	^	^
含山县道士观 M3	元康九年（299年）	第一类A型砖室墓	券顶	全长4.77 墓室5.6×2.16	5°	小龛1	墓砖	《江汉考古》2014.6
马鞍山桃冲村 M3	永嘉二年（308年）	第二类Ab型砖室墓	—	全长6.85 前室1.35×1.7 后室长3.65，两侧壁外弧	181°	—	墓砖	《文物》1993.11
马鞍山霍里乡 M1	建兴二年（314年）	第一类A型砖室墓	券顶	全长4.72 墓室3.7×1.6	180°	—	墓砖	《文物研究》12
马鞍山霍里乡 M2	建兴二年（314年）	第二类A型砖室墓	券顶	全长5.12 墓室3.95×1.5	160°	—	墓砖	《文物研究》12
马鞍山桃冲村 M2	建兴四年（316年）	第二类C型砖室墓	—	残长6.5×1.7	180°	—	墓砖	《文物》1993.11
苏 南 浙 北 地 区								
苏州虎丘路新村土墩M5	建兴二年（253年）	第一类B型砖室墓	—	全长4.8 墓室3.6×3.6	8°	—	墓砖	《东南文化》2020.6
金坛县方麓吴墓	永安三年（260年）	第二类Ab型砖室墓	前室四角攒尖式顶，后室弓窿顶	全长6.5 前室1.45-1.55×1.42-1.6 后室3×1.54	84°	—	墓砖	《文物》1989.8
萧山三国墓	永安四年（261年）	第一类A型墓	券顶	4.8×1.8	90°	—	墓砖	《东方博物》42

第一章 | 墓葬形制研究 41

(续 表)

墓 名	年 代	墓葬样式	墓顶结构	墓葬尺寸（米）	墓 向	相关设施	纪年物	出 处
溧阳孙吴墓	凤凰元年（272年）	第二类Ab型砖室墓	—	全长8 前室2×2 后室3.3×2	260°	小龛2	墓砖	《考古》1962.8
金坛县白塔公社吴墓	天玺元年（276年）	第一类A型砖室墓	—	—	—	—	墓砖	《文物》1977.6
淳安古墓M11	天纪元年（277年）	第一类A型砖室墓	券顶	全长4.78 墓室3.38×2.03	35°	—	墓砖	《考古》1959.9
湖州长超山M1	天纪元年（277年）	第一类A型砖室墓	券顶	全长5 墓室4.4×2	20°	—	墓砖	《东方博物》37
杭州余杭七里亭M22	太康元年（280年）	第一类A型砖室墓	券顶	全长5.08 墓室4.04×1.56	160°	—	墓砖	《东方博物》58
湖州市白龙山M40	太康元年（280年）	第二类Aa型砖室墓	后室四隅券进式穹窿顶	全长5.66 前室1.44×1.48-1.52 后室3.04×1.5-1.6	225°	—	墓砖	《浙江汉六朝墓报告集》页198—200
安吉天子岗M2	太康六年（285年）	第二类Ba型砖室墓	前室推测为穹窿顶	全长6.48 前室1.26×2.52 后室3.27×1.79	12°	—	墓砖	《文物》1995.6
杭州地区汉六朝墓M33	太康八年（287年）	第一类A型砖室墓	券顶	全长4.45 墓室3.9×1.8	280°	—	墓砖	《东南文化》1989.2
镇江句·行M1	元康元年（291年）	砖室墓,形制不详	—	—	—	—	砖地券	《考古》1984.6

（续 表）

墓 名	年 代	墓葬形制结构					纪年物	出 处
^	^	墓葬样式	墓顶结构	墓葬尺寸（米）	墓 向	相关设施	^	^
临安小山弄M29	元康三年（293年）	第一类A型砖室墓	券顶	全长4.76 墓室4×1.6	80°	—	墓砖	《东方博物》31
临安小山弄M30	元康三年（293年）	第一类A型砖室墓	券顶	全长4.7 墓室4.14×1.7	80°	—	墓砖	《东方博物》31
吴县狮子山M2	元康三年（293年）	第二类Ba型砖室墓	双四隅券进式穹隆顶	全长9.01 前室1.95×3.24 后室4.3×1.8	坐南朝北	—	墓砖	《文物资料丛刊》3
句容石狮公社西晋墓	元康四年（294年）	第二类C型砖室墓	双穹隆顶	全长9 前室3.62×2.7 后室3.62×3.15	270°	—	墓砖	《考古》1976.6
吴县狮子山M1	元康五年（295年）	第二类Bb型砖室墓	双四边券进式穹隆顶	全长7.9 前室1.42×2.9 后室3.9×2.65	345°	砖台2 耳室1	墓砖	《文物资料丛刊》3
宜兴周墓墩M1	元康七年（297年）	第三类Aa型砖室墓	双四隅券进式穹隆顶	全长13.12 前室2.32×2.34 后室4.5×2.2	99°	砖台3	墓砖	《考古学报》1957.4
吴县张陵山M3	元康九年（299年）	第三类B型砖室墓	—	全长13 前室1.05×3.1 中室4.2×2.9 后室2.2×1.4	坐南朝北	—	墓砖	《南方文物》2005.4
宜兴周墓墩M4	永宁二年（302年）	第二类Ab型砖室墓	双穹隆顶	全长11.3 前室3.54×3.54 后室5.5×3.58	101°	石案2	墓砖	《考古》1977.2

（续表）

墓 名	年 代	墓葬形制结构					相关设施	纪年物	出 处
^	^	墓葬样式	墓顶结构	墓葬尺寸（米）	墓向	^	^	^	^
湖州市白龙山M3	永嘉元年（307年）	第二类Aa型砖室墓	后室四隅券进式穹隆顶	全长8.04 前室2.24×2.24 后室3.6×2.4	180°	—	墓砖	《浙江汉六朝墓报告集》页152—154
宜兴周墓墩M5	建兴四年（316年）	第二类Ab型砖室墓	双四隅券进式穹隆顶	全长8.4 前室3.06×2.94 后室4.12×2.82 北侧室3.91×1.16 南侧室3.78×1.14	102°	—	墓砖	《考古》1977.2
浙 南 地 区								
绍兴江桃村M1	嘉禾三年（234年）	第一类A型砖室墓	券顶	全长6.02 墓室4.61×2.08	30°	砖台1	墓砖	《东南文化》2021.4
嵊县大塘岭M101	太平二年（257年）	第二类Ba型砖室墓	券顶	全长7.72 前室1.9×4.4 后室3.28×1.64	342°	砖砌二层台	砖刻墓志	《考古》1991.3
上虞驿亭树家岸后头山M26	太平三年（258年）	第一类A型砖室墓	券顶	墓室4.32×1.61	270°	小龛2	墓砖	《沪杭甬高速公路考古报告》页284—285
嵊县石璜镇下村吴墓	太平四年（259年）	砖室墓，形制不详	—	—	—	—	墓砖	《考古》1988.9
宁波市嵊岙岭M1	永安三年（260年）	第一类A型砖室墓	券顶	全长6 墓室4.55×1.55	90°	砖托3	墓砖	《考古》2008.11
嵊县大塘岭M95	永安六年（263年）	第二类Ba型砖室墓	券顶	全长9.56 前室1.75×4.02 后室4.4×1.92	305°	砖砌二层台	墓砖	《考古》1991.3

（续　表）

墓　名	年　代	墓葬样式	墓顶结构	墓室尺寸（米）	墓向	相关设施	纪年物	出　处
余姚六湖M1	永安七年（264年）	第一类A型砖室墓	券顶	全长6.95 墓室4.9–5.06×2.48–2.64	195°	砖台1	墓砖	《文物》2020.9
宁波北仑小港姚墅M1	永安七年（264年）	砖室墓，形制不详	券顶	残长4.25×1.6米	240°	—	墓砖	《南方文物》2012.3
奉化白杜南岙林场M203	元兴二年（265年）	第一类A型砖室墓	券顶	3.9×1.94	350°	—	墓砖	《浙江汉六朝墓报告集》页288–289
金华古方M27	甘露二年（266年）	第一类A型砖室墓	—	—	—	—	墓砖	《考古》1984.9
宁波鄞州老虎岩M18	宝鼎二年（267年）	第一类A型砖室墓	券顶	全长5.7 墓室4.4×1.92	120°	—	墓砖	《东南文化》2011.2
嵊州市祠堂山M143	宝鼎二年（267年）	第一类A型砖室墓	券顶	全长5.23 墓室4.02×1.72	250°	—	墓砖	《东方博物》47
黄岩秀岭水库M5	天玺元年（276年）	第一类A型砖室墓	券顶	全长5.84 墓室3.8–4.18×1.72	82°	—	墓砖	《考古学报》1958.1
上虞江山M84	天纪元年（277年）	第一类A型砖室墓	券顶	3.72×1.26	202°	—	墓砖	《东南文化》1989.2
嵊县六朝墓M74	天纪二年（278年）	第一类A型砖室墓	—	全长4.9 3.8×1.36	242°	—	墓砖	《考古》1988.9
宁波慈溪明湖公社晋墓	太康元年（280年）	第一类A型砖室墓	券顶	墓室4×1.54	345°	—	墓砖	《文物》1980.10

（续　表）

墓　名	年　代	墓葬样式	墓顶结构	墓葬尺寸（米）	墓　向	相关设施	纪年物	出　处
绍兴平水小家山M3	太康元年（280年）	第一类A型砖室墓	券顶	墓室3.16×1-1.05	345°	—	墓砖	《浙江省文物考古研究所学刊》10
金华古方M30	太康二年（281年）	第一类A型砖室墓	—	全长5.8墓室4.35×1.8	90°	—	墓砖	《考古》1984.9
宁波奉化锦屏乌鸦山M5	太康三年（282年）	第一类A型砖室墓	券顶	全长5.56墓室4.24×1.64-1.76	15°	—	墓砖	《南方文物》2014.3
余姚梁辉镇九顶山晋墓	太康八年（287年）	砖室墓，形制不详	券顶	—	—	砖托1小龛1	墓砖	《文物》1995.6
常山县何家晋墓	太康八年（287年）	第一类A型砖室墓	券顶	全长6.05墓室4.4×1.65	—	—	墓砖	《考古》1984.2
绍兴坡塘乡后家岭M308	太康八年（287年）	第一类A型砖室墓	—	全长6.2墓室4.4×2.2	236°	—	墓砖	《考古》1992.5
宁波北仑凤凰山M3	太康八年（287年）	第一类A型砖室墓	券顶	全长4.6墓室3.9×1.53	270°	—	墓砖	《南方文物》2013.3
嵊州市祠堂山M145	太康九年（288年）	第一类A型砖室墓	券顶	全长6.1墓室4.42×1.72	265°	—	墓砖	《东方博物》47
嵊县六朝墓M75	太康九年（288年）	第一类A型砖室墓	—	全长6.8墓室4.6×1.76	74°	—	墓砖	《考古》1988.9
宁波北仑凤凰山M7	太熙元年（290年）	砖室墓，形制不详	—	残长4.22×1.87	95°	—	墓砖	《南方文物》2013.3
绍兴平水小家山M4	永熙元年（290年）	第一类A型砖室墓	—	全长6.08墓室4.4×1.94	150°	—	墓砖	《浙江省文物考古研究所学刊》10

(续 表)

墓 名	年 代	墓葬形制结构					纪年物	出 处
		墓葬样式	墓顶结构	墓葬尺寸（米）	墓向	相关设施		
嵊州市祠堂山M140	元康元年（291年）	第一类A型砖室墓	券顶	残长4.4×1.88	250°	—	墓砖	《东方博物》47
宁波市蜈蚣岭M16	元康元年（291年）	第一类A型砖室墓	券顶	全长4.7 墓室3.82×1.66	110°	砖托4	墓砖	《考古》2008.11
黄岩秀岭水库M41	元康元年（291年）	第一类A型砖室墓	券顶	全长6.44 墓室4.62×2.12	180°	—	墓砖	《考古学报》1958.1
宁波鄞州蔡沟塘M1	元康四年（294年）	第一类A型砖室墓	券顶	全长5 墓室4.05×1.76	270°	—	墓砖	《南方文物》2013.3
上虞县道墟公社晋墓	元康六年（296年）	第一类A型砖室墓	券顶	全长5.93 墓室5.09×1.83	333°	—	墓砖	《文物资料丛刊》2
上虞驿亭谢家岸头头山M36	元康六年（296年）	第一类A型砖室墓	券顶	全长5.42 墓室4.22×1.7-2	335°	小龛3	墓砖	《沪杭甬高速公路考古报告》页285—287
衢县街路村晋墓	元康八年（298年）	第一类A型砖室墓	券顶	全长7.2 墓室5.45×1.8	90°	耳室1	墓砖	《考古》1974.6
嵊县金波山M31	元康八年（298年）	砖室墓，形制不详	券顶	宽1.64	135°	—	墓砖	《文物》1987.5
上虞凤凰山M247	元康八年（298年）	第一类A型砖室墓	券顶	3.56×0.92	339°	—	墓砖	《浙江省文物考古研究所考古》2
奉化市白杜乡M3	元康九年（299年）	第一类A型砖室墓	券顶	—	25°	—	墓砖	《考古》2003.2
绍兴柯桥区M3	元康九年（299年）	第二类Ba型砖室墓	双四边券进式穹隆顶	全长10.4 后室5.1×2.6	190°	—	墓砖	"考古"公众号2021.7.19
绍兴柯桥区M26	元康九年（299年）	第二类Ba型砖室墓	双四边券进式穹隆顶	全长9.5	—	—	墓砖	"考古"公众号2021.7.19

(续 表)

墓 名	年 代	墓葬样式	墓顶结构	墓葬尺寸（米）	墓 向	相关设施	纪年物	出 处
三门横山 M5	元康九年（299年）	第一类A型砖室墓	券顶	全长6.14 墓室4.38×1.68	156°	小龛14	墓砖	《浙江汉六朝墓报告集》页368—370
宁波鄞州蔡沟塘 M5	元康年间（291—299年）	第一类A型砖室墓	券顶	全长4.54 墓室3.66×1.52	270°	—	墓砖	《南方文物》2013.3
新昌县 M7	永康元年（300年）	第一类A型砖室墓	券顶	5.2×1.46	150°	—	墓砖	《文物资料丛刊》8
诸暨蚕桑学校工地 M1	永康元年（300年）	砖室墓,形制不详	券顶	—	340°	—	墓砖	《文物参考资料》1956.12
诸暨蚕桑学校工地 M2	永康元年（300年）	砖室墓,形制不详	券顶	—	342°	—	墓砖	《文物参考资料》1956.12
宁波北仑凤凰山 M6	太安三年（304年）	第一类A型砖室墓	—	墓室4.31×1.9	95°	—	墓砖	《南方文物》2013.3
三门横山 M4	太安三年（304年）	第一类A型砖室墓	券顶	墓室3.75×1.1	162°	—	墓砖	《浙江汉六朝墓报告集》页386—387
嵊州市祠堂山 M146	永嘉四年（310年）	第一类A型砖室墓	券顶	全长6.59 墓室4.74×2.05	290°	—	墓砖	《东方博物》47
绍兴凤凰山 M309	永嘉七年（313年）	第一类A型砖室墓	—	全长5.35 墓室3.95×1.73	220°	—	墓砖	《文物》1991.6
宁波鄞州老虎岩 M9	建兴四年（316年）	第一类A型砖室墓	券顶	全长5.5 墓室3.96×1.68	255°	—	墓砖	《东南文化》2011.2

表二　长江中游吴晋纪年墓形制表

墓　名	年　代	墓葬样式	墓顶结构	墓葬尺寸（米）	墓向	相关设施	纪年物	出　处
\multicolumn{9}{c}{鄂　州　地　区}
武昌任家湾M113	黄武六年（227年）	第二类Ba型砖室墓	双券顶	全长7.15 前室1.99×2.1 后室3×1.6	160°	耳室2	铅地券	《文物参考资料》1955.12
鄂城M5004	赤乌三年（240年）	第一类A型砖室墓	券顶	全长4.18 墓室2.98×1.58	174°	砖摘	铅地券	《鄂城六朝墓》
鄂钢饮料厂M1	赤乌十二年（249年）	第二类Ba型砖室墓	双券顶	全长14.5 前室5.02×3.08 后室5.8×3.3	177°	耳室2 砖棺台	弩机	《考古学报》1998.1
鄂州塘角头M2	永安四年（261年）	第四类砖室墓	皆为券顶	全长9.16 西室前堂3.56×2.04-2.25，耳室3.34×1.88；中室前堂4.2×2.4，棺室3.02×1.56；西室3.07×1.78	155°	—	墓砖	《考古》1996.11
武昌莲溪寺吴墓	永安五年（262年）	第二类Aa型砖室墓	双券顶	全长8.46 前室2.58×2.52 后室3.58×1.7	150°	耳室2	铅地券	《考古》1959.4
新洲旧街镇晋墓	元康二年（292年）	第一类A型砖室墓	券顶	墓室2×1	东西向	—	墓砖	《考古》1995.4

（续　表）

墓　名	年　代	墓葬形制结构			墓向	相关设施	纪年物	出　处
^	^	墓葬样式	墓顶结构	墓葬尺寸（米）	^	^	^	^
黄梅县松林咀晋墓	元康四年（294年）	第二类Aa型砖室墓	双弩隆顶	全长8.61 前室2.44×2.48 后室3.14×1.7	225°	砖台1	墓砖	《考古》2004.8
蒲圻赤壁金氏墓	永兴二年（305年）	第一类A型砖室墓	券顶	墓室4.7×1.9	坐西朝东	砖棺台	墓砖	《江汉考古》1992.4
江　西　地　区								
南昌市南郊吴墓	永安六年（263年）	第二类D型砖室墓	券顶	前室1.89×2.13 后室3.47×2.13	坐北朝南	角柱	墓砖	《考古》1965.5
波阳晋墓	太康三年（282年）	第一类A型砖室墓	券顶	—	—	—	墓砖	《考古》1983.9
靖安虎山M1	太康七年（286年）	第三类C型砖室墓	券顶	全长6.2 前室、中室宽1.24 后室宽1.6	95°	角柱	墓砖	《考古》1987.6
靖安虎山M2	太康九年（288年）	第三类C型砖室墓	券顶	全长6.2 前室、中室宽1.24 后室宽1.6	95°	角柱	墓砖	《考古》1987.6
瑞昌白杨镇M1	永熙元年（290年）	第一类A型砖室墓	券顶	全长4.7 墓室3.7×0.95	283°	—	墓砖	《南方文物》2023.2
湖　南　地　区								
浏阳姚家园M1	太康八年（287年）	第二类Aa型砖室墓	双券顶	全长4.24 前室1.34×0.92 后室2.9×1.4	—	—	墓砖	《文物》1960.4

（续表）

墓名	年代	墓葬形制结构							出处
^	^	墓葬样式	墓顶结构	墓葬尺寸（米）	墓向	相关设施	纪年物	^
望城县关刀山M9	元康三年（293年）	第一类A型砖室墓	券顶	墓室3.4×1.28	295°	—	墓砖	《湖湘文化考古之旅》2010
常德西郊M4	元康四年（294年）	第一类B型砖室墓	—	—	—	—	墓砖	《文物参考资料》1955.5
衡东大浦M4	元康八年（298年）	第一类A型砖室墓	券顶	全长5.19 墓室3.49×2.15	155°	—	墓砖	《湖南考古辑刊》8
长沙金盆岭M21	永宁二年（302年）	第一类B型砖室墓	券顶	墓室3.94×3.06	230°	小龛1	墓砖	《考古学报》1959.3
资兴孝家组M1	永兴三年（306年）	第二类Ba型砖室墓	券顶	全长7.36 前室1.96×2.56 后室3.86×2.24	165°	—	墓砖	"湖南考古网"2019.11.26
安乡刘弘墓	光熙元年（306年）	第一类B型砖室墓	四隅券进式穹隆顶	墓室边长3.6	—	砖棺台	印章	《文物》1993.11

三、墓葬形制所见丧葬文化与地方社会

（一）墓葬的主流形制：正方形墓室

总体来看，长江下游的吴晋墓葬在形制结构方面表现出了较高程度的统一性。中轴线配置型的单室砖墓（第一类）和前后双室砖墓（第二类）最为流行（参见表一）：前者墓室平面多呈长方形（第一类A型砖室墓）；后者多为正方形前室加长方形后室的平面结构（第二类Aa型砖室墓），且前室多采用四隅券进式穹窿顶。东汉晚期流行的横前堂墓[1]在这一阶段仍有一定数量的发现（第二类Ba型砖室墓），不过年代主要集中于孙吴早中期[2]，之后的双室和多室墓，包括当涂"天子坟"、江宁上坊M1等宗室大墓，基本都采用了正方形前室的结构。

与下游相较，长江中游的吴晋墓葬在形制结构方面更富于多样性和地方特色。江西地区的砖柱墓（第二类D型、第三类B型砖室墓）和湖南地区前、后室等宽的三室砖墓（第三类B型砖室墓）等，从孙吴一直延续至西晋，昭示了本地传统的强大力量。然而，饶是如此，采用正方形墓室的砖室墓在数量比重上依然占据着压倒性的优势（参见表二）。首先，在鄂州地区，孙吴初年即已出现采用正方形前室的墓葬[3]；并且，虽然这一地区见有数目可观的横前堂墓（第二类Ba型、第三类A型砖室墓）和并列双室墓（第四类砖室墓），但其下限基本止于西晋早期[4]，之后即简化为由中轴线配置型的长方形单室砖墓（第一类A型砖室墓）和正方形前室加长方形后室的前后双室砖墓（第二类Aa型砖室墓）两大类所主导。其次，在湖南地区，不仅见有正方形前室的双室砖墓（第二类Aa型砖室墓）[5]，西晋时还涌现出了一批规格较高的正方形单室墓（第一类B型砖室墓）[6]。再次，在砖柱墓占据统治地位的江西地区，正方形前室的双室砖墓也有渗入，出现在了位于长江

---

[1] 黎毓馨《论长江下游地区两汉吴西晋墓葬的分期》。
[2] 根据纪年墓的情况，南京地区最早采用四隅券进式穹窿顶正方形前室的墓葬，为建衡二年（270年）的栖霞山甘家巷M29，此后横前堂墓仅见2座；皖南地区最早采用四隅券进式穹窿顶正方形前室的墓葬为赤乌十二年（249年）的马鞍山朱然墓，此后横前堂墓基本不见；苏南浙北地区除吴县集中发现一批西晋时期的横前堂墓，性质较为特殊外（详见本书第五章第二节的论述），仅西晋太康六年（285年）的安吉天子岗M2尚采用横前堂；浙南地区属于西晋时期的横前堂墓有3座，均在绍兴。
[3] 年代为黄武六年（227年）的武昌任家湾M113即采用了正方形的前室。参见：武汉市文物管理委员会《武昌任家湾六朝初期墓葬清理简报》。
[4] 除横前堂墓中的鄂城M2180与并列双室墓中的鄂城M2048的年代被发掘者定为西晋后期外，正文所提三种类型中的其他墓葬年代都不晚于西晋初期。
[5] 湖南省博物馆《长沙两晋南朝隋墓发掘报告》。
[6] 在湖南地区发现的正方形单室墓中，墓主身份明确的刘弘为西晋镇南将军、宣成公，官阶一品。其他几座单室墓的规模与刘弘墓相差不多甚至更大，可知墓主身份亦不低。

沿岸的九江一带[1]。

正方形墓室东汉时已有之，主要见于北方地区，但使用正方形墓室的汉墓等级并不太高[2]。三国时期，正方形墓室逐渐流行和普及，尤其在前后双室墓中作为前室，一改东汉晚期横前堂普及南北之态势；西晋时期又形成了以正方形单室墓为主流的局面[3]。采用正方形前室的双室砖墓不只分布于长江中下游，在曹魏控制的中原北方亦十分常见。根据现有墓葬材料，安阳西高穴曹操高陵[4]、洛阳曹魏正始八年墓[5]、东阿曹植墓[6]、洛阳西朱村M1[7]等曹魏大中型墓葬皆采用了正方形前室（图四）。

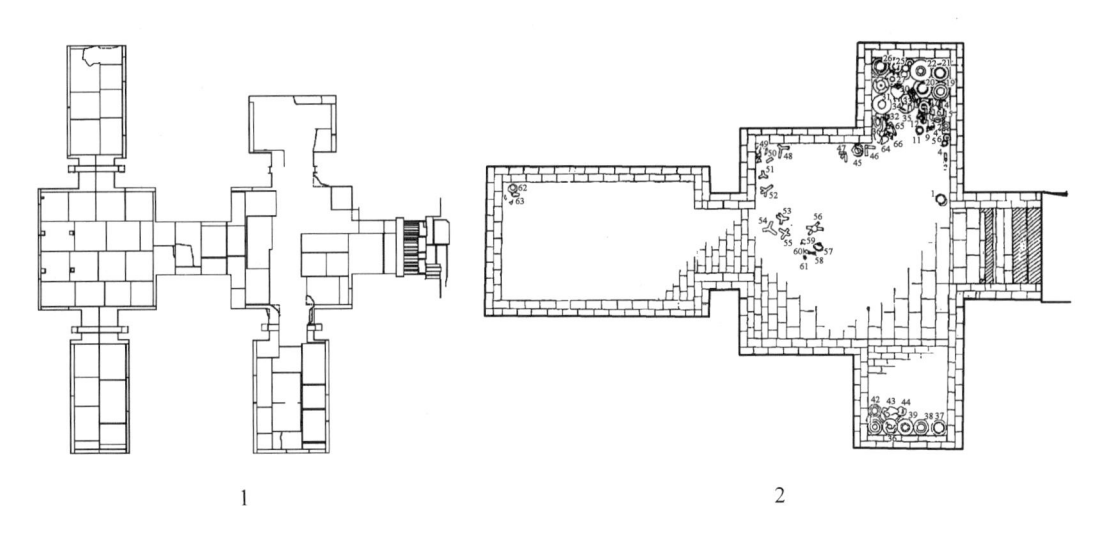

图四 曹魏大中型墓葬典型形制
（1.安阳西高穴曹操高陵；2.洛阳曹魏正始八年墓）

正方形墓室何以能够在三国西晋时期如此广泛地传播和扩散？这很可能与当时人欲在墓内构建微缩宇宙的意图不无关联。尤其正方形墓室与穹窿顶的结合，可谓中国传统的象天地意识中，认为"天圆地方"的"盖天说"宇宙观的理想化表达[8]。在甘肃酒泉、嘉峪关等地的魏晋十六国墓葬中，穹窿顶的正方形墓室内壁还装饰有构图宏大而复杂的壁

---

[1] 江西省博物馆《江西瑞昌马头西晋墓》。
[2] 洛阳市第二文物工作队、严辉《曹操墓和曹休墓的比较与研究》，《中国文物报》2010年9月17日第5版。
[3] 刘斌《洛阳地区西晋墓葬研究——兼谈晋制及其影响》，《考古》2012年第4期，页70—83。
[4] 河南省文物考古研究所、安阳县文化局《河南安阳市西高穴曹操高陵》，《考古》2010年第8期，页35—45；河南省文物考古研究院《曹操高陵》，北京：中国社会科学出版社，2016年。
[5] 洛阳市文物工作队《洛阳曹魏正始八年墓发掘报告》，《考古》1989年第4期，页313—318。
[6] 刘玉新《山东省东阿县曹植墓的发掘》，《华夏考古》1999年第1期，页7—17。
[7] 洛阳市文物考古研究院《河南洛阳市西朱村曹魏墓葬》，《考古》2017年第7期，页71—81。
[8] 赵超《式、穹窿顶墓室与覆斗形墓志——兼谈古代墓葬中"象天地"思想》，《文物》1999年第5期，页72—82。

画,穹窿顶部分多描绘天象与仙界场景,四壁则多为模仿人间生活的现实主义场景[1],从而更具象地展示出独立、完整存在于一座墓葬内的一方宇宙空间。由此反观三国西晋时中原与长江中下游的正方形墓室,虽以素面为主,但其背后的设计营建理念当与河西墓葬并无二致。

另外,在当时南北对峙、三足鼎立的政治局面下,一种丧葬样式能够跨江流行,还暗示了在政治分裂的表象背后,实际存在着文化上的互动与共通。尤其是,正方形前室并非流行于一般的中小型墓葬,而是为曹魏、孙吴两政权的宗室、贵族大墓所采纳并渐成规制,意味着其背后必定存在人为的规划和经营。"连年的战乱造成了知识分子不断向各地分散,而且分散的区域非常广泛,在北起朝鲜半岛的带方郡,南至越南北部的交趾郡,西至敦煌的广大范围里形成了知识分子的人际网。这些知识分子服务于不同的国家,在政治上互相对立,但是……有着共通的文化素养。"[2]曹魏、孙吴的宗室、贵族大墓皆采用正方形前室,或许就是具有共通素养的文化建设者——士大夫知识分子阶层——干预作用的结果。

不过,双室墓的正方形前室在长江南北之间以及长江中游和下游之间,还存在细节上的差别:中原北方的正方形前室墓顶多为拱券结构,主室两侧多配置有对称的耳室;长江中游的正方形前室墓顶结构较多样,有券顶、四隅券进式穹窿顶、四边券进式穹窿顶、四角攒尖顶等,孙吴早中期时采用券顶者会在前室两侧设对称耳室[3];长江下游的正方形前室墓顶多为四隅券进式穹窿顶,除可能与孙吴宗室相关的大型高等级墓葬或配置有对称耳室外[4],一般只在前室一侧附一耳室,并且下限大致止于孙吴晚期[5]。

在三处地区的比较中,长江下游双室墓附单耳室的现象颇值得关注。耳室是中原北方自西汉晚期以来一直存在的墓葬结构,在长江下游则出现较晚,至东汉晚期才有零星发现[6]。耳室存在时间不长即消失,与长江下游墓葬前室所采用的四隅券进式穹窿顶结

---

[1] 代表性墓葬如酒泉丁家闸5号墓,正方形前室的穹窿顶顶部绘复瓣莲花,下以土红色宽带为界分为五层,分别描绘了以东王公和西王母为中心的天界场景、表现墓主燕居行乐和庄园内农夫僮仆劳作的人间场景以及以龟为象征的地下场景。参见:甘肃省博物馆《酒泉、嘉峪关晋墓的发掘》,《文物》1979年第6期,页1—11;吴礽骧《酒泉丁家闸五号墓壁画内容考释》,《敦煌学辑刊》1983年第00期,页106—116;甘肃省考古研究所《酒泉十六国墓壁画》,北京:文物出版社,1989年。
[2] [日]金文京著,何晓毅、梁蕾译《三国志的世界:后汉 三国时代》,桂林:广西师范大学出版社,2014年,页180。
[3] 带耳室者为武昌任家湾M113和武昌莲溪寺东吴墓,年代分别为黄武六年(227年)和永安五年(262年)。
[4] 2019年新发掘的南京五佰村M4和M5,均为采用四隅券进式穹窿顶正方形前室且设对称耳室的双室砖墓,年代约在吴晋之交。由于二墓西侧的五佰村M3墓主可确定为孙吴名将安丰侯丁奉,因此发掘者初步判定M4和M5的墓主为丁奉的后人。但综合墓葬形制规模与随葬品面貌,笔者认为两墓墓主更可能为孙吴宗室成员。详见本书第180页注。
[5] 根据纪年墓的情况,目前所见长江下游采用正方形前室的双室砖墓中,带耳室者年代最晚的为天玺元年(276年)的南京雨花台区农花村M19。南京市博物馆、雨花台区文化广播电视局《南京市雨花台区孙吴墓》,《考古》2013年第3期,页26—41。
[6] 黎毓馨《论长江下游地区两汉吴西晋墓葬的分期》。

构应有较大关联。四隅券进式穹窿顶其实最早出现于可属长江支流汉水流域的河南南阳地区[1]，南阳市第二化工厂21号画像石墓、南阳市十里庙砖厂M11、南阳地区电业局工地墓[2]等，即采用了此墓顶结构，年代在东汉晚期；随后，四隅券进式穹窿顶在汉水流域继续发展并在长江中游传播，包括襄阳的新华书店综合楼墓[3]、长虹南路M16[4]以及长沙"晋墓"M24[5]等，年代在汉末三国初。吴晋时期，四隅券进式穹窿顶在长江中游虽仍有发现但未成大气候，反而是随孙吴迁都建业流布到长江下游后一跃而成主流。四隅券进式穹窿顶与耳室很难共存，因为构成墓顶的斜券需要在四面墙中点交脊，而在墓室侧壁尤其是两侧壁都设耳室的话，意味着四面墙的中部同时还都要开门，不仅施工难度比加盖券顶要大得多，而且抗压程度也不如券顶[6]。这或许就是导致长江下游的双室墓即使附耳室也多为单间的直接原因。一个值得玩味的例子是永安二年（259年）的南京郭家山M7，前室为长、宽差距很小（长2.2、宽2.45米）的横前堂，墓顶为四隅券进式穹窿顶，同时在前室两侧壁各附一大小、形制相同的耳室（图五）[7]。该墓充满了过渡与调和性的特征：既可见从横前堂到正方形前室的过渡，又体现了四隅券进式穹窿顶与双耳室的协调。然而，"欲求墓室稳固，要么放弃耳室，要么舍弃四隅券进式穹窿顶而用券顶"[8]，长江下游最终选择采取原生于长江流域的地方新样式，从而形成了以四隅券进式穹窿顶正方形前室为一大特色的墓葬文化新面貌。

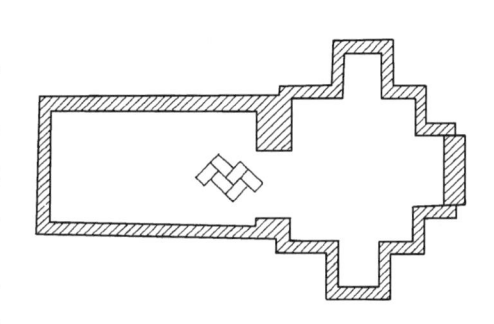

图五　南京郭家山M7平面图

（二）正方形墓室流布中的地域差异

若进一步细化观察，正方形墓室的出现时间及流行情况在长江中下游的几个小区域内亦各有不同。以下按正方形墓室的普及程度，由高到低分述之。

---

[1] 徐永利《试论中国古代四隅券进式墓葬穹窿的分布与源流》，《兰州理工大学学报》第37卷，2011年9月，页82—90。
[2] 南阳市文物工作队《南阳市第二化工厂21号画像石墓发掘简报》，《中原文物》1993年第1期，页77—81。
[3] 襄樊市博物馆《湖北襄阳城内三国时期的多室墓清理报告》，《江汉考古》1995年第3期，页16—20、54。
[4] 襄樊市考古队《襄樊长虹南路墓地第二次发掘简报》，《江汉考古》2007年第1期，页15—27。
[5] 据韦正《六朝墓葬的考古学研究》（页141），原报告对墓葬年代判断有误；湖南省博物馆《长沙两晋南朝隋墓发掘报告》。
[6] 韦正《六朝墓葬的考古学研究》，页122。
[7] 南京市博物馆《江苏南京市北郊郭家山东吴纪年墓》。
[8] 韦正《六朝墓葬的考古学研究》，页122。

（1）马鞍山地区

综而观之，属于皖南地区的马鞍山表现出了最为齐整的墓葬面貌。纪年墓中，自赤乌十二年（249年）的朱然墓以后，双室墓前室皆呈正方形，且多采用四隅券进式穹窿顶；而横前堂，连同多室墓、袝葬墓以及耳室、侧室等附属结构，再难见到。就目前马鞍山所见属于后几类的墓葬而言，独家墩墓的随葬品组合表现出了较明显的早期特征，年代至迟不晚于三国早期[1]；寺门口吴墓和采石吴墓随葬品中见有五联罐，属于早期器物，简报将两座墓的年代定在孙吴早中期[2]，可从。至于采用了横前堂且附有大型双耳室的宋山大墓，其形制与鄂州鄂钢饮料厂M1[3]几近一致（图六），后者恰与朱然墓同年，再结合马鞍山其他横前堂墓的年代，宋山大墓至迟与朱然墓同时；而建于永安年间（258—264年）、墓主很可能为吴景帝孙休的当涂"天子坟"吴墓，即已采用了四隅券进式穹窿顶正方形前室。马鞍山地区孙吴墓葬能形成如此引人注目的齐整面貌，几乎给人以突兀之感，其背后当有人为力量的干预和政权的指定规划存在。只不过，在皖南地区其他地点，根据纪年墓葬材

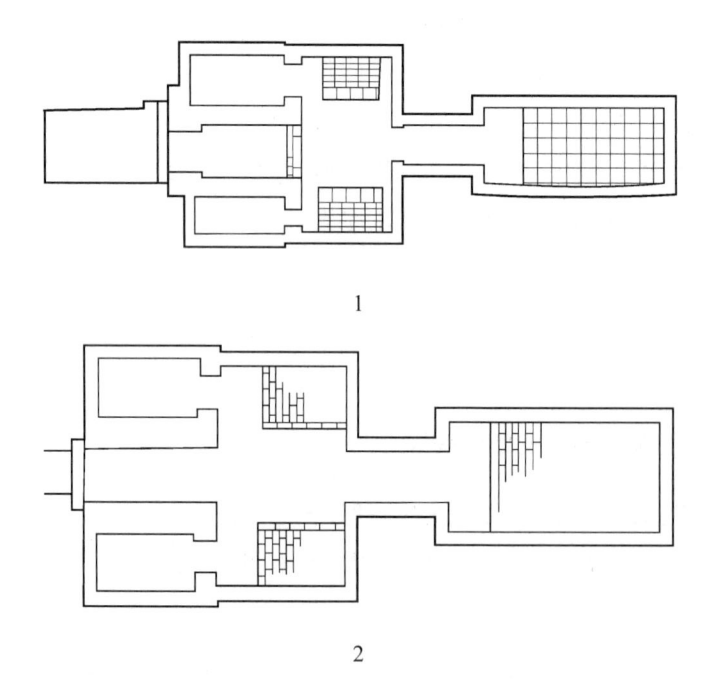

图六 马鞍山宋山大墓与鄂钢饮料厂M1墓葬形制对比图

（1.马鞍山宋山大墓；2.鄂钢饮料厂M1）

---

[1] 马鞍山市文物管理所《安徽省马鞍山市独家墩三国早期墓发掘简报》。
[2] 马鞍山市博物馆《安徽马鞍山寺门口东吴墓发掘简报》；马鞍山市文物管理所《马鞍山采石东吴墓发掘简报》。
[3] 鄂州博物馆、湖北省文物考古研究所《湖北鄂州鄂钢饮料厂一号墓发掘报告》。

料,直至西晋时仍有横前堂多室墓[1]存在,显示出这一规划与控制的辐射范围相当之窄,连当时之丹阳郡全境都未覆盖。

(2)南京地区

在孙吴都城、西晋丹阳郡郡治——南京地区,墓葬在形制结构方面的整齐程度较马鞍山反而稍逊一筹。虽然在建衡二年(270年)的栖霞山甘家巷M29之后,采用正方形前室者在双室砖墓中占据了绝对主流,且多为四隅券进式穹窿顶;但横前堂还是偶有所见,如凤凰三年(274年)的东善桥吴墓[2]、元康七年(297年)的江宁张家山西晋墓[3]等。并且,南京地区正方形前室采用四隅券进式穹窿顶的年代较马鞍山也更迟,前述带有过渡性特征的南京郭家山M7营建于永安二年(259年),是目前南京地区纪年墓中最早采用四隅券进式穹窿顶者;在此之前,初次营建于太元元年(251年)的南京五佰村M3[4],墓主丁奉的身份地位与朱然相当,朱然于赤乌十二年(249年)葬于马鞍山,墓葬前室已采用四隅券进式穹窿顶,但五佰村M3仍为四边券进式穹窿顶。此外,耳室的发现数量可观,多室墓、袝葬墓也可见到。孙吴建都前,南京地区仅为丹阳郡辖下的一个小县,人口寥寥无几;被选中成为六朝都城后,至南朝梁时,南京(时称建康)已发展成为东西南北各四十里、人口"二十八万户"的大城市[5]。城市迅速膨胀的过程,也是多方人口源源不断涌入的过程。孙吴境内的移民主要来自今河南、山东、安徽和江苏北部[6],建安十四年(209年),"曹公恐江滨郡县为权所略,征令内移。民转相惊,自庐江、九江、蕲春、广陵户十余万皆东渡江"[7],这是长江北岸居民规模最大的一次渡江迁移。就墓葬材料而言,地券和砖文也为南京地区的人口来源提供了重要实物依据,如五凤元年(254年)的"大男九江黄甫"地券[8]、建衡二年(270年)的"处士徐州广陵堂邑□□"地券[9]、永宁二年(302年)的"扬州庐江郡枞阳县大中大夫汝阴□□□□□"地券[10]等,显示出南京地区墓葬的主人多有来自江北者。大量南迁的江北人不可避免地将其家乡的埋葬方式带至南京,耳室、横前堂、袝葬墓等应在此列。

---

[1] 青阳县文物管理所《安徽青阳县五星东吴—西晋墓发掘简报》;朱献雄《安徽青阳县清理一座西晋残墓》,《考古》1992年第11期,页1003、1050—1051。
[2] 南京市博物馆、江宁县博物馆《南京市东善桥"凤凰三年"东吴墓》。
[3] 南京博物院《江苏江宁县张家山西晋墓》,《考古》1985年第10期,页908—914。
[4] 南京市考古研究院《南京市鼓楼区幕府山两座东吴墓的发掘》,《考古》2023年第9期,页55—78。
[5] 李蔚然《南京六朝墓葬的发现与研究》,页5。
[6] 葛剑雄《中国移民史·先秦至魏晋南北朝时期》,福州:福建人民出版社,1997年,页280。
[7] [晋]陈寿撰,[宋]裴松之注《三国志》卷四十七,页1118。
[8] 南京市博物馆《南京郊县四座吴墓发掘简报》。
[9] 南京博物院、南京市文物保管委员会《南京栖霞山甘家巷六朝墓群》。
[10] 南京市文物保管委员会《南京板桥镇石闸湖晋墓清理简报》。

（3）鄂州地区

作为孙吴陪都的鄂州地区，虽然前室呈正方形者在前后双室墓中占据着较高的比重，但在孙吴时期，该地区的墓葬形制结构远未达到齐整的程度，而是呈现出了复杂多样的面貌。单室墓中，封门墙内凹、封门处积石等特殊现象时有出现；更遑论还有为数不少的继承东汉遗制的横前堂前后双室墓（第二类Ba型砖室墓）、横前堂双后室墓（第三类A型砖室墓）、并列双室墓（第四类砖室墓）以及祔葬墓存在。其中，最值得关注的是横前堂和对称耳室的延续使用。目前所见，同时符合这两项条件的墓葬有两座，一是鄂钢饮料厂M1（图六，2）[1]，一是鄂城孙将军墓（图三，34）[2]。两墓都是全长超过9米的大型墓葬，墓主皆属孙吴宗室：前者墓主应为孙邻，墓葬年代为赤乌十二年（249年）；后者墓主可能为孙邻之子孙述，墓葬年代在吴晋之交。这种横前堂加对称耳室的墓制应承袭自东汉诸侯墓之制，如邗江甘泉老虎墩汉墓，墓主或为东汉中期的某一代广陵侯或其重臣，该墓由甬道、双耳室、横前堂和后室构成，南北全长14.04、东西宽8.65米（图七）[3]，与鄂钢饮料厂M1及孙将军墓的形制基本类似。前述马鞍山宋山大墓作为孙吴宗室墓葬，也采用了此种墓葬形制（图六，1）。只是，鄂钢饮料厂M1的年代（249年）应为宋山大墓年代的下限，之后的当涂"天子坟"吴墓、江宁上坊M1等长江下游的孙吴宗室墓葬即改用四隅券进式穹窿顶正方形前室；而年代已至吴晋之交的鄂城孙将军墓仍沿用横前堂，显示鄂州地区在墓葬文化方面似乎要相对更为守旧。此外，对称配置的耳室还见于正方形前室的两侧，如武昌任家湾M113（图三，33）和武昌莲溪寺吴墓采用券顶正方形前室，两侧设对称耳室[4]。此类墓葬结构与同时期中原北方的情况（图四）相当接近。

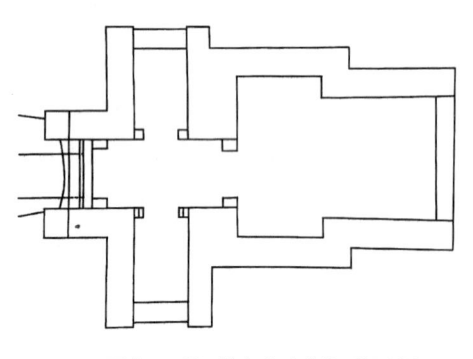

图七 邗江甘泉老虎墩汉墓形制

西晋代吴后，鄂州地区墓葬形制的多样化程度逐渐降低。一方面，墓葬形制趋于简单化，以长方形单室墓（第一类A型砖室墓）最为多见，规模较大的墓葬则表现为正方形前室加长方形后室的前后双室形制（第二类Aa型砖室墓）；另一方面，横前堂、耳室、并列双

---

[1] 鄂州博物馆、湖北省文物考古研究所《湖北鄂州鄂钢饮料厂一号墓发掘报告》。
[2] 鄂城县博物馆《鄂城东吴孙将军墓》；南京大学历史系考古专业、湖北省文物考古研究所、鄂州市博物馆《鄂城六朝墓》，页24—25。
[3] 扬州博物馆《江苏邗江县甘泉老虎墩汉墓》，《文物》1991年第10期，页62—70。
[4] 武汉市文物管理委员会《武昌任家湾六朝初期墓葬清理简报》；湖北省文物管理委员会《武昌莲溪寺东吴墓清理简报》，《考古》1959年第4期，页189—190。

室墓、祔葬墓这些带有强烈东汉遗风的墓葬形制及结构,下限基本都止于西晋初。鄂州地区的墓葬文化慢慢融入新的历史潮流之中。

（4）苏南浙北地区

孙吴时期,苏南浙北地区双室墓的前室虽然墓顶结构较为多元,但平面形状已多作正方形;反而是到西晋时,颇为引人注目的横前堂双室、三室大墓重新涌现(第二类Ba型、第三类B型砖室墓),尤其是吴县狮子山家族墓群的前室基本都采用此结构(图八)[1]。吴县作为"江东首邑"[2],之前业已消失的横前堂重新为当地著姓大族拾起并以家族墓地为单位统一采用,或反映出此时的江东大姓豪族已具备相当程度之文化自觉性与独立性:他们自主选择了保持传统汉制样式,而非一味追随已经变化了的主流大众的文化风尚。

（5）湖南地区

湖南地区采用正方形墓室的墓葬,除长沙"晋墓"M24年代在汉末三国初以外,余皆属西晋,且基本呈现为正方形单室的平面结构(第一类B型砖室墓),

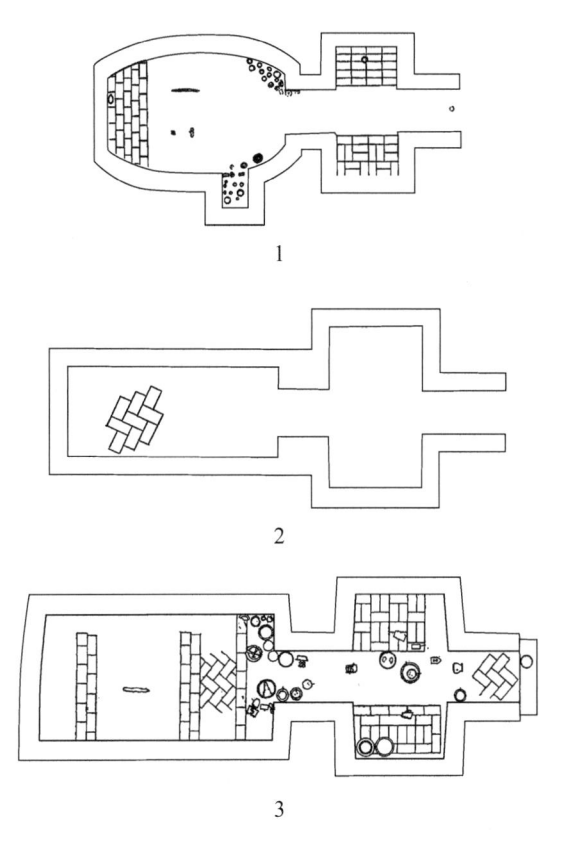

图八　吴县狮子山家族墓群墓葬形制图
（1. 狮子山M1; 2. 狮子山M2; 3. 狮子山M4）

而罕见流行于其他地区的前室呈正方形的双室墓,展示出引人注目的地方特点。这种以正方形单室墓为主的形制面貌,与西晋政治中心洛阳地区以正方形单室墓为主流的局面颇为相似,或暗示了湖南地区与中原北方之间应存在相当紧密的文化联系。

（6）江西地区

正方形墓室在江西地区相当罕见,目前仅发现南昌县小兰乡吴墓和瑞昌马头"西晋"墓(图三,42)共2座,都为正方形前室加长方形后室的形制(第二类Aa型砖室墓)。就目

---

[1] 吴县文物管理委员会、张志新《江苏吴县狮子山西晋墓清理简报》;吴县文物管理委员会《江苏吴县狮子山四号西晋墓》,《考古》1983年第8期,页707—713。
[2] 田余庆《暨艳案及相关问题——再论孙吴政权的江东化》,原载《中国文化》第4期,页77;此据《秦汉魏晋史探微》,页303。

前所见江西地区吴晋墓葬的形制结构而言，虽然有一定量横前堂墓（第二类Ba型、第三类A型砖室墓）及祔葬墓存在，但占据着不可撼动的统治地位的是本地起源的砖柱墓[1]。这也彰显出江西地区具有较长江中下游其他地区更强的文化独立性。

（7）浙南地区

在长江中下游的7个墓葬区中，浙南地区是正方形墓室发现最少的一处，目前仅见金华古方M12一座，且其正方形前室为券顶结构。正方形墓室和四隅券进式穹窿顶在浙南地区几近缺席，或可从侧面说明这两种墓葬形制结构的传播和影响范围主要在长江沿岸地带。同时，在浙南地区本来较少见双室、多室墓的情况下，绍兴却已发现3座西晋时期的横前堂前后双室墓（第二类Ba型砖室墓）。这一情况昭示出东汉遗风在浙南地区的强势延续，也反映出浙南地方社会似具有较强的保守性。

（三）弧壁墓室的流布与所见区域交流

除前述西晋时横前堂大墓重新涌现外，苏南浙北地区墓葬在形制结构方面的另一大特点是集中出现了一批两侧壁外弧、平面呈腰鼓形的墓室。纪年墓中，腰鼓形墓室最早见于永安三年（260年）的金坛县方麓吴墓（图九，1）[2]，之后的凤凰元年（272年）溧阳吴墓（图九，2）[3]亦采用了腰鼓形后室。两座孙吴墓皆位于今常州市辖区（当时作毗陵县）。另外，镇江"优山美地"小区M7（图九，6）[4]和镇江"香江现代名城"M13[5]也为正方形前室加腰鼓形后室的平面结构。虽然镇江二墓未见明确纪年材料，但前者随葬器物中的红陶堆塑罐和灰陶鼓沿袭了东汉时期的样式，青瓷扁壶亦为孙吴墓出土的典型器型[6]；后者所出的红陶臼、碓、簸箕、磨盘等农具模型也常见于孙吴中晚期的墓葬中。因此，两墓的时代应属孙吴，或早于金坛县方麓吴墓亦未可知。总之，孙吴时期，腰鼓形墓室主要见于苏南浙北地区最北的长江沿岸一带。

腰鼓形墓室并非苏南浙北地区首创。东汉时，在山东半岛已出现此类弧壁墓室，如福

---

[1] 韦正《六朝墓葬的考古学研究》，页129。
[2] 常州市博物馆、金坛县文管会《江苏金坛县方麓东吴墓》，《文物》1989年第8期，页69—78、96。
[3] 南京博物院《江苏溧阳孙吴凤凰元年墓》，《考古》1962年第8期，页412—413。
[4] 镇江博物馆《镇江"优山美地"小区六朝墓发掘简报》，载《印记与重塑：镇江博物馆考古报告集（2001—2009）》，页184—199。
[5] 镇江博物馆《镇江"香江现代名城"汉—清代墓葬发掘报告》，载《印记与重塑：镇江博物馆考古报告集（2001—2009）》，页158—172。
[6] 原简报认为"青瓷扁壶多出于西晋时期墓中"，有误。在永安二年（259年）的南京郭家山M7和天玺元年（276年）的南京雨花台区农花村M19中见有形制相同的青瓷扁壶，韦正《六朝墓葬的考古学研究》亦将青瓷扁壶列为南京地区孙吴墓出土典型器之一（韦正《六朝墓葬的考古学研究》，页119）。

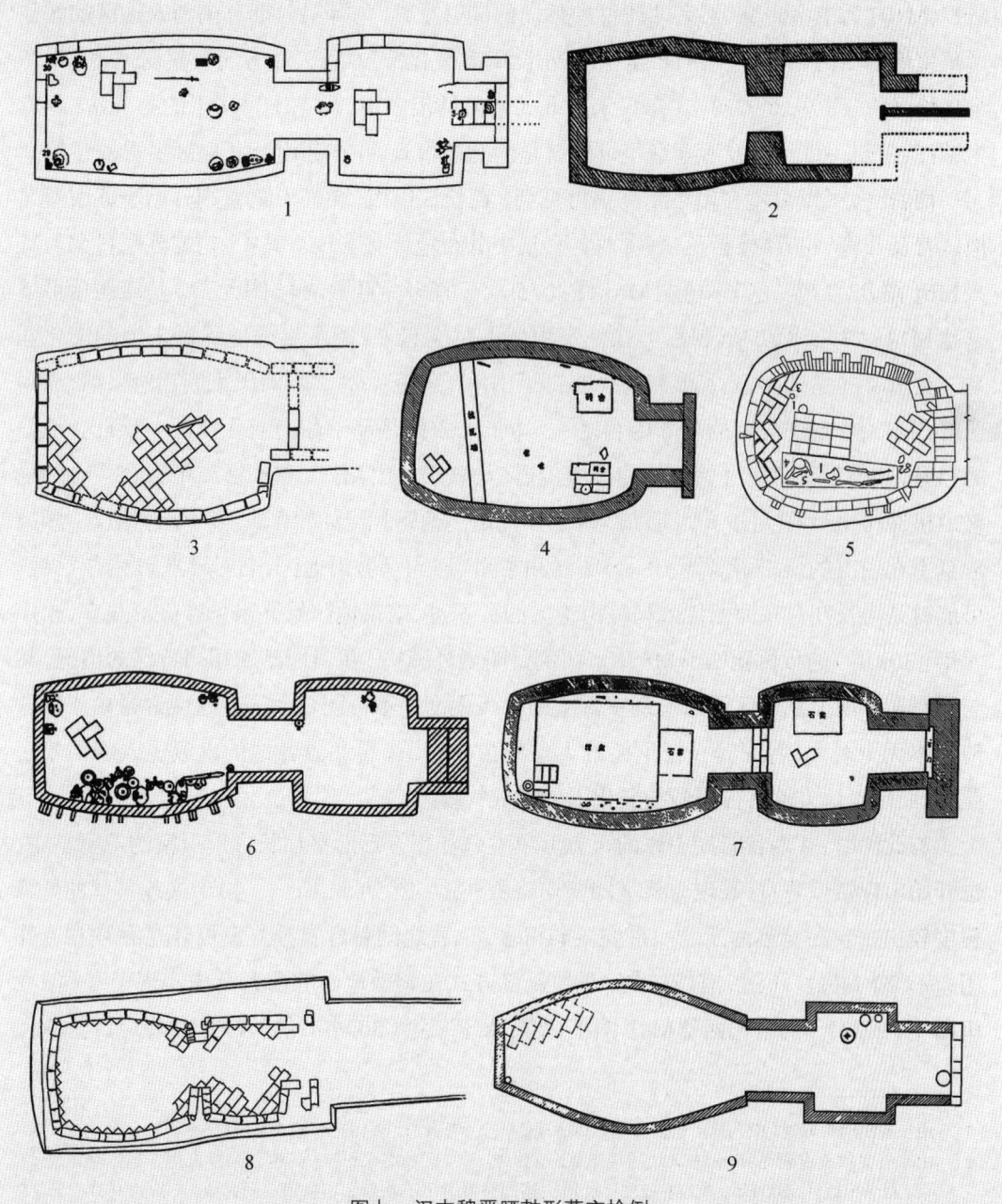

图九 汉末魏晋腰鼓形墓室拾例

（1.金坛县方麓吴墓；2.溧阳吴墓；3.潍坊后埠下墓地M1；4.宜兴M6；5.龙口东梧桐M6；6.镇江"优山美地"小区M7；7.宜兴周墓墩M4；8.潍坊后埠下墓地M14；9.马鞍山桃冲村M3）

第一章 │ 墓葬形制研究　61

山东留公村汉墓为前后双室砖墓,前、后室四壁均外弧[1];潍坊后埠下墓地M1(图九,3)、M97、M107为单室砖墓,墓室两侧壁外弧而两端壁平直,与孙吴时期苏南浙北地区的腰鼓形墓室形制更为相似[2]。镇江、常州地处长江南岸沿线,本就为北方流民聚居之地;山东半岛恰又位于其正北方向,在东汉末年北人南渡的浪潮中,山东士民南下的第一站,理应为镇江、常州一带。腰鼓形墓室很可能就是由此被带入,并在苏南浙北地区生根发芽的。

西晋时,弧壁墓室在山东半岛仍可见到;在长江以南,腰鼓形墓室则开始于苏南浙北地区普及开来,句容、吴县、宜兴等西晋墓集中分布地皆有发现。其中,句容陈家村M2、宜兴M6(图九,4)与龙口东梧桐M6(图九,5)[3],宜兴周墓墩M4(图九,7)与潍坊后埠下墓地M14(图九,8)的形制都可在一定程度上对应起来,昭示出两地绵延未绝的文化联系。更重要的是,这一墓室形制为吴县狮子山傅氏和宜兴周墓墩周氏家族墓所采纳,成为西晋江东大族自主规划的墓葬内容之一。同时,或许是基于苏南浙北地区大族社会地位的上升,腰鼓形墓室也开始向其他区域传播,马鞍山盆山M1[4]和永嘉二年(308年)的马鞍山桃冲村M3(图九,9)[5],形制与镇江"优山美地"小区M7(图九,6)颇为相近。腰鼓形墓室在南方的最早落脚地——今镇江和常州,连同马鞍山地区,皆位于长江南岸沿线,可能就是沿长江自东而西传入马鞍山地区的。不过,南京地区始终未见腰鼓形墓室,永宁元年(301年)的板桥新凹子M8墓室两侧壁略微外弧[6],在当地已属相当特殊的情况,然与同时期苏南浙北地区腰鼓形墓室侧壁的外弧程度仍不可同日而语。这或许是由于南京地区本无土著大族,又是长江下游的人口集散中心,来自北方各地的南渡士人都汇集于此,反而使得地方性特征强烈的文化因素难成气候。

与此同时,在西晋时期中原的正方形单室墓和正方形前室加长方形后室的双室墓中,也开始出现弧壁墓室,表现为墓室四壁均略微外弧(图十,1、4)[7]。由于这些墓壁的外弧程度较山东半岛至苏南浙北一系要微弱得多,二者之间是各自独立发展还是存在相互作用,尚难作判断。不过,有趣的是,两种弧壁方式在湖南地区的西晋墓中实现了共存:元康四年(294年)的常德西郊M4(图十,2)、永宁二年(302年)的长沙金盆岭M21为四壁

---

[1] 山东省文物管理处《山东福山东留公村汉墓清理简报》,《考古通讯》1956年第5期,页16—19。
[2] 山东省文物考古研究所《山东潍坊后埠下墓地发掘报告》,载所编《山东省高速公路考古报告集(1997)》,北京:科学出版社,2000年,页234—286。此段论述同时参考了王培新和李梅田的研究成果,特此说明。王培新《乐浪文化——以墓葬为中心的考古学研究》,北京:科学出版社,2007年,页111—114;李梅田《魏晋南北朝墓葬中的弧壁砖室现象研究》,《中国国家博物馆馆刊》2012年第7期,页22—33。
[3] 烟台市博物馆、龙口市博物馆《山东龙口市东梧桐晋墓发掘简报》,《考古》2013年第4期,页20—32。
[4] 马鞍山市文物管理所《马鞍山市盆山发现六朝墓》。
[5] 马鞍山市文物管理所、马鞍山市博物馆《安徽马鞍山桃冲村三座晋墓清理简报》。
[6] 南京市考古研究所《南京板桥新凹子两座西晋纪年墓》。
[7] 李梅田《魏晋南北朝墓葬中的弧壁砖室现象研究》。

图十 西晋弧壁墓室举拾例

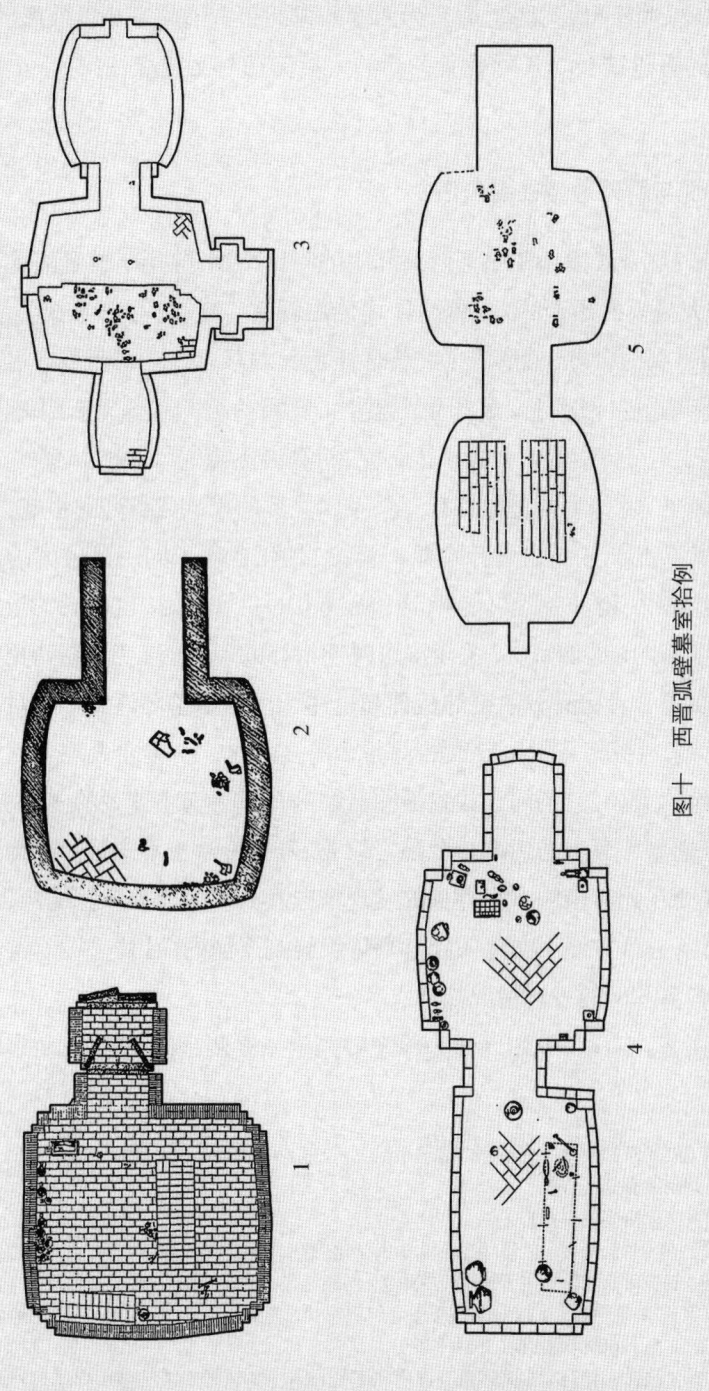

(1. 元康九年徐美人墓[1]；2. 常德西郊M4；3. 长沙晋墓M22；4. 洛阳西郊58LSM3088[2]；5. 长沙晋墓M23)

---

[1] 河南省文化局文物工作队第二队《洛阳晋墓的发掘》,《考古学报》1957年第1期,页169—185。
[2] 考古研究所洛阳发掘队《洛阳西郊晋墓的发掘》,《考古》1959年第11期,页606—610。

第一章 | 墓葬形制研究　63

外弧的正方形单室墓[1],与西晋中原弧壁墓形制相仿,进一步印证了湖南地区与中原之间存在相当紧密的文化纽带;而长沙晋墓M22(图十,3)和长沙晋墓M23(图十,5)[2],前者为四壁外弧的正方形单室附腰鼓形耳室,后者为四壁外弧的正方形前室加腰鼓形后室,展示出了两种弧壁方式的有机结合。其背后所关涉的人员流动与文化交往,似乎更值得后续关注。

(四)祔葬墓的发现与所见地域社会风俗

由前文的介绍可知,这一阶段长江中下游墓葬中的附属结构,除用于放置随葬器物的耳室、小龛外,还有更大规模的用于葬人的侧室;而使用侧室实现以一人(或夫妻)为主,其他人从属,多人共用一墓的合葬,就形成了一类性质特殊的墓葬——祔葬墓。祔葬习俗的出现可上溯至西周。《礼记·檀弓上》载"周公盖祔",孔颖达疏"周公以来盖始附葬,附即合也,言将后丧合前丧"[3]。《礼记·丧服小记》载"祔葬者不筮宅",孙希旦集解"祔葬,谓葬于祖之旁也"[4]。可见,祔葬主要是指具有直系亲属关系的家族成员归葬祖茔,在考古学现象上则表现为两大类形式:一是死者同葬一墓,二是死者葬于同一墓地内的不同墓葬[5];并且在前一类形式中,祔葬者既可能葬于中轴线上的主墓室内,也可能葬于主墓室旁侧专门为其设置的墓室内(即侧室)。关于汉唐时期祔葬的形式、流变及与其相关的社会问题,齐东方、栗中斌等学者已有较系统的梳理和论述[6]。本节主要聚焦祔葬对于墓葬形制结构的影响,因为基于祔葬需要而导致的墓葬结构复杂化——主要表现为侧室的设置——并非主葬者身份的象征,它不同于放置随葬器物的耳室可与主葬者的实力、地位直接挂钩,也不能作为判别墓葬等级的标准。职是之故,为避免将基于不同目的建构的复杂化墓葬混为一谈,有必要在此对带侧室祔葬墓的发现情况及其所关涉的家庭结构、地域风俗等社会背景略作交代,也可方便下文深入到墓葬等级规制层面的探讨。

带侧室祔葬墓在各墓葬区的发现情况如下。

南京地区发现有四座。南京郭家山M6为单室砖墓附一小侧室的结构[7];南京郭家山

---

[1] 湖南省文物管理委员会《湖南常德西郊区古墓葬群清理小结》,《文物参考资料》1955年第5期,页51—56;湖南省博物馆《长沙两晋南朝隋墓发掘报告》。
[2] 湖南省博物馆《长沙两晋南朝隋墓发掘报告》。
[3] 〔汉〕郑玄注,〔唐〕孔颖达疏《礼记正义》卷七,北京:北京大学出版社,1999年,页196。
[4] 〔清〕孙希旦《礼记集解》卷三十三,北京:中华书局,1989年,页885。
[5] 齐东方《祔葬墓与古代家庭》;栗中斌《试析安徽马鞍山寺门口东吴墓的形制——兼论长江中下游地区六朝时期祔葬墓的类型》,《东南文化》2009年第3期,页51—57。
[6] 齐东方《三国两晋南北朝时期的祔葬墓》《祔葬墓与古代家庭》;栗中斌《试析安徽马鞍山寺门口东吴墓的形制——兼论长江中下游地区六朝时期祔葬墓的类型》。
[7] 南京市博物馆《江苏南京市北郊郭家山东吴纪年墓》。

M8为前后双室砖墓,前室一侧附一侧室[1]。扬州胥浦M93[2]和南京西岗西晋墓规模较大,分别带有二间侧室和三间侧室。南京西岗西晋墓,方向坐南朝北,平面呈十字形,由甬道、前室、后室、东侧室、西侧一室、西侧二室六部分组成,南北长8.15、东西宽21.15米。前室应为穹窿顶,平面作方形;余各室均为券顶,平面作长方形(图十一,1)[3]。

皖南地区仅见马鞍山寺门口吴墓一座。方向东偏南22°,系双室穹窿顶砖筑,由短甬道、前室、后室、前室左右各一侧室构成,全长7.64、最宽处10.48米。前室四隅券进式穹窿顶,长2.9、宽2.94—2.98、高2.38米;左侧室长3.16、宽1.48、高1.88米;右侧室长3.3、宽1.50—1.58、高1.91米;后室四隅券进式穹窿顶,长3.2、宽1.74、高2米(图十一,2)[4]。

苏南浙北地区仅见宜兴周墓墩M5一座。方向102°,平面呈十字形,由前室、后室及前室左右两侧室构成,东西全长8.4、南北全长11.26米。前室四隅券进式穹窿顶,平面正方形,长3.06、宽2.94、高2.96米;后室四隅券进式穹窿顶,平面长方椭圆形,长4.12、宽2.82、高3.12米;北侧室穹窿顶,平面长方形,长3.91、宽1.16、高2.12米;南侧室结构和北侧室同,长3.78、宽1.14、高1米(图十一,3)[5]。

鄂州地区发现有五座[6]。中轴线上的主墓室一般为前后二间,前室平面多呈正方形;侧室多附于前室侧壁,最多者附有3间。鄂钢综合原料场M30,方向210°,由封门墙、甬道及耳室、前室及左右三侧室、过道和后室及二耳室组成,全长10.95米。甬道西侧附一小耳室,长0.7、宽0.58、高0.6米。前室四隅券进式穹窿顶,平面呈正方形,长宽均为2.8、高3.04米;其东侧附两个结构和大小相同的侧室,长4、宽0.86、高1.3米;西侧附一带过道的侧室,长2.18、宽1.18、高1.66米。后室券顶,平面呈长方形,长3.4、宽1.96、高2.3米;其东侧附一耳室,长1.35、宽0.82、高0.96米;后壁右角亦附一耳室,长1.15、宽0.45、高0.73米(图十一,4)[7]。

江西地区仅见南昌县小兰乡吴墓一座。方向南北向,为平面呈"十"字形的砖室墓,有甬道和前后室,前室东西两侧各有一侧室,西侧室西壁又连接一小耳室。前室叠涩攒尖

---

[1] 南京市博物馆《江苏南京郭家山八号墓清理简报》。
[2] 胥浦六朝墓发掘队《扬州胥浦六朝墓》。
[3] 南波《南京西岗西晋墓》。
[4] 马鞍山市博物馆《安徽马鞍山寺门口东吴墓发掘简报》,《东南文化》2007年第3期,页32—36。
[5] 南京博物院《江苏宜兴晋墓的第二次发掘》。
[6] 包括:江夏流芳吴墓(武汉市博物馆、江夏区文物管理所《江夏流芳东吴墓清理发掘报告》)、鄂钢综合原料场M30(鄂州市博物馆《鄂钢综合原料场M30发掘简报》;南京大学历史系考古专业、湖北省文物考古研究所、鄂州市博物馆《鄂城六朝墓》,页28—29),以及鄂城M2183、M5013、M5014(《鄂城六朝墓》,页22、25—27)。五墓在年代上均属孙吴时期。
[7] 鄂州市博物馆《鄂钢综合原料场M30发掘简报》,《江汉考古》1995年第3期,页21—27;《鄂城六朝墓》,页28—29。

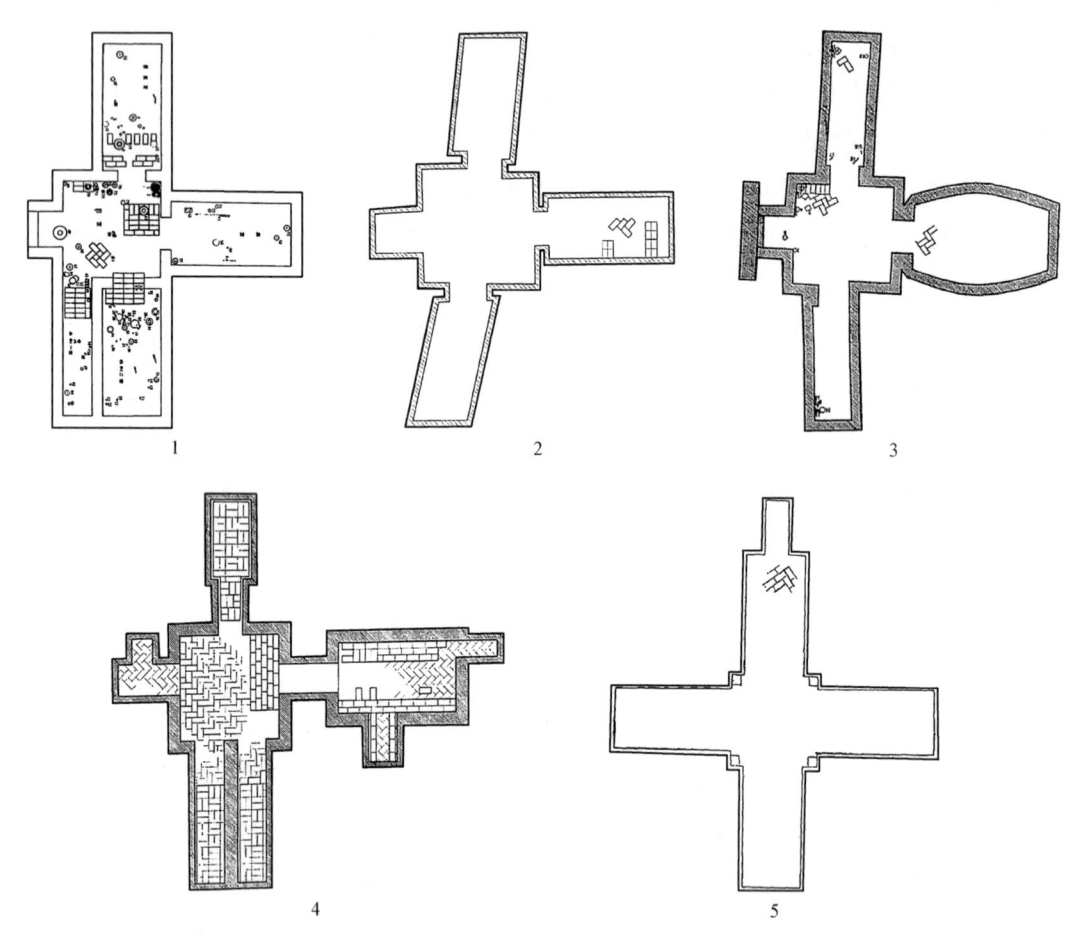

图十一　长江中下游吴晋祔葬墓拾例

(1. 南京西岗西晋墓; 2. 马鞍山寺门口吴墓; 3. 宜兴周墓墩M5; 4. 鄂钢综合原料场M30; 5. 南昌县小兰乡吴墓)

顶,平面呈正方形,边长3.6米;甬道、后室及东西侧室均长4.5、宽2.65、高2.8米;小耳室长2、宽1.5、高1.2米(图十一,5)[1]。

湖南地区仅见湘阴城关镇信用联社墓一座。方向115°,应由甬道、前室、后室和左右对称的四个侧室及二个耳室组成。前室券顶,长3.45、宽1.55米;后室券顶,长3、宽1.55、高1.9米;南侧室1内宽0.73、高1.1米;南侧室2内宽1、高1.46米;耳室宽0.53、高0.66米[2]。

总体来看,在鄂州和南京地区,带侧室祔葬墓发现稍多且规模偏大,不仅侧室数量多,

---

[1] 南昌县博物馆《江西南昌县发现三国吴墓》。本书结合墓葬平剖面图,对简报中有关墓葬形制的描述进行了调整,详见页33注1。
[2] 湘阴县博物馆《湖南湘阴城关镇西晋墓》,《江汉考古》1989年第4期,页25—28。

还可能同时附有耳室；长江中下游的其他地区则只有零星墓例存在。韩国河先生曾对汉晋合葬礼俗有相关研究[1]，可以为解释长江中下游带侧室祔葬墓的分布规律提供一定帮助。他指出，东汉至魏晋时期，黄河流域乃至辽河都可见到多人合葬；但在南方地区，大型多人合葬墓却十分少见。他进而分析了造成这种南北差异的原因，认为一是由于经济发展的程度不同即南方开发较晚，二是因为南北风俗厚薄不同。《隋书·地理志下》记扬州"其俗信鬼神、好淫祀，父子或异居"[2]，唐长孺先生亦指出："父子兄弟分居或同居异爨之俗在北方人看来是逾越正常礼俗的行为，因而常加非议"，而"宗族甚至弟兄情谊疏阔是江南风俗"[3]。由此观之，祔葬可被认为是主要流行于中原北方的丧葬风俗。带侧室祔葬墓较多见于鄂州和南京地区，应是由于二地分别作为长江中、下游之中心，与中原北方的往来较其他地区更为密切，且江北南迁人口多有所聚集之缘故。

---

[1] 韩国河《试论汉晋时期合葬礼俗的渊源及发展》，《考古》1999年第10期，页69—78。
[2] 〔唐〕魏徵、令狐德棻撰《隋书》卷三十一，北京：中华书局，1973年，页886。
[3] 唐长孺《读陶渊明赠长沙公诗序论江南风俗》，载氏著《山居存稿续编》，北京：中华书局，2011年，页110—111。

第二章
随葬品研究

运

有关长江中下游吴晋墓葬出土陶瓷器的基础分析和研究,前人已进行了较充分的工作[1],将其纳入六朝陶瓷器的整体发展序列之中,基本搭建起了六朝墓葬陶瓷随葬品的区系类型学谱系。孙吴、西晋二朝历时不足百年,同类器物造型上的演变不甚明显,更能反映时代差别的是器物组合上的变化。职是之故,本章节将不再做重复性的器物排队工作,而将关注点主要集中于陶瓷随葬品的种类和组合及其发展变化的线索之上,试图做到:厘清陶瓷随葬品的器型、器类与质地之间的对应关系[2];结合陶瓷器的产地与种类,探察各地随葬器物之"瓷器化"现象所蕴含的社会文化内涵;由此进一步剖析吴晋时期长江中下游在器物方面的交流互动及文化取向上的动态变迁。

　　在进行具体论述前,有必要先对下文中使用频率较高的陶瓷器相关概念作一界定。本书所指陶器,即用陶土经捏制成形后烧制而成的器物[3],器表露胎无釉;所指低温釉陶器,即在低温环境下"以铅的化合物作为基本助熔剂"[4]烧制而成的釉陶[5];所指瓷器,即以瓷土作胎,经高温焙烧后,外表施高温烧成的玻璃质釉而成的器物[6]。需要说明的是,在相关的发掘报告中,低温釉陶往往被笼统称为"釉陶"或被直接认定为陶器,给后续的分析研究带来了较大不便。鉴于低温釉陶和墓葬的文化属性有较密切的关联,因此本书根据发掘简报或报告的具体描述尽量做了甄别;确实无法做进一步鉴定者,则以"带釉器物"谓之,以示区分。

　　陶瓷器之外,长江中下游吴晋墓葬出土的其他质地的随葬品主要包括铜铁器、漆器、金银器、石(玉)器等。各类器物先前均有相关的专题性研究涌现[7],涉及器物的造型、种类、装饰、时空分布规律、制作工艺、生产模式及流通、使用群体等,可谓臻于全面。限于能力与精力,本书不再对上述质地的随葬品作深入探讨;仅为下文其他研究有所涉及时行文方便,而对相关随葬品的发现情况作一概述。

---

[1] 详见本书绪论第三节。
[2] 此部分工作所采取的研究方法与谢明良《江苏六朝墓出土陶瓷组合特征及其有关问题》有异曲同工之处,特此说明(谢明良《六朝陶瓷论集》,页27—162)。
[3] 中国硅酸盐学会主编《中国陶瓷史》,北京:文物出版社,1982年,页1。
[4] 同上注,页114。
[5] 杨哲峰《汉墓结构和随葬釉陶器的类型及其变迁》,北京大学博士学位论文,2005年,页207。
[6] 中国硅酸盐学会《中国陶瓷史》,页76。
[7] 详见本书绪论第三节。

一、长江下游陶瓷随葬品的种类与组合

（一）南京地区

（1）器物组合的方式

南京地区吴晋墓葬的陶瓷随葬品包括陶器、低温釉陶器和瓷器三类。陶器多为灰色和黄色胎；低温釉陶器为泥质红陶胎，外施偏褐或偏黄色釉，釉层多已剥落。此二类器物应为本地所产。瓷器施釉较匀，胎釉结合较好，釉层很少有剥落现象，釉色以淡青色和青灰色为主[1]；酱褐色釉偶见[2]。瓷器的来源有二，一是浙江地区出品，内胎纯净、细紧，呈浅灰色，露胎部分呈暗红色；一是江苏地区所产，内胎多为白黄色，胎质较粗松[3]。

陶瓷随葬品按器型和功用大体可分为三类：器具、模型明器和俑。本书对器具的定义是：具有实际使用功能的器物；对模型明器的定义是：专门为随葬而制作，通过模仿生活用具、生产工具或建筑等以达到模拟现实生活之目的的器物；对俑的定义是：用于陪葬的偶人[4]，同时也包括表现为神异形象的塑像（镇墓俑）和少量动物塑像（动物俑）。根据年代可考墓葬的器物组合情况（表三），并将其他墓葬的器物组合与之相比照，南京地区吴晋墓葬的陶瓷器物组合按其发展变化规律可分为四组：

第一组。器具和模型明器二类共存，质地有陶、瓷二类，陶器的比重远高于瓷器。模型明器皆为陶质，瓷器仅在器具一类中出现。陶器具常见器型有罐、熏、炉、盆、碗、钵、灯等。罐为大宗，有鼓腹罐、直腹罐（图十二，2）、带系罐（多为双系，图十二，1）、盖罐等造型；熏多置提梁，器身有镂空圆孔（图十二，3）；炉多设三足（图十二，4）；灯多在承柱上接一螭虺状錾（图十二，5），造型特殊。瓷器具常见器型有罐、盘口壶、碗、钵、盏等；罐、盘口壶为大宗，肩部多设系（图十二，6—8）。新出现的不见于本地东汉墓葬的器型有瓷虎子、扁壶、唾壶、龟形水盂（图十二，10）、辟邪形烛台（图十二，21）、羊形烛台（图十二，22）、熊灯（图十二，23）等。扁壶呈椭圆形，器身饰联珠纹，两侧附系（图十二，9）；虎子多为立体螭虎形提梁加茧形器身的造型（图十二，11），也见有球形者（图十二，12）。陶模型明器的常见器型除汉代最为流行的灶（图十二，16）、仓、井外，还有磨、碓（图十二，19）、臼、舂、箕（图十二，20）、筛等劳动工具，猪、狗、羊、鸡、鸭、鸽等家禽牲畜及其圈舍，以

---

[1] 中国硅酸盐学会《中国陶瓷史》，页139—140。
[2] 南京市博物馆《南京雨花台区丁墙村、鼓楼区峨嵋岭六朝早期墓发掘简报》，载《南京文物考古新发现》，页94—97。
[3] 南京博物院《南京市卫岗西晋墓清理简报》，《文物》1983年第10期，页70—71。
[4] 据《礼记·檀弓》，孔子"谓为俑者不仁"。郑玄注："俑，偶人也，有面目机发，有似于生人。"（[汉]郑玄注，[唐]孔颖达疏《礼记正义》卷九，页277）

及五联罐（图十二，13）。仓从造型上可分为两类，一类为直筒状仓身、上设带钮仓盖，可称为仓罐（图十二，14）；一类仓身做圆筒形或鼓腹状且以刻塑或开孔的方式表现门窗结构、上设攒尖盖顶，亦称为囷（图十二，15）。牲畜圈常与厕合二为一（图十二，17）；禽舍则多为卷棚顶、平底的造型（图十二，18）。纹饰方面，陶器具以素面为主，偶见有弦纹和拍印的几何纹样；瓷器具多在器物口沿、颈和肩部装饰花纹带，纹饰有弦纹、方格纹、网纹等，同时也存在少量较复杂的贴塑铺首衔环装饰。

第二组。主要为器具和模型明器二类，同时有少量俑类器物存在；质地有陶、低温釉陶和瓷三类。陶器种类较第一组减少；低温釉陶主要作模型明器；瓷器种类增加，见有少量的瓷模型明器，不过陶／低温釉陶器总体比重仍高于瓷器。陶器具常见器型有罐（图十三，1）、熏（图十三，2）、盆等，造型与第一组基本相同。瓷器具常见器型有罐、盘口壶、动物首罐、水盂、碗、钵、盏、洗、槅、耳杯、唾壶、虎子、烛台等；仍以罐、盘口壶为大宗，造型与第一组相类（图十三，3、4）。水盂的常见造型为敛口、鼓腹附圈足，精巧者器盖钮由一对立体塑的雏鸟组成，生动可爱（图十三，10）[1]；同时，上一阶段出现的动物形水盂仍可见到，多作蛙形（图十三，6）。槅多作方形。虎子器身仍以茧形为多，但肋下开始刻划双翼，且提梁演变为绳索状（图十三，8）。烛台多作辟邪形（图十三，7），也见有卧羊的造型（图十三，9）。扁壶偶有所出（图十三，5）。动物首罐属于本组新出现的器类（图十三，11）；另外还见有一种双系带流罐，肩部有一矮流，内孔可流水，与动物首罐器型类似，动物首与矮流的位置也基本相同，两者间可能存在一脉相承的关系[2]。同时新出现瓷砚（图十三，15）。陶／低温釉陶模型明器的常见器型与第一组基本相同（图十三，13—14），唯五联罐演化为了堆塑罐[3]。堆塑罐下部罐体最大径在口沿处；上部堆塑与罐体等高或高于罐体，主体造型楼阁化，中罐上施屋顶状顶盖，环绕的四罐体量较小，竖置于楼阁屋檐之上；其他形象如胡人、佛、飞鸟等分层整齐排列，每层表现的形象雷同（图十三，17）。瓷模型明器发现的数量和种类均较少，主要见有灶和堆塑罐（图十三，18—19）。瓷堆塑罐的造型与陶／低温釉陶堆塑罐存在一定差别，主要表现为：下部罐体最大径在肩或腹部，且罐体高于上部堆塑；上部堆塑分层不太明显，但布局更为灵活、造型更为生动、内容更

---

[1] 南波《南京西岗西晋墓》。
[2] 南京市博物馆《江苏南京卡子门外六朝早期墓》，《考古》1990年第11期，页1021—1023。
[3] 堆塑罐，在以往的发掘报告和研究中常称为"魂瓶"或"谷仓罐"。这两种称呼本身已包含对器物性质的判定，而事实上，此类器物既具有一般谷仓储藏谷物之功能，又具有一般谷仓所不涉及之信仰或生死观内涵，不论使用"魂瓶"或"谷仓罐"谓之，都难免有以偏概全之嫌。因此，本书仅根据其外观特征称之为"堆塑罐"。有关五联罐和堆塑罐的系统研究，可参见仝涛《长江下游地区汉晋五联罐和魂瓶的考古学综合研究》，四川大学博士学位论文，2006年。

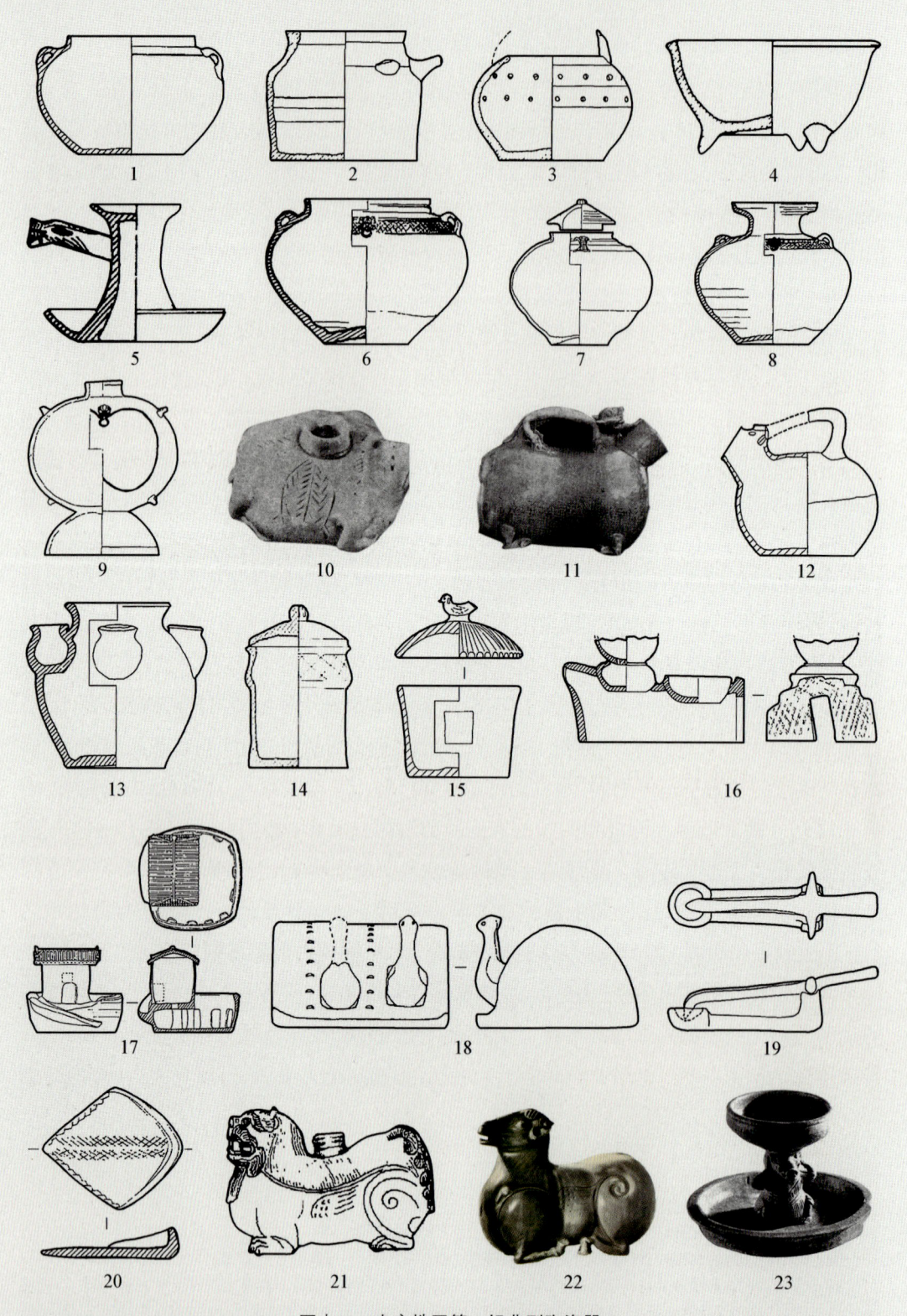

图十二 南京地区第一组典型陶瓷器

（出土地点：1、12、15. 唐家山M1；2、4. 郭家山M6；3、7、9. 郭家山M7；5. 邓府山M6；6、8、13、16、18—21. 江宁上湖M2；10. 御道街标营M1；11. 江宁赵士冈M4；14. 窑岗村30号M3；17. 大光路薛秋墓；22—23. 南京清凉山吴墓）

74　承运东南：长江中下游的吴晋墓葬与社会

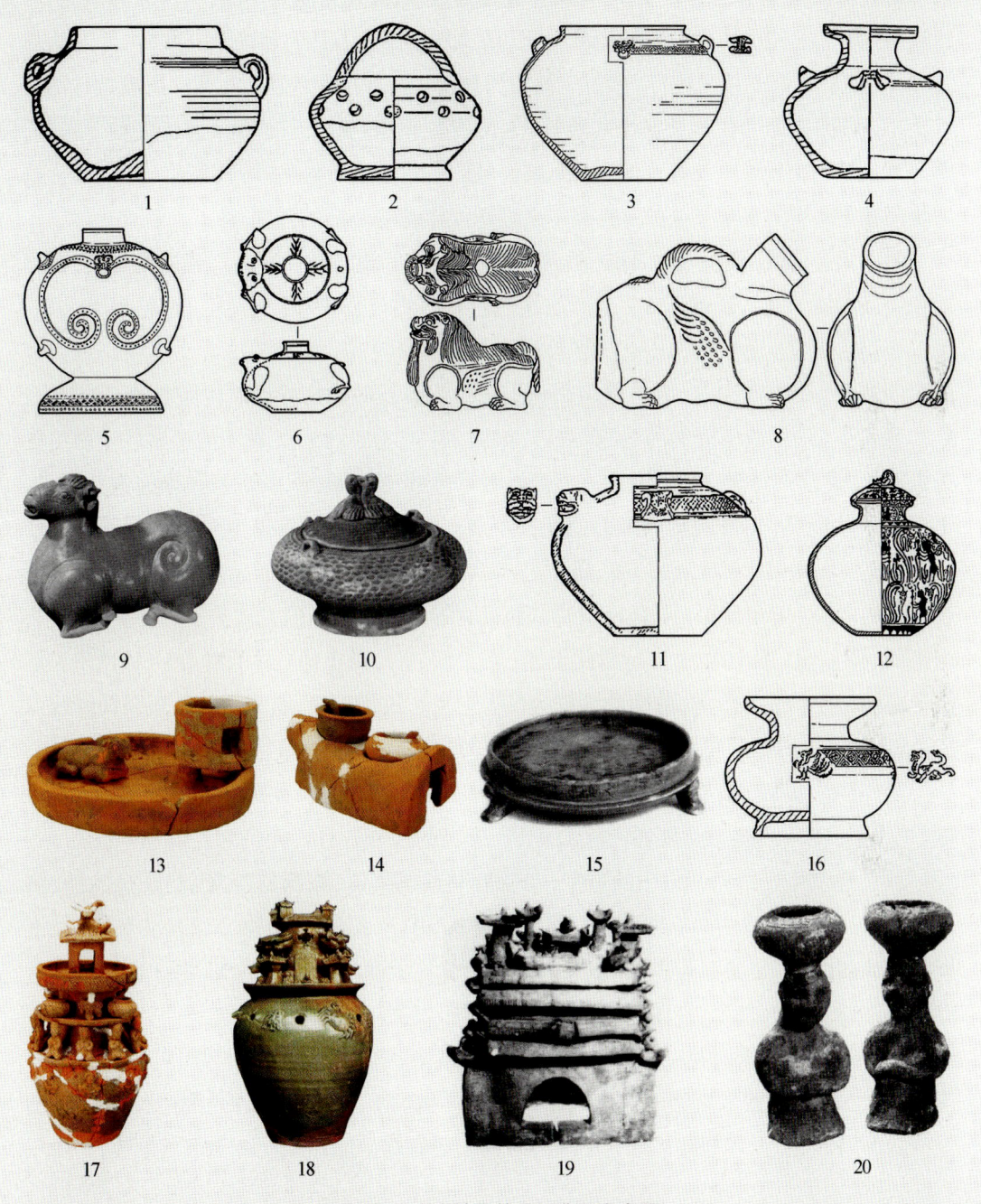

图十三　南京地区第二组典型陶瓷器

（出土地点：1.仙鹤山M5；2、4.江宁索墅M1；3、7—8.江宁沙石岗M1；5.雨花台区农花村M19；6.江宁上湖M4；9—10.西岗西晋墓；11—12.长岗村M5；13—14、17.雨花台区天隆寺M10；15、18—19.江宁县下坊村吴墓；16.滨江开发区15号路M3；20.栖霞山甘家巷M14）

为丰富。俑仅出于个别墓葬中,均为陶/低温釉陶质,表现为胡人形象,有骑马鼓吹俑[1]、顶罐俑(图十三,20)[2]、虬发跪坐俑[3]等。纹饰方面,瓷器具的装饰渐趋繁缛,除装饰花纹带外,贴塑装饰亦相当流行,多位于器物肩腹部,以铺首造型最为常见。比较特殊的则有:腹部对称装饰虎状和朱雀状贴塑各1对的青瓷唾壶(图十三,16);通体施釉下褐彩,肩部等距排列4个铺首、2尊佛像和2个双首鸟形系贴塑的带盖盘口壶(图十三,12),为这一阶段釉下彩瓷之孤例[4];在内底部中央堆塑立体动物装饰的瓷洗等。

第三组。器具、模型明器、俑三类共存,质地有陶和瓷二类。器具以瓷质为主,模型明器和俑以陶质为主。瓷器具常见器型有罐、盘口壶、鸡首壶、水盂、钵、盏、虎子、砚等。罐、盘口壶仍为大宗(图十四,1—4),前者新出现双领的造型(图十四,2),后者新出现直筒形腹的造型(图十四,4)。鸡首壶应是从上一组中流行的动物首罐演化而来的(图十四,5)。水盂中,动物造型消失,只见有敛口、鼓腹者(图十四,15)。虎子的造型较前两组更为象形化,虎首大口衔一圆形罐式流,前胸、臀部圆鼓,腰部稍细,背部置弧形绳索状提梁,梁后部附贴虎尾,器身两侧刻画前后腿和羽翼(图十四,6)。陶模型明器常见器型有灶(图十四,7)、井(图十四,11)、磨、碓、马(车)以及堆塑罐(图十四,10),马(车)是本组新出现的器型(图十四,12);瓷模型明器偶见有堆塑罐。陶俑的发现数量和种类增多,有踞坐俑、侍立俑(图十四,8)、持盾武士俑(图十四,9)、鳄鱼俑(图十四,14)和独角兽形的镇墓俑(图十四,13)等,前两类表现为汉人形象。纹饰方面,花纹带和贴塑装饰继续流行,较特殊者为肩部贴塑4尊佛像的盘口壶[5],佛像趺坐于双狮座之上。

第四组。器具、模型明器、俑三类共存,以瓷质器为主。器具常见器型有罐、盘口壶、鸡首壶、碗、钵、盏、盘、耳杯、唾壶、虎子、熏、砚等。罐、盘口壶仍为大宗(图十五,1—2)。鸡首壶基本延续第三组中的造型,也见有鸡首尾具备、腹侧划双翼、下设双足者(图十五,3)。熏的造型主要有两种:一种为柱盘式(图十五,5);一种炉身有镂空圆孔,下设圈足或假圈足,也见有带提梁者(图十五,6)。虎子除象形化造型外,也存在球形腹者(图十五,13)。洗、烛台、灯偶出,烛台仍以辟邪形为主;灯主要由灯盏、承柱、承盘三部分组成(图十五,7),同时第一组中造型特殊的带螭虺状銎的陶灯,在本组中变为瓷质(图十五,8)。模型明器常见器型有灶(图十五,9),猪、狗、羊、鸡等家禽牲畜及其圈舍(图十五,10—12),以及堆塑罐(图十五,15)。俑主要有踞坐俑(图十五,16)、侍立俑和独角

---

[1] 南京市考古研究院《南京市鼓楼区幕府山两座东吴墓的发掘》。
[2] 南京博物院、南京市文物保管委员会《南京栖霞山甘家巷六朝墓群》。
[3] 王志敏、朱江、李蔚然编《南京六朝陶俑》,北京:中国古典艺术出版社,1958年,图版4。
[4] 谢明良《综述六朝青瓷褐斑装饰》,载《六朝陶瓷论集》,页387。
[5] 徐伯鸿《江浦出土西晋佛像贴塑青瓷盘口壶》,《东南文化》1992年第Z1期,页157—158。

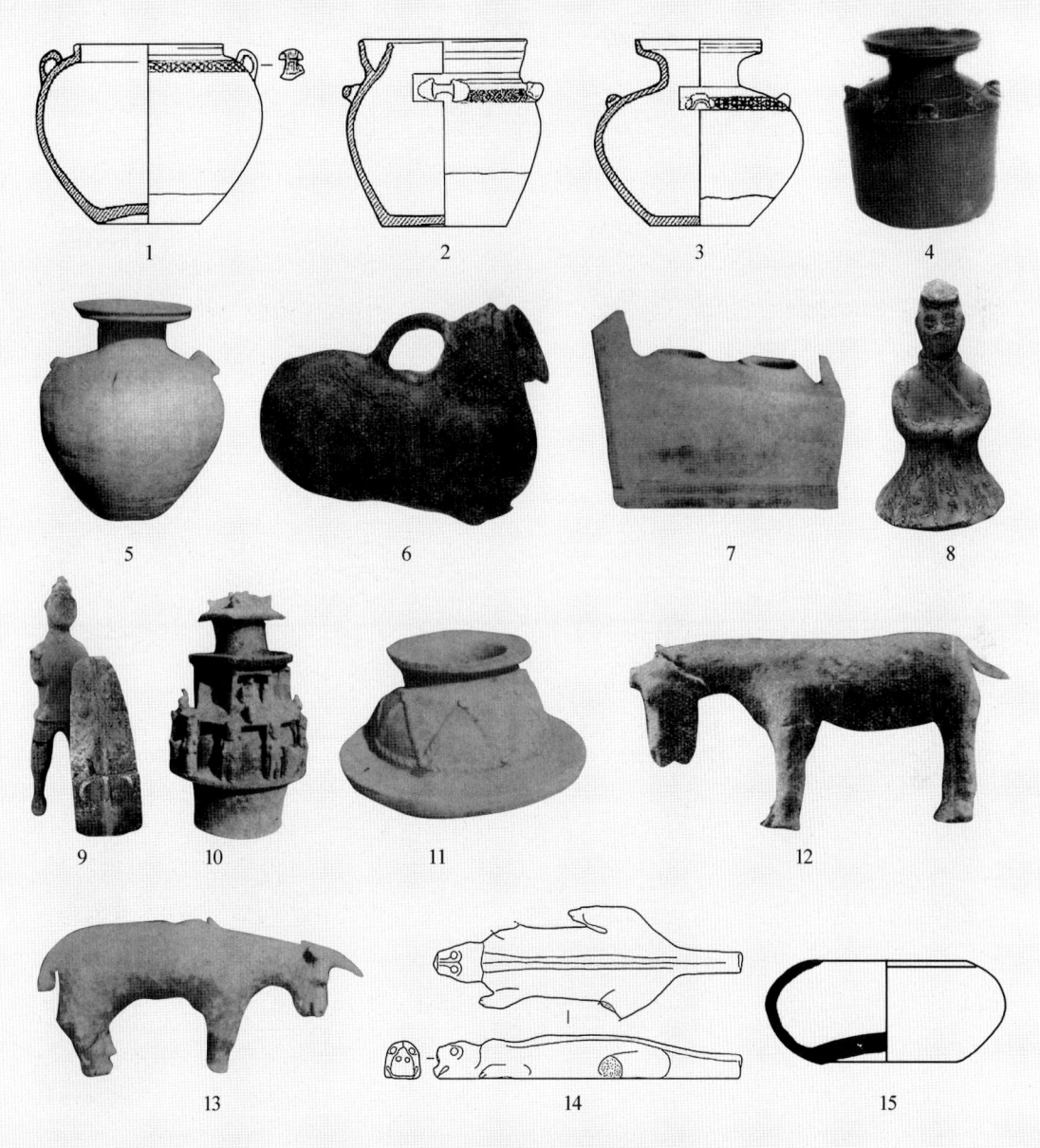

图十四　南京地区第三组典型陶瓷器

（出土地点：1—3. 板桥新凹子M13；4. 板桥杨家山M1；5、15. 扬州胥浦M94；6、12. 中华门外郎家山西晋墓；7、10—11、13. 扬州胥浦M93；8—9、14. 江宁鳄儿岗M1）

第二章｜随葬品研究

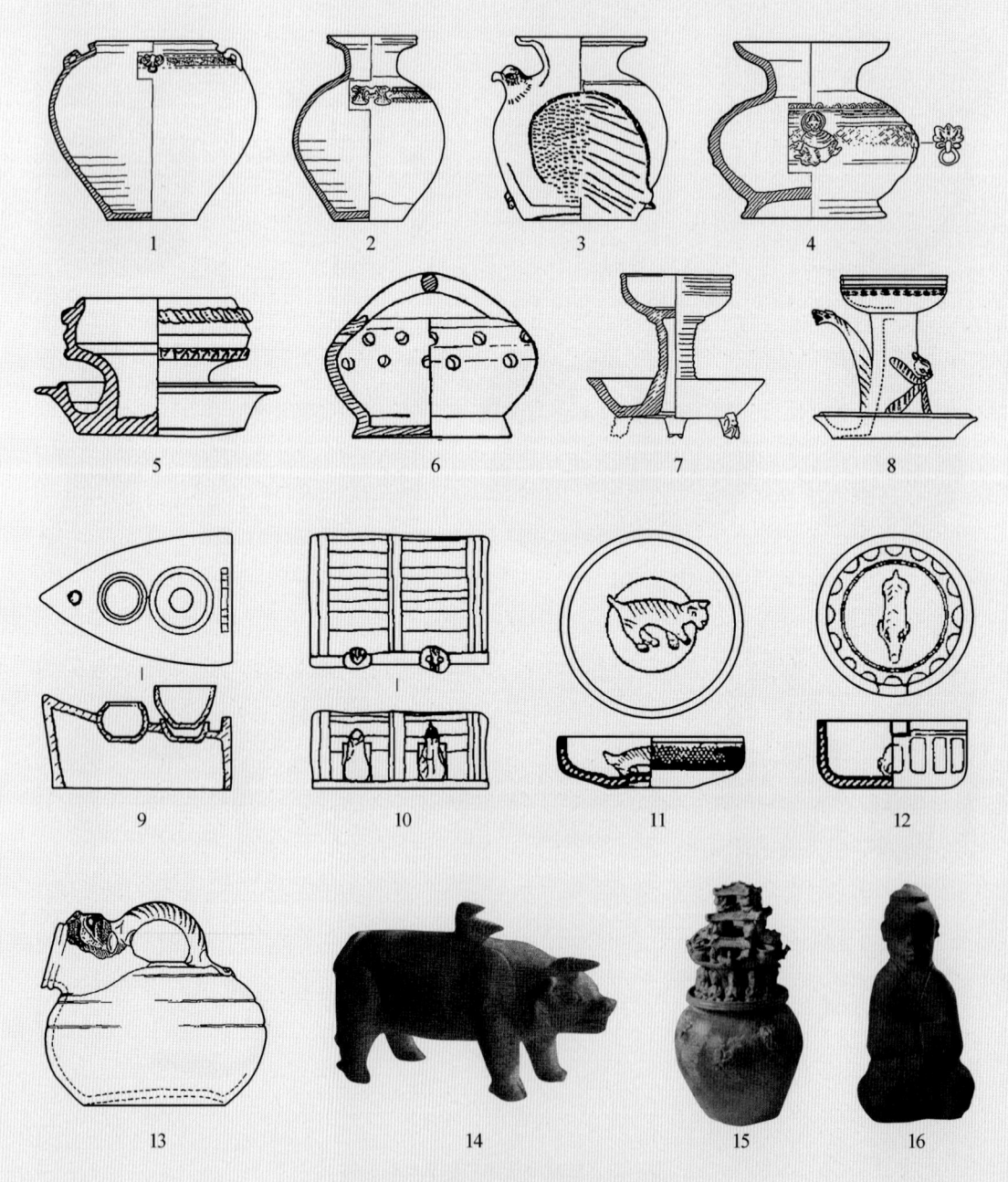

图十五　南京地区第四组典型陶瓷器

（出土地点：1—2、13. 江宁上湖M1；3、14—16. 板桥石闸湖晋墓；4、7. 仙鹤山M7；5、8. 丁墙村93M1；6、9. 狮子山M1；10. 殷巷砖瓦厂M1；11—12. 迈皋桥西晋墓）

78　承运东南：长江中下游的吴晋墓葬与社会

兽形镇墓俑（图十五，14）。纹饰方面，与第二、三组基本类似，但贴塑的形象愈加多元化，如贴塑趺坐佛像和胡人骑马形象的唾壶（图十五，4）、贴塑胡人骑异兽形象的盘口壶、贴塑猪形象的罐等。

（2）器物组合的年代

第一组。在本组器物中，陶器具，灶、仓、井、厕模型以及五联罐体现出了较多东汉时期的特点，属于汉文化的孑遗；同时，本组器物相较东汉器物的变化也相当明显，尤其表现在青瓷器数量和种类的增加以及劳动工具、牲畜及其圈舍等模型的空前流行两个方面。在有纪年材料的墓葬中，最晚出有五联罐的墓葬为同出"甘露元年"铜镜的南京北郊五塘村M2[1]，可知这一时期的下限不会早于甘露元年（265年）；而建衡元年（269年）的南京滨江开发区15号路M3已基本不见陶器具[2]，凤凰元年（272年）的江宁县下坊村吴墓已出有瓷堆塑罐[3]，因此本组器物的流行时间基本可定为孙吴建国（222年）至宝鼎四年（269年）。

第二组。本组器物进一步摆脱汉传统的束缚，展现出较多创新性特征，器物外观渐趋生动华丽。器具类在造型上流行融入动物形象，如动物首罐、虎子、蛙形水盂、辟邪形烛台等；纹饰方面流行贴塑的装饰技法。模型明器多为低温釉陶质，也是本组器物群的一大特征。在有纪年材料的墓葬中，最早出有低温釉陶器的为同出有"甘露元年"青瓷盘的清凉山吴墓[4]，最早出有动物首罐的为孙吴建衡元年（269年）的南京滨江开发区15号路M3[5]；至西晋太康五年（284年）的南京柳塘村西晋墓和太康六年（285年）的南京江宁周岗镇M1，墓中的模型明器仍为低温釉陶质[6]，而在西晋元康三年（293年）的南京中华门外郎家山西晋墓[7]中，模型明器变为灰陶质，且出现了镇墓俑。综上可知，将本组器物的流行时间定为孙吴建衡元年（269年）至西晋太康年末（289年），应较合适。

第三组。本组器物最突出的特征有二：一是俑开始渐趋流行；二是器物的类别与质地之间有了较明确的对应关系，即器具基本为瓷质，模型明器和俑基本为陶质。器具中，动物形象的造型逐渐淡出；模型明器中，劳动工具大幅减少。镇墓俑出现，主要表现为独

---

[1] 南京市博物馆《南京北郊五塘村发现六朝早期墓》。
[2] 南京市江宁区博物馆《南京滨江开发区15号路六朝墓清理简报》。
[3] 华国荣《江苏南京市江宁区下坊村发现东吴青瓷器》，《考古》1998年第8期，页92—93。
[4] 李蔚然《南京六朝墓葬》。简报记该墓出土明器"绝大多数是在红胎上涂一层棕黄釉"，可以判定应为低温釉陶。
[5] 南京市江宁区博物馆《南京滨江开发区15号路六朝墓清理简报》。
[6] 南京市博物馆《江苏南京邓府山吴墓和柳塘村西晋墓》，《考古》1992年第8期，页733—740；南京市博物馆、江宁区博物馆《南京江宁区周岗镇尚义采石场西晋纪年墓》，载《南京文物考古新发现》，页83—88。简报记柳塘村西晋墓出土器物"以釉陶仓厨明器为主，器型较小，且均为红陶胎，素面，釉色大多已脱落"；江宁周岗镇M1出土陶器均为泥质红陶，部分器物施酱色釉，可以判定应属低温釉陶。
[7] 南京市文物保管委员会《南京六朝墓清理简报》。

角兽的造型；同时还见有一种鳄鱼俑，具有较鲜明的地方特色。在纪年墓葬中，最早出有镇墓俑和鳄鱼俑的为元康三年（293年）的南京中华门外郎家山西晋墓[1]，最晚为元康九年（299年）的六合瓜埠西晋墓[2]。因此本组器物的流行时间大体应在元康年间（291—299年）。

第四组。本组器物在器类和造型上与第三组差别不大，最重要的特征是所有器类都以瓷质为主。在纪年墓葬中，随葬品最早呈现出如是面貌的为元康七年（297年）的江宁张家山西晋墓[3]，此后的墓葬除六合瓜埠西晋墓外，基本以瓷质为主，因此本组器物的流行时间应为元康末（297年）至西晋灭亡（317年）。不过，需要特别提及的是，在应为孙吴晚期宗室墓葬的江宁上坊M1中，模型明器和俑皆为瓷质，见有灶、磨、碓房、筛、杵、扫帚、簸箕、毛笔、书刀、牛车、鸡舍、羊圈、畜屋、马、猪等模型和坐榻俑、跪坐俑、行礼俑、劳作俑、抚琴俑、击鼓俑、表演俑、侍立俑、胡人俑等俑类以及堆塑罐[4]，种类和数量可谓长江下游吴晋墓葬之最。按此墓的年代，属于第二组器物的流行期；之所以会随葬数目庞大、种类繁多的瓷模型明器和俑，应是墓葬高规格之体现，有可能是制度规定的为墓主专门烧制的丧葬用品[5]。

（二）皖南地区

（1）器物组合的方式

皖南地区吴晋墓葬的陶瓷随葬品包括陶器和瓷器二类。陶器以灰色胎为主，也有少量红色胎。瓷器来源有二，一是长江中游，多为模型明器和俑一类产品，釉色多呈青褐色，釉层较薄，胎釉结合不好，有些釉已剥落；一是浙江地区，多为器具类产品，胎釉结合紧密，釉色呈青绿色，内胎纯净、细紧，呈浅灰色，露胎部分呈暗红色。根据年代可考墓葬的器物组合情况（表四），并将其他墓葬的器物组合与之相比照，皖南地区吴晋墓葬的陶瓷器物组合按其发展变化规律可分为三组：

第一组。器具和模型明器二类共存，陶器的比重高于瓷器。模型明器基本为陶质，瓷器基本仅在器具一类中出现。陶器具常见器型有罐、盆、钵；罐主要表现为矮领、鼓腹、平底的造型（图十六，1），双系罐、盖罐偶出，还见有带釉钱纹陶罐（图十六，2）[6]。瓷器具常

---

[1] 南京市文物保管委员会《南京六朝墓清理简报》。
[2] 吴文讯《江苏六合瓜埠西晋墓清理简报》，《考古》1973年第2期，页88—89。
[3] 南京博物院《江苏江宁县张家山西晋墓》。
[4] 南京市博物馆、南京市江宁区博物馆《南京江宁上坊孙吴墓发掘简报》。
[5] 同上注。
[6] 安徽省文物考古研究所、马鞍山市文化局《安徽马鞍山东吴朱然墓发掘简报》。该罐被描述为"灰白色胎，火候高，质坚，黄褐色釉不及底"，至少应属高温青釉陶，亦不排除为瓷器的可能。

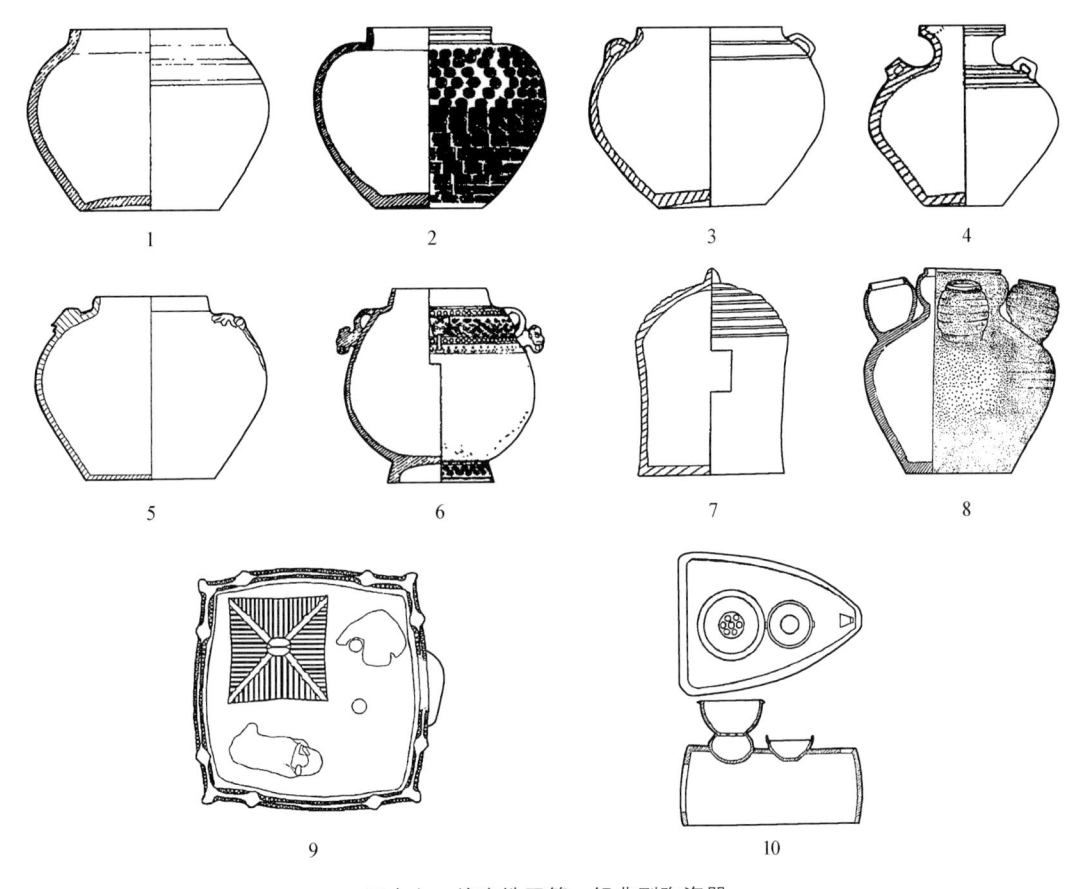

图十六　皖南地区第一组典型陶瓷器

(出土地点：1—2、6.马鞍山朱然墓；3—4、7.马鞍山采石M1；5、9.马鞍山寺门口吴墓；8、10.南陵县麻桥M2)

见器型有罐、盘口壶、碗、钵、盏等；以罐、盘口壶为多(图十六，3—4)，肩部多带系。质量上乘的瓷器具有鸡首罐(图十六，5)、卣形壶(图十六，6)等。陶模型明器的常见器型有灶(图十六，10)、仓、井、猪及厕圈(图十六，9)，以及五联罐(图十六，8)。仓多为圆筒器身、上设攒尖盖顶的囷形(图十六，7)。纹饰方面，陶器具以素面为主，偶见在器物口沿、颈和肩部装饰弦纹；瓷器具的装饰亦多位于口沿、颈和肩部，纹饰有弦纹、方格纹、网纹、联珠纹等。

第二组。器具、模型明器、俑三类共存，以瓷质器为主。器具常见器型有罐、盘口壶(图十七，2)、钵、熏、洗等。罐有钱纹罐(图十七，1)和盖罐；熏为扁圆腹的造型，肩腹部镂圆孔(图十七，4)；还见有扁壶(图十七，3)和羊形烛台(图十七，5)，与南京地区同类器造型相似，但装饰更为简化。模型明器常见器型有灶、仓(图十七，8)、磨、碓和猪、狗、羊及其圈舍(图十七，7)。俑包括胡人俑(图十七，6)、劳作俑(图十七，10)、乐舞俑以及头生双角吐长舌(图十七，9)、独角兽形(图十七，11)和爬行类怪兽状(图十七，12)的镇

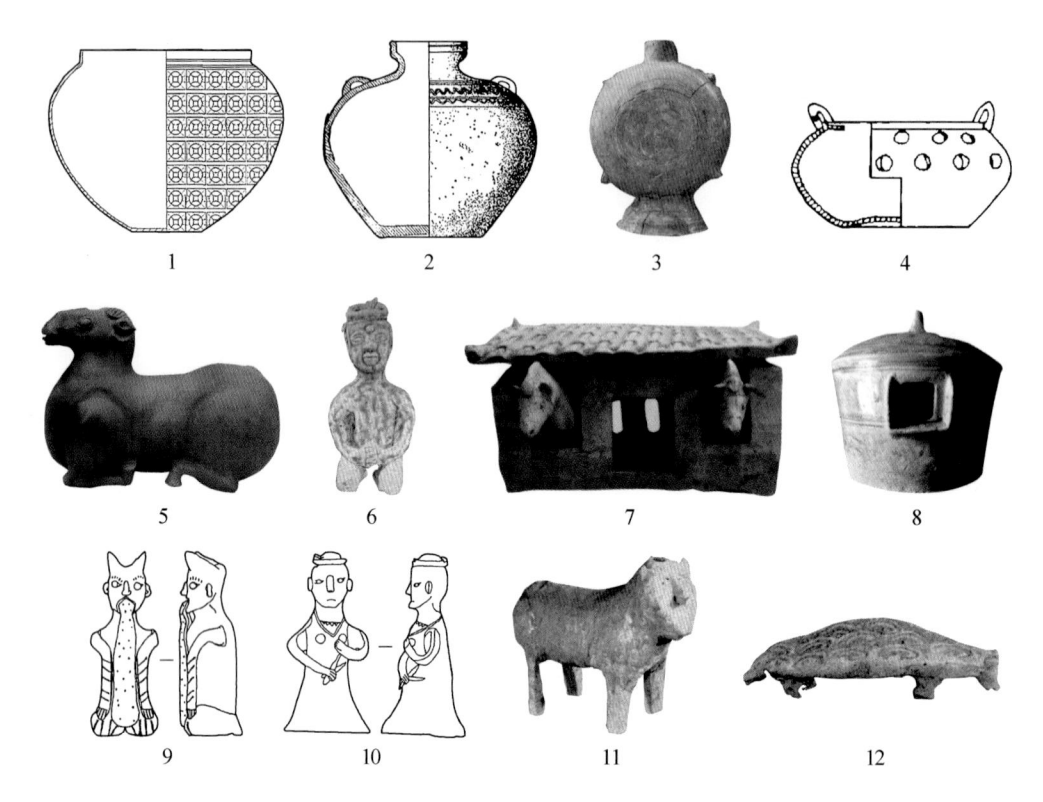

图十七 皖南地区第二组典型陶瓷器

(出土地点:1、5、7—8.马鞍山朱然家族墓;2、6、11—12.马鞍山佳山吴墓;3—4、9—10.全椒县卜集吴墓)

墓俑等造型。纹饰方面,以素面为主,或在器物口沿、颈和肩部简单饰以弦纹。

第三组。以器具和模型明器二类为主,俑偶见。器具以瓷质为主,模型明器陶质与瓷质共存,俑以陶质为主。瓷器具常见器型有罐、盘口壶、鸡首壶、碗、盏、洗、唾壶、虎子等,以罐、盘口壶为多,肩部多带系(图十八,1—2)。鸡首壶(图十八,3)应由第一组中的鸡首罐演变而来。虎子造型较象形化(图十八,5),与南京地区第三组中的造型类似。辟邪形烛台亦有所出(图十八,6)。陶模型明器常见器型有灶、仓(图十八,4),牛车,狗、猪、马、鸡及其圈舍(图十八,11),以及堆塑罐;瓷模型明器常见器型有仓,牛车,狗、鸡及其圈舍,以及堆塑罐(图十八,9)。陶俑主要有骑马俑(图十八,7)、踞坐俑(图十八,10)、鳄鱼俑(图十八,12)和镇墓俑(图十八,8)等。纹饰方面,开始出现贴塑装饰,如腹部贴塑铺首衔环的唾壶。

(2)器物组合的年代

第一组。在本组器物中,陶器具,灶、仓、井模型以及五联罐体现出了较多东汉时期的特点;但同时,一定比重的瓷器具的存在,加之鸡首罐等新型器物以及个别瓷模型的出现,昭示了本组器物与东汉器物群的区别。在纪年墓葬中,陶瓷器组合可归为本组的最晚

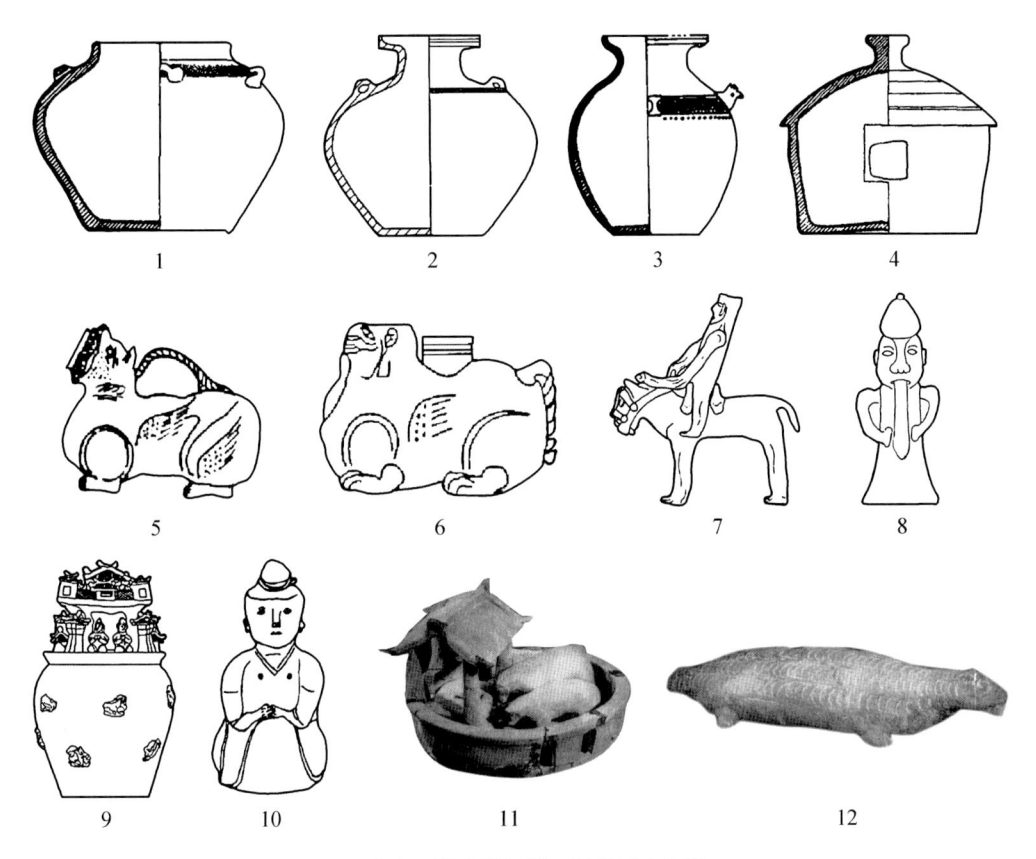

图十八　皖南地区第三组典型陶瓷器

（出土地点：1、4、11—12. 和县西晋墓；2. 马鞍山霍里乡M2；3. 马鞍山桃冲村M2；5. 宣城外贸巷西晋墓；6. 马鞍山霍里乡M1；7. 青阳五星M1；8. 南陵长山M3；9. 当涂太白乡陈山西晋墓；10. 桃冲村M2）

墓葬为赤乌十二年（249年）的马鞍山朱然墓[1]，因此本组器物的流行时间大体可定为孙权统治期间，即孙吴建国（222年）至神凤元年（252年）。

第二组。本组器物与第一组有鲜明的差别，最突出的表现有二：一是器物以瓷质为主；二是俑类器物的出现。然而，虽然本组器物特征鲜明，但根据目前所见较完整的墓葬材料，可归入本组的墓葬数量很少，仅有马鞍山佳山吴墓、全椒县卜集吴墓、马鞍山朱然家族墓共3座。马鞍山佳山吴墓[2]从墓葬形制到随葬品的质地、器型和纹饰，都与永安五年（262年）的武昌莲溪寺吴墓[3]近乎相同，两者的年代应大体相当；全椒县卜集吴墓[4]的随

---

[1] 安徽省文物考古研究所、马鞍山市文化局《安徽马鞍山东吴朱然墓发掘简报》。
[2] 安徽省文物考古研究所《安徽马鞍山市佳山东吴墓清理简报》，《考古》1986年第5期，页393、404—409。
[3] 湖北省文物管理委员会《武昌莲溪寺东吴墓清理简报》，该墓随葬品情况详见本章第二节。
[4] 朱振文《安徽全椒县卜集东吴砖室墓》。

葬品种类和器型与佳山吴墓亦相差不大，年代也应接近。至于马鞍山朱然家族墓[1]，关于其墓主身份有朱治（卒于224年）和朱（施）绩（卒于270年）二说。该墓属于较典型的孙吴中晚期双室墓形制，且陶瓷器物组合明显不能归入第一组，因此该墓墓主应为朱（施）绩，墓葬年代为建衡二年（270年）。考虑到在之后凤凰三年（274年）的青阳县五星M1[2]中，模型明器回归陶质，俑类器物消失，瓷堆塑罐出现，故可推断本组器物的大致流行时间应在建兴元年（252年）至建衡三年（271年）间，并且主要集中在马鞍山地区。

第三组。在本组器物中，瓷器具种类较前两组明显增多，器物造型有复杂化趋势，鸡首罐、虎子、辟邪形烛台等动物造型器都有发现。模型明器方面，新出现堆塑罐，多为瓷质品，与第一组中的五联罐应存在演化关系。镇墓俑类逐渐淡出。同时，器物开始注重装饰，贴塑技法有所应用。在纪年墓葬中，陶瓷器物组合可归为本组的最早墓葬为凤凰三年（274年）的青阳县五星M1[3]，最晚者为建兴四年（316年）的马鞍山桃冲村M2[4]，因此本组器物的流行时间大体可定在凤凰元年（272年）至西晋灭亡（317年）。

（三）苏南浙北地区

（1）器物组合的方式

苏南浙北地区吴晋墓葬的陶瓷随葬品包括陶器、低温釉陶器和瓷器三类。陶器主要为灰色胎，也有呈红褐色者。低温釉陶发现不多，胎色近红色，外施绿釉，存在积釉、流釉现象，且釉层多已剥落。此二类器物应为本地所产。瓷器以浙江地区的产品为主，内胎纯净、细紧，呈浅灰色；釉层厚而均匀，釉汁纯净，釉色呈淡青和青灰色；胎釉结合较好。同时苏南墓葬所出部分瓷器可能为宜兴均山窑的产品，内胎疏松且含铁质较多，烧造时氧化呈棕色；釉色呈豆绿色，小部分灰中泛黄；胎釉结合较差，常见网裂纹和挂釉流釉现象，甚者剥釉严重[5]。根据年代可考墓葬的器物组合情况（表五），并将其他墓葬的器物组合与之相比照，苏南浙北地区吴晋墓葬的陶瓷器物组合按其发展变化规律可分为二组：

第一组。以器具和模型明器二类为主，俑偶见，质地有陶、低温釉陶和瓷三类。器具类陶／低温釉陶质与瓷质共存，模型明器和俑类则以陶／低温釉陶为多。陶／低温釉陶

---

[1] 马鞍山市文物管理所《安徽省马鞍山市朱然家族发掘简报》。
[2] 青阳县文物管理所《安徽青阳县五星东吴—西晋墓发掘简报》。
[3] 青阳县文物管理所《安徽青阳县五星东吴—西晋墓发掘简报》。
[4] 马鞍山市文物管理所、马鞍山市博物馆《安徽马鞍山桃冲村三座晋墓清理简报》。
[5] 蒋玄怡《访均山青瓷古窑》，《文物》1960年第2期，页38—40；南京博物院《宜兴县汤渡村古青瓷窑址试掘简报》，《文物》1964年第10期，页39—40；宜兴陶瓷公司《陶瓷史》编写组《江苏宜兴南山六朝青瓷窑址的调查》，载文物编辑委员会编《中国古代窑址调查发掘报告集》，北京：文物出版社，1984年，页45—50；蒋赞初《关于宜兴陶瓷发展中的几个问题》，载《中国古代窑址调查发掘报告集》，页64—69；中国硅酸盐学会《中国陶瓷史》，页142。

器具常见器型有罐、熏炉、灯、盘、耳杯等。以罐为大宗，肩部多带系（图十九，1）；灯为承柱上接一螭虺状鋬的造型，与南京地区第一组器物中的陶灯造型相类（图十九，2）；熏多带提梁（图十九，3）；印纹大罐（图十九，4）、砚亦有所出。瓷器具常见器型有罐、盘口壶、水盂、碗、盏、洗等。以罐和盘口壶为大宗（图十九，5—6），肩部多带系；同时还可见鼓腹、肩部竖两系耳的竖耳罐（图十九，9）和印纹大罐。水盂流行动物造型，有作蛙形（图十九，14）和龟形者。虎子有茧形腹（图十九，10）和球形腹（图十九，11）的造型。动物首罐有饰鸡首和虎首者（图十九，7—8）。扁壶亦有所出，盖、口沿、肩部、腹部皆装饰有花纹带。模型明器常见器型有灶（图十九，13）、仓（图十九，15）、磨、猪、狗、鸡、鸭及其圈舍（图十九，21）以及五联罐（图十九，12）、堆塑罐（图十九，18）。堆塑罐上部仍保留较明显的五联罐特征，中罐较大、环绕的四罐略小，周围堆塑多种动物形象和人物形象。牛车出现（图十九，20），此外还有较特殊的篷船模型（图十九，19）。俑见有骑马俑（图十九，16）、跪俑（图十九，17）等。纹饰方面，除一般的装饰花纹带外，贴塑装饰也开始流行，以贴塑铺首较常见，还有外壁和内底中央各堆塑一小鸟的灯盏。

第二组。器具和模型明器二类共存，以瓷质器为主。器具常见器型有罐、盘口壶、碗、钵、盏、洗、唾壶（图二十，5）、熏炉、鐎斗（图二十，12）、盘、耳杯、水盂、虎子、砚等。罐和盘口壶仍为大宗，造型与第一组相近（图二十，1—3）。熏器身多有镂空圆孔，下设圈足，也有带提梁者（图二十，4）；另见有一类制作更为精良的香熏，器身为圆球形，有镂空装饰，顶设钮，下承三足盘或设三足（图二十，6）。水盂仍可见动物造型者，作兔形。盘和耳杯常以一盘双耳杯的组合方式出现，有时耳杯会固定烧制于盘上（图二十，11）。虎子造型象形化，与南京地区第三、四组中的造型类似（图二十，8）。此外，鸡首罐演变为鸡首壶（图二十，17），还见有辟邪形烛台、胡人骑羊烛台（图二十，7）、神兽尊（图二十，9）等造型复杂生动的精美器物。模型明器常见器型有灶（图二十，13）、仓、井（图二十，15），猪、狗、鸡及其圈舍（图二十，14），以及堆塑罐。仓多为仓罐造型（图二十，10）。堆塑罐上部堆塑主体造型楼阁化，多数下部罐体等高或高于上部堆塑（图二十，16）；唯吴县何山晋墓所出者上部堆塑高于罐体，与主要见于南京地区的陶/低温釉陶堆塑罐造型相近（图二十，18）。此外还有较特殊的牛厩模型。纹饰方面，花纹带和贴塑装饰继续流行。

(2) 器物组合的年代

第一组。在本组器物中，陶/低温釉陶器具，灶、仓、磨模型以及五联罐体现出了一定的东汉特点；但同时，瓷器具所占比重不低，加之动物首罐、动物造型水盂等制作精良的瓷器以及堆塑罐、牛车、骑马俑等新型器类的出现，昭示了本组器物与东汉器物群的区别。目前所见，可归为本组的器物组合较完整的纪年墓葬仅金坛县方麓吴墓（260

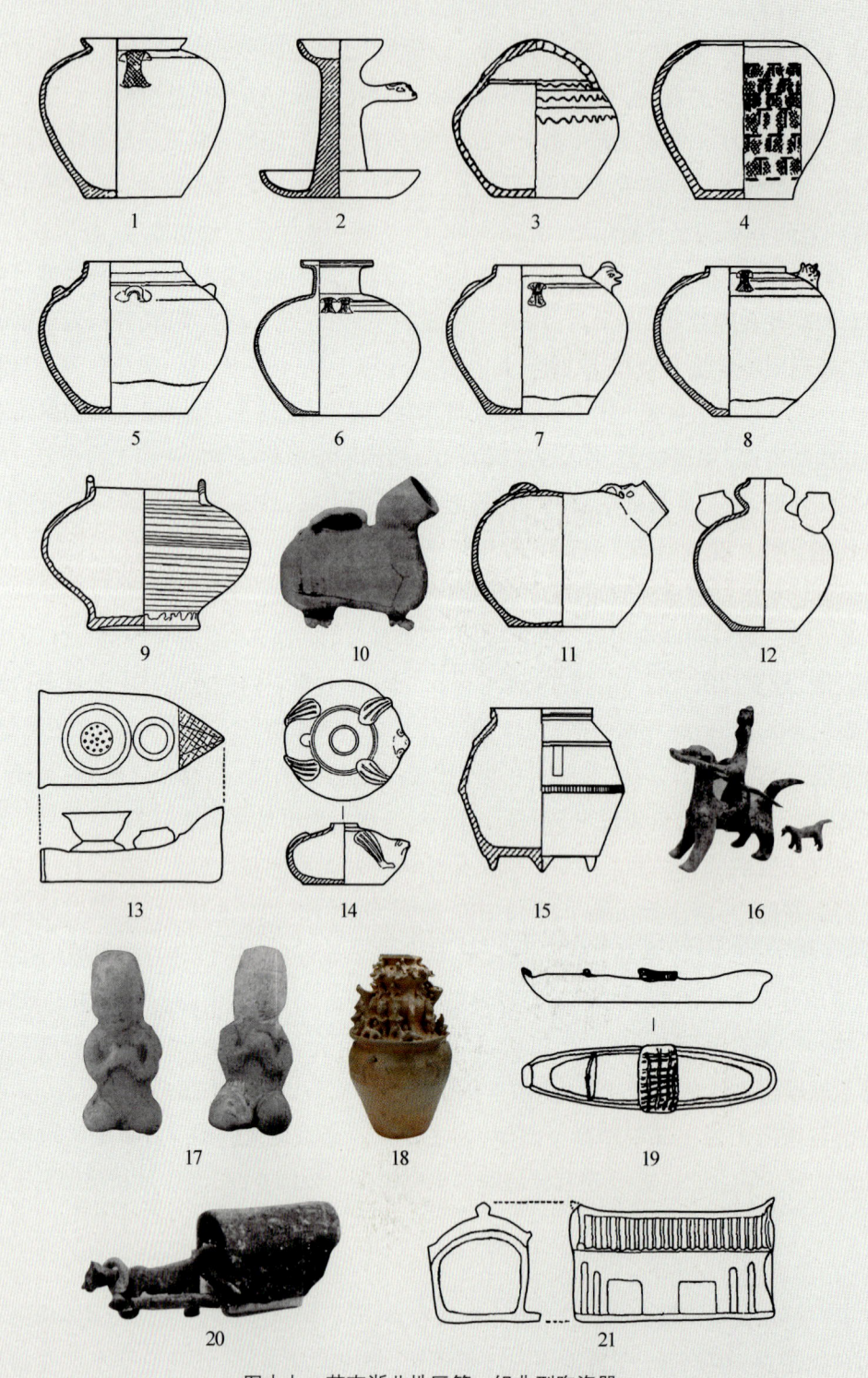

图十九　苏南浙北地区第一组典型陶瓷器

（出土地点：1、8. 句·陆M1；2、14、17. 高·金M1；3—4、10、16、19—20. 金坛县方麓吴墓；5—7、11—13、21. 高·化M1；9、18. 杭州萧山老虎洞M26；15. 镇江丁卯"江南世家"工地M8）

86　承运东南：长江中下游的吴晋墓葬与社会

图二十　苏南浙北地区第二组典型陶瓷器

（出土地点：1—5. 句容石狮公社西晋墓；6. 宜兴周墓墩M1；7、10. 安吉天子岗M3；8. 丹·沙M1；9. 宜兴周墓墩M4；11—12. 宜兴周墓墩M2；13—15. 临安小山弄M30；16. 金坛县白塔公社吴墓；17. 杭州钢铁厂M34；18. 吴县何山晋墓）

第二章｜随葬品研究　87

年）[1]一座，但考虑到在凤凰元年（272年）的溧阳东王公社吴墓[2]及以后的墓葬中罕见陶／低温釉陶器的情况，本组器物的流行时间大体应在孙吴建国（222年）至建衡三年（271年）。

第二组。本组器物不仅以瓷质为主，且器具种类十分丰富，造型愈加复杂生动，融入动物形象者见有不少。存在于上一组中的俑类消失。在纪年墓葬中，器物组合可归为本组的最早墓葬为凤凰元年（272年）的溧阳东王公社吴墓[3]，最晚者为建兴四年（316年）的宜兴晋墓M5[4]，因此本组器物的流行时间基本可定为凤凰元年（272年）至西晋灭亡（317年）。不过，需要特别提及的是，西晋元康七年（297年）的宜兴周墓墩M1出有数量可观的陶器具[5]，或与特定葬制相关，综合该墓的年代以及墓内还随葬有精致的青瓷立鸟熏炉等情况，仍以将其放于本组为宜。

（四）浙南地区

（1）器物组合的方式

浙南地区吴晋墓葬的陶瓷随葬品包括陶器、低温釉陶器和瓷器三类，以瓷器为主；陶器和低温釉陶器仅见于个别孙吴早期墓中，后者胎色暗红，釉色呈淡青黄色，釉层脱落严重。

东汉时，宁绍平原上已建立起一批制瓷作坊，成功烧制出青瓷和黑瓷两种产品[6]。在浙南地区东汉晚期的一些墓葬中，随葬品已呈现出以瓷器为主的面貌[7]。至吴晋时期，以绍兴上虞为中心的中国最早的瓷窑体系——越窑系形成，并代表了当时制瓷工艺的最高水平。越窑瓷器胎质纯净细腻、致密坚硬，呈淡灰或深灰色，露胎处与断面呈色基本相同；釉层均匀，釉汁纯净，以淡青或青灰色为主；胎釉结合牢固，釉面细开片纹较少，罕见流釉或釉层剥落现象[8]。除越窑系产品外，浙南地区墓内随葬瓷器还可见婺州窑和瓯窑的产品。婺州窑位于金华地区，所产瓷器胎呈浅灰色，断面较粗糙；釉层厚薄不匀，一般呈

---

[1] 常州市博物馆、金坛县文管会《江苏金坛县方麓东吴墓》。
[2] 南京博物院《江苏溧阳孙吴凤凰元年墓》。
[3] 同上注。
[4] 南京博物院《江苏宜兴晋墓的第二次发掘》。
[5] 罗宗真《江苏宜兴晋墓发掘报告——兼论出土的青瓷器》。
[6] 中国硅酸盐学会《中国陶瓷史》，页137。
[7] 如：奉化白杜汉熹平四年墓盗后剩余青瓷器、金银器、砺石、钱币、买地券等随葬品，瓷器有耳杯、熏炉、井、灶、五联罐等，造型端正、胎质细密、釉面润厚、胎釉结合牢固（奉化县文管会、宁波市文管会《奉化白杜汉熹平四年墓清理简报》，浙江省文物考古所编著《浙江省文物考古所学刊1981》，北京：文物出版社，1981年，页208—211）；鄞县宝幢乡沙堰村M3随葬青瓷器、砺石及碾磨器共15件，瓷器有罐、盘口壶、耳杯、簋、盏、灶、井、五联罐等（施祖青《鄞县宝幢乡沙堰村几座东汉、晋墓》，《东南文化》1993年第2期，页85—89）。
[8] 中国硅酸盐学会《中国陶瓷史》，页139—140。

淡青色,也有呈青灰或青中泛黄的,有细裂纹,在裂纹处常有奶黄色的晶体析出,为其特有的一种现象[1]。瓯窑位于温州一带,所产瓷器胎内含铁量低,呈色较白,但胎质较粗疏;釉色以淡青为主,透明度较高,即所谓"缥瓷"之缥色,是瓯瓷最大的特征;但胎釉结合较差,常有剥釉现象,且釉色不太稳定,除淡青色外,青黄与青绿色也时有所见[2]。根据年代可考墓葬的器物组合情况(表六),并将其他墓葬的器物组合与之相比照,浙南地区吴晋墓葬的陶瓷器物组合按其发展变化规律可分为三组:

第一组。器具和模型明器二类共存。质地有陶、低温釉陶和瓷三类,前两类发现很少,仅限于罐、火盆、鐎斗、灶等器型。器具类常见器型有罐、盘口壶、碗、盏、耳杯、盘、水盂、熏炉等。罐和盘口壶为大宗,肩部多带系(图二一,1—2);罐的造型尤为多样,可见单耳罐、双领罐(图二一,3)、竖耳罐(图二一,4)、印纹罐(图二一,5)、带流罐(图二一,6)等形制。水盂常见造型为敛口、鼓腹(图二一,7),蛙形水盂仅见一例(图二一,8)。熏炉器身多有镂空圆孔,口沿处附双系,底部或设圈足(图二一,9)。此外还见有圆槅,但其真正流行普及则要到东晋以后(图二一,12)。模型明器常见器型有灶(图二一,11)、仓、井以及堆塑罐。仓多为仓罐造型。堆塑罐无顶盖,上部的五联罐中罐较大,环绕的四罐略小,周围堆塑飞鸟、熊、犬、羊等动物形象和作乐舞杂技或侍役状的胡人形象;下部的罐体一般呈鼓腹状并贴塑泥鳅、鳖、蟹等,较特殊者下部为直腹罐(图二一,13—14)。纹饰方面,整体较为简朴,多只在器物的口沿、颈部和肩部装饰弦纹、斜方格网纹、水波纹等花纹带,较复杂特殊的有贴塑铺首衔环和盘坐佛像的樽(图二一,10)。

第二组。器具和模型明器二类共存,以瓷质器为主。器具类常见器型仍为罐、盘口壶、碗、盏、耳杯、盘、水盂、熏炉等。罐和盘口壶为大宗,造型亦与第一组相近(图二二,1—2、5)。蛙形水盂偶有所见(图二二,6)。新出现鸡首罐(图二二,4)、砚(图二二,8)等器型,前者与上一组中的带流罐可能存在演化关系。模型明器常见器型有灶(图二二,7)、井(图二二,10),猪、狗、鸡及其圈舍(图二二,11—12),以及堆塑罐。鸡舍多为卷棚顶、平底的造型。堆塑罐上部主体楼阁化,中罐上施屋顶状顶盖,环绕的四罐体量缩小,竖置于楼阁屋檐之上(图二二,9)。纹饰方面,装饰渐趋繁缛,除施加斜方格网纹、水波纹、联珠纹等花纹带外,还开始流行贴塑装饰,多位于器物肩、腹部,以铺首造型最为常见;较复杂者有系间贴塑骑兽人像的四系罐(图二二,3)。

第三组。器具和模型明器二类共存,基本为瓷质。器具类常见器型有罐、盘口壶、碗、钵、盏、盘、耳杯、虎子、熏炉、火盆、鐎斗等,罐、盘口壶仍为大宗(图二三,1—2)。熏

---

[1] 中国硅酸盐学会《中国陶瓷史》,页143—144。
[2] 同上注,页142。

图二一　浙南地区第一组典型陶瓷器

（出土地点：1—3、7. 嵊县石璜镇M74；4—5、8、11. 嵊县大塘岭M101；6. 金华古方M12；9、13. 嵊县大塘岭M104；10、12. 嵊县大塘岭M95；14. 瑞安龙翔寺吴墓）

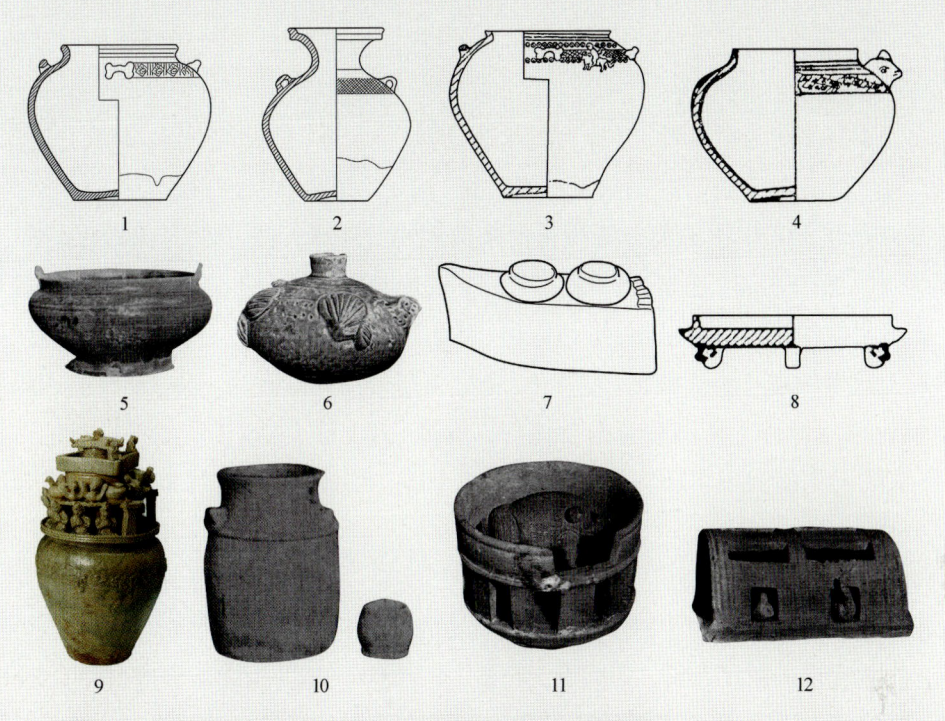

图二二 浙南地区第二组典型陶瓷器

（出土地点：1—3.上虞县崧坝乡M295；4、7、9.上虞江山南穴村M84；5—6.金华古方M25；8.奉化南岙石菊花地M18；10—12.金华古方M30）

图二三 浙南地区第三组典型陶瓷器

（出土地点：1—2、6.余姚梁辉镇九顶山西晋墓；3—4.嵊县金波山M31；5.绍兴马鞍镇大源村西晋墓；7.嵊州市祠堂山M145；8.上虞驿亭谢家岸后头山M55；9.诸暨牌头M4；10.上虞驿亭五夫西晋墓；11—13.绍兴凤凰山M309）

炉中出现了制作更为精良者，器身为圆球形，有镂空装饰，顶设鸟形钮，下承三足盘（图二三，3）。新出现唾壶（图二三，4）、鸡首壶、虎子、辟邪形烛台（图二三，6）等器型：鸡首壶应是从上一组中的鸡首罐演化而来的（图二三，5）；虎子见有象形化（图二三，7）和球形（图二三，8）造型者。砚出现了下置熊足的造型（图二三，9）。方槅偶有所见。模型明器常见器型仍为灶、井、猪、狗、鸡及其圈舍（图二三，11—13），以及堆塑罐。堆塑罐上部楼阁进一步工整化、复杂化，中罐多与楼阁建筑融为一体，环绕的四罐体量继续缩小，甚至消失；下部罐身的贴塑则以佛像、骑士等人物，祥禽瑞兽以及铺首衔环为主，取代了先前的现实动物形象（图二三，10）。纹饰方面，花纹带和贴塑装饰继续流行。

（2）器物组合的年代

第一组。在本组器物中，陶／低温釉陶质的罐、火盆、鐎斗、灶以及瓷印纹罐、樽等体现出一定程度的东汉遗风。但同时，瓷器占据了绝对主流，加之器具造型种类多样化，以及与汉代的铜质器造型相仿的樽也增添了带有新时代特征的佛像装饰，都昭示出本组器物与东汉器物群的区别。目前所见，可归为本组的纪年墓葬主要集中在孙吴太平年（256—258年）至甘露年（265—266年）间；而在天纪元年（277年）的上虞江山南穴村M84中，出现了鸡首罐和鸡舍模型[1]。因此，本组器物的流行时间大体可定为孙吴建国（222年）至天玺元年（276年）。

第二组。本组器物较第一组的变化主要表现在四方面：一是基本为瓷质；二是鸡首罐、砚等新器型出现；三是家禽家畜及其圈舍模型开始流行；四是堆塑罐上部主体楼阁化。在纪年墓葬中，最早出有鸡首罐和鸡舍的为天纪元年（277年）的上虞江山南穴村M84；而在西晋太康八年（287年）的余姚梁辉镇九顶山西晋墓[2]和太康九年（288年）的嵊州市祠堂山M145[3]、嵊县石璜镇M75[4]中，虎子、辟邪形烛台等器出现。因此，本组器物的流行时间大体可定在孙吴天纪元年（277年）至西晋太康年间（下限289年）。

第三组。本组器物最突出的变化表现在动物造型器的涌现，如虎子、辟邪形烛台、鸡首壶、立鸟熏炉、熊足砚等，器物外观日趋生动华丽。最早出有虎子、辟邪形烛台的纪年墓已在讨论上一组器物流行下限时提及，因此本组器物的流行时间大体应在西晋太康年末（287年）至西晋灭亡（317年）。

---

〔1〕 上虞县文物管理所《浙江上虞江山三国吴墓发掘简报》，《东南文化》1989年第2期，页135—137。
〔2〕 王莲瑛《余姚西晋太康八年墓出土文物》，《文物》1995年第6期，页40—41、78。
〔3〕 浙江省文物考古研究所、嵊州市文物管理处《嵊州市祠堂山汉六朝墓葬发掘简报》，《东方博物》第47辑，杭州：浙江大学出版社，2008年，页71—85。
〔4〕 嵊县文管会《浙江嵊县六朝墓》，《考古》1988年第9期，页800—813。

二、长江中游陶瓷随葬品的种类与组合

（一）鄂州地区

（1）器物组合的方式

鄂州地区吴晋墓葬的陶瓷随葬品包括陶器、低温釉陶器和瓷器三类。陶器以细泥软陶质为主，烧制火候低，质地疏松，陶色多为灰色，也有呈灰黄色和红色者；另有少数灰色或灰褐色陶器，质地较坚硬，胎内夹砂或其他羼和料，应为硬陶或夹砂陶之属。低温釉陶器胎呈褐色或深灰色，外施绿色或酱绿色釉，釉层薄而不匀，普遍有缩釉和流釉的现象。瓷器胎色白中微带灰黄，施釉不匀，釉层较薄，釉色多为青绿或青黄色，光泽度较差，大部分瓷器在出土时釉层剥落严重。另有一小部分器物，胎质致密，烧结程度较高，胎色呈微泛红的淡灰色，釉色呈青绿或青灰色，胎釉结合良好，光泽度和透明度均较强。陶器应为鄂州地区本地所产。瓷器的来源有二，占主流的质量较差的产品来自长江中游，小部分质量较好的产品应该属于下游的越窑系[1]。根据年代可考墓葬的器物组合情况（表七），并将其他墓葬的器物组合与之相比照，鄂州地区吴晋墓葬的陶瓷器物组合按其发展变化规律可分为四组：

第一组。器具和模型明器二类共存。模型明器皆为陶／低温釉陶质，瓷器基本只在器具一类中出现，陶／低温釉陶器的比重远高于瓷器。陶／低温釉陶器具常见器型有罐、盆、熏、炉等。罐为大宗，有无系罐、双系罐（图二四，1）、四系罐、六系罐等造型；其中四系罐直口、高领、厚肩、圆腹或卵圆腹（图二四，2），器身遍饰麻布纹，继承了长江中游东汉晚期罐类器物的典型特征。熏为器身有镂空圆孔的造型（图二四，8）；炉多设三足（图二四，9）。瓷器具常见器型有罐、碗、盏、虎子等，以罐、碗为大宗。瓷罐以四系罐为多，有卵形腹（图二四，3）、鼓腹（图二四，4）、直腹等造型。新出现的不见于本地区东汉墓葬的器型有瓷虎子、唾壶等。虎子为立体螭虎形提梁加扁圆形腹的造型（图二四，7），与下游同时期的虎子造型略有差异。陶／低温釉陶模型明器的常见器型除汉代最为流行的灶、仓、井（图二四，5—6、10）外，还有猪、狗等牲畜及其圈舍等，且圈常与厕合二为一（图二四，11）。五联罐也有发现，但几为孤例[2]。纹饰方面，陶／低温釉陶罐外壁多遍饰麻布

---

[1] 此节文字主要据《鄂城六朝墓》考古报告、蒋赞初《长江中游地区东汉六朝青瓷概论》、韦正《六朝墓葬的考古学研究》和《中国陶瓷史》中的相关介绍写成。目前，在湖南湘阴、长沙等地已发现可早至汉末至三国的窑址；江西地区在三国时可能也已开始烧制青瓷；韦正认为湖北地区也应存在类似的早期窑址。另外，《鄂城六朝墓》中还分出一类"高温釉陶"，但实际上应已属于瓷器的范畴，故本书不再作此划分。

[2] 南京大学历史系考古专业、湖北省文物考古研究所、鄂州市博物馆《鄂城六朝墓》，页44—45。

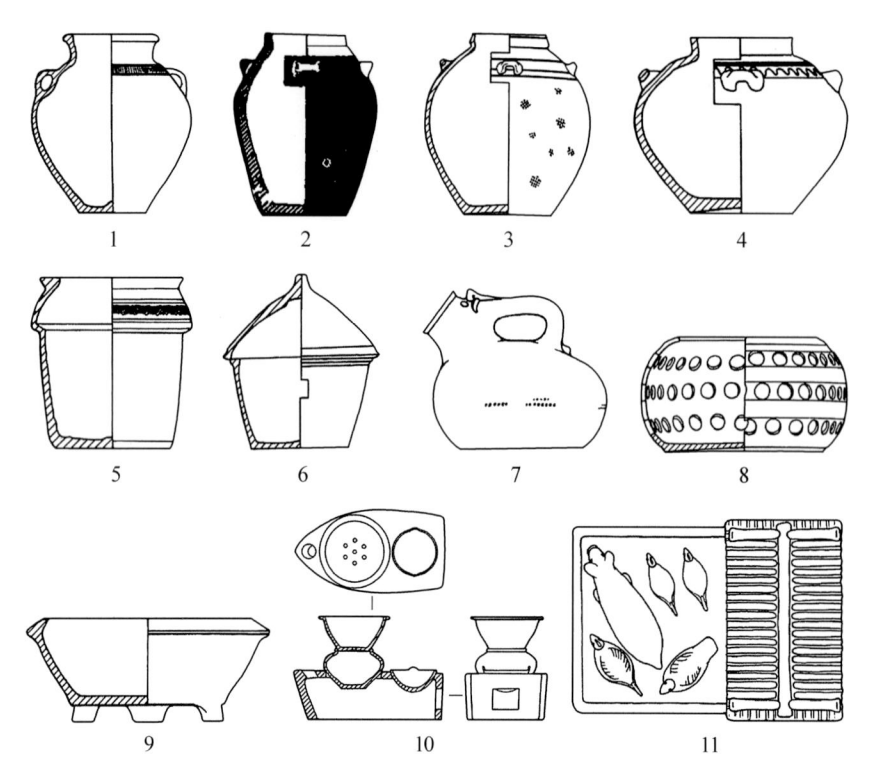

图二四　鄂州地区第一组典型陶瓷器

（出土地点：1、5—8、10—11.鄂城M2215；2.鄂城西山南麓M2；3、9.鄂城M2016；4.鄂城M3009）

纹，肩部则会以弦纹为饰；瓷器具多在器物的肩部或腹部装饰花纹带，纹饰有弦纹、水波纹等。

第二组。器具、模型明器和俑三类共存。陶／低温釉陶器和瓷器的常见种类都有所增加，不过瓷器仍主要出现于器具一类中，且陶／低温釉陶器比重仍高于瓷器。陶／低温釉陶器具常见器型有罐（图二五，1、2）、盆、碗、钵、熏、炉、水盂等，造型与第一组相类似。新出现的器型为盘口壶（图二五，3），为数不少的陶／低温釉陶盘口壶的存在是长江中游器物组合的一大特色。瓷器具常见器型有罐、盘口壶、碗、钵、盏、唾壶、水盂、虎子、灯等，以罐、碗、钵、盏为大宗。瓷罐仍以四系罐为多，造型上卵形腹者减少，鼓腹、扁圆腹者更为多见（图二五，4）。盘口壶是新出现的器型（图二五，5），造型上亦多为扁圆腹或圆鼓腹，肩部附系。动物造型的水盂亦有所出，多作蛙形（图二五，6）。虎子除扁圆形腹的造型（图二五，9）外，也出现了茧形器身者（图二五，10）。另外，武昌莲溪寺吴墓出有一双系带盖小壶，圈足、垂腹，造型较特别[1]。模型明器方面，灶、仓、井仍为最常见的器型（图

---

[1] 湖北省文物管理委员会《武昌莲溪寺东吴墓清理简报》。

94　承运东南：长江中下游的吴晋墓葬与社会

二五,11、13—14),同时牲畜家禽及其圈舍的种类有所增加,磨、碓等劳动工具模型更为多见(图二五,7、12),并且出现了马及车[1]。禽舍多作房屋造型,屋顶刻划瓦纹,写实逼真(图二五,8)。俑是本组新出现的器类,见有胡人俑(图二五,18)、侍俑(图二五,15)以及头生双角吐长舌、独角兽形和爬行类怪兽状的镇墓俑(图二五,17、19—20)。比较特殊的是还出现了佛像俑,脸形短而圆,顶似肉髻,着通肩大衣,两手交叠于腹部,作跌坐状(图二五,16)。纹饰方面,与上一组差别不大,陶/低温釉陶罐外壁多遍饰麻布纹,瓷器具则多在器物的肩部装饰弦纹。

第三组。器具、模型明器和俑三类共存,基本为瓷质。器具常见器型有罐、盘口壶、碗、盏、槅、盘、耳杯、勺、案、熏、灯、烛台等。罐、盘口壶的造型与第二组基本相同(图二六,1—2),只是肩部的装饰花纹带稍显复杂;另见有钱纹罐,器身饰八周"大开五十"钱纹(图二六,3)。槅(图二六,4)、盘、耳杯(图二六,9)、勺、案是本组器物中较为固定的组合。熏除最基本的器身有镂空圆孔的造型(图二六,5)外,还见有加设带伏虎状盖钮器盖者(图二六,6)及加提梁者;另外还见有柱盘博山炉式的造型,鸟形盖钮,熏盖上的镂孔做三角形,熏身下部和承盘口沿之间堆贴模印坐佛像三尊,是长江中游窑场生产的精品(图二六,7)。灯见有五联灯(图二六,8)和承柱上或接一螭蚪状鋬的造型(图二六,10),灯柱上皆有堆塑装饰。烛台是本组新出现的器型,有作卧羊造型者,羊首顶端开有圆孔,圆孔左右堆塑双耳和双角,颌下有短须,臀部两侧各有一横系,后附条状短尾,器底露出跪伏的羊腿和蹄足(图二六,11)。模型明器常见器型有灶(图二六,15)、井、仓、磨、碓(图二六,16)、臼、鸡、鸭、猪等家禽牲畜及其圈舍,以及鞍马、牛车(图二六,17)、坞堡(图二六,18)等。鞍马在第二组中已经出现,为陶/低温釉陶质,在本组中则转为瓷质且更为常出;牛车和坞堡是本组新出现的器型。俑的种类较第二组明显增加,见有侍俑、武士俑(图二六,12)、劳作俑、乐舞俑、骑马俑(图二六,13)等,眉间多有白毫相,头戴尖帽,身份应为胡人。镇墓俑见有头生双角吐长舌(图二六,14)、独角兽形(图二六,19)和爬行类怪兽状者(图二六,20)。纹饰方面,壶、罐类肩部除简单的弦纹外,还会装饰斜方格纹或放射线纹组成的花纹带,并见有褐斑点彩装饰;堆塑装饰亦有所出,昭示了本组器物在制作工艺上的精良性与先进性。

第四组。器具、模型明器、俑三类共存,器具以瓷质为主,模型明器和俑以陶/低温釉陶质为主。器具常见器型有罐、盘口壶、碗、盏、水盂、盆、唾壶、虎子等,以罐、盘口壶、碗、盏为大宗。罐、盘口壶基本延续先前的造型(图二七,1—2)。新出现鸡首壶,盘口,鼓腹,肩部一侧有昂起的鸡首,与鸡首相对处为卷起的鸡尾(图二七,3)。水盂中,动物造型消

---

[1] 南京大学历史系考古专业、湖北省文物考古研究所、鄂州市博物馆《鄂城六朝墓》,页92。

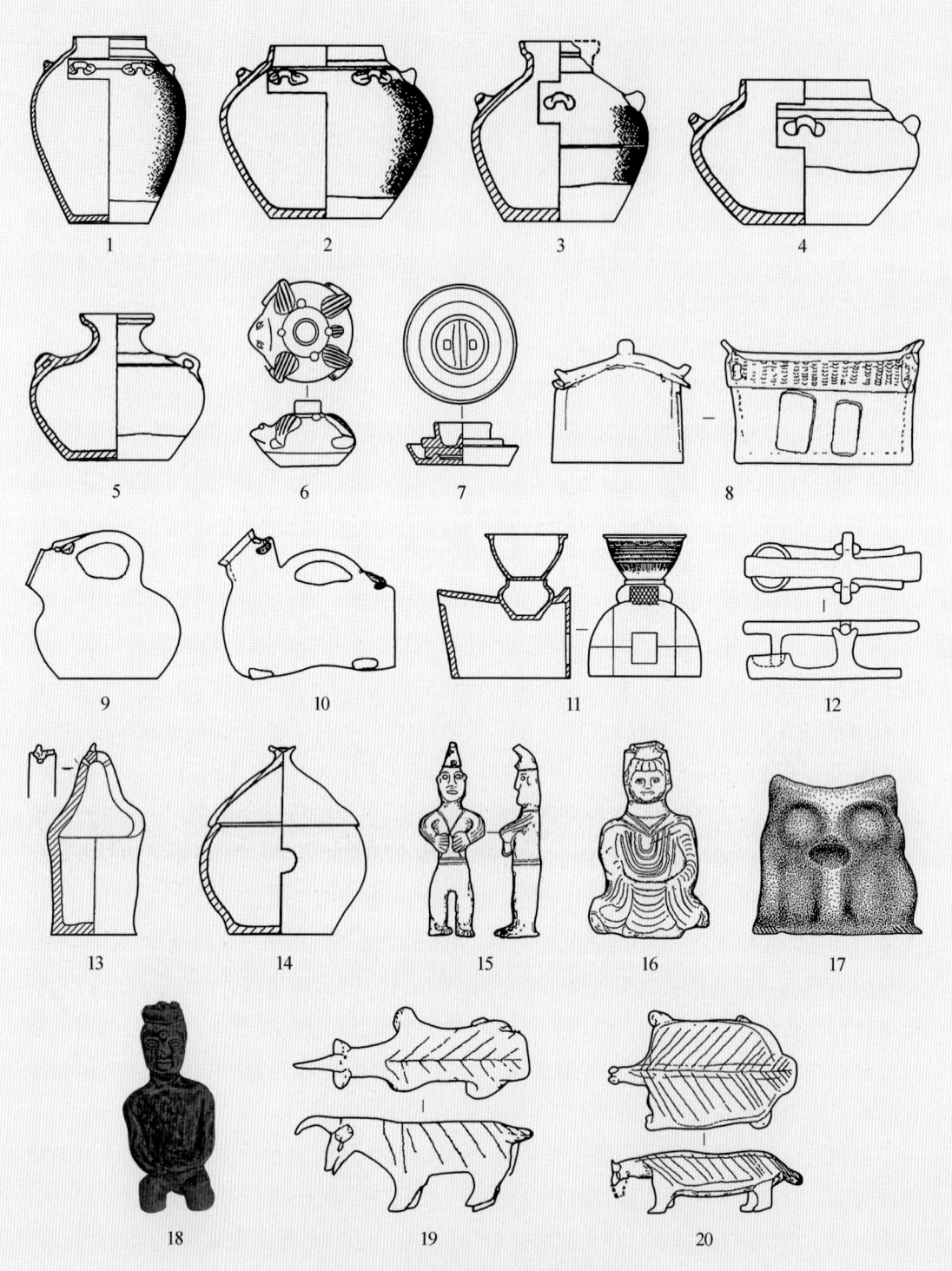

图二五　鄂州地区第二组典型陶瓷器

（出土地点：1、4、17.鄂铁M105；2、3.鄂城M2137；5.鄂城M4008；6.鄂城M4022；7、12.鄂城M2208；8、15—16、19—20.塘角头M4；9.郭家细湾M2；10.郭家细湾M9；11.鄂城M2148；13—14.鄂城M4004；18.武昌莲溪寺吴墓）

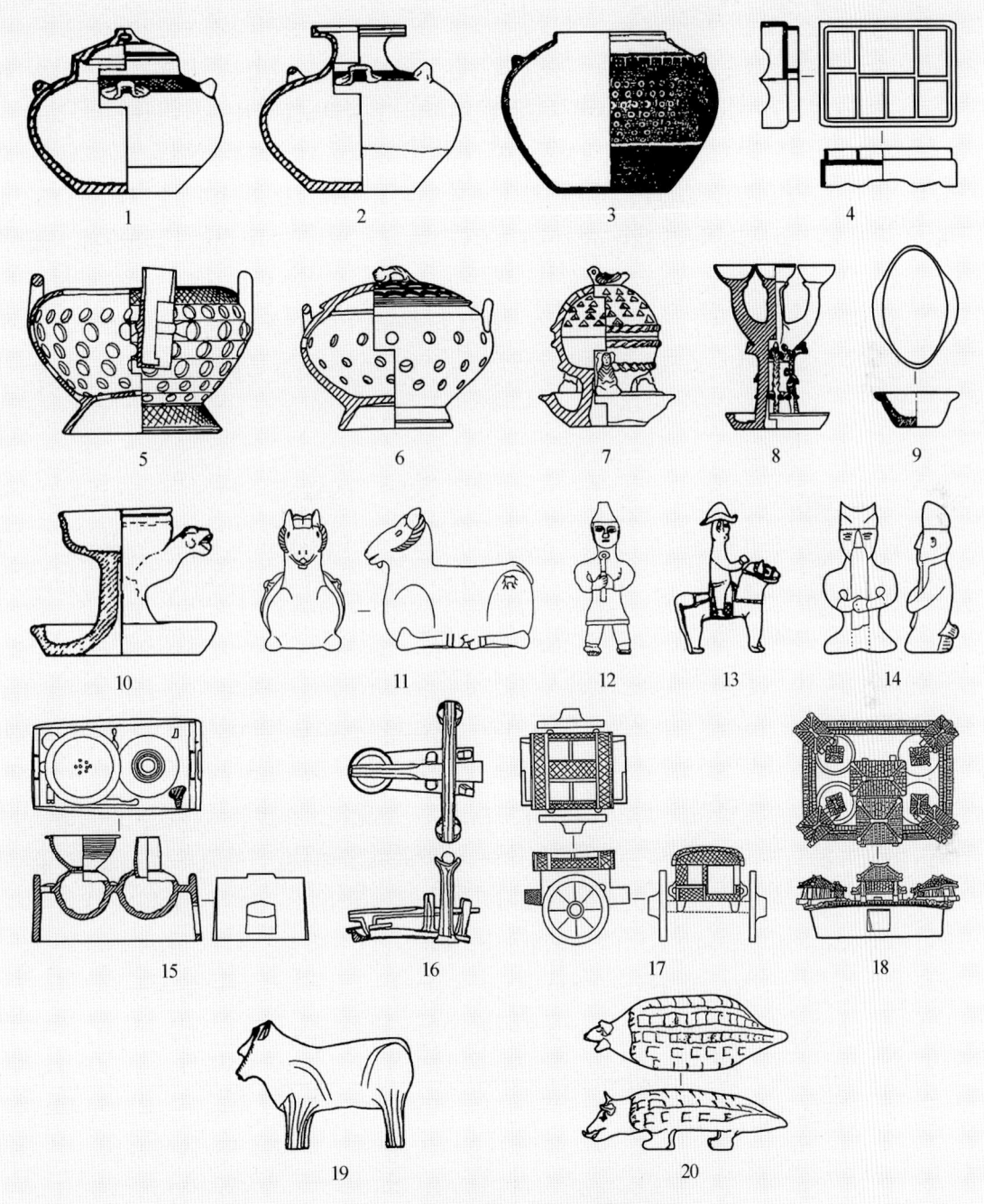

图二六　鄂州地区第三组典型陶瓷器

（出土地点：1—2、5、8、15—16、18—19.鄂钢饮料厂M1；3—4、7、9、14、17.孙将军墓；6.鄂城M2184；10、20.武汉黄陂滠口古墓；11.鄂城M2170；12—13.江夏流芳吴墓）

失,回归普通的圆鼓腹造型(图二七,4)。虎子出现了更为象形化的造型,虎首大口衔一圆形罐式流,前胸、臀部圆鼓,腰部稍细,背部置弧形绳索状提梁,梁后部附贴羽状纹虎尾,器身两侧刻画前后腿和羽翼,底附四个兽形足(图二七,5)。烛台见有辟邪造型者,头高昂,瞪目露齿,作蹲伏状,周身有卷曲的鬃毛和尾毛,背部有细管插筒(图二七,6)。在第三组中出现的柱盘博山炉式熏和承柱上附螭虺状鋬和熊形堆塑装饰的灯(图二七,12),于本组中亦可见到。模型明器常见器型有灶(图二七,8)、井、仓、鸡、鸭、猪、狗、羊等家禽牲畜及其圈舍(或附厕)(图二七,10),以及鞍马、牛车(图二七,9)等。俑的种类与第二组接近,见有胡人俑、侍俑(图二七,14)以及独角兽形和爬行类怪兽状的镇墓俑(图二七,13、15)。纹饰方面,壶、罐类的装饰在第三组的基础上又新增了花蕊纹装饰带。同时,堆塑、贴塑装饰明显增多,见有:肩部贴塑铺首的盘口壶和唾壶;外壁中部堆贴坐佛、蟠龙和辟邪的酒樽(图二七,7);盖钮为一蛙形小水盂的三蹄足砚(图二七,11)等。

(2)器物组合的年代

第一组。在本组器物中,陶/低温釉陶器的比重远高于瓷器,并且包括有较多的陶/低温釉陶四系卵形罐和灶、仓、井、厕模型,表现出了明显的东汉时期特点,说明东汉传统对本组器物尚具较强烈的影响。在纪年墓葬中,器物组合可归为本组的有黄武六年(227年)的武昌任家湾M113[1]和赤乌三年(240年)的鄂城M5004[2];而赤乌十二年(249年)的鄂钢饮料厂M1不仅基本不见陶/低温釉陶器具,还出现了俑类[3]。因此,本组器物的流行时间大体可定为孙吴建国初期,即黄武元年(222年)至赤乌年末(251年)。

第二组。本组器物逐步摆脱了东汉传统的束缚,展现出了较多的新特征。瓷质器具所占比重明显上升;陶/低温釉陶模型明器的种类大幅增加;盘口壶开始大量涌现,瓷质和陶/低温釉陶质皆有;最突出的特征则是俑类器物的出现。在纪年墓葬中,器物组合可归为本组的有永安四年(261年)的鄂州市塘角头M2[4]和永安五年(262年)的武昌莲溪寺吴墓[5];而之前赤乌十二年(249年)的鄂钢饮料厂M1,虽然因器物皆为瓷质应归入第三组,但器型与本组器物相类,实现瓷器化应为墓葬高规格之体现,故可将其视为本组器物年代的上限。因此,本组器物的流行时间大体可定为孙吴中晚期,即赤乌十二年(249年)后至孙吴灭亡(280年)。

---

[1] 武汉市文物管理委员会《武昌任家湾六朝初期墓葬清理简报》。
[2] 南京大学历史系考古专业、湖北省文物考古研究所、鄂州市博物馆《鄂城六朝墓》,页61。
[3] 鄂州博物馆、湖北省文物考古研究所《湖北鄂州鄂钢饮料厂一号墓发掘报告》。
[4] 湖北省文物考古研究所、鄂州市博物馆《湖北鄂州市塘角头六朝墓》。
[5] 湖北省文物管理委员会《武昌莲溪寺东吴墓清理简报》。

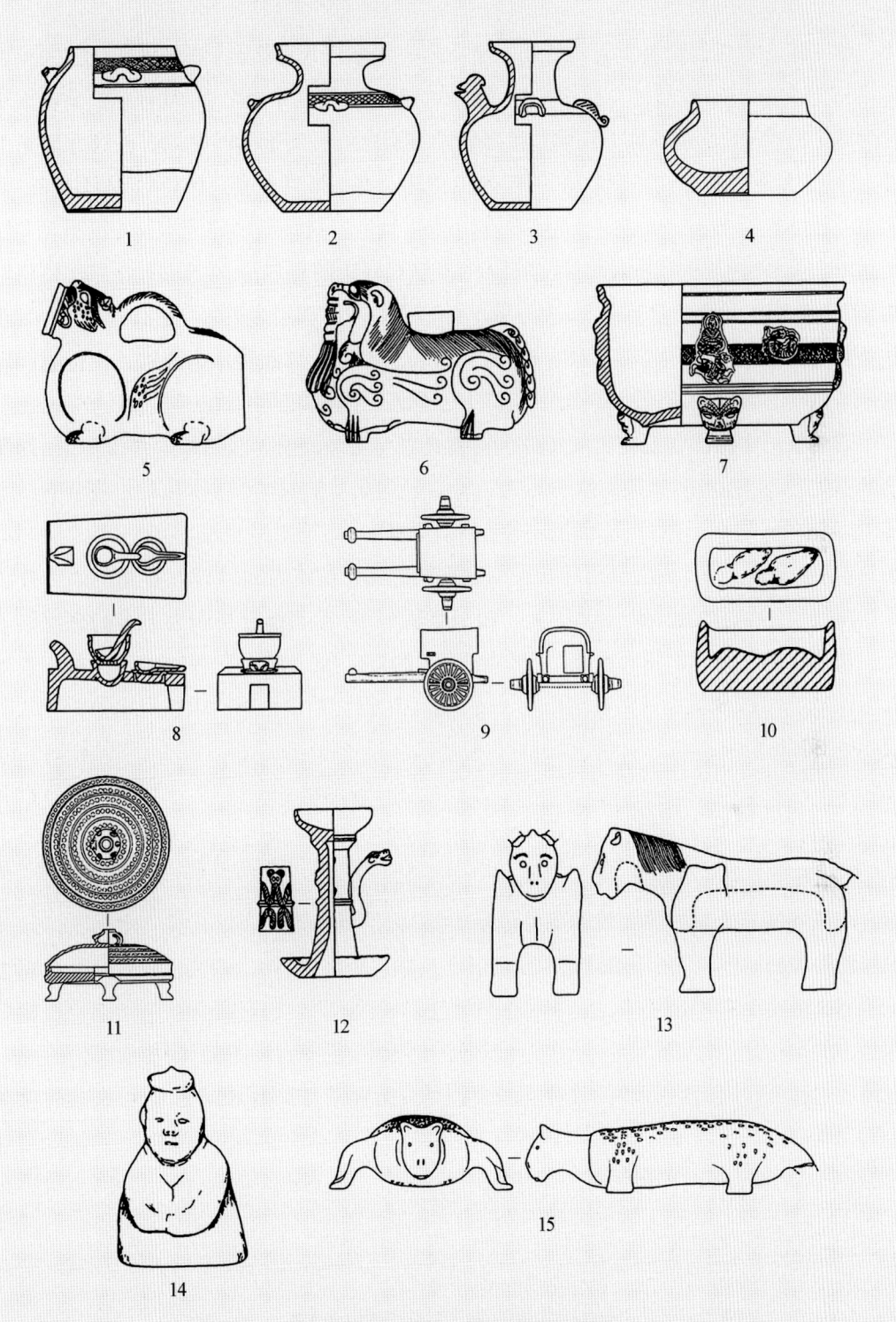

图二七 鄂州地区第四组典型陶瓷器

（出土地点：1—2.鄂城M2040；3.鄂城M2024；4—5、8—9、13、15.鄂城M2006；6.石山M1；7、12.鄂城M2017；10、14.黄梅县松林咀西晋墓；11.鄂城M2176）

第三组。本组器物最重要的特征是所有器类基本皆为瓷质，且制作精良、工艺上乘，应可与特定的、具有较高社会地位的使用群体相挂钩。器具中，榼、盘、耳杯、勺、案构成了较为固定的组合，这是不见于其他几组器物的特别之处。模型明器中，鞍马、牛车开始涌现，此外还见有一类制作精良的瓷坞堡模型，或为具有地域性的高规格随葬品[1]。俑种类众多，武士俑、乐舞俑、骑马俑等亦不见于其他组别。器物组合可归为本组的纪年墓葬仅赤乌十二年（249年）的鄂钢饮料厂M1一座，但其并未随葬鞍马、牛车，应是年代较早使然；其他墓葬虽无明确纪年，但其中孙将军墓墓主基本可确定为孙邻之子孙述[2]，而另几座墓葬的器物组合与孙将军墓基本相同，年代也应相近。因此将本组器物的流行时间定在孙皓当权的孙吴晚期，即元兴元年（264年）至天纪四年（280年）。

第四组。本组器物最突出的特征是器物类别与质地间有了较明确的对应关系，即器具基本为瓷质，模型明器和俑基本为陶/低温釉陶质。器具中，动物形象的造型明显增多，如鸡首壶、辟邪形烛台、象形虎子等；模型明器中，与第三组相较，劳动工具模型和坞堡基本不见；俑类中，头生双角吐长舌的镇墓俑消失。纹饰方面，贴塑、堆塑的装饰技法开始流行，使器物外观渐趋生动华美。在纪年墓葬中，器物组合可归为本组的有元康二年（292年）的新洲旧街镇西晋墓[3]、元康四年（294年）的黄梅县松林咀西晋墓[4]和永兴二年（305年）的蒲圻赤壁西晋金氏墓[5]，因此本组器物的流行时间大体可定为西晋时期（280—317年）。

（二）江西地区

（1）器物组合的方式

江西地区吴晋墓葬的陶瓷随葬品包括陶器、低温釉陶器和瓷器三类。陶器流行涂抹深灰色陶衣的制作工艺。低温釉陶器发现较少，胎多近红色，釉呈青黄色或酱黑色。瓷器早期烧成温度不高，胎质松软，呈淡淡的土黄色，一般施青褐或深褐色釉，胎釉结合程度不佳[6]；后期胎质坚硬细腻，呈灰白色，釉以青灰色为主，还见有青黄釉、酱褐釉、蟹壳青釉，施釉均匀且不及底，由于采用了施化妆土的工艺，胎釉结合牢固，极少有流釉或釉层剥落

---

[1] 徐劲松、李桃元《武汉黄陂滠口古墓与孙吴宗室墓葬》；王志高、马涛、龚巨平《南京上坊孙吴大墓墓主身份的蠡测——兼论孙吴时期的宗室墓》；韦伟燕《长江中游青瓷院落形制及其相关问题》，《中国国家博物馆馆刊》2020年第9期，页36—45。

[2] 鄂城县博物馆《鄂城东吴孙将军墓》；南京大学历史系考古专业、湖北省文物考古研究所、鄂州市博物馆《鄂城六朝墓》，页24—25。

[3] 王善才、胡金豪《湖北新洲旧街镇发现两座西晋墓》，《考古》1995年第4期，页381—384。

[4] 黄冈市博物馆《湖北黄梅县松林咀西晋纪年墓》。

[5] 蒲圻赤壁西晋考古发掘队《蒲圻赤壁西晋纪年金氏墓》，《江汉考古》1992年第4期，页29—32。

[6] 李梅田《长江中游地区六朝隋唐青瓷分期研究》，《华夏考古》2000年第4期，页83—99。

的现象[1]。陶瓷器均以本地产品为主,其中瓷器可能主要为洪州窑的产品[2]。根据年代可考墓葬的器物组合情况(表八),并将其他墓葬的器物组合与之相比照,江西地区吴晋墓葬的陶瓷器物组合按其发展变化规律可分为二组。

第一组。器具和模型明器二类共存。模型明器主要为陶／低温釉陶质,瓷器主要在器具一类中出现,陶／低温釉陶器的比重远高于瓷器。陶／低温釉陶器具常见器型有罐、盘口壶、盆、盘、勺、炉、灯(图二八,9)等。罐主要表现为大口、无领或矮领、鼓腹、平底的造型(图二八,1),肩部或设系;另外还有双领罐、盘口罐的造型。盘口壶细颈、溜肩、鼓腹(图二八,2),还见有下设高圈足者(图二八,4)。瓷器具常见器型有罐、盘口壶、钵、碟等。瓷罐有鼓腹(图二八,3)、卵形腹、筒形腹、双领(图二八,5)等造型,肩部多设双系或四系。系的制作工艺较特殊,与器身结合处呈鸭蹼状;还有少数在一件器物上置有对称的横、竖系者[3]。盘口壶口部较小、短颈、圆鼓腹、平底,肩部多设系(图二八,6)。盒、水盂、虎子偶见。盒为带四系的造型,盖似笠,单系钮,等分三区,钮下两区印有篦纹,造型小巧美观(图二八,11);水盂有作蛙形者(图二八,10);虎子为球形腹的造型(图二八,12)。模型明器的常见器型有灶(图二八,14)、仓、井、鸡舍、臼等。仓多为圆筒器身、上设攒尖盖顶的囷形(图二八,8);井见有带梯形井架者,架上设绞车吊一陶罐作打水状(图二八,7);鸡舍多呈尖顶圆帐篷式造型(图二八,15)。堆塑罐见有一例,上部仍保留较明显的五联罐特征,属于偏早期的造型(图二八,13)。纹饰方面,罐、壶类不论质地都流行在器表大面积饰麻布纹,同时在口沿下、肩部或腹部加饰弦纹、方格纹、水波纹、锥刺纹、填线棱纹等图案组成的花纹带。

第二组。器具和模型明器二类共存。器具种类和造型较第一组明显增多;以瓷质为主,陶／低温釉陶器仅见有少量罐类[4]。器具常见器型有罐、盘口壶、水盂、碗、钵、碟、唾壶、洗等。罐仍多设系,见有双系、四系、六系者;造型上以扁圆腹为主(图二九,1),直腹偶见(图二九,2),卵形腹基本消失;部分带器盖。盘口壶细颈、上腹外鼓,最大径所在处较第一组有所上移(图二九,3)。钵除最常见的敛口、鼓腹造型外,还见有加珠钮伞形盖者(图二九,4)和擂钵(图二九,5)。虎子器身变为茧形,器底附四兽足(图二九,6)。鸟首罐和辟邪形烛台亦有所出,前者圆鼓腹,平底,带双系,鸟首似为枭形,鸟尾扁方(图二九,10);后者辟邪须眉清晰,龇牙咧嘴,腹部圆鼓,作蹲伏状,底部附四矮兽足(图二九,7)。模型明器常见器型有灶、仓、井、猪、狗、鸡及其圈舍等。鸡舍仍多为圆帐篷状造型

---

[1] 范凤妹《江西出土的六朝青瓷》,《江西文物》1991年第4期,页88—90、113。
[2] 中国硅酸盐学会《中国陶瓷史》,页147。
[3] 范凤妹《江西出土的六朝青瓷》。
[4] 清江晋墓M17出有一红泥陶胎、通体施黄褐釉的罐(M17:6),应属低温釉陶;其余几件则为陶质。

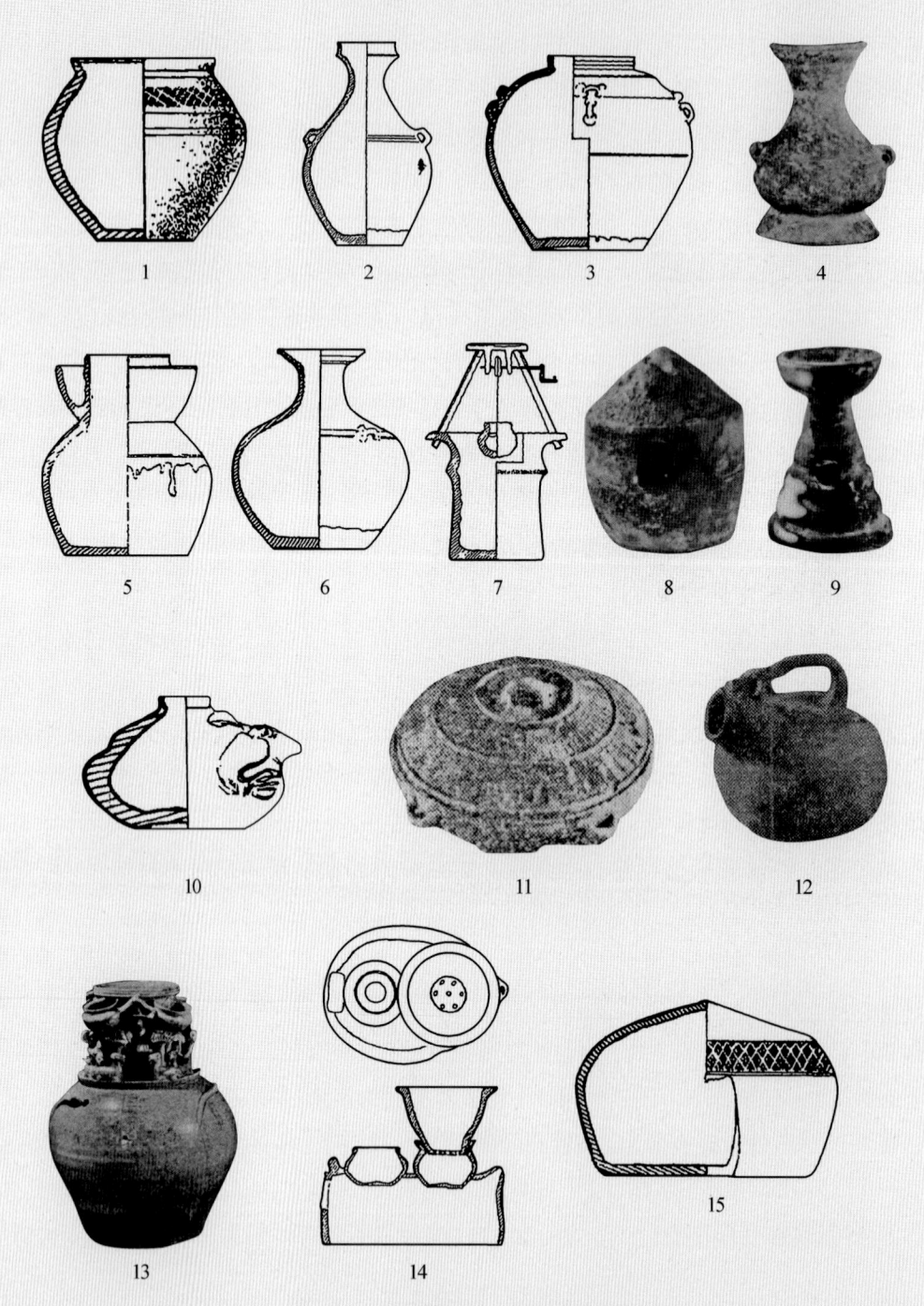

图二八　江西地区第一组典型陶瓷器

（出土地点：1. 南昌都M1；2—3、7. 南昌县小兰村吴墓；4. 南昌徐家坊六朝墓；5—6、8—9、14—15. 南昌高荣墓；10、13. 瑞昌马头"西晋"墓；11. 新建昌邑吴墓；12. 南昌东湖区叠山路M1）

102　承运东南：长江中下游的吴晋墓葬与社会

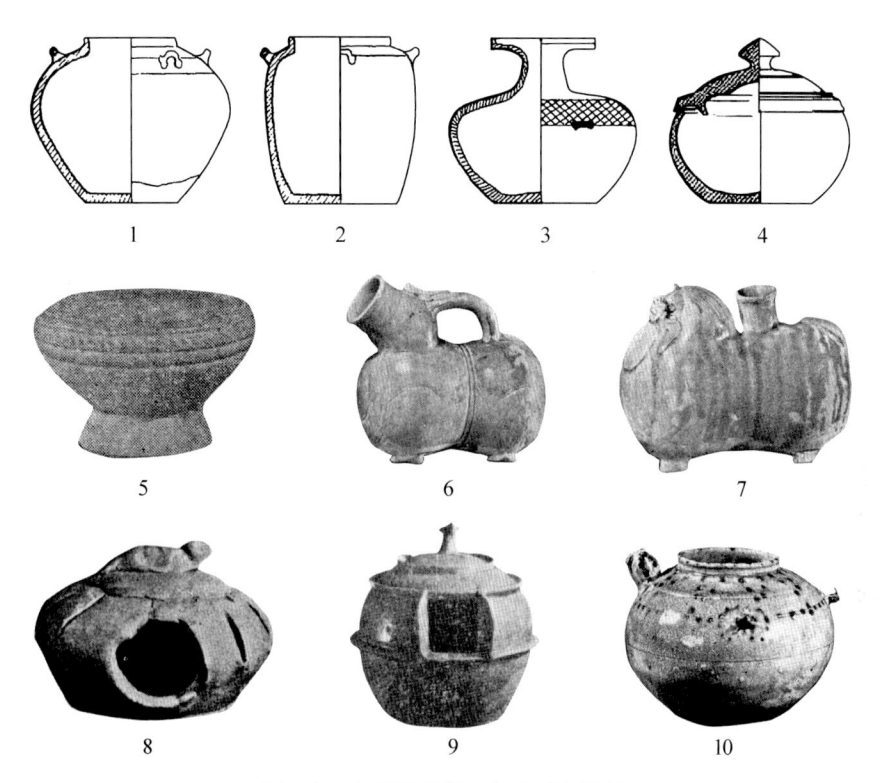

图二九　江西地区第二组典型陶瓷器

(出土地点：1—2. 南昌青云谱岱山西晋墓；3. 瑞昌朱湖M1；4. 南昌县小蓝乡晋墓；5. 南昌警备区晋墓；6—7. 南昌市郊京家山晋墓；8—9. 清江晋墓M11；10. 南昌市郊绳金塔晋墓)

（图二九，8）。仓开始流行鼓腹器身的造型（图二九，9）。纹饰方面，除在器物局部装饰花纹带外，还出现了褐斑点彩装饰（图二九，10）。

（2）器物组合的年代

第一组。本组器物还保留有较多东汉时期的特点：陶/低温釉陶器比重远高于瓷器，并见有下设高圈足的陶盘口壶、卵形四系罐，以及横系、高领、台阶式肩的青瓷器具造型风格等。在年代较明确的墓葬中，器物组合可归为本组的有下葬年代在魏太和六年（232年）至景初二年（238年）的南昌高荣墓[1]和永安六年（263年）的南昌市南郊吴墓[2]；而在太康三年（282年）的波阳西晋墓[3]中，陶瓷器物已全部为瓷质。因此，本组器物的流行时间大体可定为孙吴时期，即黄武元年（222年）至天纪四年（280年）。不过，

---

[1] 刘林《南昌市东吴高荣墓的发掘》；江西省历史博物馆《江西南昌市东吴高荣墓的发掘》。
[2] 秦光杰《江西南昌市郊吴永安六年墓》。
[3] 唐山《江西波阳西晋纪年墓》。

需要特别指出的是,在南昌东湖区M4中虽出有一瓷提梁桶[1],但综合该墓整体器物面貌,还是将其归于第一组较为合适。

第二组。本组器物与上一组器物表现出了较鲜明的差别：一是以瓷质器为主；二是动物造型器增多,如鸟首罐、辟邪形烛台等；三是装饰工艺进一步发展,点彩技法有所应用；四是模型明器仅集中见于部分墓葬,而随葬模型明器墓葬的整体占比锐减[2]。在纪年墓葬中,器物组合可归为本组的有太康三年(282年)的波阳西晋墓[3]以及太康七年(286年)的靖安虎山M1和太康九年(288年)的靖安虎山M2[4]。考虑到南方青瓷器是在西晋晚期才开始采用褐斑点彩的装饰方法的[5],因此本组器物的流行时间大体可定为西晋时期,即太康元年(280年)至建兴五年(317年)。

(三)湖南地区

(1)器物组合的方式

湖南地区吴晋墓葬的陶瓷随葬品亦包括陶器、低温釉陶器和瓷器三类。陶器多为灰色胎。低温釉陶器发现较少,多为棕红或棕黄色胎,外施绿釉,釉层多已剥落。瓷器胎质坚硬、细腻、火候高,多呈灰白色；釉色以青绿色为主,开小片,胎釉结合较好,不易剥落[6]。陶瓷器均以本地产品为主,其中瓷器可能主要为湘阴窑的产品[7]。根据年代可考墓葬的器物组合情况(表九),并将其他墓葬的器物组合与之相比照,湖南地区吴晋墓葬的陶瓷器物组合按其发展变化规律可分为二组。

第一组。器具、模型明器和俑三类共存。器具类陶/低温釉陶质与瓷质共存,模型明器和俑类则以陶/低温釉陶为主,陶/低温釉陶器的比重远高于瓷器。陶/低温釉陶器具常见器型有罐、盏、盆、盘、熏、水盂等。罐肩部多设系(图三十,1)；熏器身有镂孔,上带提梁(图三十,8)；水盂为普通的敛口、扁鼓腹造型,但见有在口沿上堆塑小动物者。瓷器具常见器型有罐、盘口壶、碗等。罐和盘口壶肩部多设系,前者主要为鼓腹、平底的造型(图三十,3),后者细颈、鼓腹、平底(图三十,2)。模型明器常见器型有灶(图三十,5)、仓、井、屋,猪、羊、鸡、鸭、鹅及其圈舍,以及鞍马和车等(图三十,10)。井见有上置井

---

[1] 唐昌朴《江西南昌东吴墓清理简记》。
[2] 谢明良《江西六朝墓出土陶瓷综合探讨》,载《六朝陶瓷论集》,页213—214。
[3] 唐山《江西波阳西晋纪年墓》。
[4] 江西省文物工作队《江西靖安虎山西晋、南朝墓》。
[5] 江西省博物馆《江西南昌市郊的两座晋墓》。
[6] 刘永池《浅谈湘阴窑》,《中国古陶瓷研究》第九辑,北京：紫禁城出版社,2003年,页16—29。
[7] 高至喜《略论湖南出土的青瓷》,载中国考古学会编《中国考古学会第三次年会论文集》,北京：文物出版社,1984年,页155—164。

亭者，亭顶较平，上有五脊及四角飞檐，顶面刻划瓦纹（图三十，7）。屋模型于其他地区少见；并且禽舍也多作房屋造型，屋顶刻划瓦纹，作鸱尾或飞檐，写实逼真（图三十，6）。俑类器物中，乐舞俑、劳作俑等多戴尖帽，高鼻、圆目，应为胡人（图三十，4）；镇墓俑有头生双角吐长舌和独角兽的造型（图三十，9、11）。纹饰方面，罐类多在器表大面积饰以菱形方格纹为主的几何印纹，同时还流行在器物口沿下、肩部或腹部加饰弦纹、锥刺纹等图案组成的花纹带。

第二组。器具、模型明器和俑三类共存，以瓷质为主，种类和造型较第一组明显增多。器具常见器型有罐、盘口壶、碗、碟、盆、槅、盘、耳杯、唾壶等，以罐和盘口壶（图三一，3）为大宗。罐除鼓腹造型（图三一，1）外，还见有双领罐（图三一，2）、卵形腹带盖罐（图三一，14）等。熏炉作柱盘式，炉身饰附加堆纹和乳钉纹（图三一，5）。辟邪形烛台（图三一，4）、承柱上附螭虎状蛩的灯（图三一，12）、茧形腹的虎子（图三一，6）在本组亦可见到。其他造型较特别的器物有方壶、盖盉（图三一，15）、堆塑灯（图三一，13）等。模型明器常见器型有仓（图三一，7）、屋、臼、鸡、鸭、狗、羊及其圈舍（图三一，8），以及鞍马、牛车（图三一，16）等。俑类器物中，武士俑（图三一，11）、侍俑、文吏俑（图三一，9）、劳作俑、骑马鼓吹俑（图三一，10）等有戴尖帽者，也有戴汉式冠帽者，眉间多有白毫相；镇墓俑主要表现为爬行状的怪兽（图三一，17）。纹饰方面，以弦纹或弦纹加锯齿纹、斜方格纹等图案组成的花纹带最为常见；同时出现了贴塑和堆塑的装饰技法，多为在器物腹部贴塑铺首形装饰。装饰较复杂的为堆塑灯，肩部塑四鸟形系，其间饰二凤鸟和宝相花；灯柱分上、中、下三段，上段贴塑双头鸟和兽首，中段贴塑兽首垂带及鸟、兽等，下段贴塑四个头戴冠、身着宽袖长袍的人像，其间有四兽；灯座环塑八个动物，依次为猪、鼠、犬、鳄、羊、龟、虎、鳖（图三一，13）。

（2）器物组合的年代

第一组。本组器物还保留有较多东汉时期的特点：陶／低温釉陶器比重远高于瓷器；瓷器种类少，制作不精。但同时，鞍马、牛车模型以及俑的出现，又将本组器物与东汉器物群区别开来。据目前所见，可归为本组的墓葬尚无有纪年者；不过，考虑到在望城县白箬公社吴墓出有孙吴嘉禾五年（236年）所铸"大泉五百"[1]，以及鞍马、牛车模型在长江中下游的整体流行时间约始于孙吴晚期，故可将本组器物的流行时间大体定为孙吴时期，即黄武元年（222年）至天纪四年（280年）。

第二组。本组器物以瓷质器为主，器具、模型明器和俑的种类都有明显增加；制作工艺大幅提升，既见有造型复杂的柱盘式熏炉、辟邪形烛台、附蛩灯、堆塑灯等，又存在数量

---

[1] 长沙市文物工作队《湖南望城县东吴墓》，《文物》1984年第8期，页43—45。

图三十　湖南地区第一组典型陶瓷器

（出土地点：1—2、8. 益阳梓山湖M9；3. 望城县白若公社墓；4—5、10. 益阳梓山湖M3；6—7、9、11. 益阳梓山湖M8）

图三一　湖南地区第二组典型陶瓷器

（出土地点：1. 长沙左家塘西晋墓；2、4. 益阳县李宜墓；3、6、12—13. 安乡刘弘墓；5、7. 湘阴城关镇剑坡里墓；8、9—10、16. 长沙金盆岭M21；11、17. 长沙晋墓M22；14—15.85郴建M3）

可观的神态、动作各异的俑。在纪年墓葬中,器物组合可归为本组的有太康八年(287年)的浏阳姚家园M1[1]、永宁二年(302年)的长沙金盆岭M21[2]和光熙元年(306年)的安乡刘弘墓[3],因此本组器物的流行时间大体可定为西晋时期,即太康元年(280年)至建兴五年(317年)。需要特别指出的是,湘阴城关镇剑坡里墓的年代虽然被发掘者定为了孙吴时期[4],但其随葬品皆为瓷质,且见有贴塑铺首、质量上乘的瓷簋,符合本组器物的特征,墓葬年代应下延至西晋初年为宜。

三、小议镇墓俑

本节所讨论之"镇墓俑",是指发现于墓葬中的既非正常人也非日常所见家禽牲畜形象的俑类,其被置于墓中应具有震慑妖邪、庇佑墓主及生者之特定丧葬用意,是一类专为下葬而制作的明器。由于镇墓俑是特定丧葬观念和信仰的产物,因此也就是"一种地方性很强的物品,它的形象和内涵都不能轻易为其他地区和人群所接受";反之,对其分布区域与流行时间的研究,可以揭示"地域差别和人群的流动、风俗的变异"[5]。关于镇墓俑形象的图像志考察,前人已多有著述[6];本节在此不欲就其形象之定名再作赘述,而是意图通过系统梳理、总结长江中下游吴晋墓葬中所见之镇墓俑,厘清各地区各类形象的来龙去脉及时空分布,进而就其文化来源、流行情况、随葬规律以及丧葬功能等作一探讨,以求能更好地展现吴晋时期长江中下游的社会风俗与文化互动。

(一)类型学分析

目前已见资料发表的吴晋时期长江中下游的镇墓俑共计40余件。根据上述资料,可将镇墓俑大体分为以下三种类别:

第一类 俑作吐长舌状,呈踞坐或直立的姿态。根据俑身的造型,可分为二型。

A型 头生双角或竖尖耳,兽身,肢体表现抽象,即四肢不见或仅作简略刻画。见于鄂州地区的鄂城M2208、鄂城铁M105和湖南地区的益阳梓山湖M8。鄂城铁M105:68,

---

[1] 高至喜《浏阳姚家园清理晋墓二座》。
[2] 湖南省博物馆《长沙两晋南朝隋墓发掘报告》。
[3] 安乡县文物管理所《湖南安乡西晋刘弘墓》。
[4] 湘阴县博物馆《湘阴县城关镇东吴墓》。
[5] 韦正《六朝墓葬的考古学研究》,页191。
[6] 李晓辉《六朝墓中的镇墓兽——古代图腾孑遗》,《东南文化》1989年第2期,页166—170;南京大学历史系考古专业、湖北省文物考古研究所、鄂州市博物馆《鄂城六朝墓》,页237—239。

头顶有一对扁形尖角,双目大而突出,张口有牙,长舌下垂,上肢踞地,下肢及躯体简化,外部轮廓似鸱鸮。高13厘米(图三二,1)[1]。益阳梓山湖M8:1,头部昂起,有双角,口吐长舌下垂,舌上饰短横线及戳印纹,背附椭圆形龟甲,龟甲上有竖直水波纹九道,后有短尾。身长10.7、宽7.5、通高6.6厘米(图三二,9)[2]。

B型　多头生双角或戴双角帽,人身。见于鄂州地区的鄂城M4022、鄂城M4004、鄂州郭家细湾M2、鄂城孙将军墓和皖南地区的全椒县卜集吴墓、马鞍山朱然家族墓、南陵长山M3(图三二,18)。鄂城孙将军墓所出者,头戴双角帽,满脸眉须,大舌下垂过腹,身着紧领窄袖袍,双臂合抱于前胸,双腿呈踞坐状。高16厘米(图三二,2)[3]。马鞍山朱然家族墓:14,兽面人身,呈站立姿势。头上双角竖立,双目突出,口内一长舌拖至脚部,舌上阴刻条纹,两膀下垂,刻划四指。通高23厘米(图三二,13)[4]。

第二类　俑作独角兽形,额前或头顶有独角,兽身,呈四肢着地的站立姿态。根据俑的面部形态,可分为二型。

A型　俑为人面。根据面部具体特征,又可分为二亚型。

Aa型　人面扁平。见于鄂州地区的鄂钢饮料厂M1、武昌莲溪寺吴墓、武汉黄陂滠口古墓、鄂城M2006(图三二,7),湖南地区的益阳梓山湖M8(图三二,10),以及皖南地区的马鞍山佳山吴墓(图三二,14)。鄂钢饮料厂M1:甬1,面部扁平,鼻梁长挺,嘴微张,吐舌,面部满饰胡须,两耳间有一圆孔,原应插有独角。长33.2、高20.4厘米(图三二,3)[5]。

Ab型　人面饱满。见于当涂护河镇吴墓。人面兽身,面部饱满,双目突出,舌外吐,额顶部有一犀牛角状物,体形肥壮。高22、宽23厘米(图三二,15)[6]。

B型　俑为兽面。见于鄂州地区的鄂州市塘角头M2、M4和鄂城铁M105,湖南地区的益阳梓山湖M8(图三二,11),皖南地区的全椒县卜集吴墓(图三二,16)、青阳县庙前乡墓,以及南京地区的扬州胥浦M93、南京板桥镇石闸湖晋墓和殷巷砖瓦厂M1。鄂州市塘角头M4:22,头部有一独角,角向下弯曲,后有短尾,背部有刻划纹。长13、高6厘米(图三二,4)[7]。南京板桥镇石闸湖晋墓所出者,独角双耳,猪嘴,张口吐舌,脊上有螺旋形角状饰,腹侧划有羽翼。长22、高12.5厘米(图三二,20)[8]。

---

[1] 南京大学历史系考古专业、湖北省文物考古研究所、鄂州市博物馆《鄂城六朝墓》,页217、219。
[2] 湖南省文物考古研究所、益阳市文物管理处《湖南益阳梓山湖孙吴、宋墓发掘简报》。
[3] 鄂城县博物馆《鄂城东吴孙将军墓》;南京大学历史系考古专业、湖北省文物考古研究所、鄂州市博物馆《鄂城六朝墓》,页24—25。
[4] 马鞍山市文物管理所《安徽省马鞍山市朱然家族墓发掘简报》。
[5] 鄂州博物馆、湖北省文物考古研究所《湖北鄂州市鄂钢饮料厂一号墓发掘报告》。
[6] 马鞍山市文物管理所、马鞍山博物馆《马鞍山文物聚珍》,北京:文物出版社,2006年,页120。
[7] 湖北省文物考古研究所、鄂州市博物馆《湖北鄂州市塘角头六朝墓》。
[8] 南京市文物保管委员会《南京板桥镇石闸湖晋墓清理简报》。

第三类　爬行类怪兽。俑四脚着地作匍匐状。根据具体形态,可分为三型。

A型　俑作穿山甲形,背部刻划有明显的鳞甲特征。见于鄂州地区的鄂州市塘角头M4、武汉黄陂滠口古墓、鄂城M2184,湖南地区的长沙晋墓M22(图三二,12)、湘阴城关镇信用联社墓,以及皖南地区的马鞍山佳山吴墓(图三二,17)。武汉黄陂滠口古墓所出者,尖头,吐舌,长身,尾平伸,背部有压印的甲片。长19.5、高5.5厘米(图三二,5)[1]。

B型　俑作鲵鱼形,背部锥刺点纹,见于鄂州地区的赤壁古家岭吴墓、鄂城M4031、鄂城M2006、鄂城M5012、鄂城M2062。鄂城M4031:15,俑首小似人面,戴小冠,口吐长舌至腹下,躯体扁长(图三二,6)[2]。鄂城M2006:27,头似兽形,顶有一对小尖耳,张口吐舌,躯体扁长。长21.5、高5.3厘米(图三二,8)[3]。

C型　俑作鳄鱼形,尾部宽扁且直。见于皖南地区的和县西晋墓(图三二,19),以及南京地区的南京中华门外郎家山晋墓、江宁鳄儿岗M1、扬州胥浦M93、六合瓜埠西晋墓。江宁鳄儿岗M1:16,头部隆起,阔嘴,眼睛外鼓,四肢短小,屈伏于体两侧,躯体下部扁平,背部隆起且中部有一条脊梁连通尾部,尾渐细,末端残损。残长32、宽10.8、高4.4厘米(图三二,21)[4]。

(二)形象来源与流行情况

(1)长江中游

总体来看,在吴晋时期,长江中游尤其是鄂州地区是镇墓俑最早出现也最为集中流行的地区。从孙吴中期开始,镇墓俑的三大类别在鄂州地区已全部登场。具体而言,第一类镇墓俑的流行时间最短,其下限仅至吴晋之交。第一类A型镇墓俑的形象应具有长江上游的渊源,东汉中晚期时集中出现于重庆地区[5],如丰都县槽房沟M2所出镇墓俑(M2:45),泥质红陶,眼球突出,角部微显,阔口,长舌及地,短尾,呈屈蹲状(图三三,1)[6],与鄂城铁M105镇墓俑的风格相近(图三二,1)。第一类B型镇墓俑的主要特点是吐长舌和人身,此类形象最早亦见于川渝地区(图三三,2)[7],时间在东汉初年,至东汉晚

---

[1] 武汉市博物馆《武汉黄陂滠口古墓清理简报》,《文物》1991年第6期,页48—54、96。
[2] 南京大学历史系考古专业、湖北省文物考古研究所、鄂州市博物馆《鄂城六朝墓》,页219—220。
[3] 同上注。
[4] 南京市博物馆、南京市江宁区博物馆《南京江宁鳄儿岗晋墓发掘简报》,《文物》2013年第11期,页28—35。
[5] 傅娟《川渝东汉墓出土吐舌陶塑造像初探》,《四川文物》2006年第4期,页75—80;宾娟《吐舌状镇墓兽及其文化意义的探讨》,《四川文物》2013年第6期,页46—56。
[6] 四川省文物考古研究所《丰都县三峡工程淹没区调查报告》,载所编《四川考古报告集》,北京:文物出版社,1998年,页334、336、337。
[7] 重庆市文化局、湖南省文物考古研究所、巫山县文物管理所《重庆巫山麦沱古墓群第二次发掘报告》,《考古学报》2005年第2期,页185—206。

期开始在湖北北部出现[1]。另外，第一类镇墓俑吐长舌的特征很难不让人联想到长江中游先前的楚式镇墓俑，如湖南常德临澧九里 M1（图三三，3）[2]和河南信阳长台关 M2（图三三，4）[3]出土的漆镇墓俑，尤其与第一类 A 型颇有异曲同工之处。只是此时距楚式镇墓俑消亡已过去 400 余年，巨大的时间缺环使得两者之间的传承关系很难被证实。更有可能的情况是：先前楚式镇墓俑的流行，为类似形态之器物在长江中游扎根、发芽培育了文化土壤；于是，在汉末三国之际长江上、中游的频繁往来间，吐舌状镇墓俑便顺江而下再次于中游流行开来。

第二类镇墓俑的流行时间稍长，下限可至西晋早期。此类镇墓俑的主要特征是额前或头顶有独角，而带有这一特征的形象之前常见于中原北方的东汉墓中，如甘肃武威磨咀子东汉墓所出木彩绘镇墓俑[4]、甘肃酒泉下河清 18 号东汉墓所出陶彩绘镇墓俑（图三三，6）[5]、

图三三　相关镇墓俑形象拾例

（1. 重庆丰都县槽房沟 M2∶45；2. 重庆巫山麦沱 M47∶27；3. 湖南常德临澧九里 M1 出土；4. 河南信阳长台关 M2 出土；5. 山西长治王深墓出土；6. 甘肃酒泉下河清 M18 出土；7. 河南偃师杏园村 M34∶64）

───────

[1] 傅娟《川渝东汉墓出土吐舌陶塑造像初探》；宾娟《吐舌状镇墓兽及其文化意义的探讨》。
[2] 湖南省博物馆《中国博物馆·湖南省博物馆》，北京：文物出版社，1983 年，图 73。
[3] 河南省文化局文物工作队《信阳长台关第 2 号楚墓的发掘》，《考古通讯》1958 年第 11 期，图版五。
[4] 甘肃省博物馆《甘肃武威磨咀子汉墓发掘》，《考古》1960 年第 9 期，页 15—28。
[5] 甘肃省文物管理委员会《酒泉下河清第 1 号墓和第 18 号墓发掘简报》，《文物》1959 年第 10 期，页 71—75、77。

湖北当阳刘家冢子汉墓所出釉陶镇墓俑[1]等，形象与第二类B型相似，故其源头应在江北。至于第二类A型，其所具有的人面特征并无源头可寻，应为长江中游于东汉独角镇墓俑基础上创造出的地方性新样式。

第三类镇墓俑在长江中游流行时间最长，终西晋一朝都有发现，但始终缺失C型。此类镇墓俑亦不见更早期的版本，属于长江中游在孙吴时新创造的类型。

（2）皖南地区

皖南地区镇墓俑的流行情况可分为两个阶段：孙吴中晚期集中见于马鞍山地区；西晋时镇墓俑在马鞍山地区消失，转而零星出现于皖南其他地点。孙吴时期出现在马鞍山地区的镇墓俑在种类和造型上都与中游大同小异，应自中游传入，并且可能是孙吴政权在丧葬建设过程中吸收中游文化因素而成的一项内容；不过，与中游相比，在种类上缺少了第一类A型、第三类B型而新出现第二类Ab型和第三类C型。第一类A型镇墓俑形象较质朴、简陋，或许是导致其在传播过程中被摈弃的原因；同时，新出的第二类Ab型又暗示着马鞍山地区在接收中游文化因素的同时也会对其加以改革、创新，本地独有的丧葬文化特色正在酝酿之中。

西晋时，在南陵长山M3见有第一类B型（图三二，18）、在青阳县庙前乡墓见有第二类B型、在和县西晋墓见有第三类C型镇墓俑（图三二，19）。第一类B型仍有受中游影响的成分存在，但也有特别之处：一是此墓年代在元康八年（298年），属于西晋中晚期，此时在中游已基本不见此类镇墓俑；二是俑头戴圆顶小帽，与中游头生双角或戴双角帽的造型有所差别。出有第三类C型镇墓俑的和县距长江仅5公里，是扬子鳄生息的地区之一，其状似鳄鱼的形态显示出了强烈的地方特色。

（3）南京地区

南京地区的镇墓俑出现于西晋中晚期，目前仅见第二类B型与第三类C型。第二类B型镇墓俑的源头在中原北方，前文已有所述。并且，此类镇墓俑于魏晋之际在北方地区也出现了一些变化，即原来的独角演变成了三束角状的鬃毛（图三三，7）[2]，而南京板桥镇石闸湖晋墓的镇墓俑除额前有一独角外，在背脊上还有螺旋形角状饰（图三二，20），显示出了一定的多"角"化趋势，说明南京地区的此类镇墓俑应自江北传入，是西晋中原文化因素跨江渗入南方的表现，而非长江中游文化因素顺江向下传播的结果。第三类C型则如前述，是见于扬子鳄栖息地附近的地方特色形象。

---

[1] 沈宜扬《湖北当阳刘家冢子东汉画像石墓发掘简报》，《文物资料丛刊》第1辑，北京：文物出版社，1977年，页122—130。

[2] 李晓辉《六朝墓中的镇墓兽——古代图腾孑遗》。

(三)共存情况与丧葬内涵

镇墓俑既是专为丧葬而制作的特殊明器,其在墓内的位置当非随意而为之。就目前内部器物布局保存较好的墓葬来看,第二类镇墓俑往往会置于甬道内或墓葬前端的中央,如:鄂钢饮料厂M1第二类Aa型镇墓俑位于甬道中央(图四七,5)[1];鄂城M2006的第二类Aa型镇墓俑出于横前堂两砖台之间的后部中央(图四八,6)[2];益阳梓山湖M8的第二类Aa型、第二类B型镇墓俑出于前室最前端紧贴封门墙处[3]。从这一摆放位置来看,第二类镇墓俑应是起驱除妖邪、震慑鬼怪之用,以守卫墓内世界的安宁。

第三类镇墓俑多与家禽牲畜俑共出。第三类A型镇墓俑形态似穿山甲,旧时称"鳞鲤",可食白蚁,《唐·新修本草》言"其形似鼍而短小,又似鲤鱼,有四足,能陆能水。出岸开鳞甲,伏如死,令蚁入中,忽闭而入水,开甲,蚁皆浮出,于是食之"[4];《本草纲目》"鲮鲤"(即鳞鲤)条则直言"其形肖鲤,穴陵而居,故曰鲮鲤,而俗称为穿山甲……状如鼍而小,背如鲤而阔,首如鼠而无牙,腹无鳞而有毛,长舌尖喙,……常吐舌诱蚁食之"[5]。由此观之,墓内放置肖形穿山甲的镇墓俑,当是为避免蚁类对棺木乃至尸骨的危害。第三类B型镇墓俑状似鲵鱼,十分接近《水经注》和《酉阳杂俎》中的记载,即:"鲵鱼声如小儿啼,有四足"[6];"鲵鱼,如鲇,四足长尾,……声如小儿"[7]。鲵鱼在《山海经》中被视为"神圣乘此以行九野"[8]的灵怪,将其置于墓中应是供墓主所用,为墓主灵魂升入仙界、天界提供便利。其中,鄂城M4031:15作人首,与唐调露元年(679年)的山西长治王深墓所出人首鱼身下有四足的仪鱼俑颇为相似(图三三,5)[9],或暗示了此类镇墓俑还可能与唐宋墓葬中常见的明器神煞俑有一定的传承关系。第三类C型镇墓俑状似鳄鱼,如前所述,是见于扬子鳄栖息地附近的地方性种类。据《初学记》卷三十:"万震《南州异物志》曰:鳄齿网罗,则断如刀锯。居水中,以食鱼为本。庾阐《吴都赋》曰:鳄鳞霜牙。"[10]鳄鱼生性凶猛,将其置于墓中亦应有护墓主周全之意。尤其在扬州胥浦M93中,第三类C型和第二类B

---

[1] 鄂州博物馆、湖北省文物考古研究所《湖北鄂州鄂钢饮料厂一号墓发掘报告》。
[2] 南京大学历史系考古专业、湖北省文物考古研究所、鄂州市博物馆《鄂城六朝墓》,页30—31。
[3] 湖南省文物考古研究所、益阳市文物管理处《湖南益阳梓山湖孙吴、宋墓发掘简报》。
[4] 〔唐〕苏敬等撰,尚志钧辑校《唐·新修本草(辑复本)》卷十六,合肥:安徽科学技术出版社,1981年,页425—426。
[5] 〔明〕李时珍《本草纲目》(校点本)卷四十三,北京:人民卫生出版社,1982年,页2384。
[6] 〔魏〕郦道元著,陈桥驿校正《水经注校正》卷十五,北京:中华书局,2007年,页378。
[7] 〔唐〕段成式等撰,曹中孚等校点《酉阳杂俎》前集卷十七,上海:上海古籍出版社,2012年,页101。
[8] 冯国超译注《山海经》卷七《海外西经》,北京:商务印书馆,2009年,页335。
[9] 山西省文物管理委员会《山西长治唐墓清理简报》,《考古通讯》1957年第5期,页53—57;徐苹芳《唐宋墓葬中的"明器神煞"与"墓仪"制度——读〈大汉原陵秘葬经〉札记》,《考古》1963年第2期,页87—106。
[10] 〔唐〕徐坚等辑《初学记》卷三十,北京:京华出版社,2000年,页587。

型镇墓俑被共同置于墓室前甬道中央(图四三,3)[1],更可说明在当时人观念中,鳄鱼应有驱邪逐疫之效。综上,虽然第三类镇墓俑所模拟的穿山甲、鲵鱼、鳄鱼为现实存在的动物形象,但其并非日常饲养的家禽牲畜,且带有一定的神异色彩,故将其归于镇墓俑的名目之下。

在上述出有镇墓俑的墓葬中,还存在一定数量的一墓内多种镇墓俑共存的现象。多数为第一/第二类与第三类镇墓俑相组合,分别行使不同的丧葬功能。如在马鞍山佳山吴墓中,第二类Aa型镇墓俑位于墓室入口处偏西一侧以震慑鬼怪,第三类A型镇墓俑则出于墓室后端棺位附近,与厕圈、羊圈等置于一处,行保护棺木之功能(图四四,4)[2]。不过,在鄂城铁M105、益阳梓山湖M8和全椒县卜集吴墓中,分别见有第一类A型与第二类B型、第一类A型、第二类Aa型与第二类B型以及第一类B型与第二类B型共存的情况,很可能是"拿来主义"在墓葬文化方面的体现,反映出不同的文化因素尚处在交流当中,还没有被真正地吸收消融[3]。更有趣的是,早在东汉晚期湖北北部的墓葬中,就出现有第一类和第二类镇墓俑共存的现象[4],暗示这种多元文化因素交融共生的状态在长江中游早已有之,且可能延续而成为具有一定地方特色的文化传统。

四、陶瓷随葬品的文化因素构成与交流互动

(一)陶/低温釉陶器:旧传统的延续与衰落

(1)长江下游

在下游四区中,作为南方制瓷中心的浙南地区率先完成了瓷器取代陶/低温釉陶器的过程。东汉晚期一些墓葬的随葬品已呈现出以瓷器为主的面貌;孙吴早期陶/低温釉陶器仅零星见于个别墓葬中,之后则基本消失。

至孙吴晚期的凤凰元年(272年)之际,与浙南相邻的苏南浙北地区也基本结束了陶/低温釉陶器的使用。器型方面,在本地区的孙吴早中期墓葬中,出有一类承柱上接一螭虺状鋬的陶灯(图十九,2),造型特殊,体现了一定的地方性特征;孙吴中期墓葬中还见有骑马俑和牛车(图十九,16、20)[5],之后在孙吴晚期和西晋时期的皖南地区墓葬中也出

---

[1] 胥浦六朝墓发掘队《扬州胥浦六朝墓》。
[2] 安徽省文物考古研究所《安徽马鞍山市佳山东吴墓清理简报》。
[3] 韦正《六朝墓葬的考古学研究》,页183。
[4] 沈宜扬《湖北当阳刘家冢子东汉画像石墓发掘简报》;襄樊市博物馆《湖北襄樊市区东汉墓发掘简报》,《考古与文物》1993年第4期,页22—25。
[5] 常州市博物馆、金坛县文管会《江苏金坛县方麓东吴墓》。

有同类器物（图十八，7）[1]，二者或存在一定的继承性关系。目前发现的低温釉陶器均出于镇江的墓葬中[2]。两汉时期，低温釉陶的地域分布主要是以中原两京地区为中心向四周扩散的；其在长江以南主要沿湘江、赣江两岸向南延伸，在长江下游及江淮地区则不甚发达，已报道的发现很少[3]。考虑到这一历史情况，加之镇江又是北方流民群居之处，此地发现的孙吴低温釉陶器很可能与北人南渡的迁徙浪潮不无关联。

在南京地区的墓葬中，陶器延续使用至西晋晚期的元康末年（299年）；不过，进入西晋元康年间后（291—299年），陶器便基本只作为模型明器和俑存在。孙吴晚期至西晋早期（269—289年），本地区还曾一度涌现出不少低温釉陶模型明器。据上文所述汉代低温釉陶在长江下游的使用情况，其在这一时段突然流行于南京地区，当与相应的人口迁徙及丧葬习俗的改变有关。器型方面，前述富于下游特色的承柱上接一螭虺状鐎的陶灯，在本地区也可见到（图十二，5）；不过，本地区陶／低温釉陶随葬品更鲜明的特点是模型器的种类十分丰富，尤其是臼、舂、箕、筛、扫帚等劳动工具（图十二，19—20），少见或不见于长江下游其他地区。这一特征亦不见于本地区的东汉墓葬，而是流行于中原北方地区。孙氏兄弟能够渡江并据有江东，主要依靠的是来自江北的淮泗武装集团及流寓江东的北方宾旅之士[4]，这些人物居于孙吴社会权力结构的上层，具备相当程度的社会影响力，随葬模型明器的习俗很可能就是由他们带入并在南京地区普及开来的。在常见的模型明器中，禽舍多为卷棚顶、平底的造型（图十二，18），为长江下游的区域特色之一。孙吴晚期至西晋元康末年（269—299年），本地区还见有一定数量的陶／低温釉陶堆塑罐，其造型特点为下部罐体最大径在口沿处，上部堆塑与罐体等高或高于罐体，各类堆塑形象分层整齐排列，每层表现的形象雷同（图十三，17；图十四，10）。俑在孙吴晚期至西晋早期（269—289年）仅零星可见，表现为南海或西海胡人的形象（图十三，20）。至西晋元康年间，俑渐趋流行，主要为踞坐俑、侍俑、门吏俑（图十四，8—9）和独角兽造型的镇墓俑（图十四，13）。门吏俑高鼻深目，着胡帽、短衣、束裤，一手持盾，一手应持武器，与西晋北方墓葬中的胡人武士俑造型基本相同；独角兽镇墓俑的渊源前节已有所述[5]，总之此二类器物与模型明器一样，源头亦在江北。

至于在皖南地区，基本不见低温釉陶器，但直到西晋末年，仍可见到陶器的使用。不

---

[1] 青阳县文物管理所《安徽青阳县五星东吴—西晋墓发掘简报》；朱献雄《安徽青阳县清理一座西晋残墓》。
[2] 镇江博物馆、镇江市文管办《镇江丁卯"江南世家"工地六朝墓》；镇江博物馆《镇江金家湾墓地六朝至唐代墓葬发掘简报》，《江汉考古》2016年第2期，页40—52。
[3] 杨哲峰《汉墓结构和随葬釉陶器的类型及其变迁》，页229。
[4] 田余庆《孙吴建国的道路——论孙吴政权的江东化》，原载《历史研究》1992年第1期，页87；此据氏著《秦汉魏晋史探微》，北京：中华书局，2004年，页293。
[5] 详见本章第三节。

过,在孙吴凤凰元年(272年)以后,陶器便基本只出现于模型明器和俑类中。

(2)长江中游

如前所述,低温釉陶器在下游属于孙吴时期新出现的器类;与之不同,长江中游自西汉后期即有低温釉陶器存在[1]。在中游三区中,江西和湖南地区的墓葬基本于吴晋之交(280年左右)结束了陶/低温釉陶器的使用;在此之前,陶/低温釉陶在器具、模型明器和俑类中均有发现,即器类与质地之间并未形成对应关系。鄂州地区则直到西晋末仍在使用陶/低温釉陶器,只是孙吴时尚存在数量可观的陶/低温釉陶器具,西晋以后陶/低温釉陶器则基本只作模型明器和俑。

就器型而言,东汉时期长江中游的特色器物——四系卵形罐——延续存在了较长的时间,在鄂州、江西、湖南三区皆可见到(图二四,2)。模型明器的种类与长江下游,特别是南京地区相较不太丰富,尤其是劳动工具模型的种类甚是寥寥。鞍马、牛车模型始见于孙吴晚期(图三十,10)[2],而此类模型于孙吴中期就已在下游的苏南浙北地区出现,因此或自下游传入。不过,模型明器的地方特色依然存在:仓多作囷形(图二四,6;图二五,14;图二八,8);鄂州和湖南地区的禽舍多为房屋造型(图二五,8;图三十,6),江西地区则多呈尖顶圆帐篷式造型(图二八,15;图二九,8),与下游的卷棚顶式造型区别开来;在江西地区还发现有设梯形井架的井模型(图二八,7),与东汉时中原的造型风格相近。多见于下游的五联罐仅在鄂州地区的孙吴早期墓中出土1件[3],昭示了中游和下游两大区域间的文化差异;而这种差异更体现在大量发现于中游尤其是鄂州地区的俑类器物上。人物形象以胡人为主,头戴尖帽或眉间有白毫相(图二五,15、18);镇墓俑则可分为头生双角吐长舌、独角兽、爬行类怪兽几个大类(图二五,17、19—20;图二七,13、15),其下又有更细化的形象差别。

总体而言,抛开时间先后之别,可以明确的是,吴晋时期长江中下游的陶瓷制作已经出现"因应不同用途或若干特定器形而有意识地选择不同的原料来生产加工"[4]的意识。在墓葬中,逐渐形成了陶/低温釉陶器只作模型和俑之趋势,也就是逐渐只作为专为丧葬活动生产的明器而存在。只是在西晋元康七年(297年)的宜兴周墓墩M1周处墓中,仍出有数量可观的陶器具,尤其还包括颇具汉代遗风的由陶樽、盘、勺组成的馔饮

---

[1] 杨哲峰《汉墓结构和随葬釉陶器的类型及其变迁》,页229—230。
[2] 鞍马、牛车模型在鄂州地区和湖南地区分别始见于鄂城M4031(南京大学历史系考古专业、湖北省文物考古研究所、鄂州市博物馆《鄂城六朝墓》,页92)和益阳梓山湖M8(湖南省文物考古研究所、益阳市文物管理处《湖南益阳梓山湖孙吴、宋墓发掘简报》)中,二墓的年代均判定为孙吴晚期至吴晋之际。
[3] 南京大学历史系考古专业、湖北省文物考古研究所、鄂州市博物馆《鄂城六朝墓》,页44—45。
[4] 谢明良《六朝陶瓷论集》,页7。

器具组合以及仿汉漆器的内表涂朱的陶盘、耳杯、碗[1]，或与特定的葬仪礼制相关，值得关注。

（二）瓷器：新趋势的形成与发展

（1）长江下游

在下游四区中，浙南地区最早实现随葬品"瓷器化"，具体时间应不晚于孙吴中期的太平二年（257年）[2]。瓷器具种类丰富，尤其是普通造型的容器类器具，多首先出现于本地区，再向周边传播，如双领罐、竖耳罐、带流罐等（图二一，3—4、6）。一些在其他地方多为非陶瓷质地的器物，在本地区亦作瓷质，如鐎斗、火盆的组合等；且多有造型复杂、工艺上乘的精品，尤以堆塑罐为代表（图二一，13—14；图二二，9；图二三，10）。作为堆塑罐的原产地和最主要流行区之一，浙南地区所出堆塑罐存在较为清晰的演化路线，即：上部的五联罐特征逐渐消退，堆塑主体渐趋楼阁化，同时堆塑形象和下部罐体贴塑形象日益多元和丰富。同时值得一提的是，作为瓷堆塑罐的"低配版"模仿品，主要见于南京地区的陶／低温釉陶堆塑罐却衍生出了独有的造型特征[3]，对于探讨器物的传播、模仿与创新有一定的启发意义。

此外，浙南地区的瓷质随葬品组合还呈现出以下几方面的特点。首先，俑基本不见，模型明器种类较少，劳动工具模型更是罕见，或可视为其受北方风俗影响较小的表现。其次，在南京和鄂州地区墓葬中颇为常见的方槅基本不见于本地区，仅孙吴早中期有圆槅偶出（图二一，12），馔饮器具组合的中心仍为延续汉传统的一盘双耳杯。再次，虎子、辟邪形烛台等精美的动物造型器具至西晋中期的太康年末（287年）以后才渐趋流行（图二三，6—7），而类似造型的器物从孙吴中期起就在南京地区有较多发现，且多为上虞窑场烧造，如南京赵士岗吴墓出土的虎子腹部有"赤乌十四年会稽上虞师袁宜作"刻铭[4]。越窑窑场的生产并未很好地带动新器类在本地的销售推广，或反映了浙南地方社会具有较强的保守性，在接受新鲜事物方面的动作相对较为迟缓。

孙吴凤凰元年（272年）之际，苏南浙北地区的墓葬也基本完成了瓷器取代陶／低温釉陶器的过程。瓷器中质量上乘者一般为浙江地区出品，如吴县狮子山M2所出堆塑罐上有"起会稽"、吴县狮子山M3和吴县何山晋墓所出堆塑罐上有"出始宁"的铭文字

---

[1] 罗宗真《江苏宜兴晋墓发掘报告——兼论出土的青瓷器》。
[2] 在纪年墓葬中，最早呈现出"瓷器化"面貌的是吴太平二年（257年）的嵊县大塘岭M101。
[3] 详见本节第一部分论述。
[4] 南京博物院、南京市文物保管委员会、江苏省文物管理委员会、江苏省博物馆《江苏省出土文物选集》，北京：文物出版社，1963年，图125。

样[1]，始宁县自东汉置，位于今上虞县西南，即可证实此类精品器属越窑系产品。不过，出于宜兴周氏家族墓中的精美瓷器，学界推测可能为本地窑场制作[2]，或说明当时江苏境内不仅有瓷器生产，且工艺水平不逊于浙江地区。宜兴周墓墩M1所出立鸟熏炉（图二十，6），与嵊县金波山M31所出者（图二三，3）近乎完全相同，反映了宜兴窑场与上虞窑场间的紧密联系，也有学者将前者归入越窑系统之中[3]。本地区也基本不见瓷俑，模型种类亦不甚多，唯宜兴周墓墩M2随葬了种类可观的瓷模型，且有不少劳动工具，包括水缸及桶、筛、簸箕和扫帚、臼杵、锅刷、鸭圈、鹅圈、猪圈、鸡笼等[4]。考虑到前文所提宜兴周墓墩M1作为一西晋墓仍随葬汉传统陶器组合的现象，宜兴周氏家族墓随葬品所体现出的特殊情况很可能都是有意规划的结果。

在南京地区，直至西晋元康末年（299年）才真正实现了随葬品"瓷器化"；不过，在西晋元康年间（291—299年），器具类已基本作瓷质。瓷器质量上乘者一般为浙江地区出品。需要特别说明的是，年代在孙吴晚期的江宁上坊M1和西岗西晋墓陶瓷随葬品皆为瓷质，尤其江宁上坊M1，不仅出有多种瓷俑，瓷模型中还包括有多种劳动工具（图三四）；而西晋元康末南京地区随葬品普遍实现"瓷器化"后，劳动工具模型基本不见。由此观之，江宁上坊M1与西晋晚期的随葬品"瓷器化"应代表了不同的文化传统。前文已述，南京地区孙吴墓葬的一大特征即发现有包括多种劳动工具在内的大量模型明器，是北人南迁所带来的社会影响之一；而江宁上坊M1的瓷模型可谓当时常见的陶/低温釉陶模型的"升级版"，是只可能存在于高等级墓葬中的特例。至西晋晚期随葬品普遍"瓷器化"后，模型明器种类减少，尤其是劳动工具模型淡出，这才是南方本地随葬器物群"瓷器化"后所应呈现的面貌。孙权掌事以后，北人南流运动渐止，孙吴政权逐步由以淮泗人为主体转变为以江东人为主体[5]。人群的生活年代与死亡年代存在一定的时间差，这或许就是为何直到西晋晚期，南京地区才可谓基本褪去了江北文化之色彩。另外，南京地区的瓷器具还表现出贴塑形象复杂多元的特征，如胡人骑马（异兽）、佛像等（图十三，12；图十五，4）；而类似的形象多见于浙江地区生产的堆塑罐上，苏南浙北和浙南墓葬所出瓷器具的贴塑装饰则基本为铺首衔环。

至于在皖南地区，随葬品的"瓷器化"只维持了一段时间，约在建兴元年（252年）至建衡三年（271年）间，在此之前和之后都有陶器使用；不过，大体在孙吴凤凰元年（272

---

[1] 吴县文物管理委员会、张志新《江苏吴县狮子山西晋墓清理简报》；叶玉奇《江苏吴县何山出土晋代瓷器》，《东南文化》1989年第2期，页159—161。
[2] 蒋玄怡《访均山青瓷古窑》；南京博物院《江苏宜兴晋墓的第二次发掘》。
[3] 南京博物院《宜兴县汤渡村古青瓷窑址试掘简报》。
[4] 罗宗真《江苏宜兴晋墓发掘报告——兼论出土的青瓷器》。
[5] 田余庆《暨艳案及相关问题——再论孙吴政权的江东化》，页316。

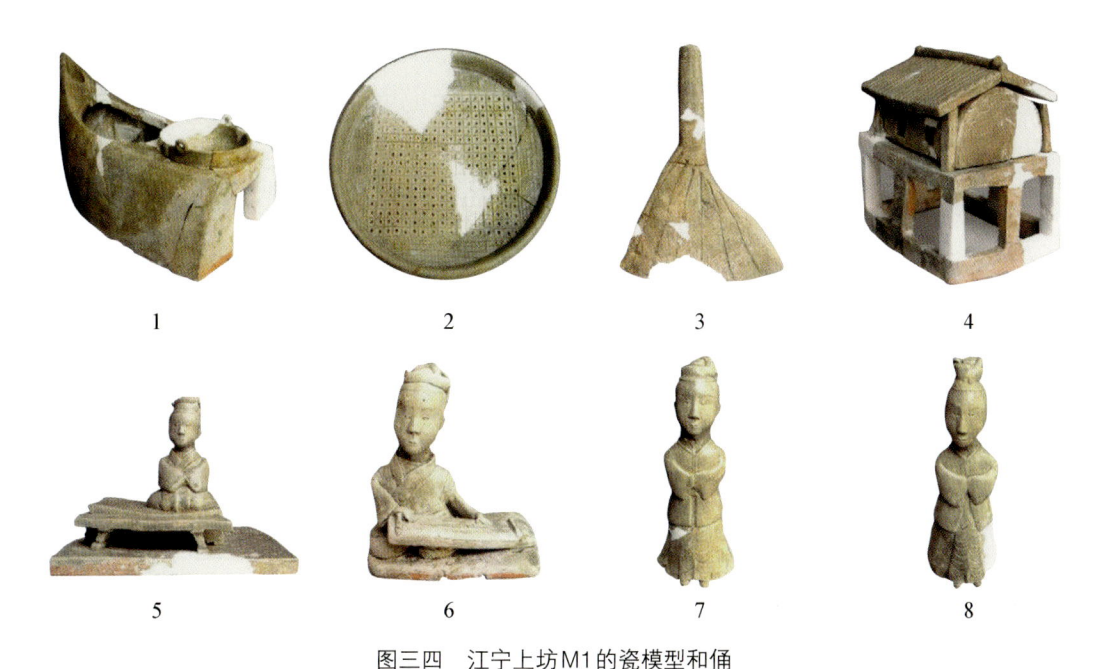

图三四　江宁上坊M1的瓷模型和俑

（1.灶；2.筛；3.扫帚；4.鸡舍；5.坐榻俑；6.抚琴俑；7—8.侍俑）

年）以后，器具类已基本作瓷质。本地区的瓷器也有属越窑系统者，但在随葬品"瓷器化"的时段内，瓷器在胎釉和器型上都表现出了明显的中游特点[1]，尤以胡人俑和各类镇墓俑的组合最为突出（图十七，6、9—11），这也昭示出长江下游瓷器的多元化来源。凤凰元年（272年）之后，以镇墓俑的消失为最显著的标志，皖南地区的瓷器面貌逐渐展现出下游的特征，带贴塑装饰的唾壶、虎子、辟邪形烛台、砚、堆塑罐等相继在墓中出现（图十八，5—6、9）。

（2）长江中游

在中游三区中，江西和湖南地区的墓葬于吴晋之交（280年左右）基本实现了随葬品"瓷器化"。瓷器多为本地生产，分别出于洪州窑和湘阴窑。鄂州地区的随葬品"瓷器化"仅存在于孙吴晚期（264—280年）的一些大中型墓葬中[2]，属于墓葬高规格之体现；而从

---

[1]　详见本章第一节第二部分。
[2]　这些墓葬包括：鄂钢饮料厂M1（鄂州博物馆、湖北省文物考古研究所《湖北鄂州鄂钢饮料厂一号墓发掘报告》）、鄂城孙将军墓（鄂城县博物馆《鄂城东吴孙将军墓》；南京大学历史系考古专业、湖北省文物考古研究所、鄂州市博物馆《鄂城六朝墓》，页24—25）、江夏流芳吴墓（武汉市博物馆、江夏区文物管理所《江夏流芳东吴墓清理发掘报告》）、武汉黄陂滠口古墓（武汉市博物馆《武汉黄陂滠口古墓清理简报》）、鄂钢综合原料场M30（鄂州博物馆《鄂钢综合原料场M30发掘简报》；《鄂城六朝墓》，页28—29）、鄂城M5013（《鄂城六朝墓》，页25—26）、鄂城M5014（《鄂城六朝墓》，页25—26）、鄂城M2170（《鄂城六朝墓》，页54、56）、鄂城M2182（《鄂城六朝墓》，页54—55）、鄂城M2184（《鄂城六朝墓》，页62—63）。

整体上看，此地区直至西晋末年也未完全实现瓷器取代陶／低温釉陶器，只是器具类在西晋时已基本作瓷质。鄂州地区的瓷器有不少出自上述洪州窑和湘阴窑，另有少数胎釉质量更好的产品，应属下游的越窑系统。

就器型而言，长江中游的瓷器种类不如下游丰富，器物造型、装饰、制作工艺也不如下游精进。下游最常见的瓷器具类型之一——盘口壶，在中游的孙吴早期墓葬中多作陶／低温釉陶质（图二五，3），从一个侧面揭示了两大区域瓷器流行程度的差别。不过，中游也不乏特色器型，尤以胡人俑（图二六，12—13）、镇墓俑（图二六，14、19—20）和坞堡模型（图二六，18）为代表，此外还有五联灯（图二六，8）和堆塑灯（图三一，13）等。

鉴于孙吴政权终究是定都于下游的建业而非中游的古武昌，加之中游的制瓷水平毋庸讳言要逊于下游，因此瓷器的传播方向主要是从下游向中游输出。这在鄂州地区表现得最为明显。下游特色的瓷器从孙吴中期开始出现，主要见有动物造型的水盂（图二五，6）；孙皓当权的孙吴晚期及以后，附鐎灯（图二六，10）、羊形烛台（图二六，11）、鸡首壶（图二七，3）、象形虎子（图二七，5）、辟邪形烛台（图二七，6）等陆续出现，瓷器装饰趋于复杂，整体器物面貌进一步向下游靠拢。同时，随着下游瓷器文化的影响力逐渐增强，在西晋时期，本地特色的镇墓俑种类有所减少，且在鄂州地区的几座西晋纪年墓中皆未见到（292年以后），暗示镇墓俑已逐渐退出了丧葬明器的流行舞台。

湖南地区随葬品在基本完成"瓷器化"后，下游的典型器如辟邪形烛台（图三一，4）、茧形腹虎子（图三一，6）、附鐎灯（图三一，12）等开始出现，还见有可能产自瓯窑的柱盘式熏炉（图三一，5）[1]；但更能代表下游特色的堆塑罐、鸡首壶始终不见。随着制瓷水平的提高，流行于下游的贴塑装饰技法也在本地区得到更多运用，并由此创造出了独具特色的精美器，如堆塑灯（图三一，13），颇有东汉摇钱树座之意味[2]。不过，西晋时期本地区瓷质随葬品组合更为鲜明、突出的特点是有大量俑存在，种类丰富，包括武士俑（有持盾和持刀者）、执物俑、劳作俑、骑马鼓吹俑、文吏俑等（图三一，9—11），持盾武士俑应具有中原北方的渊源，文吏俑特别是对坐书写俑为仅见于本地区的形象；同时，俑眉间多有白毫相，保持了长江中游自孙吴中期以来一贯之特色。从整体上看，在西晋时期，湖南地区的瓷质随葬品虽也显现出来自下游的影响，但较之鄂州地区，还是更多保留了中游的地方传统。

至于江西地区，除在瑞昌和南昌的墓葬中出有产自浙江越窑和湖南湘阴窑的瓷器

---

[1] 浙江省博物馆《青色流年：全国出土浙江纪年瓷图集》，北京：文物出版社，2017年，页101。
[2] 韦正《六朝墓葬的考古学研究》，页169。

外[1]，中游和下游最具代表性的器物——胡人俑、镇墓俑和堆塑罐，以及楠、砚和鞍马、牛车模型等，基本不见于其他地点；模型明器较其他地区亦随葬偏少，种类不多，尤其是劳动工具模型种类单调，仅杵、臼略多出。同时，具有地方特色的器物造型延续时间较长，如尖顶圆帐篷式的禽舍，陶、低温釉陶、瓷质者皆可见到（图二八，15；图二九，8），其流行程度可见一斑；西晋时则又新兴起鼓腹造型的仓（图二九，9）。此二类模型明器可能是由湖南衡阳、郴州等地汉墓中的同类器物演化而来的[2]，经过消化和吸收为己所用，最终形成新的地方风格。不过，在西晋时期，受下游制瓷业影响的产品也可见到，主要为器具类，如茧形腹虎子（图二九，6）、辟邪形烛台（图二九，7）、鸟首罐（图二九，10）等；但也有似是而非之处，如虎子、辟邪形烛台的造型更为浑圆，鸟首罐肩部以上的褐斑点彩装饰不见于下游地区。从整体上看，江西地区的陶瓷随葬品组合在吴晋时期一直保持了较强的地方独立性，这种独立性甚至延续到了东晋初年[3]。

总体而言，一个地区能否实现"瓷器化"以及时间的早晚，首先与当地的制瓷水平有密切关联。较早完成瓷器取代陶／低温釉陶器之过程的地区，都存在能够进行独立生产的本地窑场。不过，虽然瓷器在各墓葬区随葬品中所占比重有别，但可以明确的是，其在随葬品中的整体占比有逐渐提高之趋势；并且在西晋时，器具类随葬品基本都作瓷质，同时"瓷器化"之趋势还在向模型明器和俑类中扩散。这与当时日常生活用器渐趋瓷器化的节奏一致，亦可谓当时南方物质文化发展之一大基调。

（三）小结

综而观之，在长江下游，浙南地区和苏南浙北地区，或为当时的制瓷中心所在，或毗邻制瓷中心，故而随葬瓷器数量大、种类多、质量高，展现出了较多的创新性特点，此二区的陶瓷随葬品组合最能代表长江下游的区域特色。南京地区由于是江北移民的聚集之地，旧传统延续时间较长，具体表现为在较长时段内存在随葬陶／低温釉陶器尤其是模型明器的现象。皖南地区，尤其是马鞍山地区，随葬品在孙吴中晚期曾一度表现出强烈的中游特征，之后又逐渐与下游的器物面貌趋于一致。最终，在西晋元康末年（299年），下游四地的陶瓷随葬品基本形成了较统一的以瓷器具为主导的文化面貌。

---

[1] 如在瑞昌马头"西晋"墓中，出有瓷蛙形水盂、带贴塑装饰的唾壶、堆塑罐以及鞍马模型等，为同时期长江下游的典型器物（参见江西省博物馆《江西瑞昌马头西晋墓》）；七星堆六朝墓群所出遗物中有产自湖南湘阴窑的模型明器，如瓷坞堡、胡人俑、畜禽模型等（参见江西省文物考古研究院《七星伴月　茔域千年——江西赣江新区七星堆六朝墓群考古发掘取得阶段性重大成果》）。

[2] 衡阳市博物馆《湖南衡阳茶山坳东汉至南朝墓的发掘》，《考古》1986年第12期，页1079—1093；湖南省博物馆《湖南郴州市郊东汉墓发掘简报》，《考古》1982年第3期，页252—254。

[3] 韦正《六朝墓葬的考古学研究》，页166。

在长江中游,江西、湖南两地区虽然有自己的窑场,瓷器生产可在本地进行,但瓷器质量总体来讲较为一般。鄂州地区的瓷器多来自前述两地,目前尚未发现可早至吴晋时的窑址,该地区始终未实现"瓷器化",或与此不无关联。长江中游在吴晋时期的政治地位要逊于下游,又是生产技术略差的一方,因此主要是下游器物文化的接收方。鄂州地区作为孙吴最初的都城和后来的陪都,与下游交流较多,下游的器物自孙吴中期起就出现于此地,至西晋时器物的整体面貌更进一步和下游趋同;湖南地区在西晋时则接替鄂州地区成为中游固有特色的保存地;江西地区一直保持有较强的地方独立性,下游的文化因素虽有渗入,但锋芒远不及本地文化特色。要之,长江中游三地的器物文化各有千秋,并未形成较统一的面貌;但下游的堆塑罐基本不见于中游,中游的镇墓俑在下游也只是昙花一现,由此中游和下游在器物文化上的区别便昭然若揭。

同时,长江中下游的陶瓷器文化也为中原北方地区有选择地吸收。曹魏统治时期,在中原地区出现并开始流行的双系、四系青瓷罐等应自吴地传播而来[1]。西晋灭吴统一长江南北后,晋武帝于太康元年(280年)下令:"吴之旧望,随才擢叙。孙氏大将战亡之家徙于寿阳,将吏渡江复十年,百姓及百工复二十年。"[2]大量南方人口,尤其是昔日孙吴政权的上层人员迁入洛阳,对于西晋墓葬新风格、新规制的形成贡献良多。洛阳晋墓中流行的陶榻、牛车、鞍马等,很可能都具有南方渊源。

然而,随着此后不久晋室南迁、东晋政权建立,前述长江中下游的器物面貌旋即被打破,北方系统的器物强势南下并占领了长江流域。陶器在丧葬系统中重新获得了主导权,在东晋的大中型墓葬中,较之于瓷器更能反映墓主的身份和地位[3];并且形成了不同以往的组合形式,即以凭几为核心的陶模型明器与器具组合,与吴晋的陶瓷随葬品组合划出了泾渭分明的界线。

五、其他随葬品发现概述

(一)铜铁器

长江中下游铜料充足,是吴晋时期铜器的集中分布地[4],作为随葬品的铜器发现量仅次于陶瓷器。长江下游的铜矿区即汉代的丹阳郡铜矿,大体分布于安徽南部、江苏西部和浙江

---

[1] 韩国河、朱津《三国时期墓葬特征述论》,《中原文物》2010年第6期,页53—61。
[2] 〔唐〕房玄龄《晋书》,页72。
[3] 韦正《六朝墓葬的考古学研究》,页156。
[4] 吴小平《六朝青铜容器的考古学研究》,《考古学报》2009年第2期,页185—216。

西北部的长江沿岸地带,为铜镜铸造业的发展提供了丰富的铜资源[1];中游的江夏郡铜矿区亦历史悠久且颇具规模,早在春秋时代即已开采,吴晋时主要供应鄂州地区的青铜铸造业[2]。

随葬铜器主要可分为铜镜、兵器和器具三大类。铜镜的铸造中心有二,一是会稽郡的山阴即浙江绍兴,一是古武昌即湖北鄂州。铜镜按纹饰图案题材的变化,可分为神兽镜、画像镜、夔凤镜、变形四叶纹镜等(图三五)[3]。随葬兵器仅限于装饰意味较强的剑、刀和刻度精准的弩机等。弩机在当时属较珍贵的兵器,迄今六朝墓中出土弩机的并不多,如鄂州的上百座吴晋墓葬中仅出弩机8件[4];然而,在常德郭家铺吴墓一墓中即出弩机5件(图三六,11)[5],墓中同出的印章显示墓主曾官至军司马,仅属中等级别官吏,能够随葬如此多的弩机,反映出该墓主所拥有的物力财力远非其官职所能代表。

铜器具多为日常用具,种类在大体承袭东汉的基础上亦有所创新,见有洗、鐎斗、三足炉、耳杯、盆、鐎盉、碗、钵、釜甑、瓶、唾壶、砚滴、鼎、鍪、盒、奁、灯、虎子、熨斗、尺等。其中,洗、耳杯、盆、鐎盉、碗、钵、釜甑、鼎、鍪、灯、熨斗、尺属传统器类,鐎斗、三足炉、唾壶、砚

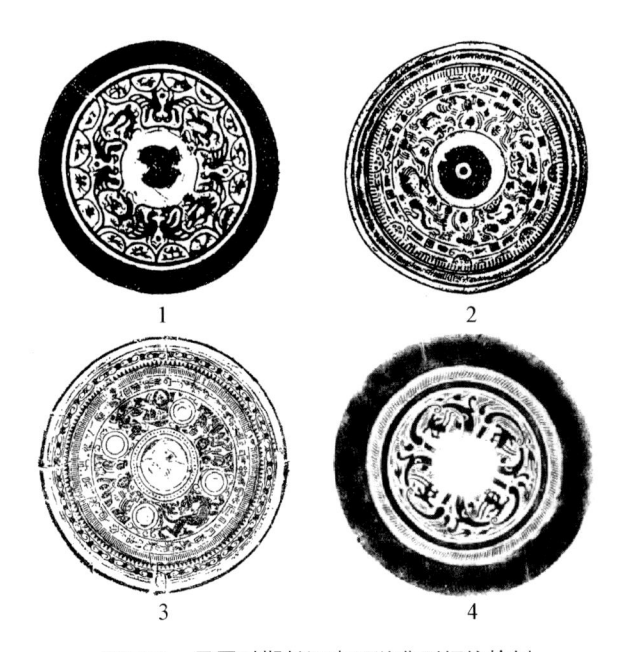

图三五 吴晋时期长江中下游典型铜镜拾例

(1.吴变形四瓣花瑞兽对凤镜;2.吴对置式神兽镜;3.吴神兽车马画像镜;4.吴夔凤镜)

---

[1] 夏湘蓉、李仲均、王根元《中国古代矿业开发史》,北京:地质出版社,1980年,页53—55。
[2] 中国社会科学院考古研究所铜绿山工作队《湖北铜绿山东周铜矿遗址发掘》,《考古》1981年第1期,页19—23;《湖北铜绿山古铜矿再次发掘——东周炼铜炉的发掘和炼钢模拟实验》,《考古》1982年第1期,页18—22。
[3] 孔祥星、刘一曼《中国古代铜镜》,北京:文物出版社,1984年,页120—127。
[4] 南京大学历史系考古专业、湖北省文物考古研究所、鄂州市博物馆《鄂城六朝墓》,页245—246。
[5] 孙平《湖南常德东吴墓》,《考古》1992年第7期,页667—671。

滴、奁、虎子则为新出现的器类。洗、鐎斗和三足炉出土量最多：铜洗外口沿下常设对称铺首，内底多饰以鱼纹（图三六，1）；鐎斗器柄多作龙首形（图三六，2）；三足炉往往和鐎斗配套出土，可能作炭炉之用（图三六，4）[1]。盆、耳杯、熨斗也属较常见的器类：盆主要分布在长江下游，中游较少见[2]；熨斗为女性日常生活中的常用器，在墓葬中可被视为明显的女性标志物；耳杯主要见于孙吴时期（图三六，5），后逐渐被陶瓷质器取代，同时个别墓葬中还出有一种小耳杯[3]，据范佳楠考证，其在墓葬中与女性梳妆用具有密切联系，应是女性眉妆所用黛的盛放器具[4]。碗、钵、勺作为传统器类，在这一阶段已基本作陶瓷质，铜质器发现较少，且时代偏早。鐎盉、砚滴、鼎、盒（图三六，6）、奁等主要出于少数较高规格的墓葬中：鐎盉的流多作鸡首状（图三六，7）；砚滴可作为男性墓主的标志物[5]，其最主要的特征为附带一圆管，类似器物不仅出于长江中下游，在江北的山东乃至乐浪都出有意匠相近之器，反映出江南江北在铜器制作方面的交流（图三六，3）[6]；宜兴周墓墩M5和M6出有盛装铜、铁镜的铜镜盒（图三六，8），为此类器物目前所见最早者[7]，或为身为贵族的墓主精致生活的体现。较特别的孤例还有南昌东湖区M4所出高颈瓶（图三六，9）[8]、吴县狮子山M1所出竹节柄附螭虺状錾铜灯座[9]等，造型别致、工艺上乘。句容石狮公社西晋墓所出弧形带节提梁灯应为吊灯（图三六，10）[10]，与汉时形制几无差别，是汉代传统延续的体现。

铁器本应为吴晋社会最常使用的金属器，但由于腐蚀等原因，作为随葬品的铁器发现量要逊于铜器，且保存情况多不理想。随葬铁器亦可分为铁器具、镜、兵器三大类。铁器具主要有釜、甑、鼎、炉、鐎斗、灯、剪、斧、锛等。铁镜罕见属于孙吴时期者[11]，西晋时出土量也不多，仅在南京、宜兴、镇江、吴县、鄂州等地有零星发现。这可能与绍兴、鄂州作为铜镜铸造中心，直到西晋仍产量不减，故铁镜的需求量相对不是很大有关[12]。铁兵器以刀、剑最为常见，其他还有矛、戟、匕首等，应为墓内厌胜之物。

---

[1] 吴小平《六朝青铜容器的考古学研究》。
[2] 同上注。
[3] 镇江博物馆《镇江东吴西晋墓》。
[4] 范佳楠《魏晋南北朝铜容器研究》，北京大学硕士学位论文，2013年，页123—128。
[5] 同上注，页136。
[6] 韦正《六朝墓葬的考古学研究》，页233。
[7] 王锋钧《铜镜出土状态研究》，《中原文物》2013年第6期，页22—30。
[8] 唐昌朴《江西南昌东吴墓清理简记》。
[9] 吴县文物管理委员会、张志新《江苏吴县狮子山西晋墓清理简报》。
[10] 南波《江苏句容西晋元康四年墓》。
[11] 目前仅南京大光路薛秋墓出有1件孙吴时期的铁镜。参见：南京市博物馆《南京大光路孙吴薛秋墓发掘简报》。
[12] 全洪《试论东汉魏晋南北朝时期的铁镜》，《考古》1994年第12期，页1118—1126。

图三六　吴晋时期长江中下游典型铜器拾例

（出土地点：1. 马鞍山寺门口吴墓；2、10. 句容石狮公社西晋墓；3、7. 马鞍山朱然墓；4—5. 南京长岗村M5；6. 安乡刘弘墓；8. 宜兴周墓墩M6；9. 南昌东湖区叠山路M4；11. 常德郭家铺吴墓）

（二）漆器

漆器主要集中出于南京、马鞍山、鄂州、南昌等地的孙吴墓葬中，发现不甚丰富。两汉时，精美的漆器是墓主身份地位的象征；而在这一阶段，漆器的出土量和精美程度与墓主身份地位的高低已不具有必然的联系[1]，如鄂钢饮料厂M1、江夏流芳吴墓、武汉黄陂滠口古墓等几座大型墓葬在实现"瓷器化"的同时，却不见漆器之踪影。六朝时漆器逐渐被瓷器代替已是学界之共识，随着瓷器使用的普及以及瓷质明器在特定时间的特定区域和墓葬等级相挂钩，漆器不再如两汉时为高规格随葬品中的必备之项，其作为重要随葬品的地位在逐步衰退。

这一阶段的漆器主要见有馔饮器具和家具、起居用具、文房用具以及丧葬用具类。馔饮器具和家具类包括耳杯、盘、钵、碗、樽、勺、槅、盒、案、凭几等；起居用具类包括奁、屐、唾壶、虎子、尺、纺锭、线板、扇、梳等；文房用具包括砚、洗等；丧葬用具包括钱串、俑等

---

[1]　石佳《三国两晋南北朝时期出土漆器的研究》，南京大学硕士学位论文，2017年，页44。

（图三七）。其中，出土量最多的器类为盘、耳杯、盒，且多见于孙吴早中期，后逐渐为陶质乃至瓷质的同类器所取代。不过，值得注意的是，在南昌的西晋墓中还能见到成组合的漆质馔饮器具，如南昌东湖区永外正街M1出有3件漆耳杯和1件漆榼[1]，南昌警备区晋墓出有1件漆榼和1件漆盘[2]，南昌市郊绳金塔晋墓前室出有2件漆耳杯、1件漆盘、3件漆盒和2件漆盆[3]。南昌邻近长江中游瓷器生产的中心之一——洪州窑，且在南昌警备区晋墓中同时还出有瓷耳杯和盘，因此上述漆质馔饮器具的存在，与瓷器在南昌的普及程度无关，而是反映出汉文化传统直至西晋时在这一地区仍具有不可低估的影响力。

图三七　吴晋时期长江中下游典型漆器拾例
（出土地点：1—2. 马鞍山朱然墓；3. 南昌高荣墓）

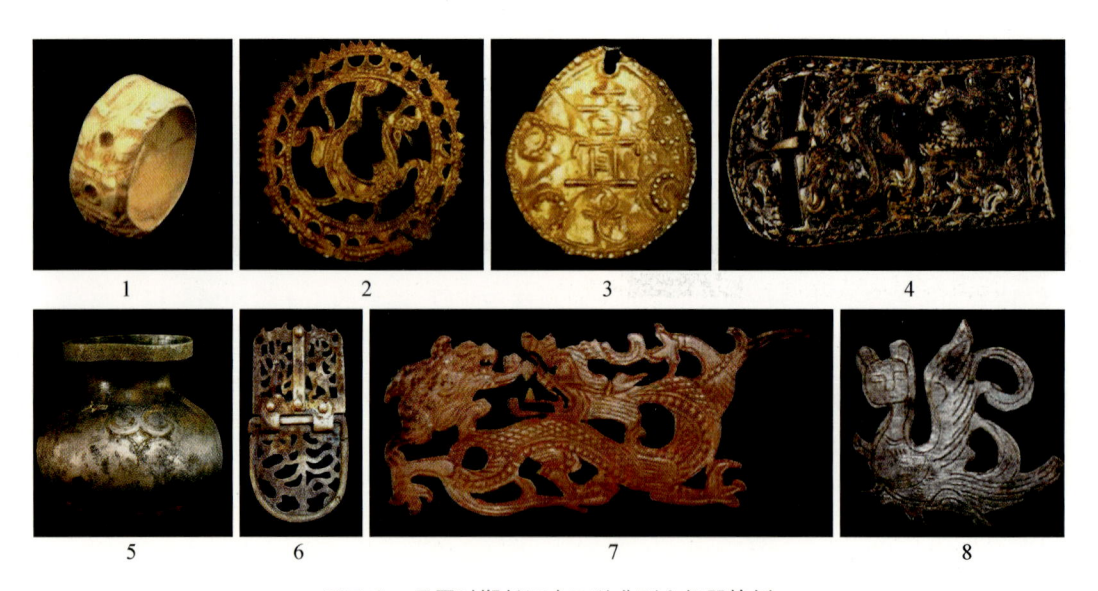

图三八　吴晋时期长江中下游典型金银器拾例
（出土地点：1. 江宁上坊M1；2—3. 鄂城M2137；4. 安乡刘弘墓；5. 鄂城铁M105；6. 南京大光路薛秋墓；7—8. 当涂"天子坟"吴墓）

---

[1] 江西省博物馆《江西南昌晋墓》。
[2] 余家栋《南昌市清理一座西晋墓》，《江西历史文物》1978年第4期，页3。
[3] 江西省博物馆《江西南昌市郊的两座晋墓》。

(三) 金银器

长江中下游吴晋墓葬中的金银器主要为饰品,另有少量的器具。使用以金、银为主的金属首饰,并非汉地原生的文化传统。作为汉文化中心区的中原地区自古以玉为尊,而金、银、铜等金属质地的首饰则主要流行于西南、东北地区和北方长城地带,以金、银等贵重金属制成的首饰是身份和财富的象征[1]。西汉时,中原地区金属首饰发现量极少,其他地区的传统汉制墓葬中也少见;东汉时,中原地区金属首饰大增,长江中下游金属首饰剧增,南方沿海地区金属首饰也有增加。魏晋南北朝时期,金属首饰流行度继续提升,分布范围已遍及所有汉文化传统人群聚居区,发钗、镯和指环成为常见饰物,使用金属首饰的习俗可谓在这一阶段于汉文化传统人群中正式形成[2]。由此,金银器也就构成了长江中下游吴晋墓葬中一类与墓主下葬状态密切相关的随葬品。

金银器都可分为完整器型类和部件类。金器的完整器型包括镯、指环(图三八,1)、顶针、钗、簪、冥币、挖耳、响铃等,部件包括钉、饰片、饰件、珠、丝线等(图三八,2—4)。金冥币仅见于江宁上坊M1[3],或为最高规格的随葬品。金钉出于鄂钢饮料厂M1后室[4]和鄂城孙将军墓[5]中,应为棺钉,亦为墓葬高规格之体现。饰片主要有桃形、花瓣形、钟形、圆形、长方形等形状,饰件主要有圆壶形、鸳鸯形等形状,据韦正的考证,这些金饰片和饰件,加上金珠,很可能都为朝廷命妇所戴步摇冠的构件[6]。

银器的完整器型包括银镯、指环、顶针、项链、钗、簪、唾壶(图三八,5)、小刀、挖耳、响铃等;部件主要见有带具(图三八,6),出于南京大光路薛秋墓、江宁上坊M1、安乡刘弘墓等墓中,属于较高规格的随葬品。

在报告尚未发表的当涂"天子坟"吴墓中,除与步摇冠相关之掐丝金饰片外,还发现有掐丝金龙头、金蟾、蟾戏金龙(图三八,7)、天狗食月、持节羽人、飞天金饰片和神人驭龙、人头鸟形银饰片(图三八,8)等,据报道为漆木器的装饰件[7]。这些遗物展现出了与佛、道二教的密切联系,完整材料的公布十分值得期待。

---

[1] 乔梁《美玉与黄金——中国古代农耕与畜牧集团在首饰材料选取中的差异》,《考古与文物》2007年第5期,页47—52。
[2] 孙海彦《两汉至南北朝时期金属首饰研究》,吉林大学硕士学位论文,2013年,页35。
[3] 南京市博物馆、南京市江宁区博物馆《南京江宁上坊孙吴墓发掘简报》。
[4] 鄂州博物馆、湖北省文物考古研究所《湖北鄂州鄂钢饮料厂一号墓发掘报告》。
[5] 鄂城县博物馆《鄂城东吴孙将军墓》;南京大学历史系考古专业、湖北省文物考古研究所、鄂州市博物馆《鄂城六朝墓》,页24—25。
[6] 韦正《金珰与步摇——汉晋命妇冠饰试探》,《文物》2013年第5期,页60—69。
[7] 叶润清《安徽当涂"天子坟"东吴墓》《安徽当涂发现高等级东吴宗室墓葬"天子坟"》;叶润清、殷春梅、杨彭、罗海明《安徽当涂"天子坟"孙吴墓发掘收获》。

总体来看,在吴晋时期,长江中游出土的金银器无论在数量、质量抑或品类上,都为下游之发现所不及。金银器中最突出的品种是使用锤揲錾铸工艺做成的金粟纹饰品,这种工艺于孙吴时出现在鄂州地区,至两晋时才在南京地区发达起来[1]。此外,金银响铃以及银唾壶、小刀、挖耳等器物只见于中游,常德郭家铺吴墓一墓中随葬的银指环即多达28只[2],也反映出了长江中游金银细工的发达。

(四)石(玉)器

先前的两汉朝曾是葬玉之风最为兴盛的时期,但至吴晋时,由于社会动乱、经济衰退,加之内地与西域之间的交流通道被阻断,而长江中下游本不产玉料,随葬玉器的墓葬甚为寥寥。目前主要发现有:南京石门坎乡六朝墓出土有1件蝉形玉琀(图三九,1)、1枚玉璧(图三九,2)和1件玉马头饰品[3];南京板桥镇石闸湖晋墓出土有2件玉饰(图三九,3)和1件玉璜[4];南昌西湖区老福山M2出土有1件汉白玉枕[5];安乡刘弘墓出土玉器较多,有1枚玉印、1件玉尊、1件玉卮(图三九,4)、3件谷纹璧、1件镂雕龙纹璧、2件玉佩(图三九,5)、1件玉璜、3件玉饰、1件玉猪、2件玉带钩、1件玉璏、1件嵌绿玉龙纹金带扣[6]。据韦正的考证,刘弘墓中的玉佩、玉饰、玉带钩和金带扣应为朝服葬之遗存[7]。

玉器之外,在长江中下游的吴晋墓葬中还见有一定数量的石质随葬品,除新洲旧街镇晋墓石俑为泥灰岩质[8]外,余皆属滑石器。滑石可以入葬,古已有记载。《唐·新修本草》:"滑石色正白,……今出湘州、始安郡诸处。……人多以作冢中明器。"[9]以滑石代玉的现象最早出现于战国、西汉时,主要集中在湖南、两广、江西和皖南地区[10]。从已发表的资料看,湖南地区滑石器的种类和数量最多,并且早在战国中期就已出现,西汉初开始繁荣;而其周边地区至西汉初才始见滑石器,且数量、种类要比湖南少得多,因此用滑石器随葬的习俗应是从湖南向周边辐射开来的[11]。东汉三国时期为滑石器使用的低谷期[12],但在湖南所属的长江中游仍有一定量的发现,以滑石猪所出最多(图三九,7),此外还有滑

---

[1] 南京大学历史系考古专业、湖北省文物考古研究所、鄂州市博物馆《鄂城六朝墓》,页260。
[2] 孙平《湖南常德东吴墓》。
[3] 李鉴昭、屠思华《南京石门坎乡六朝墓清理记》,《考古通讯》1958年第9期,页66—69。
[4] 南京市文物保管委员会《南京板桥镇石闸湖晋墓清理简报》。
[5] 江西省博物馆《江西南昌晋墓》。
[6] 安乡县文物管理所《湖南安乡西晋刘弘墓》。
[7] 韦正《东汉、六朝的朝服葬》。
[8] 王善才、胡金豪《湖北新洲旧街镇发现两座西晋墓》。
[9] 〔唐〕苏敬等撰,尚志钧辑校《唐·新修本草(辑复本)》,页98。
[10] 田波《汉代出土滑石器研究》,江苏师范大学硕士学位论文,2013年,页9。
[11] 李珍《广西古代滑石器研究》,《广西民族研究》2001年第1期,页80—85。
[12] 杨文衡《中国古代对滑石的认识和利用》,《自然科学史研究》第13卷(1994年第2期),页185—192。

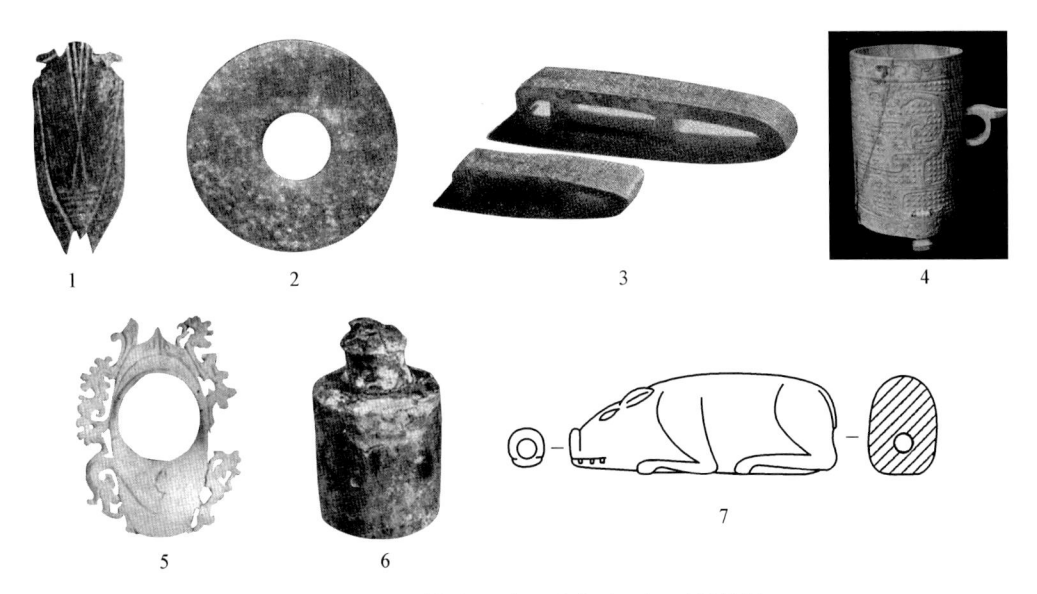

图三九　吴晋时期长江中下游典型石（玉）器拾例

（出土地点：1—2.南京石门坎乡六朝墓；3.南京板桥镇石闸湖晋墓；4—6.安乡刘弘墓；7.鄂城M2184）

石瓶（图三九，6）[1]等，亦可谓长江中游吴晋墓葬的区域特色之一。

综合本章有关长江中下游吴晋随葬品的研究，可作如下总结：

吴晋时期长江中下游随葬品最突出的特征之一，是瓷器的渐趋流行和逐步普及。一方面，一些在前代多采用其他材质的器物，至本阶段为瓷质器所替代；另一方面，在同时期同地域的墓葬中，瓷器在随葬品中的占比与墓葬的规格呈正相关。瓷器社会文化地位的上升，也导致流行于两汉的漆器逐渐退出历史舞台：除在南昌延续至西晋外，其他地区的发现基本止于孙吴。

就制瓷水平而言，长江中游不及下游。但同时，中游的金银器生产发展强劲，金银器数量多、品类丰富、工艺精湛，为下游所不及；此外，在中游还出有一定量的滑石器，构成了中游随葬品的一大特色。

综上所述，从随葬品的发现情况看，长江下游和中游在手工业生产上可谓各有千秋。通过区域间的文化交流，下游和中游在器物文化上相互补充、达成融合，共同为南方社会在六朝时期的持续上升发展铺平了道路。

---

[1] 安乡县文物管理所《湖南安乡西晋刘弘墓》。

墓室的空间布局是葬俗及丧葬礼制规制的直观表现之一,对于研究社会文化具有重要学术价值。本章拟通过梳理长江中下游吴晋墓室空间布局方式的演变,提取隐藏在墓葬组织结构中的文化信息,进一步辨明各类随葬品之属性,并对墓内祭奠活动、死者身后空间的营造等问题作一探讨。

　　在具体讨论之前,首先需要对祭器和明器的概念作一较明确的界定。"祭器"和"明器"的概念最早见于《礼记》。《礼记·檀弓上》记载了一段仲宪与曾子的讨论:

> 仲宪言于曾子曰:"夏后氏用明器,示民无知也。殷人用祭器,示民有知也。周人兼用之,示民疑也。"曾子曰:"其不然乎!其不然乎!夫明器,鬼器也。祭器,人器也。夫古之人,胡为而死其亲乎?"[1]

曾子之言指明了祭器与明器之间是"人器"和"鬼器"的差别。有关明器的讨论还见诸另两段文字。《礼记·檀弓上》:

> 孔子曰:"之死而致死之,不仁而不可为也。之死而致生之,不知而不可为也。是故竹不成用,瓦不成味,木不成斫,琴瑟张而不平,竽笙备而不和,有钟磬而无簨虡。其曰明器,神明之也。"[2]

《礼记·檀弓下》:

> 孔子谓为明器者,知丧道矣,备物而不可用也。哀哉!死者而用生者之器也,不殆于用殉乎哉。其曰明器,神明之也。涂车、刍灵,自古有之,明器之道也。[3]

综上可见,明器是指丧葬礼仪中非实用性、模拟性、象征性的随葬品,其最大特点是徒具形

---

[1] 〔汉〕郑玄注,〔唐〕孔颖达疏《礼记正义》卷八,页231。
[2] 同上注,卷八,页227。
[3] 同上注,卷九,页276—277。

貌而无实际功用,可以模型器类为代表;而祭器则是具有实际功用之器,与日常生活用器即"人器"在形制外观上无异,只因用于丧葬礼仪场合尤其是祭祀活动中而被赋予了特殊的内涵。

关于汉晋之际祭器和明器的种类,主要见于《后汉书志》和《通典》的记载。《后汉书志·礼仪下》:

> 东园武士执事下明器。笥八盛,容三升,黍一,稷一,麦一,梁一,稻一,麻一,菽一,小豆一。瓮三,容三升,醯一,醢一,屑一。黍饴。载以木桁,覆以疏布。瓯二,容三升,醴一,酒一。载以木桁,覆以功布。瓦镫一。彤矢四,轩輖中,亦短卫。彤矢四,骨,短卫。彤弓一。卮八,牟八,豆八,笾八,彤方酒壶八。槃匜一具。杖、几各一。盖一。钟十六,无虡。镈四,无虡。磬十六,无虡。埙一,箫四,笙一,篪一,祝一,敔一,瑟六,琴一,竽一,筑一,坎侯一。干、戈各一,笮一,甲一,胄一。挽车九乘,刍灵三十六匹。瓦灶二,瓦釜二,瓦甑一。瓦鼎十二,容五升。匏勺一,容一升。瓦案九。瓦大杯十六,容三升。瓦小杯二十,容二升。瓦饭槃十。瓦酒樽二,容五斗。匏勺二,容一升。[1]

《通典·凶礼八》:

> 晋贺循云:"……其明器:凭几一,酒壶二,漆屏风一,三谷三器,瓦唾壶一,脯一箧,屦一,瓦樽一,屐一,瓦杯盘杓杖一,瓦烛盘一,箸百副,瓦奁一,瓦灶一,瓦香炉一,釜二,枕一,瓦甑一,手巾赠币玄三纁二,博充幅,长尺,瓦炉一,瓦盥盘一。"[2]

两段记载都只言"明器",但所录器物包括一部分盛放食物所用之"人器",它们实际上当为墓内设奠祭祀时所用之祭器。特别是《后汉书志》中所记载的木桁应当为案,黍、稷、麦、醯醢、醴酒等应当为木案上的祭奠之物,这种以案为载体,其上放置馔饮器具的墓内祭奠方式在考古发现中基本得到了验证。如在西汉满城中山王刘胜墓中,后室的主室中部出土许多鎏金的案饰,发掘者据此推测在棺床前有漆案。同案饰共出的有鼎、釜、勺、带钩等铜器,尊、盘等漆器及玉印等,这些器物原可能置于案上;漆盘内还发现乳猪骨架1具,骨上有经

---

[1] 〔晋〕司马彪撰,〔梁〕刘昭注补《后汉书志》第六,北京:中华书局,1965年,页3146。
[2] 〔唐〕杜佑《通典》卷八十六,北京:中华书局,1988年,页2325—2326。

火烧烤的痕迹[1]。新莽前后，砖室墓内开始设奠，至东汉时，以陶或漆质案、方盒、盘、耳杯、勺为基本组合形式的墓内祭奠陈设更加普遍，一般一墓内只备一套祭器，置于前室(堂)或棺前[2]。基于上述文献记载与考古发掘所见，在本书中，只将墓葬内比较明确的以器具类特别是馔饮器具类组合为中心的空间区域视作祭奠之设，其他布置情况则将再三斟酌、区别对待。

就目前材料所见，影响长江中下游吴晋墓室空间布局的三个主要因素是棺位、耳室和砖台[3]，因此下文的讨论也主要围绕这三个要素展开。

一、长江下游

(一)南京地区

（1）棺位

南京地区吴晋单人(夫妻合葬)墓的棺位基本都位于整个墓葬的后部，即单室墓的后端和双室墓及多室墓的后室。祔葬墓一般也遵循这一原则，只是南京郭家山M6和仪征三茅晋墓(图四十，1)分别在小侧室和前室中放置棺木，前者可能为墓主的妾或继室[4]，后者可能为墓主之子及其妻[5]。葬具一般只见木棺；孙吴中晚期，在一些双室墓中出现了于后室内砌砖搁[6]以垫置棺木的现象(图四十，2)，在更高等级的墓葬中则见有石棺座，精美者两端雕凿有虎首和虎的前蹄[7]，应代表了孙吴时期葬具的最高规格。不过，及至西晋代吴，砖搁和石棺座一并消失，葬具又减省为仅有木棺。

出于棺内或其附近的器物以金、银、铜、铁质为主，按其功用可分为三类：一为死者可随身佩戴或携带之物，二为可表明墓主身份、地位之物，三为厌胜之物。上述器物也是推断墓主身份和判断墓主性别的重要依据。南京大光路薛秋墓，北侧的棺木保存较好，出土有木名刺、木印章、石印章、银带具、铁环首刀等，推测其内死者为男墓主；南侧的棺木已残破，出土有鎏金钗、鎏金指环、金镯等，推测其内死者为女墓主[8]。南京西岗西晋墓为一

---

[1] 中国社会科学院考古研究所、河北省文物管理处《满城汉墓发掘报告》，北京：文物出版社，1980年，页30。
[2] 李如森《汉代丧葬礼俗》，沈阳：沈阳出版社，2003年，页64。
[3] 本书所指的砖台，即砌于墓内的平面呈方形或长方形的砖质平台，用于放置随葬器物。在发掘报告或简报中，多将之直接定义为"祭台"，但实际上这类平台的性质还需做细化分析，故先将其统称为"砖台"。
[4] 南京市博物馆《江苏南京市北郊郭家山东吴纪年墓》。
[5] 尤振尧《江苏仪征三茅晋墓》。
[6] 一些发掘报告或简报将之称为"砖台"，但鉴于在本书中"砖台"另有所指(本页注3)，且此类砖砌结构平面呈条状，称为"砖台"不甚贴切，故在本书中称其作"砖搁"。
[7] 南京市博物馆、南京市江宁区博物馆《南京江宁上坊孙吴墓发掘简报》。
[8] 南京市博物馆《南京大光路孙吴薛秋墓发掘简报》，《文物》2008年第3期，页4—15。

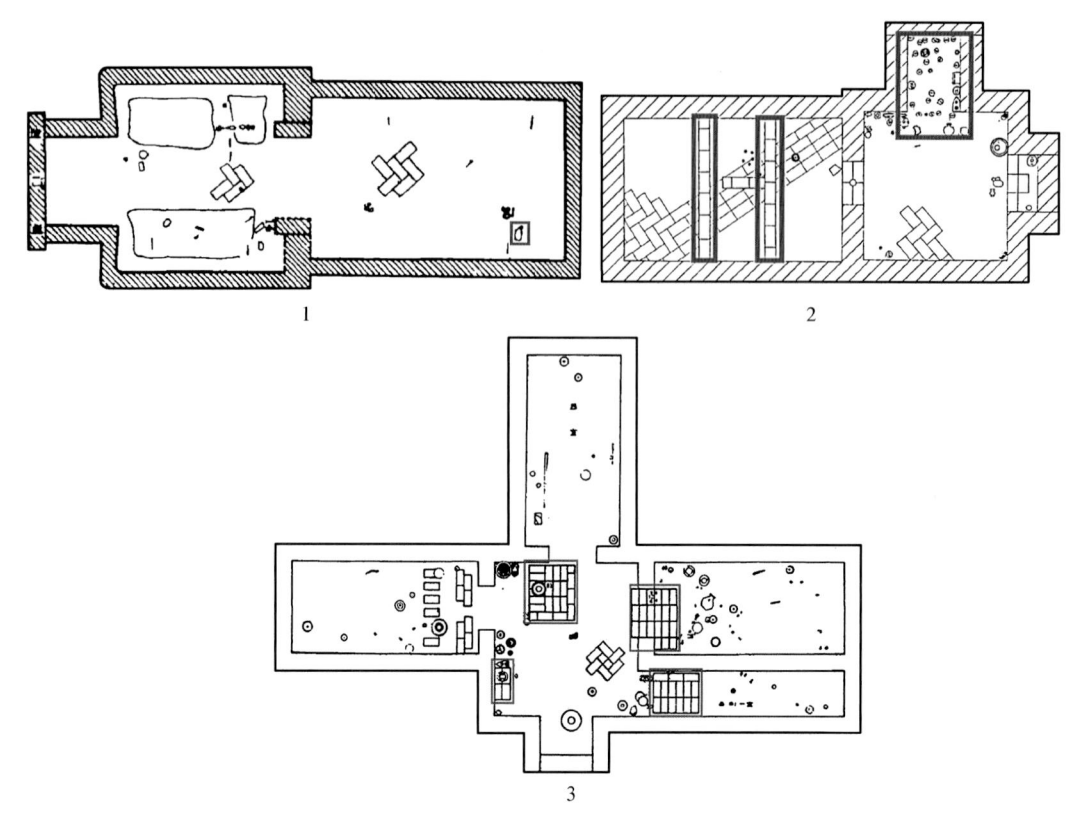

图四十 南京地区吴晋墓室空间布局拾例（之一）
（1.仪征三茅晋墓；2.唐家山M1；3.西岗西晋墓）

祔葬墓，后室是该墓的主室，出土大小铁刀各1把及金指环等，应埋葬一男一女；西侧二室出土铜带钩、金指环、银镯、银钗、金饰片等，也应埋葬一男一女；西侧一室出金饰片、银钗、银镯等，应埋葬一女性；东侧室出金指环、金钗、金饰片等，推测应埋葬一男一女（图四十，3）[1]。南京板桥镇石闸湖晋墓，棺内死者头部和身旁出土有铁刀、圭形石版和玉制刀饰等[2]。铜、铁镜一般也置于棺内，但非供死者身后使用，而应为辟邪祛魅的镇物[3]。玉器出土很少，不过在仙鹤山M7的后室中出有滑石猪[4]，应为以滑石代玉的表现，是汉代开始流行的玉猪握的低廉版本。陶瓷随葬品除虎子外一般不以棺位为中心摆放。虎子多位于棺位边沿或棺位旁的墓室一侧，是男墓主棺位所在的标志之一。如：江宁赵士冈M4

---

[1] 南波《南京西岗西晋墓》。
[2] 南京市文物保管委员会《南京板桥镇石闸湖晋墓清理简报》。
[3] 王锋钧《铜镜出土状态研究》。
[4] 南京市博物馆、南京师范大学文物与博物馆学系《南京仙鹤山孙吴、西晋墓》。

中,虎子位于人骨脚部附近[1];板桥新凹子M8中,虎子位于墓室后端南侧一角[2];仪征三茅晋墓中,虎子位于后室后端东侧一角(图四十,1)[3]等。另外,在墓中偶见有将猪圈模型单放于棺位附近的现象,如在江宁上湖M2和仙鹤山M5中,陶猪圈模型都紧贴后室后壁放置[4]。仙鹤山M5的陶猪圈一侧架空设一厕(图四一,2),因此基本可确定猪圈模型置于后室的原因与虎子类似,亦为作亵器[5]之故。

（2）耳室

本书第一章第三节已经述及,这一阶段的南京地区除可能与孙吴宗室相关的大型墓葬配置有以甬道连接的对称耳室外,一般只在前室一侧附一耳室,并且其下限大致止于孙吴晚期,之后耳室基本不见。根据现有材料,兹将耳室内出土器物较明确的典型墓葬情况列举如下。

御道街标营M1,单室墓,耳室内出有双耳灰陶罐、陶盆、陶簋、陶灶、双耳盘口青瓷壶等[6]。

唐家山M1,双室墓,耳室位于前室一侧,出有灰陶提梁罐、镲斗、三足钵、灶、仓、碓、磨盘、臼、簸箕、圈、鸡舍、犬、鸭、五联罐、红陶罐等(图四十,2)[7]。

江宁赵士冈M7,单室墓,耳室内出有双耳陶罐、陶盆、三足陶盆、陶盘、陶方盘、陶香熏、陶镲斗、陶灶及甑、陶仓、陶井、陶磨、陶臼及棒、陶筛、陶鸡舍、陶羊、陶猪、陶狗、陶鸽、陶堆塑罐、双耳青瓷罐、四系青瓷壶等(图四一,1)[8]。

前头山M1,单室墓,耳室内出有瓷扁壶、盘口壶、鸡首罐、碗[9]。

长岗村M5,单室墓,耳室内放陶器,出有罐及灶、釜、甑、勺的组合[10]。

江宁上坊棱角山M1,双室墓,在前室西壁和甬道两壁各有一耳室,前室西壁耳室出1件瓷堆塑罐[11]。

雨花台区农花村M19,双室墓,耳室位于前室东壁,出有陶罐、甑、堆塑罐[12]。

---

[1] 江苏省文物管理委员会《南京近郊六朝墓的清理》。
[2] 南京市考古研究所《南京板桥新凹子两座西晋纪年墓》。
[3] 尤振尧《江苏仪征三茅晋墓》。
[4] 南京市博物馆、南京市江宁区博物馆《南京江宁上湖孙吴、西晋墓》,《文物》2007年第1期,页35—49;南京市博物馆、南京师范大学文物与博物馆学系《南京仙鹤山孙吴、西晋墓》。
[5] 《周礼·天官·玉府》:"掌王之燕衣服、衽、席、床、笫,凡亵器。"汉郑玄注:"亵器,清器、虎子之属。"〔汉〕郑玄注,〔唐〕贾公彦疏《周礼注疏》,北京:北京大学出版社,1999年,页157—158。
[6] 葛家瑾《南京御道街标营第一号墓》,《文物参考资料》1956年第6期,页38、47。
[7] 南京市博物馆《南京唐家山孙吴墓》。
[8] 江苏省文物管理委员会《南京近郊六朝墓的清理》。
[9] 金琦《南京甘家巷和童家山六朝墓》。
[10] 南京市博物馆《南京长岗村五号墓发掘简报》,《文物》2002年第7期,页4—10。
[11] 南京市博物馆《南京郊县四座吴墓发掘简报》。
[12] 南京市博物馆、雨花台区文化广播电视局《南京市雨花台区孙吴墓》。

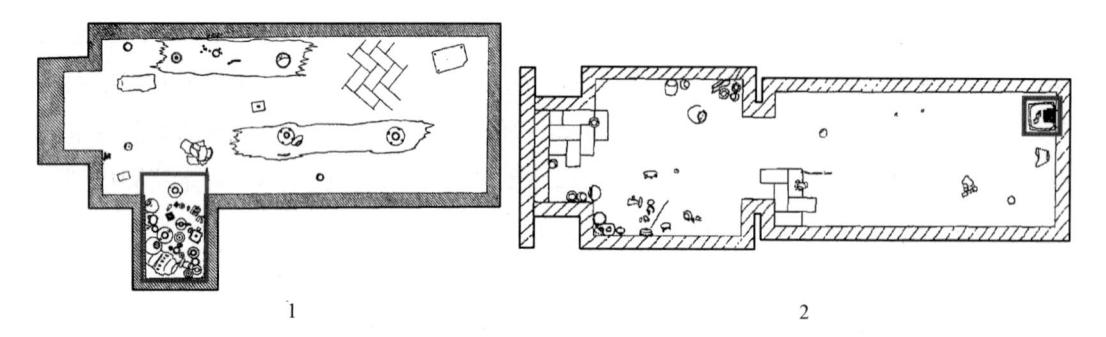

图四一　南京地区吴晋墓室空间布局拾例（之二）

（1. 江宁赵士冈M7；2. 仙鹤山M5）

江宁上坊M1，双室墓，前后室两侧均对称设双耳室。由于盗扰严重，目前仅可见后室之西侧耳室集中出有多件伎乐俑、侍俑和坐榻俑等[1]。

综上可见，耳室内的随葬器物以陶质为主，且模型器多出于此，基本可被视为专门放置为下葬制作之明器的空间。在唐家山M1中，耳室内出土的红陶罐数量多达22件，加上灶、仓、碓、磨盘、臼、簸箕等庖厨操作工具以及家禽家畜俑，将之视作仓廪庖厨之设亦不为过，其目的当在于为死者打造富庶的身后生活空间。例外的是，前头山M1的耳室中放置的是精美的瓷器，陶罐、钵等反而散落在墓室之中。但至少，不同类别或不同质地的随葬品放置于不同空间的功能分区意识是存在的，瓷器或因质量上乘而被"珍藏"于耳室中。至于江宁上坊M1，其后室之西侧耳室很可能象征宴乐之所[2]，并且可能为一相对封闭、自成系统的祭奠空间[3]。但这应是其作为孙吴宗室墓葬才可能具备的耳室职能分工，其他墓葬自不可与之同日而语。

（3）砖台

砖台是南京地区吴晋墓葬中的常见结构，平面一般为方形或长方形，高度不超过30厘米，砌法比较简单，中间不架空。一墓内多砌一砖台，只是在孙吴早中期的单室墓中偶见砌双砖台的现象，如窑岗村30号M3在墓室前部两侧各砌一砖台[4]、西善桥六朝古墓在

---

[1] 南京市博物馆、南京市江宁区博物馆《南京江宁上坊孙吴墓发掘简报》。
[2] 南京市博物馆、南京市江宁区博物馆《南京江宁上坊孙吴墓发掘简报》。
[3] 在汉末魏晋的中原和东北地区墓葬中，常见于墓葬中轴线以外的耳室或小龛内，以正面端坐帷帐中的墓主形象为中心绘制四壁图像，表现墓主被侍奉进行宴饮之场景，有时还配合以案、盘、耳杯等祭器实物，共同构成一个独立的祭奠小空间（参见李梅田《汉唐之间的墓主受祭图及其流变》，《中国美术研究》第41辑，上海：上海书画出版社，2022年，页4—12）。而江宁上坊M1耳室内所置的坐榻俑和伎乐俑、侍俑等，很可能为北方二维墓主宴饮图的三维呈现。
[4] 南京市博物馆、南京市雨花台区文化局《南京窑岗村30号孙吴墓发掘简报》，《东南文化》2009年第1期，页57—63。

墓室的西北角和东南角各有砖台一个（图四二，1）[1]。至于砖台的位置，基本位于整座墓葬的前部，即单室墓的前端和双室墓及多室墓的前主室（图四二，2），有些会偏于一侧和墓壁连接。若进一步观察，在单室墓中偶见砖台位于墓室后部者，即前述西善桥六朝古墓；双室墓内的砖台则多设于前室后部，特例是江宁沙石岗M1[2]和尹西村西晋墓[3]，砖台被砌在了后室近门处。另外，在祔葬墓内，于每一葬人的侧室前往往也会单砌一砖台，实际上相当于多个单人（夫妻合葬）墓的"集合版"（图四十，3）。

在砖台之上及其附近多放置有器物，暗示砖台应为专门用于摆放随葬品的特定区域[4]。一个值得关注的现象是，砖台基本不与耳室共存。在唯一一座既设砖台又有耳室的邓府山吴墓中，陶盆、狗、五联罐、低温釉陶罐、瓷盘口壶、洗出于砖台上；陶灶、鸡舍、狗、羊、鸭等模型器出于前室西北角；耳室内仅见一陶臼和一陶熏，与其他带耳室墓葬将大量随葬品放于耳室的情况大相径庭（图四二，3）[5]。这或许说明了，可能正是由于耳室和砖台都具有摆放随葬品的区域功能，因此在同一座墓葬中并无必要同时出现；并且二者之间可能还存在替代性的关系，随着耳室在孙吴晚期淡出南京地区，砖台成了墓葬中放置随葬品的最主要区域结构。

作为摆放随葬品的特定区域，孙吴早中期的砖台未见有明确、统一的较细化的职能分工，即将同类器物置于同一座砖台之上，或砖台上只放置特定一类器物的意识。如在西善桥六朝古墓中，西北角砖台附近出有带盖陶罐、双耳陶罐、双耳硬陶罐、陶井、陶灶、陶猪圈、青瓷碗，东南角砖台之上及其附近出有漆盘、陶仓、陶鸡舍、陶鸭、陶五联罐（图四二，1）[6]；前述邓府山吴墓亦如是，器具类和模型器混杂摆放。器具类中的一些器型或具有祭器之性质，因此器具类和模型器混杂摆放，也就意味着祭器和明器在墓葬布置过程中并无明确的区域划分。上述两墓均出有五联罐，故可视为孙吴早中期墓葬砖台布置方式的代表。至孙吴晚期，在纪年墓葬中可从建衡元年（269年）的滨江开发区15号路M3算起，置于砖台上的器物基本不再见有模型器类。如：滨江开发区15号路M3，砖台上为一瓷盂，其附近出有瓷龙首罐、盘口壶、虎首壶、唾壶、石黛板[7]；江宁上湖M3保存较好，砖台上器物可分为三列，两侧为对称的前陶耳杯、后陶槅的布置，中间一列前为瓷钵、后为瓷唾

---

[1] 胡继高《记南京西善桥六朝古墓的清理》。
[2] 南京市江宁区博物馆《南京江宁孙吴"天册元年"墓发掘简报》。
[3] 南京市博物馆《南京市尹西村西晋墓》，《华夏考古》1998年第2期，页29—34。
[4] 镇江博物馆、镇江市文管办《镇江丁卯"江南世家"工地六朝墓》。
[5] 南京市博物馆《江苏南京邓府山吴墓和柳塘村西晋墓》。
[6] 胡继高《记南京西善桥六朝古墓的清理》。
[7] 南京市江宁区博物馆《南京滨江开发区15号路六朝墓清理简报》。

壶(图四二,4)[1];西岗西晋墓,前室中部偏后的砖台上出有瓷盘,东北角的砖台上出有瓷双耳杯和盘的组合,西侧北室前部的砖台上出有瓷带盖盂和盖罐(图四十,3)[2];高家山六朝墓,在位于墓室前半部的砖台上出有瓷钵和三足镰斗以及双耳杯和盘的组合[3]。最难得的是,永宁二年(302年)的南京板桥镇石闸湖晋墓未经扰乱,保存十分完整:在位于前室后半部的砖台四隅各置砖刻陶座1件,砖台中部未置器物,只有一着小冠、袖手而踞的瓷男俑倒向后右隅,此大约是墓主人像,贺循所谓"哭毕柩进,即圹中神位。既,乃下器圹中"[4]之"神位"当指此而言;瓷盘、碗和铅地券位于砖台的前部,铅地券平放于砖台的左前角,正面向上,上端朝向墓门甬道;独角兽形镇墓俑出于祭台之下,头向墓门(图四二,2)[5]。根据瓷俑和铅地券陈放的位置形式以及瓷盘、瓷碗、陶座等陈设来看,此砖台基本可确定为祭台,其上陈设的器具应属祭器。由此保存较好的墓例推演开来,可以认为孙吴建衡元年以后墓内所见其上放置有以耳杯、榼、盘为中心的馔饮器具组合的砖台,当为祭台,而这套馔饮器具组合应具有祭器的性质。不过,在晚于孙吴建衡元年的墓葬中,有凤凰三年(274年)的东善桥吴墓和元康七年(297年)的江宁张家山西晋墓,前者在砖台周围出土了一套低温釉陶器,包括罐、熏、三足盆、镰斗、灶、井及井桶、厕、磨、碓、臼及杵、簸箕、筛、鸡舍、猪圈、狗圈、堆塑罐[6];后者在砖台上置一瓷堆塑罐,瓷盘口罐、洗、盂、熏、镰斗、狮形烛台、仓、灶、猪圈、狗窝、鸡舍、俑等其他器具和模型明器则置于砖台所对一侧[7]。上述两墓的情况明显有别于当时更为流行的在砖台上置馔饮器具的布置方式。考虑到两墓还为采用横前堂的双室墓,在当时正方形四隅券进式穹窿顶前室已成绝对主流的态势下,它们特殊的墓葬结构和布局很可能是由某种别有用意的规划所致。

综上所述,虽然砖台基本上自孙吴建国之初即见于南京地区的墓葬中,但在孙吴早中期,砖台的位置、数目都不太固定,在随葬品的布置上也未有明确、统一的职能分工。这一阶段可认为是砖台的草创期,砖台只是笼统作为摆放随葬品的区域而存在。孙吴晚期(建衡元年)及以后,伴随着耳室的消失,砖台的设置基本固定下来,一般位于整个墓葬的前部,一墓只设一座,其上放置的器物为以耳杯、榼、盘为中心的馔饮器具组合。这一阶段的砖台可确定多是作祭台之用,是墓内祭奠活动的中心所在。

---

[1] 南京市博物馆、南京市江宁区博物馆《南京江宁上湖孙吴、西晋墓》。
[2] 南波《南京西岗西晋墓》。
[3] 李蔚然《南京高家山的六朝墓》,《考古》1963年第2期。
[4] 〔唐〕杜佑《通典》,页2346。
[5] 南京市文物保管委员会《南京板桥镇石闸湖晋墓清理简报》。
[6] 南京市博物馆、江宁县博物馆《南京市东善桥"凤凰三年"东吴墓》。
[7] 南京博物院《江苏江宁县张家山西晋墓》。

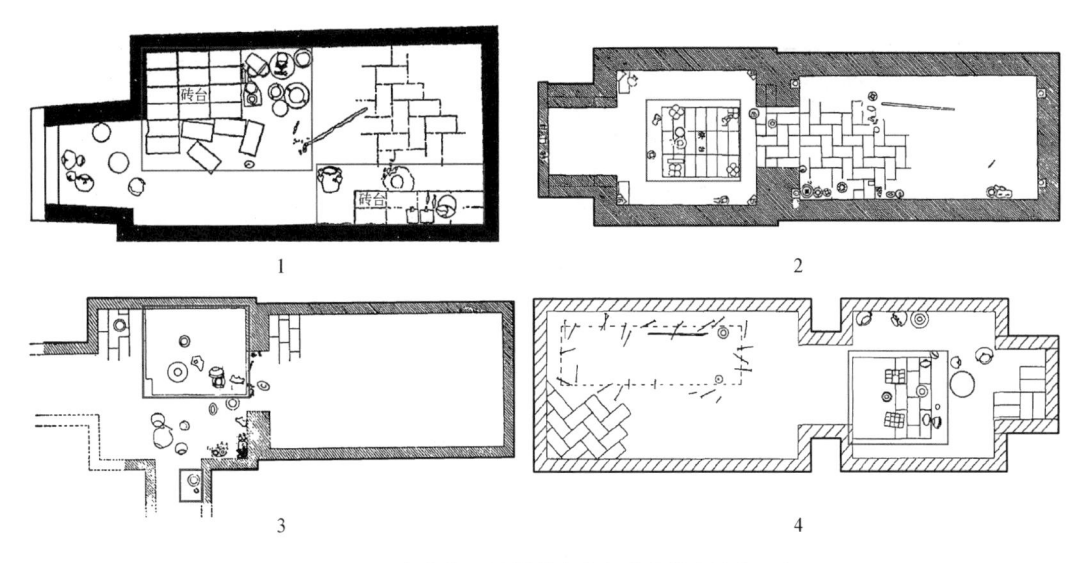

图四二　南京地区吴晋墓室空间布局拾例（之三）
（1. 西善桥六朝古墓；2. 板桥镇石闸湖晋墓；3. 邓府山吴墓；4. 江宁上湖M3）

（4）其他

除棺位、耳室、砖台外，墓葬内还有其他一些可能具有特定丧葬含义的布局现象，同样值得关注。

据前所述，耳室是放置专为下葬制作之明器的空间。耳室与砖台一般不共存，但这并不代表带耳室的墓葬中没有祭器组合。在孙吴早中期的带耳室墓以及无明显专门放置随葬品之区域结构的墓葬内，祭器组合一般也出于整个墓葬的前部，或放置在简单垒起的砖块、石板和陶案几上，或直接置于地上。如：江宁官家山六朝早期墓，前室出土了漆耳杯和槅（图四三，1）[1]；幕府山M1和M2，前室分别出有石板和陶案几[2]，惜无更具体的组合方式介绍；卫岗南京农业大学晋墓，随葬品均放置于墓室前端，其中有一瓷盘口壶系下刻"七升"铭文[3]，恰可与《后汉书志·礼仪下》"瓮三，容三升……瓿二，容三升"[4]之记载相呼应，故可确定作祭器之用；江宁殷巷其林村M1，出有一套樽勺及一套双耳杯和托盘的组合[5]，由于早年被盗，位置不详。

在墓葬的入口处，亦见有一些独特的丧葬现象。仙鹤山M4有1件瓷唾壶和1件瓷盏

---

[1] 南京市博物馆《江苏江宁官家山六朝早期墓》，《文物》1986年第12期，页17—22。
[2] 南京市博物馆《南京郊县四座吴墓发掘简报》。
[3] 南京博物院《南京市卫岗南京农业大学西晋墓发掘简报》，《东南文化》1991年第5期，页133、199—201。
[4] 〔晋〕司马彪撰，〔梁〕刘昭注补《后汉书志》第六，页3146。
[5] 南京市博物馆《南京江宁晋墓出土瓷器》，《文物》1988年第9期，页81—89。

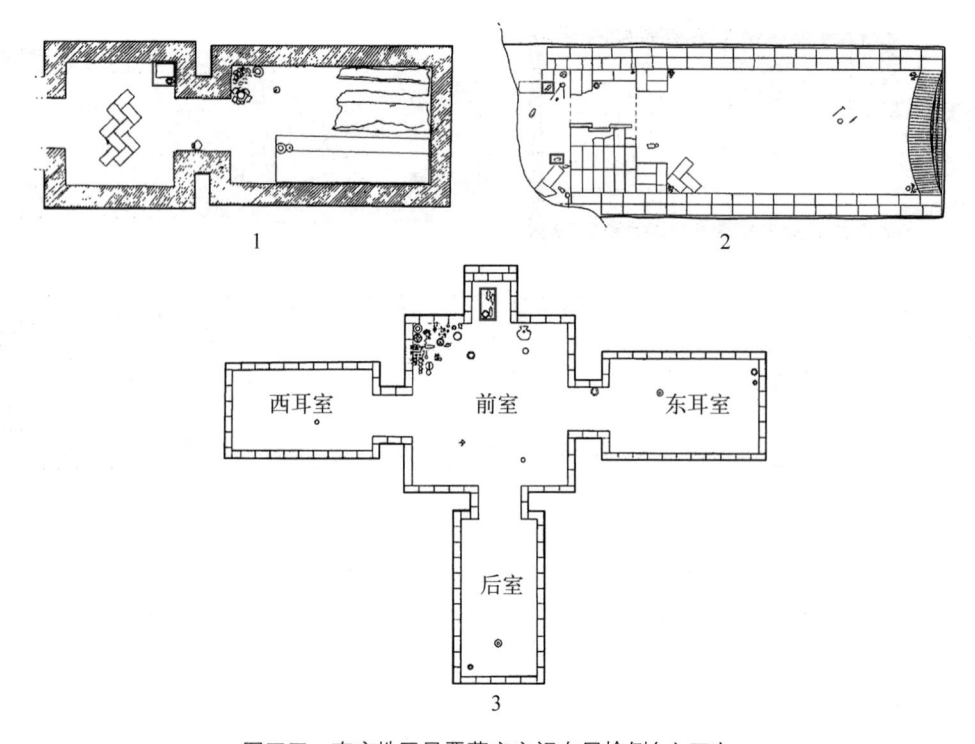

图四三　南京地区吴晋墓室空间布局拾例（之四）
（1.江宁官家山六朝早期墓；2.江宁鳄儿岗M1；3.扬州胥浦M93）

发现于封门墙外墓道底部，发掘者认为可能是当时一种与墓祭有关的特殊葬俗[1]。唐家山M1、江宁索墅M1、板桥新凹子M13则将个别陶瓷器具类随葬品置于甬道内靠近墓门处，分别为瓷罐和灰陶钵、瓷盘口壶以及瓷双系罐和双领罐[2]。西晋中晚期，开始出现在甬道内置持盾武士俑和镇墓俑的现象。石门坎乡六朝墓在甬道中部的左右靠壁处有二陶俑，右边的可辨认为持盾门吏俑[3]；江宁鳄儿岗M1在墓室入口两侧各有一持盾俑（图四三，2）[4]；扬州胥浦M93在甬道至前室入口的位置前后排列有鳄鱼和独角兽形镇墓俑（图四三，3）[5]。无论持盾武士俑和镇墓俑的形象，还是其摆放位置，都显示出与中原西晋丧葬文化的紧密联系。

---

[1] 南京市博物馆、南京师范大学文物与博物馆学系《南京仙鹤山孙吴、西晋墓》。
[2] 南京市博物馆《南京唐家山孙吴墓》；南京市博物馆《南京狮子山、江宁索墅西晋墓》；南京市考古研究所《南京板桥新凹子两座西晋纪年墓》。
[3] 李鉴昭、屠思华《南京石门坎乡六朝墓清理记》。
[4] 南京市博物馆、南京市江宁区博物馆《南京江宁鳄儿岗晋墓发掘简报》。
[5] 胥浦六朝墓发掘队《扬州胥浦六朝墓》。

(二)皖南地区

(1)棺位

皖南地区吴晋单人(夫妻合葬)墓的棺位基本都位于整个墓葬的后部,即单室墓的后端和双室墓及多室墓的后室,祔葬墓一般也遵循这一原则。例外的是马鞍山朱然墓前、后室中各置一黑漆木棺[1],后室木棺较大且周围随葬品丰富,应为朱然的葬具;前室后部左右两侧本砌有砖台,因此前室木棺或为后葬时权宜放入,可能是其妻妾的葬具。葬具一般只见木棺;在规模较大的墓葬,如马鞍山宋山大墓[2]和马鞍山朱然家族墓[3]中,后室有砖砌棺台[4],马鞍山宋山大墓还在棺台上发现棺木一具。

单人(夫妻合葬)墓内,出于棺内或其附近的器物在质地与功用上和南京地区基本相同。如和县西晋墓,后室内并列两棺,周围出有铜镜、铜发夹、铜饰、银镯、银指环、角质钗、料珠、钱等日用杂品(图四四,1)[5]。在祔葬墓内,也有将模型明器类直接放于棺前以示主位者,如寺门口吴墓后室西侧除摆放有剑外,还有陶仓、猪、狗、五联罐等明器,表明西侧应为男棺,并且是一墓之主;东侧的随葬品仅为银镯、银钗、铜镜等,表明东侧棺为女性,应是墓主之妻;西侧室出有铜镜、金箔、灯盏,所葬可能为墓主的妾或继室;东侧室的遗物除铜镜、少量铜钱外,还随葬1件铁环首刀,所葬可能是墓主未婚嫁的女儿[6]。木器也多置于棺内或棺位附近:南陵县麻桥吴墓发现有木方,为部分随葬器物登记的清单即遣册,出于棺内者只记录棺内的部分器物,出于棺外侧者记墓室内的随葬器物[7];马鞍山朱然墓的木刺和木谒亦当出于棺内[8]。虎子和猪圈模型有时也会放于棺位附近,和县西晋墓还将猪圈单独放于后室壁龛内,暗示其应象征了一个相对独立的功能空间(图四四,1)[9]。

(2)耳室

皖南地区吴晋墓带耳室者不多。马鞍山宋山大墓东耳室发现一件石案,上面放置有器物,西耳室则出土有谷物等,表明东耳室为厨房而西耳室为储藏室(图四四,2)[10]。当涂

---

[1] 安徽省文物考古研究所、马鞍山市文化局《安徽马鞍山东吴朱然墓发掘简报》。
[2] 同上注。
[3] 马鞍山市文物管理所《安徽省马鞍山市朱然家族墓发掘简报》。
[4] 在发掘报告或简报中,往往将这类起承托棺椁之用的低矮(一般不超过0.4米)台状设施称为棺床,但考虑到这类设施与直接放置死者尸骨的棺床有着本质上的不同,因此在本书中一律将其称为棺台。
[5] 安徽省文物工作队、和县文物组《安徽和县西晋纪年墓》。
[6] 马鞍山市博物馆《安徽马鞍山寺门口东吴墓发掘简报》。
[7] 安徽省文物工作队《安徽南陵县麻桥东吴墓》。
[8] 安徽省文物考古研究所、马鞍山市文化局《安徽马鞍山东吴朱然墓发掘简报》。
[9] 安徽省文物工作队、和县文物组《安徽和县西晋纪年墓》。
[10] 安徽省文物考古研究所、马鞍山市文物管理所《安徽马鞍山宋山东吴墓发掘简报》。

"天子坟"吴墓,东耳室靠后壁处有用大方砖搭建的砖台,疑为灶台[1]。青阳县五星M2,单室墓,耳室位于主室两侧,西耳室出有陶鸡、马、牛、车等模型器(图四四,3)[2]。宣城电厂M39,单室墓,耳室内随葬器物不详[3]。和县西晋墓前室西壁有壁龛1座,内有瓷壶、罐和陶仓、磨盘、舂、狗、羊等,应象征了仓廪庖厨之所,功能等同于耳室(图四四,1)。综合上述几墓的情况,耳室亦当为放置专为下葬制作之明器的空间。

(3)砖台

皖南地区的砖台大约出现于孙吴中期,形制和砌法同南京地区。在孙吴建衡二年(270年)之前,砖台集中见于马鞍山地区的双室墓内[4],并且多在前室内构成对称布局。马鞍山采石M1前室内设有3座砖台,该墓未被扰乱,砖台布置情况较清楚:在前室后部中央的砖台上出有青瓷盘口壶、双系罐,陶盆、红陶盖罐、双系罐、青铜洗;西侧砖台上出有陶熏、槅、灶、五联罐、青铜三足炉、灯、熨斗;东侧砖台上出有陶三足盆、双系盖罐、仓,红陶双系罐,帷帐座附件[5]。该墓砖台呈现出的是祭器与明器混杂放置的状态,不见更细化的职能分工。马鞍山宋山大墓虽被盗严重,但在横前堂内的对称双砖台上还残留有一些器物,皆为瓷罐一类。发掘者结合东西耳室的功能象征,将横前堂认定为祭祀场所(图四四,2)[6]。

建衡二年之后,设砖台的做法在马鞍山地区逐渐淡出,所见仅马鞍山盆山M1一座,在前室西北角处砌有一砖台,但其上未见摆放有器物。根据对墓葬形制和出土器物的初步分析,该墓的年代应在吴晋之交[7]。西晋时期,砖台见于和县西晋墓和含山县道士观M1、M2中。前者在前室西南角和西北角各设1座,西南角砖台上出有瓷唾壶和铜炉(图四四,1);后者砖台设于木棺之前,在M1的砖台上出有瓷碗和瓷四系罐。这一类置于砖台上的器具应属祭器,尤其和县西晋墓还同时开有放置明器之壁龛,显示出墓葬内已有较明确的功能分区。此时皖南地区墓葬内的砖台当与南京地区西晋墓葬内的砖台性质类似,可以"祭台"谓之。

---

[1] 叶润清、殷春梅、杨彭、罗海明《安徽当涂"天子坟"孙吴墓发掘收获》。
[2] 青阳县文物管理所《安徽青阳县五星东吴—西晋墓发掘简报》。
[3] 安徽省文物考古研究所、宣城市文物管理处《安徽宣城电厂墓地发掘简报》。
[4] 根据现有材料,皖南地区年代可确定属孙吴时期的设砖台的墓葬有:马鞍山采石M1(马鞍山市文物管理所《马鞍山采石东吴墓发掘简报》)、马鞍山宋山大墓(安徽省文物考古研究所、马鞍山市文物管理所《安徽马鞍山宋山东吴墓发掘简报》);马鞍山朱然墓(安徽省文物考古研究所、马鞍山市文化局《安徽马鞍山东吴朱然墓发掘简报》)、当涂"天子坟"吴墓(叶润清《安徽当涂"天子坟"东吴墓》《安徽当涂发现高等级东吴宗室墓葬"天子坟"》;叶润清、殷春梅、杨彭、罗海明《安徽当涂"天子坟"孙吴墓发掘收获》)、马鞍山朱然家族墓(马鞍山市文物管理所《安徽省马鞍山市朱然家族墓发掘简报》)。此5座墓葬皆为前后双主室墓,年代下限为马鞍山朱然家族墓所属的建衡二年(270年)。
[5] 马鞍山市文物管理所《马鞍山采石东吴墓发掘简报》。
[6] 安徽省文物考古研究所、马鞍山市文物管理所《安徽马鞍山宋山东吴墓发掘简报》。
[7] 马鞍山市文物管理所《马鞍山市盆山发现六朝墓》。

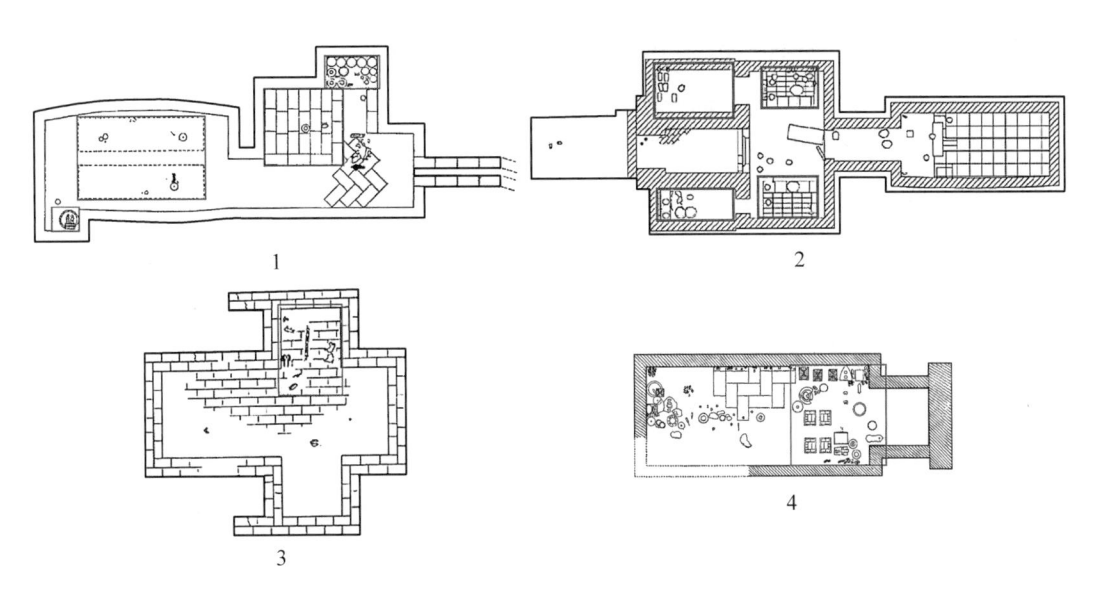

图四四　皖南地区吴晋墓室空间布局拾例

（1. 和县西晋墓；2. 马鞍山宋山大墓；3. 青阳县五星M2；4. 马鞍山佳山吴墓）

（4）其他

在皖南地区，尤其是马鞍山地区的单室墓内，罕见耳室和砖台这类专门放置随葬品的区域结构。不过，这并不代表单室墓内的布局是未经规划的随意为之。如马鞍山佳山吴墓，墓室前部的随葬品未经扰乱、保存完好，其布置展现出了明显的人为安排痕迹：墓室东壁下自入口向内依次摆放瓷牛车、灶、鸡舍、鸭圈、鹅圈；墓室入口处西侧放置一扁平人面独角兽形镇墓俑，其后在墓室西壁下依次摆放瓷谷仓、磨、碓；瓷碓之后，4件瓷榼两两成列，与1件瓷熏炉和1件瓷盒东西向放置于墓室前中部，熏炉前还东西向排列有二瓷俑（图四四，4）[1]。其中，瓷榼、熏、盒应为祭器组合，它们与2件瓷俑共同构成了墓室前部中央的祭奠空间；墓室两侧壁下则摆放象征仓储贮存与日常生活的模型器类。

皖南地区同样在墓葬入口处见有一些或具特定内涵的丧葬现象。首先，镇墓俑一类多会置于甬道内或墓葬入口处。此外，马鞍山寺门口吴墓将双鱼铜洗放置在甬道与前室交界处的第二道封门墙顶部，应代表了一种较独特的习俗[2]；马鞍山霍里乡M2封门墙外出土2件青瓷小盏[3]，与前述南京仙鹤山M4的情况相类，亦可能反映了一种与墓祭有关的特殊葬俗。将个别陶瓷器具类随葬品置于甬道内靠近墓门处的情况更为多见，有马鞍

---

[1] 安徽省文物考古研究所《安徽马鞍山市佳山东吴墓清理简报》。
[2] 马鞍山市博物馆《安徽马鞍山寺门口东吴墓发掘简报》。
[3] 安徽省文物考古研究所《马鞍山市霍里乡西晋纪年墓》，原载《文物研究》第12辑，合肥：黄山书社，1999年，页104—108；此据《马鞍山六朝墓葬发掘与研究》，页103—108。

山盆山M1、和县张集乡西晋墓、含山道士观M2、马鞍山桃冲村M3、马鞍山霍里乡M1,放置的器物有瓷三足樽、鸡首壶、盘口壶、洗、狮形烛台等[1]。

综上所述,在皖南地区,较成系统的墓室空间布局演化规律主要见于马鞍山一带,其他地点则只发现零散的现象。在马鞍山地区,耳室仅见于墓主可能为孙吴宗室乃至吴帝的大墓之中,同时于孙吴中晚期集中出现了一批在前室内对称设置砖台的双室墓;而单室墓内则不见耳室和砖台这类专门放置随葬品的区域结构。在这一阶段,砖台只是作为专门放置随葬品的区域存在,并不见明确的更为细化的职能分工。至吴末晋初,砖台减省为一墓一座,这也标志着砖台在马鞍山地区的流行接近尾声。入西晋后,马鞍山地区的墓葬呈现出无任何专门放置随葬品之区域结构的简约面貌。

(三)苏南浙北地区

(1)棺位

苏南浙北地区吴晋单人(夫妻合葬)墓的棺位亦位于整个墓葬的后部,袝葬墓也基本遵循这一原则。葬具一般只见木棺,如镇江丁卯"江南世家"工地M8在后室中部还遗留有长3.3、宽1.8米的黑灰色棺木痕迹[2]。垫棺设施也有发现:单室墓多在约后2/3的部分于地砖上再平铺1—2层砖,形成承托棺木的棺台;双室墓中,宜兴周墓墩M4在后室内正中砌长3、宽2.6、高0.1米的棺台,棺台的四周和铺地砖下设有排水阴沟[3];吴县狮子山M4后室内有2道以两层砖错缝平砌而成的长条形砖搁(图四五,3)[4]。

出于棺内或其附近的器物按质地可分为两大类。一类为金属器,有金、银、铜、铁质等,为死者可随身佩戴或携带的物件以及厌胜之物。如:镇江高·化M1东后室出有铁刀剑、铜带钩、铜镜、银镯、银钗、金银顶针、金环,应为女墓主之室(图四五,1)[5];宜兴周墓墩M4在后室棺台两侧出有金桃形叶片、金珠、金线、金簪头、铁镜、铁刀、鎏金镶铜蚌器、石珠(图四五,2)[6];宜兴周墓墩M5为一袝葬墓,在南、北两侧室分别出有铜镜盒(内装铜、铁镜)、铜弩机、铁刀和铜镜盒(内装铜、铁镜)、铜弩机等[7]。此类物件原来很可能放于

---

[1] 马鞍山市文物管理所《马鞍山市盆山发现六朝墓》;张钟云、李开和《和县张集乡西晋墓发掘简报》,《文物研究》第11辑,合肥:黄山书社,1998年,页147—150;含山县文物局《安徽含山县道士观西晋墓地发掘简报》;马鞍山市文物管理所、马鞍山市博物馆《安徽马鞍山桃冲村三座晋墓清理简报》;安徽省文物考古研究所《马鞍山市霍里乡西晋纪年墓》。
[2] 镇江博物馆、镇江市文管办《镇江丁卯"江南世家"工地六朝墓》。
[3] 南京博物院《江苏宜兴晋墓的第二次发掘》。
[4] 吴县文物管理委员会《江苏吴县狮子山四号西晋墓》。
[5] 镇江博物馆《镇江东吴西晋墓》。
[6] 南京博物院《江苏宜兴晋墓的第二次发掘》。
[7] 同上注。

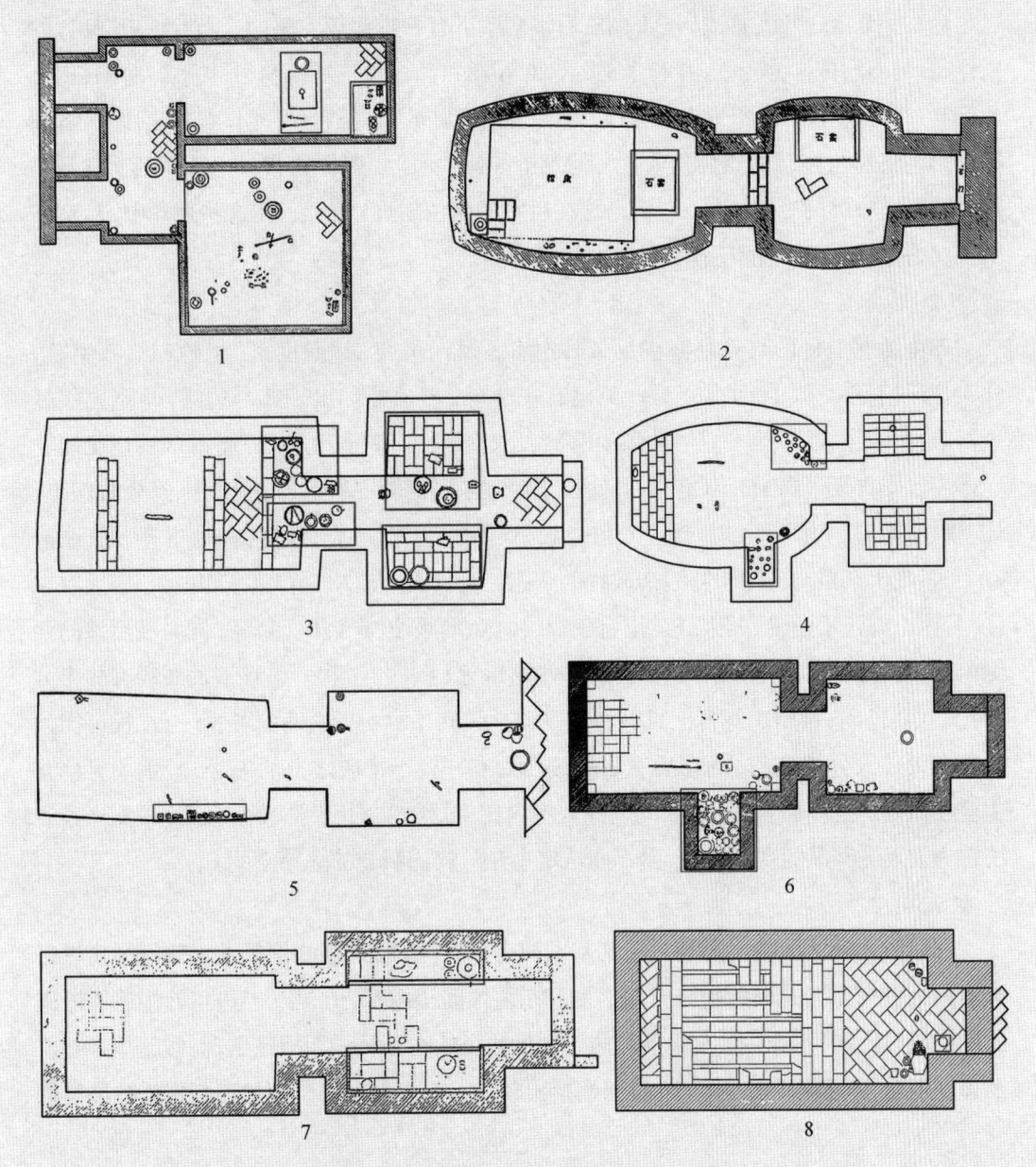

图四五　苏南浙北地区吴晋墓室空间布局拾例

（1.镇江高·化M1；2.宜兴周墓墩M4；3.吴县狮子山M4；4.吴县狮子山M1；5.宜兴周墓墩M2；6.安吉天子岗M3；7.湖州窑墩头古墓；8.临安小山弄M30）

棺内。另一类则为陶瓷器，如：吴县狮子山M4自前、后室间的甬道中部至后室前端，东、西两侧分别依次放置瓷罐、盘、耳杯、槅、奁和瓷槅、弦纹罐、浅腹钵形鼎、罐、唾壶、带盖钵、三足盘（图四五，3）[1]；宜兴周墓墩M2后室南壁下有一排比较完整的、位置没有移动过的瓷器，自前向后依次为瓷筛、井和水桶、盆、双耳杯和盘、盘、三足杯和勺、熏、炉、杵臼、扫帚和簸箕、鸡舍、鸭圈、鹅圈（图四五，5）[2]。前者后室陈放的瓷器具可能作祭器之用，后者则明显是将祭器与模型明器混杂放置。但无论如何，鉴于陶瓷器通常放于墓葬的前部甚至砖台和耳室一类的专门区域，它们出现在后室的棺位附近，暗示了在这些墓葬中，后室已不仅仅是陈尸之所，可能还具有其他的丧葬内涵。

（2）耳室

苏南浙北地区的吴晋墓亦少见带耳室者。镇江丁卯"江南世家"工地M8，双室墓，耳室位于前室一侧，同时前室另一侧砌有一砖台；多数器物出于砖台边缘，耳室内仅见一器盖和一低温釉陶盘[3]。吴县张陵山M2，双室墓，耳室位于前室一侧，被盗，出土器物不详[4]。安吉天子岗M3，双室墓，耳室位于后室东侧，随葬品多数出于其中，有瓷堆塑罐、灶、碟、双系罐、直筒罐、钱纹罐、双耳杯盘、簋、鸡首壶、盘口壶、铁灯、铜鐎斗等（图四五，6）[5]，呈现出祭器与模型明器混杂放置的状态。吴县狮子山M1，双室墓，耳室位于后室东侧，其内出有瓷堆塑罐，其入口前出有瓷槅、钵、兔形水注、铜灯座、鼎等；同时在后室的西侧前部，出有瓷槅、扁壶、簋、熏、仓、牛厩、堆塑罐等（图四五，4）[6]。该墓的布局方式十分特殊，尤其瓷槅、堆塑罐等可能具有特定丧葬含义的器物在后室两侧各置一套，很可能为所葬夫妻二人分别准备；而在后室后端偏西处有一置于平砖之上的虎子，暗示了男性墓主应在西侧。总体而言，苏南浙北墓葬耳室内所出器物类别、性质较为多元，只能将其笼统视为放置随葬品的功能区域，而不能认定为专门放置明器的存储空间。

（3）砖台

苏南浙北地区的砖台形制和砌法基本同南京地区，较特别的例子见于苏州虎丘黑松林97M3，其前室西北角所砌砖台的南侧和东侧中间稍内凹，外侧三个边角处用逐层缩进的砖仿成榻足状[7]。不过，本地区砌砖台的做法虽然在孙吴早期即已出现，但总体来看普及程度不高，各墓的差异也较大，难以概括出较统一的发展规律。年代可判定为孙吴早期

---

[1] 吴县文物管理委员会《江苏吴县狮子山四号西晋墓》。
[2] 罗宗真《江苏宜兴晋墓发掘报告——兼论出土的青瓷器》。
[3] 镇江博物馆、镇江市文管办《镇江丁卯"江南世家"工地六朝墓》。
[4] 南京博物院《江苏吴县张陵山张氏墓群发掘简报》。
[5] 安吉县博物馆、程亦胜《浙江安吉天子岗汉晋墓》，《文物》1995年第6期。
[6] 吴县文物管理委员会、张志新《江苏吴县狮子山西晋墓清理简报》。
[7] 苏州市考古研究所、苏州博物馆《虎丘黑松林墓地》，北京：文物出版社，2022年，页8。

的镇江高·化M1之砖台[1],反映了多个层次的问题:砖台砌于西后室内中部及后侧,分别放置青瓷洗、铜鐎斗、铁刀剑和陶动物模型、鸡舍、灶、五联罐(图四五,1),显示出了一定的区域职能分工;中部砖台上铜鐎斗与铁刀剑的组合,似表现出与道教的某种联系;在该墓的东后室中未见砖台,根据出土器物特征可推断为女墓主之室,或暗示了砖台应为身份、地位更高者才可使用的设施结构。湖州窑墩头古墓在前室东、西两侧各砌一砖台,东侧砖台高一砖,上置瓷罍、罐;西侧砖台高二砖,上置砺石黛板、金勺、铜勺、漆奁、铜镜,似存在一定的按器物质地分类摆放的意识(图四五,7)[2]。镇江丁卯"江南世家"工地M8的砖台砌于前室西侧,其上有一灰陶案和一铁刀,在砖台边缘的墓底有多个破碎的低温釉陶耳杯,很可能原来也置于砖台上[3]。陶案和耳杯属于典型的汉制祭器,此砖台基本可确定作祭台之用。

及至西晋,砖台主要见于吴县狮子山傅氏和宜兴周墓墩周氏两处家族墓地中。一墓内的砖台不止一座,且在后室也有设置。吴县狮子山M4在前室东、西两侧砌对称双砖台,分别出有瓷堆塑罐、盘口壶、灶和瓷双耳杯及托盘、鐎斗及钵、鸡舍、灶(图四五,3)[4]。宜兴周墓墩M1共有3座砖台,分别位于前室南、北两侧和后室东南部;前室北侧砖台上出有石黛板和铁刀,此砖台与后室砖台周围还发现有陶座[5]。其他几座墓葬砖台保存情况不甚理想,无法用于后续研究。从吴县狮子山M4的砖台布置来看,祭器与模型明器仍属混杂放置,反不像前述孙吴墓葬有更细化的功能分区。

(4)其他

宜兴周墓墩M4在前室北侧和后室棺台前各设一石案(图四五,2)[6],应与砖台功能相同。该墓同时还使用了石墓门,这些石质结构和设施应为墓葬高规格之象征。在后室石案附近的墓底出有铜耳杯、盘和石座,很可能原置于石案之上,暗示石案应为墓内祭奠中心所在。在棺台的后端还单独放置一瓷神兽尊,尊内附兽骨一堆,可能为下葬时所行祭祀活动之遗物。

湖州市白龙山M24在前室中后部出有石屏风和榻,附近发现瓷簋、碗各一[7];苏州虎丘黑松林97M4在前室后部出有石屏风2件、石案榻组合4套[8]。屏风和榻的组合可谓明

---

[1] 镇江博物馆《镇江东吴西晋墓》。
[2] 湖州市博物馆《浙江湖州窑墩头古墓清理简报》,《东南文化》1993年第1期,页156—161。
[3] 镇江博物馆、镇江市文管办《镇江丁卯"江南世家"工地六朝墓》。
[4] 吴县文物管理委员会《江苏吴县狮子山四号西晋墓》。
[5] 罗宗真《江苏宜兴晋墓发掘报告——兼论出土的青瓷器》。
[6] 南京博物院《江苏宜兴晋墓的第二次发掘》。
[7] 浙江省文物考古研究所、湖州市博物馆《湖州市白龙山汉六朝墓葬发掘报告》,页175—178。
[8] 苏州市考古研究所、苏州博物馆《虎丘黑松林墓地》,页13—26。

确的墓主"神位"标志[1]。但就目前的发现来看,此类设施在长江中下游的吴晋墓中尚属罕见,且时代集中于孙吴早中期[2]。

在墓葬的入口处,也见有或具特定内涵的丧葬现象。吴县狮子山M4封门墙中砌有一钵[3],或为某种地方风俗的表现。将个别陶瓷器具类随葬品置于甬道内靠近墓门处的情况亦可见到,如余杭义桥M23在甬道内靠墓门处发现瓷罐、熏炉、井各1件[4];临安小山弄M30甬道处有1件瓷浅盘,盘内置1件瓷耳杯(图四五,8)[5]。

综上所述,苏南浙北地区吴晋墓葬的空间布局表现出了较多的地方性特征,尤以吴县和宜兴两处家族墓地的墓葬最为明显:前、后室内均可见砖台,一墓内砖台不止一座,此外还会在后室棺位附近摆放陶瓷模型明器和祭器之类随葬品。在砖台上摆放铁刀剑的做法亦罕见于长江下游其他地区,可能是道教或民间方术迷信观念在该地区流行的产物。

(四)浙南地区

(1)棺位

浙南地区吴晋墓葬的棺位亦位于整个墓葬的后部。葬具原应为木棺,现基本已腐朽。在单室墓内后2/3甚至更多的部分,往往会于地砖上再平铺1—2层砖,形成承托棺木的棺台,有的还会以一排顺砌砖作为与前部的分界;双室墓的后室地面则会砌高于前室。如:宁波北仑小港郑家湾M2,墓室内长3.66米,墓底以单砖"人"字形平铺一层,在距墓室后壁3米处有一道立置矩形砖分界,后部较前部抬高17厘米,前端为单砖错缝横砌两层,压于分界砖上(图四六,1)[6];绍兴官山㟙西晋墓,后室铺地砖有上下两层,甬道和前室地面则仅用单砖"人"字形平铺一层[7]。

出于棺内或其附近的器物一般为死者可随身佩戴或携带的小型物件及厌胜之物,以金、银、铜、铁质为主。宁波市蜈蚣岭M1,在墓室后部棺台上散置有金串珠、银钗、银手镯、

---

[1] 小南一郎以现藏于日本黑川古文化研究所的东汉熹平四年(175年)铅地券为例,依据铅地券中为死者买屏风、床榻、凭几的记录,说明石屏风、床榻与凭几等物,是亲人为死者于墓地准备之物,扮演着供死者灵魂降临与凭依的用途。参见:〔日〕小南一郎《汉代の祖灵观念》,《东方学报》(京都)66,1994年3月,页1—62。

[2] 除正文所举两例外,苏州虎丘路新村土墩M1前室所出石兽亦应与石榻和屏风有关。参见:何文竞、徐苏君《苏州地区六朝墓综述》。

[3] 吴县文物管理委员会《江苏吴县狮子山四号西晋墓》。

[4] 杭州市文物考古所、余杭区博物馆《余杭义桥汉六朝墓》,页115—119。

[5] 临安市文物馆《临安小山弄西晋纪年墓发掘简报》,《东方博物》第31辑,杭州:浙江大学出版社,2009年,页74—81。

[6] 宁波市文物考古研究所、宁波中国港口博物馆《浙江宁波北仑小港郑家湾六朝墓发掘简报》,《南方文物》2017年第3期,页127—130。

[7] 梁志明《浙江绍兴官山㟙西晋墓》。

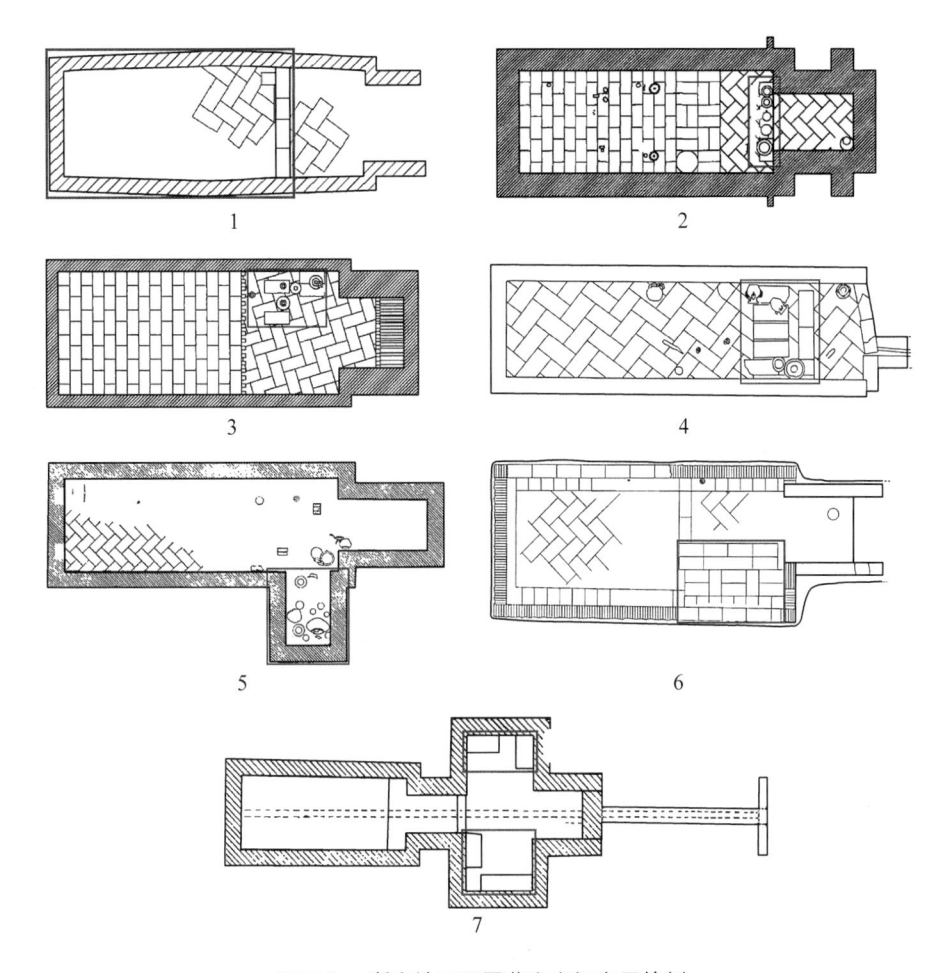

图四六 浙南地区吴晋墓室空间布局拾例

（1.宁波北仑小港郑家湾M2；2.宁波市蜈蚣岭M1；3.宁波蜈蚣岭M16；4.上虞驿亭谢家岸后头山M55；5.衢县街路村西晋墓；6.奉化白杜南岙林场M151；7.嵊县大塘岭M95）

玛瑙饰件、青瓷盂、铜镜、铜盖盂、铜耳珰和铜钱串等（图四六，2）[1]；嵊州市祠堂山M145墓室中后部棺台上发现有银镯、铜镜各1件[2]。

（2）耳室

目前所见浙南地区的吴晋墓葬中，带耳室者仅2座。绍兴官山岙西晋墓后室东壁前部附一耳室，简报称"随葬器物大多安置于前后甬道、后室及耳室"，但具体情况不详[3]。衢县街路村西晋墓在墓室南壁前部附一小耳室，其内出瓷罐、碗、碟、壶及褐釉陶瓷等（图

---

[1] 宁波市文物考古研究所、宁波市鄞州区文物管理委员会办公室《浙江宁波市蜈蚣岭吴晋纪年墓葬》。
[2] 浙江省文物考古研究所、嵊州市文物管理处《嵊州市祠堂山汉六朝墓葬发掘简报》。
[3] 梁志明《浙江绍兴官山岙西晋墓》。

四六,5)[1]。考虑到在该墓内,可能具有祭器性质的瓷桶、铁鐎斗等出于墓室前端,因此耳室应可被视为一存储空间。

(3)砖台(托)

在浙南地区,既可见形制和砌法与南京地区相近的砖台,也可见平放以承托随葬品的砖块(下文称之为"砖托"),还存在环绕墓室四壁砌置的二层台,皆位于整个墓葬的前部。如:上虞驿亭谢家岸后头山M55在墓室前部垫一砖高的砖台,其上放置瓷钵、盘、四系罐、鸡首壶(图四六,4)[2];宁波市蜈蚣岭M16墓室前端左侧的地砖上平放数块长方形砖托,出土器物均见于砖上或其周围,主要有瓷钵、碗、三足炉和三足砚等(图四六,3)[3];嵊县大塘岭M95前室四周砖砌有二层台,其上所置器物情况不详(图四六,7)[4]。

然而,从整体来看,上述设施在墓内的普及程度并不太高;至于其功用和性质,不同墓葬间的差别亦较大。宁波市蜈蚣岭M1未经盗扰,墓室整体布局较为清楚:封门墙内侧设1块砖托,上置1件青瓷盘口壶;墓室入口内另设砖托1排,放置有瓷双系罐、四系罐、簋和铜鐎斗等5件器物;在墓室后部棺台前还砌有一宽约0.8、高约0.1米的地台,其上发现1件三足铁灯(图四六,2)[5]。墓室入口处的1排砖托或为墓内祭奠活动的中心,与棺台界定的棺位所在较明确地分离开来。但同时,在奉化白杜南岙林场M151中,墓室后部的棺台与前部搁物的砖台则呈刀形连在了一起(图四六,6)[6]。由此观之,可以认为,浙南地区吴晋墓葬内的空间布局尚未形成一定之规,墓室布置也不存在严格的丧葬功能分区。

二、长江中游

(一)鄂州地区

(1)棺位

鄂州地区吴晋单人(夫妻合葬)墓的棺位基本都位于整个墓葬的后部,即单室墓的后端和双室墓及多室墓的后室;祔葬墓一般也遵循这一原则。葬具以木棺为主,高规格墓

---

[1] 衢县文化馆《浙江衢县街路村西晋墓》。
[2] 浙江省文物考古研究所《上虞驿亭谢家岸后头山古墓葬发掘》。
[3] 宁波市文物考古研究所、宁波市鄞州区文物管理委员会办公室《浙江宁波市蜈蚣岭吴晋纪年墓葬》。
[4] 嵊县文管会《浙江嵊县大塘岭东吴墓》。
[5] 宁波市文物考古研究所、宁波市鄞州区文物管理委员会办公室《浙江宁波市蜈蚣岭吴晋纪年墓葬》。
[6] 浙江省文物考古研究所、宁波市文物考古研究所、奉化市文物保护管理所《奉化白杜南岙林场汉六朝墓葬》,载《浙江汉六朝墓报告集》,页292。

葬中还见有彩绘漆棺，如鄂钢饮料厂M1出有一块木板，板灰一面涂黑、另一面髹朱漆，出土时颜色鲜艳，上饰云纹[1]；江夏流芳吴墓在淤土中发现零星的彩绘漆皮[2]等。孙吴中期以后，于后室内砌砖搁或砖棺台以垫置棺木的现象开始出现[3]，且应用范围较广，自全长不足5米的单室墓至与孙吴宗室贵族相关的大型墓葬中皆可见到。西晋时，砖搁和砖砌棺台的流行程度继续提升，几可视为最常见的一类墓内设施。

出于棺内或其附近的器物有金、银、铜、铁、木质器等，可分为死者随身佩戴或携带之物，表明墓主身份、地位之物，以及厌胜之物。武昌任家湾M113，葬具为长方形木棺，置于后室左后方，棺底上满铺铜钱，木简、木梳置于底板前端（图四七，3）[4]。鄂城M3028，左室中部出土一些金银饰品，后部发现有铁镜、铜熨斗等，应葬女性；右室中部出土有铜镜、铁刀和钱币，后部右角发现一陶畜圈，应葬男性（图四七，1）[5]。鄂城M2137，墓室右侧残留有棺木痕迹，金、银、琥珀饰品均发现于墓室右侧，原应是棺内之物（图四七，2）[6]。鄂城石山M1，后室右侧分布铜镜、铜弩机、铁刀、石印章、滑石猪等，推测当为男墓主所葬方位；左侧分布铁镜、金银饰品等，推测应为女墓主所葬方位[7]。滑石猪主要出于墓室的中后部，亦即棺位附近。虎子一般置于整个墓葬的后部，标识男墓主的棺位所在，除瓷质外还见有漆质者[8]；同时，将畜圈模型放于整个墓葬后部的现象也可见到，且集中于孙吴早中期[9]，因此下游所见之类似做法或自鄂州地区传入。

（2）耳室

如前所述，在孙吴时期，鄂州地区墓葬形制结构的一大特点即是对称配置的耳室依然比较流行[10]，不仅见于和孙吴宗室相关的最高等级墓葬中，在中上规模的双室、多室墓中也多有设置，甚至在小型的单室墓中还有发现[11]。不过，到吴晋之交，耳室的数量已呈现出锐减态势；迟至西晋初，耳室在鄂州地区几近消失无踪。根据现有材料，兹将耳室内随葬

---

[1] 鄂州博物馆、湖北省文物考古研究所《湖北鄂州鄂钢饮料厂一号墓发掘报告》。
[2] 武汉市博物馆、江夏区文物管理所《江夏流芳东吴墓清理发掘报告》。
[3] 在纪年墓葬中，最早见有砖搁的是赤乌三年（240年）的鄂城M5004（南京大学历史系考古专业、湖北省文物考古研究所、鄂州市博物馆《鄂城六朝墓》，页61）。
[4] 武汉市文物管理委员会《武昌任家湾六朝初期墓葬清理简报》。
[5] 南京大学历史系考古专业、湖北省文物考古研究所、鄂州市博物馆《鄂城六朝墓》，页44—45。
[6] 同上注，页99—100。
[7] 湖北省博物馆《鄂城两座晋墓的发掘》，《江汉考古》1984年第3期，页41—48；南京大学历史系考古专业、湖北省文物考古研究所、鄂州市博物馆《鄂城六朝墓》，页99—100。
[8] 南京大学历史系考古专业、湖北省文物考古研究所、鄂州市博物馆《鄂城六朝墓》，页34—35。
[9] 目前所见，鄂州地区存在此类做法的墓葬有：鄂城M2215、鄂城M3028、鄂城M2016和鄂城M2208。按报告的判断，前三座墓葬年代在孙吴早期，最后一座墓葬年代在孙吴中期（南京大学历史系考古专业、湖北省文物考古研究所、鄂州市博物馆《鄂城六朝墓》，页34—35、44—45、61—62、69—70）。
[10] 详见本书第一章。
[11] 南京大学历史系考古专业、湖北省文物考古研究所、鄂州市博物馆《鄂城六朝墓》，页111—112。

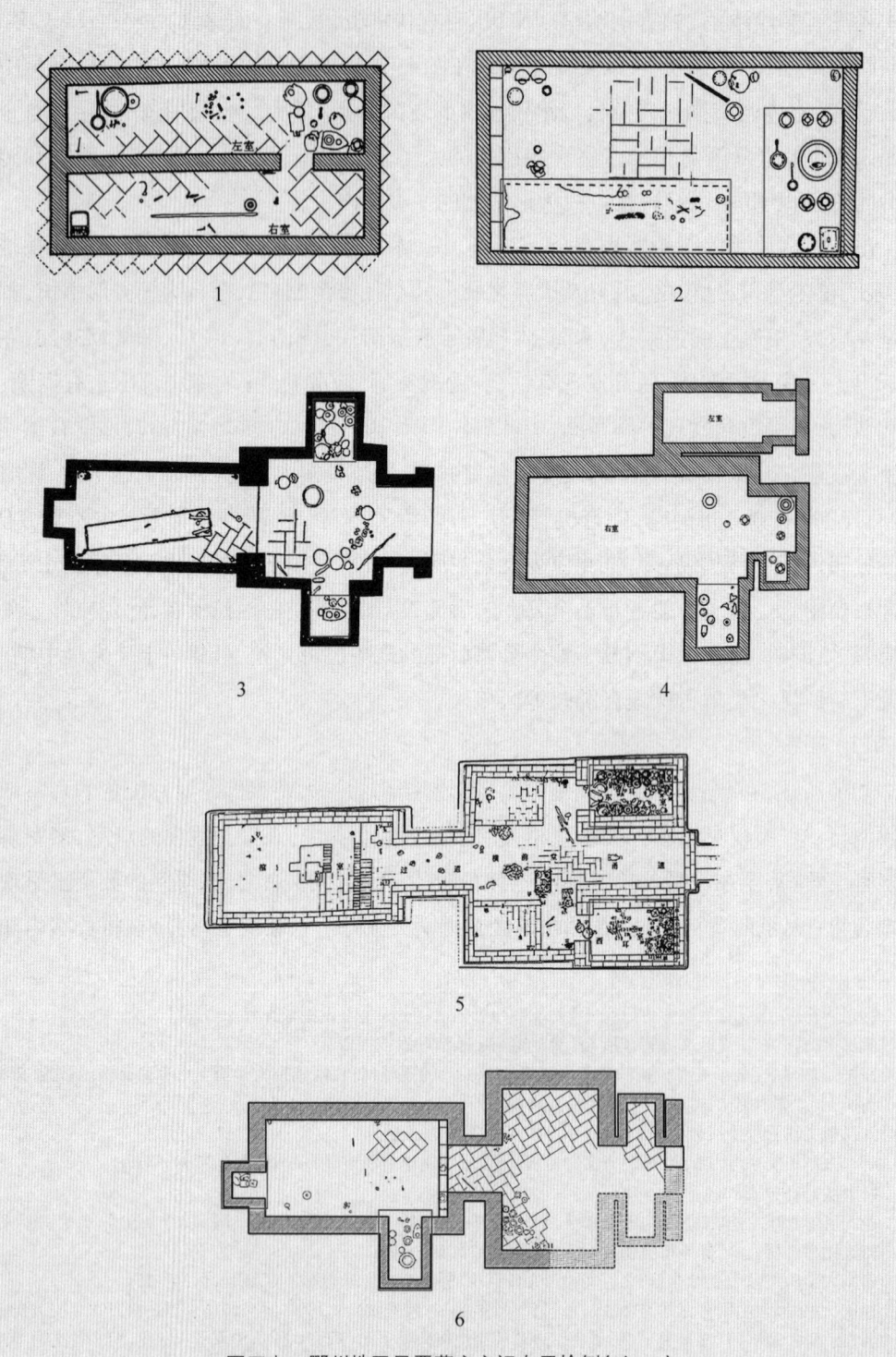

图四七 鄂州地区吴晋墓室空间布局拾例（之一）

（1.鄂城M3028；2.鄂城M2137；3.武昌任家湾M113；4.鄂城M4008；5.鄂钢饮料厂M1；6.鄂城新庙大鹰山M1）

器物情况较明确的几座典型墓葬列举如下。

武昌任家湾M113,双室墓,前室两侧对称设两耳室,东耳室放置有多种规格的陶罐和陶熏,西耳室放置有陶灶及其附属器物(图四七,3)[1]。

鄂钢饮料厂M1,双室墓,对称的两间耳室位于横前堂之南、甬道的东西两侧,与横前堂垂直相交;东耳室出有瓷罐、四系带盖罐、盘口壶、盘、勺、盏、碗、熏、灯、箅形器、灶、井、鸡、鸭、陶盆、铁格形器、釜、镰斗、石臼等;西耳室出有瓷罐、器盖、三足洗、井、磨、碓、鸡舍、屋舍、鎏金铜环、钩、钉、扣饰、泡饰、带扣、铁钉、锸、铜钉、磨石等(图四七,5)[2]。

鄂城M4008,并列双室墓,两耳室分别位于西室的甬道一侧和墓室一侧,分别出有瓷盘口壶、碗和陶仓、井、磨、鸡、鸭、猪、畜圈,瓷碗(图四七,4)[3]。

赤壁古家岭吴墓,三室墓,中室两侧对称设两耳室,南耳室内砌有壁龛和曲尺形砖台,仅存一铁剑;北耳室内出有陶碗、罐[4]。

鄂城新庙大鹰山M1,双室墓,现存三耳室分别设于甬道北壁和后室的南壁、西壁。甬道处的耳室内未出土器物;后室南壁耳室出有瓷双耳罐和陶仓、磨、灶,西壁耳室出有陶厕圈(图四七,6)[5]。

江夏流芳吴墓,三室墓,甬道两侧对称设两耳室,右耳室出有瓷扫帚、牛、俑等,左耳室出有瓷勺、烛台、俑、狗、鸭舍、羊舍、角楼、仓顶等[6]。

综上可见,耳室内的随葬器物主要为模型器和存储类器具如罐、盘口壶、碗等,基本可视为仓廪庖厨之所[7],设置之目的当在于为死者打造富庶的身后生活空间。另外值得注意的是,赤壁古家岭吴墓南耳室内砌有曲尺形砖台,发掘者将之定性为祭台;但结合该耳室内出有一把铁剑的情况,以及鄂州地区耳室通常所履行的存储空间职能,对这一曲尺形砖台性质的判定还有待进一步推敲。

(3)砖台

鄂州地区砖台的形制与长江下游无异。砌砖台的做法虽在孙吴早期即已出现,但在整个孙吴时期并不算普遍。兹将目前发现的情况分类列举如下[8]。

---

[1] 武汉市文物管理委员会《武昌任家湾六朝初期墓葬清理简报》。
[2] 鄂州博物馆、湖北省文物考古研究所《湖北鄂州鄂钢饮料厂一号墓发掘报告》。
[3] 南京大学历史系考古专业、湖北省文物考古研究所、鄂州市博物馆《鄂城六朝墓》,页43—44。
[4] 湖北省文物考古研究所《湖北赤壁古家岭东吴墓发掘报告》。
[5] 鄂州市博物馆、湖北省文物考古研究所《湖北鄂城新庙大鹰山孙吴墓发掘简报》,《江汉考古》2022年第1期,页46—55。
[6] 武汉市博物馆、江夏区文物管理所《江夏流芳东吴墓清理发掘报告》。
[7] 鄂钢饮料厂M1西耳室所出鎏金铜构件很可能是车马器的组成部分,因此该耳室或兼具车库的功能。
[8] 关于孙吴时期鄂州地区墓葬内砖台的设置情况,李婷在其硕士论文《墓内祭祀的继承与流变——基于六朝都城地区的墓内祭祀空间的考古学观察》中也曾做过整理。本书对其研究成果有所参考,但结论并不相同,特此说明。

在墓主为孙吴宗室的两座高规格墓葬中，砖台砌筑于前室内，构成对称布局（图四七，5；图四八，1）[1]。此外的多室墓中，双室墓者仅鄂城铁M105设有两砖台，分别砌于前室南侧前后两端（图四八，3）[2]；三室墓者仅赤壁古家岭吴墓砌有砖台，紧贴南耳室的东、南壁构成曲尺形。两墓情况都比较特殊。

单室墓也偶有砌砖台的现象，位于墓室前端，一墓一座[3]。

祔葬墓砌砖台者有2座。武汉黄陂滠口古墓仅在前室设一砖台，应为多室共用（图四八，2）[4]；鄂钢综合原料场M30除在前室内设有砖台外，后室和每一侧室前部还单砌有砖台，供多室分别独立使用[5]。

入晋后，砖台的使用渐趋普及，基本为一墓一座，与棺台一样，可被视为墓内一类常见设施。在单室墓中，砖台一般砌于墓室前部，常与墓室等宽，棺台紧邻其后（图四八，4）；在双室墓中，一般砌于前室的后部，偏于一侧和墓壁相连或位于中间（图四八，5）。不过，在于西晋早期接近消亡的并列双后室墓中，有一座在前室后部左右角各砌一砖台（鄂城M2006），供后室两位墓主分别单独使用，可谓早期做法最后的余音（图四八，6）[6]。

至于砖台上所置器物，自孙吴早期起即以陶瓷器具为主；除俑有时会与陶瓷器具一起构成砖台器物群外，其他模型器和家禽牲畜俑、镇墓俑在大多数情况下不会放于其上。如鄂钢饮料厂M1：独角兽形镇墓俑位于甬道中央；在横前堂内的东侧砖台上放有瓷碗、罐、五联灯和铜弩机、骨片等，并发现有规律排列的铁钉和鎏金铜饰件，砖台西南角还留有范围约0.5平方米的朱砂；西侧砖台上则放有瓷俑、陶槅等，同时亦残留有鎏金铜饰件（图四七，5）[7]。该墓本已设有专作存储空间的双耳室，加之东侧砖台上出有指向设奠祭祀的朱砂以及与帷帐遗迹有关的铁钉和鎏金铜饰件，因此东侧砖台的性质可首先被确定为"祭台"。至于西侧砖台，其上放置的陶槅是这一时期最常见的作祭器之用的馔饮器具之一，前已有述，兹不赘言；与陶槅共出的俑为胡人侍俑的形象，将其和陶槅置于一处应象征了侍奉祭奠的场景；另外，虽因横前堂西、北壁倒塌而无法推知西侧砖台上方帷帐设施

---

[1] 鄂州博物馆、湖北省文物考古研究所《湖北鄂州鄂钢饮料厂一号墓发掘报告》。鄂城县博物馆《鄂城东吴孙将军墓》；南京大学历史系考古专业、湖北省文物考古研究所、鄂州市博物馆《鄂城六朝墓》，页24—25。
[2] 鄂城县博物馆《湖北鄂城四座吴墓发掘报告》，《考古》1982年第3期，页257—269；南京大学历史系考古专业、湖北省文物考古研究所、鄂州市博物馆《鄂城六朝墓》，页36。
[3] 包括鄂城M3031和鄂城M2184（南京大学历史系考古专业、湖北省文物考古研究所、鄂州市博物馆《鄂城六朝墓》，页36和页62—63）。
[4] 武汉市博物馆《武汉黄陂滠口古墓清理简报》。
[5] 鄂州市博物馆《鄂钢综合原料场M30发掘简报》；南京大学历史系考古专业、湖北省文物考古研究所、鄂州市博物馆《鄂城六朝墓》，页28—29。
[6] 南京大学历史系考古专业、湖北省文物考古研究所、鄂州市博物馆《鄂城六朝墓》，页30—31。
[7] 鄂州博物馆、湖北省文物考古研究所《湖北鄂州鄂钢饮料厂一号墓发掘报告》。

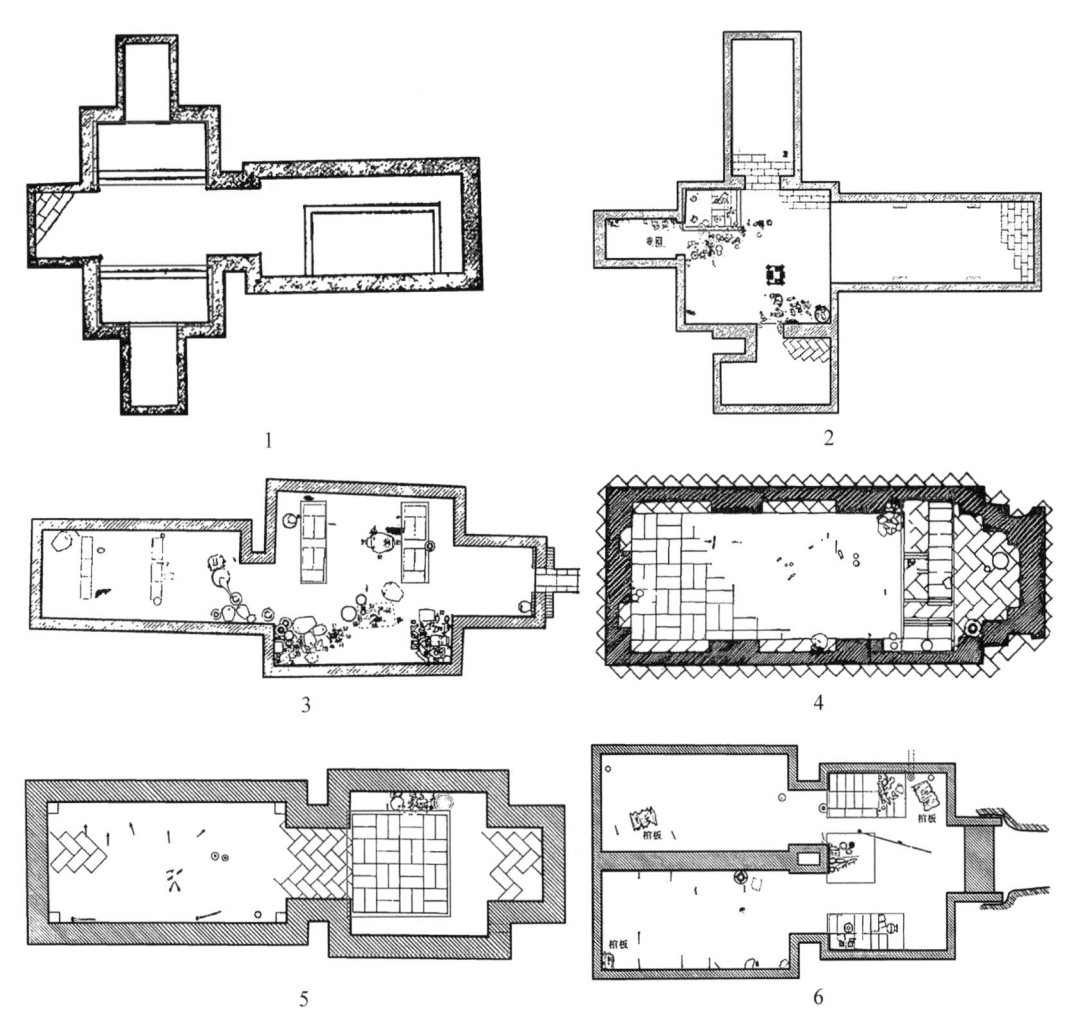

图四八 鄂州地区吴晋墓室空间布局拾例（之二）

（1. 鄂城孙将军墓；2. 武汉黄陂滠口古墓；3. 鄂城铁M105；4. 塘角头M3；5. 鄂城M5012；6. 鄂城M2006）

的情况，但鉴于有鎏金铜饰件残留，原设有帷帐的可能性较大。综上，鄂钢饮料厂M1横前堂内的双砖台应是构成了一个专门的祭奠空间。鄂钢饮料厂M1可以代表鄂州地区吴晋最高规格墓葬的情况，而在规模稍逊的墓葬中，如鄂城M3031原放置于砖台上的是陶罐、盘口壶和瓷灯、碗等（图四九，1）[1]；鄂城M2006在横前堂的西侧砖台上放置陶尖帽站立胡俑和头戴小冠的踞坐或站立俑、瓷水盂、瓷虎子，东侧砖台上放置瓷罐并发现有陶帐座，而陶井、灶、牛车等模型及镇墓俑则集中出于横前堂两砖台之间的后部中央（图四八，

---

[1] 南京大学历史系考古专业、湖北省文物考古研究所、鄂州市博物馆《鄂城六朝墓》，页71。

第三章 | 墓室空间布局研究　157

6)[1]；黄梅县松林咀晋墓在位于前室西侧的砖台上放有瓷盘口壶、洗、碗、盏，而陶五联灯和井、仓、灶、猪、畜圈等模型及侍俑则放于砖台对侧的地面上[2]。由此观之，基本可以认为，在鄂州地区的吴晋墓葬中存在较强的随葬品分类分区摆放意识，而砖台可判定为是作祭台之用。

不过，例外也是存在的。在鄂城铁M105和武汉黄陂滠口古墓中，存在陶瓷器具、模型明器和俑混杂摆放于砖台上的现象[3]；尤其是武汉黄陂滠口古墓，位于前室西南角的砖台上发现有帐架座，其上放置的既有盘、槅、案等较明确的祭奠用馔饮器具，同时还有鸡、狗等动物俑与其共存。如前所述，这种器具类和模型器混杂摆放的做法，更常见于长江下游尤其是南京地区的孙吴早中期墓葬中[4]。考虑到鄂城铁M105前室的两座砖台呈不对称布局，而在武汉黄陂滠口古墓中出有富于下游特色的器物——附鋬灯，都显示出与下游间的一定联系，因此砖台上器物混杂摆放的做法，或许同样是习自下游。

（4）其他

在年代可判定为孙吴早期的鄂城M2215中，虽然随葬品位置已被扰乱，但在前室中出有一组漆质器物，包括案、槅、盘、双耳杯和唾壶等，应为一套以漆案为载体的具有祭器性质的器物组合（图四九，2）[5]。在年代可判定为孙吴晚期的鄂城M2137中，随葬品基本保持了原来的位置，主要位于墓室前部，以铜洗、熨斗、鐎斗为中心，东侧纵向排列陶罐、盘口壶和漆耳杯2件，西侧纵向排列陶、瓷盘口壶以及漆盘和放有朱砂、蜡块的漆盒（图四七，2）[6]，明显也是一组与墓内设奠相关的器物群。这种由漆、铜质器具构成的祭器组合，加之砖台的缺席，显现出了浓烈的汉代祭奠之遗风。

在孙吴晚期鄂州地区几座随葬品"瓷器化"的大型墓葬中，多出有种类较齐全的瓷馔饮器具组合：鄂城孙将军墓见有盘、耳杯、勺、槅、案[7]；江夏流芳吴墓见有三足盘、勺、槅[8]；武汉黄陂滠口古墓见有盘、双耳杯、槅、案[9]；鄂钢综合原料场M30见有双耳杯、槅[10]。而在鄂州地区的其他墓葬中，耳杯、槅、案相当罕见，除前述两座出有漆质器物的墓

---

[1] 南京大学历史系考古专业、湖北省文物考古研究所、鄂州市博物馆《鄂城六朝墓》，页30—31。
[2] 黄冈市博物馆《湖北黄梅县松林咀西晋纪年墓》。
[3] 鄂城县博物馆《湖北鄂城四座吴墓发掘报告》；南京大学历史系考古专业、湖北省文物考古研究所、鄂州市博物馆《鄂城六朝墓》，页36；武汉市博物馆《武汉黄陂滠口古墓清理简报》。
[4] 详见本章第一节。
[5] 南京大学历史系考古专业、湖北省文物考古研究所、鄂州市博物馆《鄂城六朝墓》，页34—35。
[6] 南京大学历史系考古专业、湖北省文物考古研究所、鄂州市博物馆《鄂城六朝墓》，页99—100。
[7] 鄂城县博物馆《鄂城东吴孙将军墓》；南京大学历史系考古专业、湖北省文物考古研究所、鄂州市博物馆《鄂城六朝墓》，页24—25。
[8] 武汉市博物馆、江夏区文物管理所《江夏流芳东吴墓清理发掘报告》。
[9] 武汉市博物馆《武汉黄陂滠口古墓清理简报》。
[10] 鄂州市博物馆《鄂钢综合原料场M30发掘简报》；南京大学历史系考古专业、湖北省文物考古研究所、鄂州市博物馆《鄂城六朝墓》，页28—29。

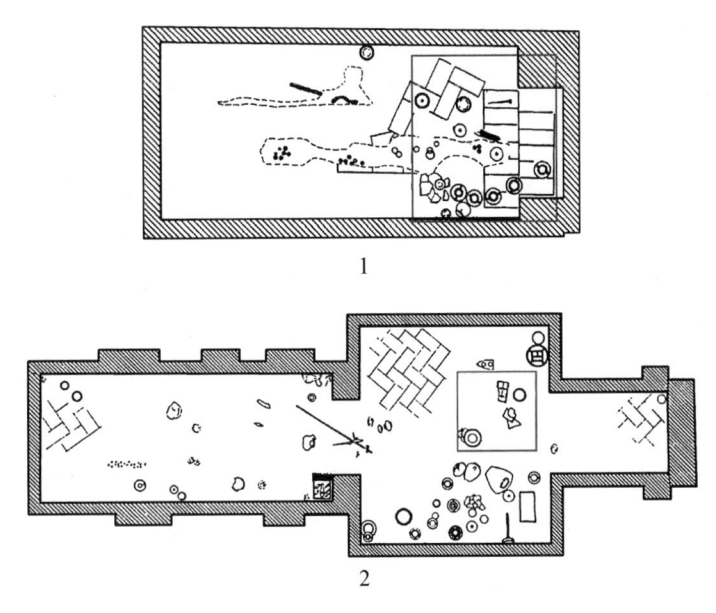

图四九　鄂州地区吴晋墓室空间布局拾例（之三）

（1. 鄂城M3031；2. 鄂城M2215）

葬外，墓内砖台上放置的多为瓷罐、盘口壶、碗、盏、洗之类。这一现象可从两方面进行解读：一方面，除樽以外，盘、耳杯、案本为汉代最基本的祭器种类，但其在吴晋时期的鄂州地区可能已不再流行；另一方面，瓷馔饮器具组合基本出于大型墓葬之中，其或许已成为社会上层才可使用的随葬器物亦不无可能。

（二）江西地区

（1）棺位

江西地区吴晋单人（夫妻合葬）墓的棺位基本都位于整个墓葬的后部，即单室墓的后端和双室墓及多室墓的后室（图五十，1）；祔葬墓目前仅发现南昌县小兰乡吴墓一座[1]，葬具及尸骨均腐朽无存，具体情况不清。例外的是南昌高荣墓内共置放三棺，为后室平列两副、前室置放一副的布局（图五十，5），由于前室短，前室一棺还有一半位于甬道内[2]。后室两棺死者为一男一女，前室一棺死者为女性，应属一夫二妻合葬。从墓室结构看，最初应为夫妇二人合葬，而前室一棺显然是后来临时决定或数年后再开甬道墓门权宜放入的，故挤塞在前室与甬道之中。葬具基本只见木棺，在本地区发现有数具保存较完好者：

---

[1]　南昌县博物馆《江西南昌县发现三国吴墓》。
[2]　刘林《南昌市东吴高荣墓的发掘》；江西省历史博物馆《江西南昌市东吴高荣墓的发掘》。

南昌高荣墓和南昌东湖区永外正街M1、西湖区老福山M2[1]出有完整的朱漆木棺,南昌都M1出有保存完好的长方匣式木棺[2]。砌棺台的做法基本不见,但作为棺室的后室地面一般会直接砌高,亦起到了承托棺木的作用。

出于棺内或其附近的器物有金、银、铜、铁、漆、木质器等,包括死者随身佩戴或携带之物,表明墓主身份、地位之物,以及厌胜之物。南昌高荣墓,后室西侧棺内靠头部位置放有一长方形木胎漆盒,盒内装有木简、木方、竹尺、铜镜、木梳、漆耳杯、石砚、墨等,死者应为男性即高荣本人;后室东侧棺内紧靠头部位置放有漆奁、楅以及小银壶1件,壶内置放有铜钱和金帽花饰等,靠脚部位置则为漆盘和漆盒,死者应为女性;前室棺内紧靠头部位置亦放有漆奁,旁边还有金手圈、发钗等物,靠脚部位置则为一铜洗,死者亦应为女性(图五十,5)[3]。南昌都M1,木棺内见有铜镜、漆耳杯和碗以及银圈、角钗等首饰[4]。在南昌东湖区叠山路和抚河区都司前发掘的6座吴墓中,铜镜、兵器、铜钱、木梳、漆器等皆置于棺内[5]。瑞昌马头"西晋"墓,在后室残留有大量铁棺钉,与其共出的有瓷水盂、石黛砚、铜钱、铜镜、铜叉形器、铁刀、铁剪刀、金环、金戒指、金发钗、金手镯、银手镯等(图五十,4)[6]。

(2)耳室(壁龛)

江西地区吴晋墓带耳室者较为少见。南昌高荣墓,双室墓,前室两侧对称设两耳室,西耳室出有陶罐、钵、盘、灯、炉等器具以及陶灶、井、仓、臼和石臼等模型器,东耳室出有瓷罐、壶、钵、漆盘、碗以及铜洗等实用器具(图五十,5)[7],展现出了一定的器物分类放置的意识。南昌东湖区叠山路M2,单室墓,在长方形墓室一侧附有耳室,耳室内置陶、瓷器[8]。清江晋墓M9,双室墓,在前室一侧附有耳室,耳室内出有两件瓷器具[9]。此外,还零星发现有带壁龛的墓葬,如南昌东湖区叠山路M4后室墓壁设龛三处,其内放置有陶、瓷器具[10];南昌市郊绳金塔晋墓前室两侧内壁各开一壁龛,均放置有若干瓷钵、罐等器具(图五十,3)[11];宜丰潭山西晋墓后室后壁开有一龛,内置瓷碟两件[12]。此类壁龛的功能应等同于耳室。综合以上情况,江西地区吴晋墓的耳室(壁龛)内既出有器具类随葬品,也出有模型

---

[1] 江西省博物馆《江西南昌晋墓》。
[2] 江西省博物馆《江西南昌东汉、东吴墓》,《考古》1978年第3期,页158—163。
[3] 刘林《南昌市东吴高荣墓的发掘》;江西省历史博物馆《江西南昌市东吴高荣墓的发掘》。
[4] 江西省博物馆《江西南昌东汉、东吴墓》。
[5] 唐昌朴《江西南昌东吴墓清理简记》。
[6] 江西省博物馆《江西瑞昌马头西晋墓》。
[7] 刘林《南昌市东吴高荣墓的发掘》;江西省历史博物馆《江西南昌市东吴高荣墓的发掘》。
[8] 唐昌朴《江西南昌东吴墓清理简记》。
[9] 江西省博物馆考古队《江西清江晋墓》。
[10] 唐昌朴《江西南昌东吴墓清理简记》。
[11] 江西省博物馆《江西南昌市郊的两座晋墓》。
[12] 刘林《宜丰潭山清理一座西晋墓》。

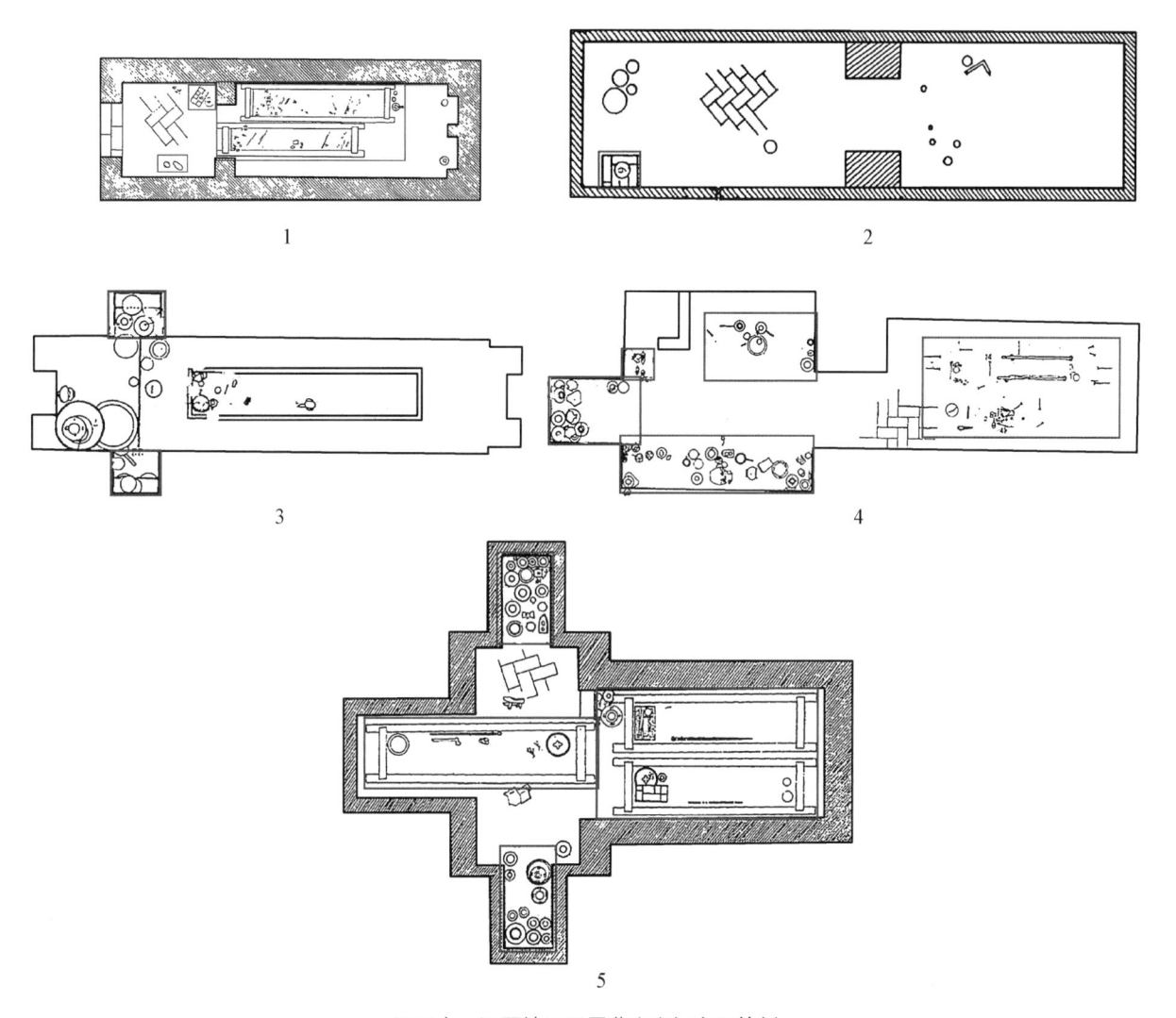

图五十　江西地区吴晋墓室空间布局拾例

（1.南昌东湖区永外正街M1；2.瑞昌朱湖M1；3.南昌市郊绳金塔晋墓；4.瑞昌马头"西晋"墓；5.南昌高荣墓）

类随葬品，且陶、瓷质均可见到，可见并非专门贮存明器的场所，只能将其笼统视为放置随葬品的功能区域。

（3）砖台

就目前发现所见，江西地区吴晋墓设有砖台者甚少，且集中位于赣北沿江地带的瑞昌。瑞昌朱湖M1在前室左侧设有长63、宽43.5、高12.5厘米的砖台，上置一青瓷碗（图五十，2）[1]。砖台砌砖表层及器物口沿均遗存有烟炱，很可能是封墓前举行祭奠仪式所致，

---

[1] 江西省瑞昌市博物馆《江西瑞昌朱湖古墓群发掘简报》，《南方文物》2003年第3期，页32—40。

第三章 | 墓室空间布局研究

此砖台性质当为祭台。瑞昌鲁家M2和M3亦分别于墓室前部一侧砌砖台,惜其上器物不存[1]。

（4）其他

虽然在江西地区的吴晋墓内罕见砖台,但这并不代表在这些墓葬中没有祭奠空间的存在。清江山前吴墓出有陶双耳杯与托盘的组合[2],清江晋墓M11前室出有瓷双耳杯、勺与托盘的组合且三者黏合在一起（图五一,1）[3],南昌东湖区永外正街M1前室出有漆双耳杯和槅[4],南昌警备区晋墓出有漆槅和盘[5],南昌市郊绳金塔晋墓前室出有漆双耳杯和盘（图五一,2）[6],均应为与墓内祭奠相关联的器物组合。至于位于长江沿岸的瑞昌马头"西晋"墓,虽未设砖台,但墓内的器物布局却自有其条理,体现出一定的按器物质地分类摆放的意识：甬道内靠近墓门处为陶瓷器具,包括釉陶壶,双领陶罐和瓷罐、壶、钵、碗；前室西侧靠近入口处为瓷马和牛；前室西侧后部主要为铜铁器具,包括铜杆头、熨斗、鐎斗、盆、罐和残铁器；前室东部主要为瓷器,包括瓷罐、盘、耳杯、勺、鐎斗、火盆、熏、碟、盏、盆等器具,灶、井、狗圈等模型器和堆塑罐等（图五十,4）[7]。

图五一　江西地区吴晋墓双耳杯与托盘组合拾例

（1.清江晋墓M11；2.南昌市郊绳金塔晋墓）

（三）湖南地区

（1）棺位

湖南地区吴晋墓葬棺位可辨者发现较少,一般位于整个墓葬的后部,唯安乡刘弘墓的棺台横砌在了正方形墓室的中央（图五二,3）[8]。葬具以木棺为主,同时发现有木椁,长沙

---

[1] 江西省文物考古研究院、九江市博物馆、瑞昌市博物馆《江西瑞昌鲁家西晋墓葬发掘简报》,《南方文物》2023年第2期,页62—71。
[2] 傅冬根《清江山前东吴墓》,《江西历史文物》1986年第2期,页31—32。
[3] 江西省博物馆考古队《江西清江晋墓》。
[4] 江西省博物馆《江西南昌晋墓》。
[5] 余家栋《南昌市清理一座西晋墓》。
[6] 江西省博物馆《江西南昌市郊的两座晋墓》。
[7] 江西省博物馆《江西瑞昌马头西晋墓》。
[8] 安乡县文物管理所《湖南安乡西晋刘弘墓》。

青少年宫晋墓的椁室存东、西、北三壁及顶部盖板和底板，三侧面填有青灰泥和黄色黏土，底板上覆盖一层灰褐色淤泥，在剥离淤泥时还发现了朱漆残片[1]。砌棺台的做法偶有所见，主要出于西晋墓中：前述安乡刘弘墓棺台高出墓底两平砖；长沙晋墓M23后室砌有两并列棺台[2]；浏阳姚家园M2墓室中部以北有棺台[3]，高度皆为两层砖；郴建M3置棺的墓室后部较前部地面高一层砖（图五二，2）[4]。

棺位可辨者本已不多，出于棺内或其附近之器物的情况亦较为模糊。现将保存较好的两例列举于下：安乡刘弘墓的玉佩、带钩、璧、璜、猪和龙纹金带扣、贴金铁匕首、金钗等精美随身物品皆散布于墓室前部，但旁有板灰痕迹和朽木条，原应置于棺台之上，由于棺木腐朽加之长年渗水而散塌倾覆于墓室前部（图五二，3）[5]；郴建M3墓室后部出有铁剪、金手镯、铜弩机和瓷四系罐（图五二，2）[6]。

（2）耳室（壁龛）

湖南地区吴晋墓带耳室或小龛者为数不少[7]，主要见于单室墓中。遗憾的是，有关其内所置器物的情况不甚清楚，难以进行后续探讨。

（3）其他

湖南地区吴晋墓葬内基本不见有砖台的设置，耳室、壁龛内和棺位附近的随葬品的分布情况也较为模糊，为把握此地区在这一时段的墓室空间布局规律造成了较大困难。不过，零星的可能具有特定丧葬含义的随葬品组合及布局现象还是为我们提供了管中窥豹的机会。在常德郭家铺吴墓中出有低温釉陶双耳杯、盘和铜双耳杯（图五二，4）[8]，湘阴城关镇剑坡里墓出有瓷耳杯和盘[9]，湘阴城关镇信用联社墓出有瓷勺、耳杯与槅[10]，可能为与墓内祭奠相关联的器物组合。望城县白若公社墓为三室墓，陶灶及甑、井、仓、屋、马圈、牛圈、羊圈、猪圈、鸡圈、鹅圈、鸭圈等模型器均放置于前室，瓷碗、罐等则主要分布于中

---

[1] 长沙市文物工作队《长沙发现一座晋代木椁墓》。
[2] 湖南省博物馆《长沙两晋南朝隋墓发掘报告》。
[3] 高至喜《浏阳姚家园清理晋墓二座》。
[4] 郴州地区文物工作队《湖南郴州晋墓》。
[5] 安乡县文管管理所《湖南安乡西晋刘弘墓》。
[6] 郴州地区文物工作队《湖南郴州晋墓》。
[7] 带耳室者包括：湘阴城关镇剑坡里墓（湘阴县博物馆《湘阴县城关镇东吴墓》）、湘阴城关镇信用联社墓（湘阴县博物馆《湖南湘阴城关镇西晋墓》）、长沙左家塘西晋墓（刘廉银《湖南长沙左家塘西晋墓》）、长沙晋墓M22（湖南省博物馆《长沙两晋南朝隋墓发掘报告》）、益阳县李宜墓（益阳地区文物工作队、宜阳县文化馆《湖南省益阳县晋、南朝墓发掘简况》）。带壁龛者包括：长沙晋墓M22、M24和金盆岭M21（高至喜《长沙两晋南朝隋墓发掘报告》），以及长沙青少年宫晋墓（长沙市文物工作队《长沙发现一座晋代木椁墓》）。
[8] 孙平《湖南常德东吴墓》。
[9] 湘阴县博物馆《湘阴县城关镇东吴墓》。
[10] 湘阴县博物馆《湖南湘阴城关镇西晋墓》。

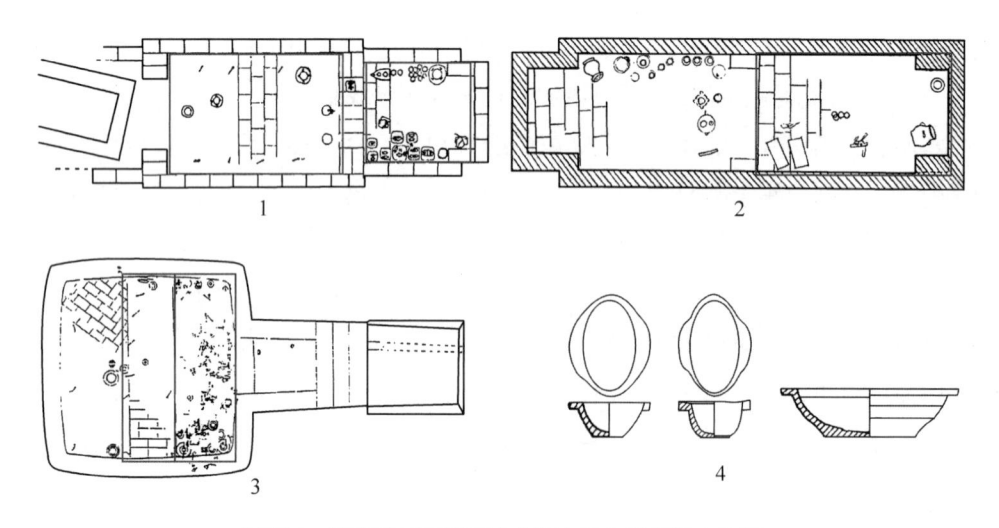

图五二　湖南地区吴晋墓室空间布局与祭器组合拾例
（1.望城县白若公社墓；2.郴建M3；3.安乡刘弘墓；4.常德郭家铺吴墓）

室（图五二，1）[1]，似乎显现出一定的随葬品分类放置的意识。安乡刘弘墓的随葬品均分布于棺台之前，其中包括有瓷双耳杯、盘和榼的祭器组合（图五二，3）；并且，在棺台前近中心部位发现1件铁帐架，墓室四边共发现12枚弯铁钉，帐架上附着夹纻的漆帐环，墓室四角2—2.2米高处和顶部的砖缝中有钉痕，因此墓室沿壁很可能曾张挂圆顶帷帐[2]。该墓正方形单室的平面形制，加上棺台横贯于墓室、随葬品置于棺台前的布局方式以及随葬品上方所张设之帷帐，无不显示出与中原北方的密切联系[3]。墓主刘弘为官阶一品的镇南将军、宣成公，"少家洛阳，与（晋）武帝同居永安里，又同年，共研席"[4]。因此墓虽在南，却展现出了一副同于北方的面貌。

三、墓室空间布局与地方社会传统：以砖台为中心

通过上文对各区域墓室空间布局情况的整理归纳，可以看出在长江中下游的吴晋墓中，设置砖台以标识专门摆放随葬品之特定区域是最常见的做法。因此本节将以此为线索，通过比较砖台在不同时段不同区域的设置情况，考察其所反映的地方社会传统之差异。

---

[1] 长沙市文物工作队《湖南望城县东吴墓》。
[2] 安乡县文物管理所《湖南安乡西晋刘弘墓》。
[3] 韦正《北朝晚期墓葬壁画布局的形成》，《艺术史研究》第16辑，广州：中山大学出版社，2014年，页145—188。
[4] 〔唐〕房玄龄《晋书》，页1763。

砖台并非孙吴首创，最早的砖台见于新莽时期的洛阳五女冢M267[1]，之后在中原北方地区时有出现，但不算普遍现象；在长江中游则相对更为多见[2]，但设有砖台的墓葬形制种类并不固定[3]。总体而言，在新莽及东汉时期，砖台的设置及其在墓葬中的位置都未形成一定之规[4]。

汉墓内的砖台可以视为汉代实际生活中的坐榻传统在地下世界的映射。墓内砖台多为1—3层砖平砌，总高度不超过30厘米，可与刘熙《释名·释床帐》"长狭而卑曰榻，言其榻然近地也"[5]的记载相合。《晋书·王祥传》对墓内床榻的设置表述得更为明确："及疾笃，著遗令训子孙曰：'……穿深二丈，椁取容棺。勿做前堂、布几筵、置书箱镜奁之具，棺前但可施床榻而已。糗脯各一盘，玄酒一杯，为朝夕奠。……'"[6]晋行薄葬，与汉代葬制相比减省较多；所谓"但可施"，则证明床榻为当时被继承保留下来的汉传统因素。在墓内已有盛放死者尸体之葬具的前提下，作为床榻的砖台，应是为墓主灵魂所设之坐具，亦即"灵座"或"神位"，是后人行朝夕奠的祭奠对象；而置于砖台上的应为供墓主灵魂享用的糗脯、玄酒等祭奠品，以及盛放祭奠品的馔饮器具。

考古发现可进一步证实汉墓内的砖台应为墓主灵魂所坐之榻，是墓内祭奠活动的中心所在，亦即学界习称的"祭台"。如：前述洛阳五女冢M267的砖台上南部置陶盒、耳杯、案等，耳杯内均盛鱼、鸡等食物；西北部散置颗粒较大的已碳化的植物，还有形似木牍的随葬品，并有织物覆盖；西北部还放置3件小型泥器、1件铜镜以及数枚铜钱（图五三，1）。该墓的耳室内则放有陶仓、罐、瓮、敦、壶以及石磨、臼等，陶器表面朱书有"粟万石""小麦万石""盐""肉酱"等文字。洛阳涧西七里河东汉墓为一座横前堂带耳室的双室砖墓，在前堂内的砖台上东南角放置有陶灯，其西北为一套百戏俑，围绕陶灯形成一半圆；百戏俑西边为一长方形陶案，案上中部南北排列三排耳杯，东北角放一圆盘，西南角放一羊头；在砖台下有陶作坊和家禽、家畜等模型器。北耳室则放置陶井、仓、甑、灶、罐和釉陶壶、铁釜（图五三，2）[7]。两墓内的器物布局反映出墓室各处有明确的区域分工，砖

---

[1] 洛阳市第二文物工作队《洛阳五女冢267号新莽墓发掘简报》，《文物》1996年第7期，页42—53、95。
[2] 李婷《墓内祭祀的继承与流变——基于六朝都城地区的墓内祭祀空间的考古学观察》，页22。
[3] 如：蕲春枫树林陈M9为一单室墓，在墓室东侧前部设有砖台（湖北京九铁路考古队、黄冈市博物馆《湖北蕲春枫树林东汉墓》，《考古学报》1999年第2期，页179—210）；蕲春枫树林对M1为一祔葬墓，中轴线上有前后双主室，前主室两侧各附一侧室，西侧室又带双耳室，在前室东侧设有砖台（《湖北蕲春枫树林东汉墓》）；襄樊市人造毛皮厂M1为一前后双室墓，在前室后部偏东侧砌有一砖台（襄樊市博物馆《湖北襄樊市两座东汉墓发掘》，《考古》1993年第5期，页404—407）。
[4] 齐东方《中国古代丧葬中的晋制》，《考古学报》2015年第3期，页345—366。
[5] 〔汉〕刘熙撰，〔清〕毕沅疏证，〔清〕王先谦补《释名疏证补》，上海：上海古籍出版社，2022年，页287。
[6] 〔唐〕房玄龄《晋书》，页989。
[7] 洛阳博物馆《洛阳涧西七里河东汉墓发掘简报》，《考古》1975年第2期，页116—123、134。

台标识了祭奠空间,耳室则为仓廪庖厨之所。长江中游东汉墓的墓内布局情况虽不似上述中原北方墓葬一般明确,但如襄樊市人造毛皮厂M1,原置于砖台上的是陶盘、耳杯和铜器,陶灶及甑、仓、磨、猪圈等模型器则放于前室地面上(图五三,3)[1],其背后明显也存在器物分类摆放的区域规划。

汉墓内的砖台作为床榻、祭台而存在,这一点为长江中游的孙吴墓葬所承袭,即:不论耳室这一特定的存储空间有无,砖台上所置的器物都是以馔饮器具为主的陶瓷器具(祭器),模型器和家禽牲畜俑、镇墓俑一般不会放于其上[2]。而长江下游孙吴时期尤其是孙吴早中期墓葬内的情况则明显有别于此,呈现出的是砖台与耳室基本不共存、砖台上明器与祭器混杂摆放的面貌,使得砖台一度变为了笼统摆放随葬品之区域;且有时设置较为权宜,由平放的几块砖托代替[3]。直到孙吴晚期以后,砖台的位置、数目和性质才逐渐明晰并固定下来。这或许是因为在东汉末至孙吴早期,砖台和耳室对于长江下游来说都属于新鲜事物,两者在传入长江下游之时相互间会产生摩擦和碰撞,由此造成了一定的互斥与混乱所致。

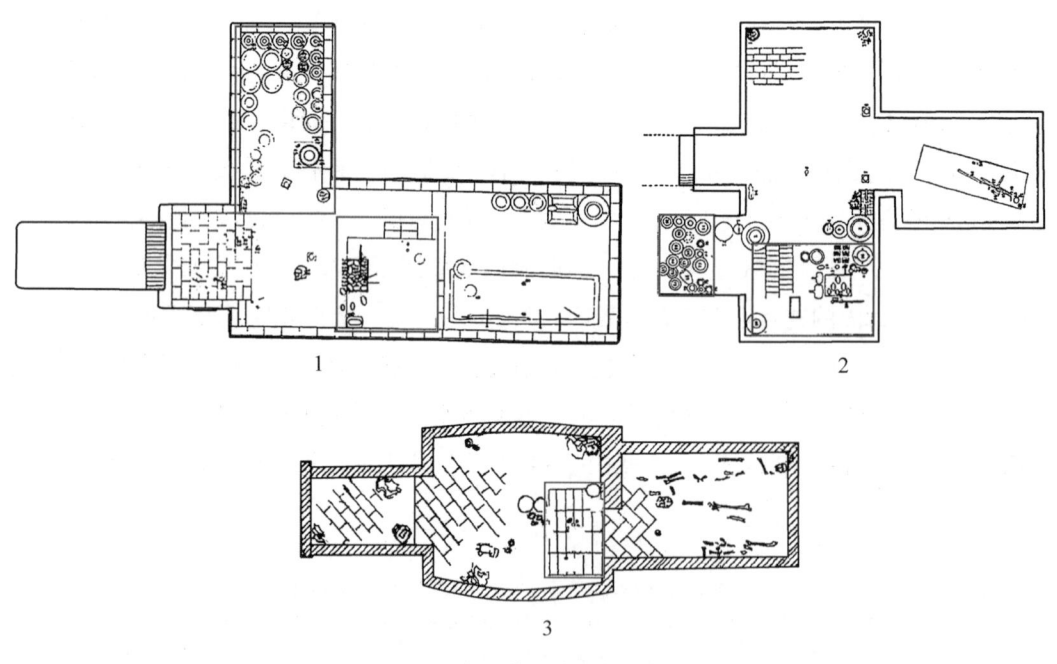

图五三　东汉墓内砖台布局拾例

(1.洛阳五女冢M267;2.洛阳涧西七里河东汉墓;3.襄樊市人造毛皮厂M1)

---

[1] 襄樊市博物馆《湖北襄樊市两座东汉墓发掘》。
[2] 详见本章第二节。
[3] 砖托较多见于浙南地区的墓葬中;南京地区的江宁沙石岗M1除后室前部设砖台外,前室后部一侧转角处还平置一砖,上放2件红陶罐。

166　承运东南:长江中下游的吴晋墓葬与社会

砖台发展至孙吴时期还出现了一项重大变化,即双砖台对称布局形式的出现[1]。这一布局形式于孙吴中晚期在马鞍山和鄂州地区较高规格的双室墓内普遍可见,可谓形成了一定的规制。然而,这一规制并未维持太长时间,随着砖台在建衡二年(270年)之后逐渐淡出马鞍山地区,其继而在南京地区的墓葬内呈现出了新的较统一的面貌:双砖台不再流行,一墓只设一座砖台,一般位于整个墓葬的前部,其上放置的器物为以耳杯、榼、盘为中心的馔饮器具组合。也是从这时候开始,砖台才真正可以"祭台"谓之,成了墓内祭奠活动的中心所在。

及至西晋时期,以单砖台为祭奠中心的布局方式继续流行于南京地区;同时,这一做法也逆流而上回溯到了鄂州地区,加之耳室逐渐退出历史舞台,南京和鄂州作为长江中下游的核心发展区,基本形成了较统一的墓室布局面貌。如鄂城M3027与江宁上湖M1[2]、鄂城M5012(图四八,5)与南京板桥镇石闸湖晋墓(图四二,2)[3],从墓葬形制到砖台位置都具有高度相似性。至于非核心发展区,皖南、浙南、江西、湖南四区基本不见砖台;而在苏南浙北地区的周氏和傅氏家族墓地中,一墓内砖台不止一座,且可能前、后室内均有设置,此外还会在后室棺位附近摆放明器和祭器。

周氏和傅氏家族墓的空间布局形式不能不说十分独特。因为自东汉起,墓葬内放置随葬品的区域与棺位在通常情况下都会相互隔离,如《白虎通·崩薨》所言:"尸之为言失也,陈也,失气之神,形体独陈。"[4]死者的尸体既不能作为祭奠活动中的神位所在,也非死后"生活"的主体。在东汉时中原地区最常见的前堂后室墓中,一般都是在前堂内设奠,陈设象征墓主活动与身份地位的各种随葬品;后室则为藏棺之所,是以棺木为中心的静穆世界。汉末魏晋单室墓逐渐取代多室墓之后,本来单作一室的前堂就改为了一室之前部,棺木则多被横向安排在墓室后壁之下[5]。至于在棺位附近摆放随葬品特别是祭器的做法,则是流行于更早先的布局方式,如西汉的满城一号中山王刘胜墓,在棺床前置漆案,其上放置作祭器之用的馔饮器具;二号窦绾墓在棺前亦放置有大量随葬品,包括漆案以及漆盒、漆尊、铜壶、陶壶、陶碗等馔饮器具[6]。据施杰考证,满城汉墓中放置于棺位之前的祭奠器物可能对应了《仪礼》中记载的需要身体在场的"正祭"仪式,只是这种以尸体为祭

---

[1] 李婷《墓内祭祀的继承与流变——基于六朝都城地区的墓内祭祀空间的考古学观察》,页61。
[2] 南京大学历史系考古专业、湖北省文物考古研究所、鄂州市博物馆《鄂城六朝墓》,页59—60;南京市博物馆、南京市江宁区博物馆《南京江宁上湖孙吴、西晋墓》。
[3] 南京大学历史系考古专业、湖北省文物考古研究所、鄂州市博物馆《鄂城六朝墓》,页39、41;南京市文物保管委员会《南京板桥镇石闸湖晋墓清理简报》。
[4] 〔清〕陈立撰,吴则虞点校《白虎通疏证》卷十一,北京:中华书局,1994年,页556。
[5] 李梅田《曹魏薄葬考》,《中原文物》2010年第4期,页17—20、69。
[6] 中国社会科学院考古研究所、河北省文物管理处《满城汉墓发掘报告》,页30、229—233。

奠对象的做法在秦汉时期的祖先崇拜中已经趋于消亡[1],所谓"自周以前,天地、宗庙、社稷一切祭享,凡皆立尸。秦汉以降,中华则无矣"[2]。由此推测,出现在周氏和傅氏家族墓中的空间布局方式,颇有可能是承袭了《仪礼》中古老的传统丧葬规划所致。同时,或许是由于这些大姓豪族的成员多在朝为官,他们也将流行于南方政治文化中心南京的主流墓葬文化因素——砖台——带回了本族的势力地盘,于是出现了在后室中置砖台或石案的现象,使得墓葬最终呈现出独特的"兼而用之"的复合面貌。

在同时段即曹魏西晋时的中原北方地区,主流的墓室空间布局形式是将以长方形陶榻或陶案为中心的祭器组合直接放置于棺前地面上[3]。前述西晋王祥遗令中提及的"床榻",也就是砖台,在这一时段中原北方墓葬的实际考古发现中几乎不见,似为"权铺席于地,以设玄酒之奠"[4]的表现。这种简约、权宜的墓室空间布局方式也见于长江下游的吴晋墓葬内,此类墓葬的主人或可推测为南迁的江北之人。另外,在中原北方的魏晋墓葬中常见以帷帐标识祭奠空间的现象,而陶帐座、铁帐钉一类的相关遗物在长江中游自孙吴中期即有发现[5],至西晋晚期开始在下游的墓葬当中出现[6]。长江中游与中原一直以来都保持着较密切的联系,前文已有述及[7];而在下游,从西晋中晚期开始,墓葬当中还出现了中原北方风格的持盾门吏俑和独角兽形镇墓俑,它们可能共同反映了西晋中原的文化因素在这一阶段正逐渐渗入江东。

---

[1] 施杰《交通幽明——西汉诸侯王墓中的祭祀空间》,《古代墓葬美术研究》第二辑,长沙:湖南美术出版社,2013年,页73—93。
[2] [唐]杜佑《通典》卷四十八,北京:中华书局,1988年,页1355。
[3] 李婷《墓内祭祀的继承与流变——基于六朝都城地区的墓内祭祀空间的考古学观察》,页75。
[4] [唐]李延寿《南史》卷七十六,北京:中华书局,1975年,页1892。
[5] 目前,长江中游发现铁帐钉和陶帐座的吴晋墓葬有:鄂钢饮料厂M1(鄂州博物馆、湖北省文物考古研究所《湖北鄂州鄂钢饮料厂一号墓发掘报告》)、武汉黄陂滠口古墓(武汉博物馆《武汉黄陂滠口古墓清理简报》)和鄂城M2006(南京大学历史系考古专业、湖北省文物考古研究所、鄂州市博物馆《鄂城六朝墓》,页30—31)。
[6] 目前,长江下游发现陶帐座的西晋墓有:宜兴周墓墩M1、M2(罗宗真《江苏宜兴晋墓发掘报告——兼论出土的青瓷器》)、南京板桥镇石闸湖晋墓(南京市文物保管委员会《南京板桥镇石闸湖晋墓清理简报》)、南京雨花台区雨花村M3(南京市博物馆《南京雨花台区四座西晋墓》,《东南文化》1989年第2期,页138—142)和南京麒麟镇晋墓(南京市博物馆、江宁区博物馆、雨花台区文化广播电视局《南京市麒麟镇西晋墓、望江矶南朝墓》,《南方文物》2002年第3期,页16—21)。其中,宜兴周墓墩M1和石闸湖晋墓可确定具体年代,分别为元康七年(297年)和永宁二年(302年),其他三墓根据墓主身份和随葬品特征也可基本判定为西晋晚期的墓葬。
[7] 详见本书第一章第三节。

第四章
墓葬的规格问题

南

一、孙吴墓葬的规格问题

孙吴墓葬材料可谓全国范围内三国墓葬材料中最丰富的一批,不仅发现数量最多,内涵亦十分丰富,更为可贵的是,规模大、规格高、随葬品众多的墓葬数量相当可观,为研究孙吴时期的官方丧葬制度和主流葬俗提供了重要实物资料。这一时期虽然不若西晋墓志流行之后,中原北方地区多数墓葬的墓主身份和下葬时间都较为明确,但仍有不少墓葬出土了买地券、木刺和木谒、印章等包含明确或间接指向墓主身份信息的遗物,此外还有砖文、弩机铭文、堆塑罐铭文等可供参考的文字信息,揭示出的墓主身份下至平民、上及孙吴宗室乃至吴帝,基本涵盖了当时社会的各个阶层。同时,还有几座引人注目的大墓,墓主身份已基本被学界认可为孙吴宗室或著姓豪门[1],亦可作为研究孙吴墓葬规格的直接材料。过去虽已有学者进行过涉及孙吴墓葬规格的讨论[2],但多着眼以宗室墓为主的高规格墓葬,而中小规格墓葬则较少被纳入研究范围,故相关探讨在系统性上仍有可深入的空间。近年来,随着可利用的墓葬材料明显增加,梳理出孙吴墓葬规格的整体脉络已具备了实现的可能性。本节内容拟通过将墓主身份地位大致相当的墓葬归为一类,继而进行大类间的比对,并对在前人研究和本书先前论述中被认证为规格较高的墓葬元素(包括:大型耳室、石质墓内设施、对称砖台、帷帐、"限定性瓷器化"和高规格瓷器以及步摇饰)进行重点考察,力图寻绎出与孙吴墓葬规格差异有关之线索,进而将高规格墓葬元素所适用的社会阶层更具体化、明确化。此外,鉴于一部分墓葬有纪年信息,因此在横向寻觅墓葬规格差异的同时,还可纵向观察墓主身份地位相当的墓葬随时间推移所沿袭与改变的元素,进一步充实对孙吴丧葬政策与社会礼俗的认识。

---

[1] 这些墓葬包括马鞍山宋山大墓、当涂"天子坟"吴墓、苏州虎丘路新村土墩M1、江夏流芳吴墓、武汉黄陂滠口古墓和马鞍山朱然家族墓等。另外需要予以说明的是,与苏州虎丘路新村土墩M1处同一墓地的M5虽出有"吴侯"铭文砖,但其规模颇小(仅为一全长4.48米的单室砖墓),且后期曾遭人为毁坏;对其墓主身份尚有较大争议,有将其视为孙氏"吴侯"及其家族成员者,也有将其视为吴氏"吴侯"者(参见:赵娜《孙吴宗室墓葬的考古学研究》;程义、陈秋歌《苏州虎丘路三国大墓墓主身份再考》,《中原文物》2022年第3期,页104—108;常泽宇《苏州虎丘路新村土墩M5"吴侯"小考》,《东南文化》2022年第4期,页135—139)。故本书暂不将其纳入总结墓葬整体规格特征的考虑范围之内。
[2] 代表性研究如:韦正《六朝墓葬的考古学研究》,页268—279;王志高、马涛、龚巨平《南京上坊孙吴大墓墓主身份的蠡测——兼论孙吴时期的宗室墓》;赵娜《孙吴宗室墓葬的考古学研究》等。

（一）规格差异

根据已知的身份信息，可将长江中下游孙吴墓葬的墓主大致分为三个阶层，自上而下分别为孙吴宗室成员与吴帝、贵族与官吏，以及平民。相关墓葬的具体信息见表十、表十一、表十二。

据上述三表，孙吴时期长江中下游不同社会阶层成员的墓葬可分别归结为如下面貌。

第一社会阶层，孙吴宗室成员与吴帝墓葬。其内又可分为两个层级。

第一层级。墓葬全长15米以上，前后双主室并设有一对以上的大型对称双耳室（图六，1）。墓内有较多的石质设施，且多在前室内置对称砖台。随葬品方面，瓷器占比很高甚至实现"瓷器化"，见有精美的瓷堆塑罐和俑群等，并随葬有步摇饰一类的金银饰。这是目前所见孙吴墓葬所呈现出的最高规格的面貌，包括马鞍山宋山大墓、当涂"天子坟"吴墓和江宁上坊M1（表十中字体加粗的三墓）。当涂"天子坟"吴墓墓主应为吴景帝孙休，江宁上坊M1墓主应为孙皓统治后期一位受宠的宗室之王[1]，故此三墓基本可代表孙吴统治集团最核心成员的墓葬面貌。

在当涂"天子坟"吴墓中还发现有车马具构件，种类、数量在迄今发现的孙吴墓葬中均居第一。所出龙首形铜车軏和龙鸟纹银衡末（图五四）在志书中有迹可循，《后汉书志·舆服上》"乘舆、金根、安车、立车，……金薄缪龙，为舆倚较，文虎伏轼，龙首衔轭，左右吉阳筒，鸾雀立衡，……是为德车"[2]，《晋书·舆服志》"玉、金、象、革、木等路，是为五路，并天子之法车，……金薄缪龙之为舆倚较，较重，为文兽伏轼，龙首衔轭，左右吉阳筒，鸾雀立衡，……故世人亦谓之金鹍车"[3]，两处记载大致相同。孙吴介于汉、晋之间，规制未见

图五四　当涂"天子坟"吴墓中的车马具构件
（1. 龙鸟纹银衡末；2. 龙首形铜车軏）

---

[1] 王志高、马涛、龚巨平《南京上坊孙吴大墓墓主身份的蠡测——兼论孙吴时期的宗室墓》。
[2] 〔晋〕司马彪撰，〔梁〕刘昭注补《后汉书志》第二十九，页3644。
[3] 〔唐〕房玄龄《晋书》卷二十五，页753。

详述，但史载其朝仪为拾采周、汉而成[1]，加之上述文献又可证实晋代车制基本承袭汉故事，因此龙首形铜车軏和龙鸟纹银衡末在孙吴朝亦当为与天子所乘之车相关的构件。这也进一步将"天子坟"墓主的身份指向了吴帝。

第二层级。墓葬全长在9—15米，前后双主室，多设有一对大型对称双耳室（图六，2）。墓内罕见石质设施，但前室内仍可见对称砖台，其上或张设有帷帐。随葬品方面，瓷器占比很高甚至实现"瓷器化"，见有精美的瓷堆塑罐、坞堡模型等，并随葬有步摇饰一类的金银饰及鎏金铜器。可划归为此层级的墓葬包括苏州虎丘路新村土墩M1、鄂钢饮料厂M1、江夏流芳吴墓、武汉黄陂滠口古墓和鄂城孙将军墓。除苏州虎丘路新村土墩M1位于孙氏起家的江东吴郡外，其他四墓均位于陪都古武昌的统辖范围内。其中，鄂钢饮料厂M1和鄂城孙将军墓墓主身份较明确，前者为孙邻，系孙坚之兄孙羌之孙，封都乡侯，官至夏口沔中督、威远将军，后者为孙邻之子孙述；余二墓墓主亦当为孙吴宗室成员。与第一层级墓葬相较，本层级墓葬建造尺寸有所下降，且古武昌范围内的四墓不见石质设施。这应当是中游的古武昌政治地位逊于下游之建业的侧面写照，也反映了留居古武昌的宗室成员终是居于孙吴权力结构之外缘。

未列入表格的与墓葬规格有关的元素还有一类特制的大砖：马鞍山宋山大墓所用作方形，边长48厘米，主要用于棺台、砖台外沿和横前堂两侧假窗（壁龛）；当涂"天子坟"吴墓所用作方形，用于砌建东耳室内的灶；江宁上坊M1所用作方形，素面，表面光滑平整似经过特殊处理，边长50、厚4厘米，主要为前、后主室及过道的上层铺地砖；苏州虎丘路新村土墩M1所用作长方形，长40、宽20、厚4.5厘米，为墓室主要建筑材料；江夏流芳吴墓所用作长方形，长50、宽25、厚8—9厘米左右，用于砌建墓室；武汉黄陂滠口古墓所用作长方形，长45、宽22.5、厚7.5厘米，用于砌造前室的砖台。这些大砖不见于同时期的其他墓葬，也是孙吴宗室墓中值得注意的现象[2]；且方形大砖与长方形大砖恰好分别出于第一层级和第二层级的墓葬中，其背后或涉及某些更为具体的等级性规划亦未可知。

第二社会阶层，贵族与官吏墓葬。

墓葬全长在2.5—10米，单主室、双主室乃至双后室的三主室墓皆有，耳室偶见。墓内或有1—3个砖台，位于整座墓葬的前部；在孙皓统治时期，个别墓内出现了石质设施。随葬品方面，瓷器占比分化较大，但总体较第一阶层的墓葬有所下降；精美的瓷堆塑罐、卣形壶、坞堡以及铜弩机和步摇饰一类的高规格器偶出。与第一阶层的墓葬相较，本阶层墓葬的建造尺寸明显缩小，尤其是大型对称耳室基本被减省；随葬品中瓷器占比下降，高规格器物较罕见。

---

[1]〔晋〕陈寿撰，〔宋〕裴松之注《三国志》卷五十二，页1221。
[2] 王志高、马涛、龚巨平《南京上坊孙吴大墓墓主身份的蠡测——兼论孙吴时期的宗室墓》。

本阶层墓葬的规模与墓主的政治身份之间未形成明确的对应关系。武昌莲溪寺吴墓墓主彭卢身份为校尉,官秩不会高于比二千石,但墓葬却为全长8.46米的双主室附双耳室墓,其规模不仅大过墓主属于倪侯家族的南京江宁沙石岗M1,还可与虽全长有8.7米但无耳室的当阳侯朱然墓一较高下。南京西善桥南山顶吴墓和鄂城M3035墓主身份分别为军司马和别部司马,墓葬全长却都不到3米,且鄂城M3035还为土坑墓,出土遗物更是寥寥,与墓主身份极不相称。不仅如此,政治身份相当者的墓葬若未发现标明身份之物,也难以看出有共通之处。南京大光路薛秋墓墓主身份为折锋校尉,与彭卢身份接近,但墓葬仅有5.32米,且为单室;南京西善桥南山顶吴墓和常德郭家铺吴墓墓主皆为军司马,前者情况已有所述,后者则出有5件铜弩机、28件银指环、水晶珠、玛瑙珠、象牙俑等高规格器物,显示墓主所拥有的财力和物力远非其官职所能代表。至孙皓统治时期,在江宁沙石岗M1和马鞍山朱然家族墓这样的贵族墓葬中甚至出现了石质墓内设施,暗示本阶层墓葬的内部分化在孙吴晚期又有所加剧。

总体而言,上述情况说明了,孙吴政权对于宗室之外的贵族与官吏墓葬并未形成一套严格的管理机制。至孙吴晚期,管理更为松弛,墓葬规模的差别也随之进一步增大,难以看出有通行之规律。

第三社会阶层,平民墓葬。

墓葬全长在3—8.5米之间,单主室和双主室墓皆有,耳室偶见。墓内基本不见石质设施、砖台及帷帐。随葬品方面,瓷器占比依然分化较大,不过总体与第二阶层墓葬相当,只是基本未发现高规格器物。就现有的墓葬材料来看,第二与第三阶层墓葬在结构尺寸和瓷器占比方面未体现出太多差异,更显著的差别或许在于对称砖台、帷帐和高规格器物的缺席。

本阶层墓葬的规模亦表现出了严重的内部分化。南京幕府山M2墓主黄甫为一无官爵的平民,却建造了长达8.6米的双主室墓,这一方面显示黄甫应为具备相当实力的豪民富户,另一方面也证实了孙吴政权对于墓葬的形制规模并无严格限制[1]。但是,本阶层墓葬中不见对称砖台的设置和帷帐类设施,且未发现高规格随葬品,或许暗示了较之墓葬建造规模,孙吴政权对墓内设施和随葬品使用的管理反而更为严格。

(二)等级性元素及其适用范围

通过以上根据墓主身份地位对孙吴时期长江中下游各社会阶层墓葬情况的总结可知,孙吴政权可以确定应有一套自己的丧葬等级规制,只是尚未构成严格森然的体系,即墓主的身份地位与墓葬规模之间未形成必然的对应关系。就墓内设施、高规格随葬品等

―――――――
[1] 蒋赞初《长江中下游孙吴墓葬的比较研究》。

元素而言,墓主的身份地位是其出现的必要条件,也就是说,是否可以运用这些元素,主要取决于墓主的政治身份和社会地位;而就墓葬的结构尺寸而言,其并不为墓主的身份地位所左右,墓葬的营建或在相当大的程度上取决于墓主的经济实力,并且还可能受墓主的门第出身以及地方匠作集团等因素的影响。下面将继续对几类较常见的高规格墓葬元素可能具有的等级制内涵予以具体说明,以更好地明晰墓葬规格差异的界限标准所在。

(1)大型对称双耳室

据本书第一章所述,对称双耳室的设置更多的是一个关乎文化传统的问题。耳室,尤其是对称双耳室,主要是中原北方地区自西汉晚期至魏晋时期流行的墓葬结构。在与中原北方联系较为紧密的长江中游,对称双耳室稍显多见,武昌任家湾M113、南昌高荣墓、鄂钢饮料厂M1、武昌莲溪寺吴墓、常德郭家铺吴墓、江夏流芳吴墓和鄂城孙将军墓墓主身份较明确,下及平民、上至孙吴宗室成员,可见其适用范围较广,应无特定的等级制内涵。在长江下游,耳室至东汉晚期才有零星发现,对称双耳室的流行度也低于中游,墓主身份明确的见有马鞍山宋山大墓、南京郭家山M7、当涂"天子坟"吴墓、江宁上坊棱角山M1和江宁上坊M1,涵盖了孙吴宗室成员、贵族以及中级官吏,故也难说具有等级制内涵。同时,随着四隅券进式穹窿顶的流行,营造耳室的施工难度加大[1],导致这一墓葬结构日渐衰微,分别于孙吴晚期和西晋早期在长江下游和中游基本消失。

虽然对称双耳室本身可能不具备等级制内涵,但其规模却可与等级相挂钩。就现有的墓葬材料来看,第一社会阶层墓葬的对称双耳室最低者为1.15米(马鞍山宋山大墓),最高者可达2.3米(当涂"天子坟"吴墓);而其下两阶层墓葬的双耳室,最宽敞者不过高0.87米(武昌莲溪寺吴墓),较前者规模明显缩小,有学者甚至将后者以"龛室"[2]谓之。职是之故,或可将高度在1米以上的耳室定为"大型耳室",而大型对称双耳室可谓第一社会阶层墓葬所特有之高规格结构。

(2)石质墓内设施

就现有墓葬材料所见,使用石质墓内设施的主要为第一社会阶层中第一层级的墓葬,包括石门、覆顶石、石牛首灯台、虎状石棺座等,显示其应为孙吴时期最高规格的墓葬设施。不过,至孙吴晚期孙皓当政时,石门和素面石棺座在第二阶层的贵族墓葬中也有发现(分别出于马鞍山朱然家族墓和江宁沙石岗M1)。江宁沙石岗M1的发掘者认为"(素面)石棺座颇疑也是具有较高身份的孙吴贵族所能拥有的特殊墓葬设施"[3],但结合

---

[1] 详见本书第一章第三节。
[2] 王志高、马涛、龚巨平《南京上坊孙吴大墓墓主身份的蠡测——兼论孙吴时期的宗室墓》。
[3] 南京市江宁区博物馆《南京江宁孙吴"天册元年"墓发掘简报》。

石质墓内设施在孙吴时的总体使用情况,马鞍山朱然家族墓和江宁沙石岗M1作为两座贵族墓葬,其内出现石质设施更有可能是孙吴晚期墓葬管理松弛、规制崩坏的结果。在孙皓统治期间,政教凌迟、厚葬之风大兴。孙皓曾为葬所宠爱的左夫人张氏,而于苑中"大作冢,使工匠刻柏作木人,内冢中以为兵卫,以金银珍玩之物送葬,不可称计。……国人见葬太奢丽,皆谓皓已死,所葬者是也"[1]。这一阶段的墓葬一般也较此前同阶层者规模更大、随葬品更丰富[2],如江宁上坊M1甬道口处设石门一道,前室墓顶嵌覆斗状覆顶石,前、后室四角各嵌一牛首形石灯台,后室内置3组6件虎状石棺座,涵盖了孙吴时期石质设施的全部种类(图五五)。从上述历史背景出发去考察,江宁沙石岗M1墓主出身不见于正史记载的倪侯家族,而得以使用石棺座这样仅另见于江宁上坊M1的高规格葬具;马鞍山朱然家族墓墓主朱(施)绩官职和爵位皆在其父朱然之下,而得以安装石门,最合理的解释就是在厚葬之风兴起、墓葬管理松弛的背景下,墓葬营建的规模较之前有所超大。由此反观第一社会阶层中第二层级的墓葬,在长江下游的普通贵族都开始使用石质设施的情况下,这些葬于古武昌地区的宗室成员却终孙吴一朝也未得使用此类设施。血统败给了政治身份与地缘关系,他们终究成了游离于孙吴权力中心之外的异乡者。

(3)对称砖台

据本书第三章所述,砖台对称布局的形式是孙吴时期的一项创设,并且于孙吴中晚期在

图五五　江宁上坊M1的石质墓内设施
(1.虎状石棺座;2.石牛首灯台)

---

[1]〔晋〕陈寿撰,〔宋〕裴松之注《三国志》卷五十,页1202。
[2] 王志高、马涛、龚巨平《南京上坊孙吴大墓墓主身份的蠡测——兼论孙吴时期的宗室墓》。

马鞍山和鄂州地区形成了一定的规制。根据现有墓主身份信息较明确的墓葬材料,对称砖台的设置不见于第三社会阶层即平民的墓葬中,也就是说使用者需要具有一定的政治地位。

(4)帷帐

墓内设帐的习俗由来已久,至少可上溯至东周时期[1]。不过,帷帐并非普适性的墓内设施,而是具有一定的等级规格,早在《墨子·节葬下》中就有"乎诸侯死者,虚车府,然后金玉珠玑比乎身,纶组节约车马藏乎圹,又必多为屋幕,……寝而埋之"[2]的记载,可见"屋幕"(即帷帐)是当时贵族厚葬的必备之物。至汉代,《后汉书》载桓荣临终前明帝"赐以床茵、帷帐、刀剑、衣被"[3],显示帷帐甚至可跻身御赐下葬之物的行列。《三国志·吴书·蒋钦传》言钦母"疏帐缥被,妻妾布裙。权叹其在贵守约,即敕御府为母作锦被,改易帷帐,妻妾衣服悉皆锦绣"[4],说明帷帐在孙吴时仍属于奢侈之物。在现有墓主身份较明确的墓葬材料中,鄂钢饮料厂M1和武汉黄陂滠口古墓出有与帷帐相关之遗存。两墓都属于第一社会阶层中的第二层级。此外,孙吴时期与帷帐相关之遗存还见于墓主身份信息缺失的马鞍山采石M1中,该墓为前后双室砖墓,无耳室,虽然全长仅6.04米,但前室内设有3座砖台,后部中央1座、东西两侧各1座,亦呈对称布局(图五六)[5],显示该墓墓主的身份当不低于第二社会阶层,且可能代表了帷帐适用范围之下限。

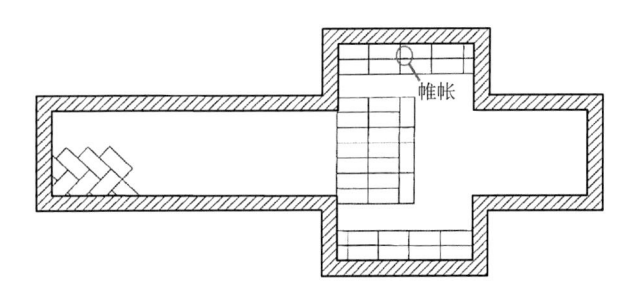

图五六 马鞍山采石M1帷帐位置

(5)"限定性瓷器化"和高规格瓷器

据本书第二章的论述,"瓷器化"本身是一个关乎瓷器生产技术进步和随葬品流行风尚的问题。然而,当特定阶段特定区域的大多数墓葬尚以随葬陶器为主,尤其是模型器和俑类等专供丧葬的明器仍作陶质时,若有个别墓葬的陶瓷随葬品基本实现"瓷器化",当可视为该墓高规格之体现,不妨称之为"限定性瓷器化"。从这一思路出发去审视墓主身份信息较明确的墓葬材料,可以看到基本实现"限定性瓷器化"的有马鞍山宋山大墓、鄂钢饮料厂M1、江宁上坊M1、江夏流芳吴墓、武汉黄陂滠口古墓和鄂城孙将军墓。这些墓

---

[1] 卢兆荫《略论两汉魏晋的帷帐》,《考古》1984年第5期,页454—467。
[2] 〔清〕毕沅校注,吴旭民校点《墨子》卷六,上海:上海古籍出版社,2014年,页95。
[3] 〔宋〕范晔撰,〔唐〕李贤等注《后汉书》卷三十七,北京:中华书局,1965年,页1253。
[4] 〔晋〕陈寿撰,〔宋〕裴松之注《三国志》卷五十五,页1287。
[5] 马鞍山市文物管理所《马鞍山采石东吴墓发掘简报》。

葬墓主皆属于第一社会阶层,进一步证实了实现"限定性瓷器化"的准入门槛之高。尤其是江宁上坊M1,出土的青瓷毛笔、书刀、柱形支架、镂孔釜形器及其支座、带辟邪形盖钮的钱纹罐、堆塑蹲熊的羊圈、附干栏式底座的鸡舍、用文字记号装配的牛车等,都是孙吴墓葬考古中的个案式发现;其他如碓房、畜屋、马等则在同类器物中器形最大;最为精巧特别的是一组以坐榻俑为中心的包括伎乐俑、侍俑、奴仆俑、劳作俑等在内的青瓷俑群,是同时期单个墓葬出土俑群数量最多者,且制作工艺精湛,人物的衣冠服饰刻画细致,有可能是制度规定的为墓主专门烧制的丧葬用品(图三四)[1]。

除"限定性瓷器化"外,还有一些精美的不见于第三社会阶层墓葬的瓷质随葬品,亦可能具有一定的等级制内涵。出现概率较高的有瓷坞堡模型和瓷堆塑罐两种。瓷坞堡模型被有些学者判定为孙吴宗室特有的随葬品[2]。不过,瓷坞堡模型目前仅见于长江中游,并且在属于第一社会阶层的墓葬之外,还见于墓主身份信息缺失的鄂城M5014中[3],该墓为前后双主室的袝葬墓,前室两侧各附一侧室,全长9.64米,除墓葬建造规模较大外,未发现其他高规格元素。将鄂城M5014的墓主归为孙吴宗室成员似有牵强,但将其列入第二社会阶层应无太大问题。这样,瓷坞堡模型可被视为长江中游第二社会阶层及以上墓葬所特有的地方性随葬品。瓷堆塑罐则主要出于长江下游,在制瓷手工业发达的浙南地区自孙吴早期即趋于流行;而在政治中心建业即南京地区,孙吴时期更为常见的是陶/低温釉陶堆塑罐[4]。目前所见南京地区瓷堆塑罐使用者的身份下限为长沙太守[5],说明其在都城京畿范围内,亦当为具有一定地位者才可使用的高规格器物[6]。

(6)步摇饰

随葬金银饰品是孙吴时期长江中下游的社会风尚,而其中的步摇饰则具有等级制的内涵。步摇饰自东汉中期起开始成为中原地区女性头饰之一种,当时即为规格殊高的饰品,《后汉书志·舆服下》记皇后之谒庙服和蚕服为"皆深衣制,隐领袖缘以绦。假结,步摇,簪珥"[7]。步摇饰同时还位列御赐下葬之物,《后汉书志·礼仪下》注引丁孚《汉仪》载:"孝灵帝葬马贵人,赠步摇、赤绂葬、青羽盖、驷马。"[8]孙吴规定文献阙如,但《三国志·吴书·妃嫔传》裴松之注引《江表传》记孙皓夺冯纯妻入宫,拜为左夫人,"使尚方

---

[1] 南京市博物馆、南京市江宁区博物馆《南京江宁上坊孙吴墓发掘简报》。
[2] 徐劲松、李桃元《武汉黄陂滠口古墓与孙吴宗室墓葬》。
[3] 南京大学历史系考古专业、湖北省文物考古研究所、鄂州市博物馆《鄂城六朝墓》,页26—28。
[4] 详见本书第二章第一节。
[5] 华国荣《江苏南京市江宁县下坊村发现东吴青瓷器》。
[6] 谢明良在其《从阶级的角度看六朝墓葬器物》中也有过类似论述(《六朝陶瓷论集》,页519—520),特此说明。
[7] 〔晋〕司马彪撰,〔梁〕刘昭注补《后汉书志》第三十,页3676。
[8] 同上注,第六,页3152。

以金作华燧、步摇、假髻以千数"[1]，可见其规格依然颇高。就目前所见孙吴墓葬中的出土物，与步摇饰有关的遗存主要为金饰片、金饰件和金珠。据墓主身份信息较明确的墓葬材料，上述遗存多出于第一社会阶层的墓葬；但南昌高荣墓墓主属于第二社会阶层，显示步摇饰的适用范围较汉代似有所拓宽。联系其后的西晋规制，《晋书·礼志上》载蚕礼时"皇后着十二笄步摇，依汉魏故事……公主、三夫人、九嫔、世妇、诸太妃、太夫人及县乡君、郡公侯特进夫人、外世妇、命妇皆步摇、衣青"[2]，说明步摇饰在西晋朝为朝廷命员妻属、公主至皇后通用的朝服冠饰，而孙吴时期步摇饰的使用群体当与此大致相同，最低不过第二社会阶层。

通过以上逐一审视孙吴墓葬中较常见的高规格元素，可进一步将孙吴时期长江中下游不同社会阶层成员的墓葬情况归纳为表十三。

表十三　孙吴时期长江中下游不同社会阶层成员墓葬情况表

社会阶层	墓葬长度（米）	墓葬建造结构	墓内设施	随葬品
第一阶层第一层级	>15	大型对称双耳室；方形大砖	石质设施对称砖台	瓷器占比高乃至实现"限定性瓷器化"、制作精美；有步摇饰等金银饰
第一阶层第二层级	9—15	多有大型对称双耳室；长方形大砖	对称砖台	瓷器占比高乃至实现"限定性瓷器化"、制作精美；有步摇饰等金银饰
第二阶层	2.5—10	偶见小耳室	偶见石质设施；可见单砖台或对称砖台	瓷器占比总体下降，分化较大；偶见步摇饰等金银饰
第三阶层	3—8.5	偶见小耳室	无石质设施和对称砖台	瓷器占比分化较大，但总体与第二等级相当；基本不见金银饰

由此也可对孙吴墓葬规格差异的界限形成更深入的理解：

首先，第一社会阶层第一层级的大墓所享有的最高规格，无论在墓葬建造规模、墓内设施之完备抑或随葬品的精美和丰厚程度方面，都是无法逾越的。

其次，第一社会阶层第二层级的墓葬在某些方面或逊于第二阶层中的个别贵族墓葬（全长、石质墓内设施的有无），但大型对称耳室的设置昭示了墓主尊贵的血统身份，或可

---

[1]〔晋〕陈寿撰，〔宋〕裴松之注《三国志》卷五十，页1202。
[2]〔唐〕房玄龄《晋书》卷十九，页590。

视为能较明确划分第一阶层和第二阶层墓葬的界限[1]。

再次,对于第一社会阶层以下之墓葬而言,特定的随葬品和墓内设施较之墓葬的结构尺寸或更具有标识墓主身份地位的意义,如上述的石质墓内设施、对称砖台、帷帐、高规格瓷器以及步摇饰等,即便在孙吴晚期使用范围有所扩大,但其下限都不会低于第二阶层。不过,由于这几类元素并非每墓必出,如若墓葬中没有此类元素保存至今,也无其他较明确的墓主身份信息,便很难仅凭出土材料直接从墓葬规格上去区分官吏与平民墓葬了。

(三) 与文献相结合的思考

以上是根据目前发现的墓葬实物材料所总结出的孙吴墓葬的规格差异表现。不过,历史时期考古的一大特点是在考古材料之外尚有可资借鉴的文献材料,因此在对考古材料进行分析解读后还需与文献记载两相参照,方能更好地达到复原社会文化面貌和补史、证史之目的。

关于孙吴政权的制度与丧葬情况,文献记载着墨不多,但依然可对现今研究有所启迪。据史籍所载,孙吴制度承自东汉。《三国志·吴书·张昭传》注引《吴录》:"(张)昭与孙绍、滕胤、郑礼等,采周、汉,撰定朝仪。"[2]《通典·礼一·沿革一》在论述三国礼制沿革时,更为明确地指出了吴制与汉制的关系:"魏以王粲、卫觊集创朝仪,而鱼豢、王沈、陈寿、孙盛虽缀时礼,不足相变。吴则丁孚拾遗汉事,蜀则孟光、许慈草建时制。"[3]虽然难以判断"朝仪"当中有多少关乎墓葬制度的成分,但就目前发现的宗室成员墓而言,如马鞍山宋山大墓与同处长江下游的邗江甘泉老虎墩汉墓(图七),在墓葬形制和建造尺寸方面十分类似,为上述有关孙吴制度渊源的记载提供了很好的注脚。

同时,更值得注意的是,虽然文献未提供有关孙吴丧葬规制的具体信息,但优葬和节葬的事例却屡屡被付诸笔端。孙权本就不强求臣子节俭,吕范"居处服饰,于时奢靡,然

---

[1] 2019年发掘的南京五佰村M4和M5,均为前室四隅券进式穹窿顶、后室券顶的双主室砖墓。M4全长9.8米,前室东、西两侧附大型对称双耳室,分别高1.54和1.26米;M5全长10.62米,前室东、西两侧附大型对称双耳室,分别高0.98和1.02米,后室后壁还附一高0.72米的小耳室。墓内的随葬品接近实现"限定性瓷器化",并且发现有较多瓷质模型明器,包括青瓷堆塑罐、灶、仓、井、房、鸡舍、羊圈、猪圈等,与江宁上坊M1的随葬品组合颇为类似。关于两墓的墓主,发掘者根据其西侧的五佰村M3墓主可确定为孙吴大将军安丰侯丁奉,初步判定两墓墓主为丁奉的后人;但也指出了按史籍所载丁奉死后其家族衰败(孙皓后"徙奉家于临川"),五佰村M4和M5的规模似与史籍所载相悖。将五佰村M4、M5与本书正文中表十三的总结相比照,大型对称双耳室的存在,以及随葬品接近实现"限定性瓷器化",共同将两墓墓主的身份归属指向了第一社会阶层;并且五佰村M4、M5与M3之间存在一定距离(发掘者也指出,M2与M3为一组,M4与M5为一组),M4的墓道还打破了M3的排水沟,将四座墓视为一处家族墓地,本身证据也稍显不足。因此,综合上述考古现象与文献记载,笔者认为,五佰村M4、M5的墓主更可能为孙吴宗室成员,而非丁奉的后人。

[2] 〔晋〕陈寿撰,〔宋〕裴松之注《三国志》卷五十二,页1221。

[3] 〔唐〕杜佑《通典》卷四十一,页1121。

勤事奉法,故权悦其忠,不怪其侈"[1]。优葬更是孙权拉拢、体恤重臣的手段。吴将陈武战死后,孙权不仅亲自为其送葬,还"命以其爱妾殉葬,复客二百家"[2],人殉既已有之,其余随葬品想必也十分丰厚;偏将军董袭船败身死,"权改服临殡,供给甚厚"[3]。《三国志·吴书·虞翻传》注引《会稽典录》曰"(虞)耸疾俗丧祭无度"[4],直接言明了当时社会丧葬无所约束的情态。至孙皓时,其本人更是豪奢成性,前文已有所述,兹不赘言。不过,和统治者的做派形成鲜明对比的是,孙吴朝堂有一部分重臣却主张并践行节葬。如张昭"遗令幅巾素棺,敛以时服"[5];诸葛瑾"遗命令敛以时服,事从省约"[6];吕蒙"未死时,所得金宝诸赐尽付府藏,敕主者命绝之日皆上还,丧事务约"[7];吕岱"遗令殡以素棺,疏巾布褠,葬送之制,务从约俭"[8];是仪"及寝疾,遗令素棺,敛以时服,务从省约"[9]。

虽然上举优葬和节葬之例属于个体化之现象,但在墓主身份信息缺失时,若想从墓葬面貌出发去推断墓主所属的社会阶层,就需要对上述这些因素给予关照。这是与孙吴政权的社会构成相关联的。在三国割据鼎立和北人南迁之大背景下建立起来的孙吴政权,其社会力量十分多元,既有"像淮泗、江东名士与地方大族一类的社会上流,又不乏一些在东汉末期处于社会中下层的掾史属吏与庶民,可谓是各种社会群体的杂糅"[10]。也正是由于孙吴所具有的这种复杂、特殊的政权性质与社会集团构成,其官方政策在宗室成员范围之外推行时,很可能会受到较多的阻力,因名士、大族等居于孙吴权力结构上层的群体都有可能按照自己或本家族的意志进行礼制方面的规划。也就是说,对于孙吴官方规制在宗室成员之外所能达到的辐射范围不宜做太高估计,而这可能就是导致从实物材料出发考察,孙吴墓葬的规格差异从等级体系的角度而言尚不够严格有序的主要原因。

另一方面,孙吴独特的政权性质与社会集团构成,也使得个体化现象所蕴含的社会意义不容小觑,因其所影射的可能是一个群体或集团的文化特征,并且很可能会对丧葬政策的贯彻实施有较大影响。尤其是节葬行为,其很可能是导致官吏墓葬规模相差悬殊的重要原因之一。再者,主张节葬的朝臣多为流寓江东的北士,如上举张昭为彭城人,诸葛瑾

---

[1] [晋]陈寿撰,[宋]裴松之注《三国志》卷五十六,页1311。
[2] 同上注,卷五十五,页1289。
[3] 同上注,卷五十五,页1291。
[4] 同上注,卷五十七,页1327。
[5] 同上注,卷五十二,页1223。
[6] 同上注,卷五十二,页1235。
[7] 同上注,卷五十四,页1280。
[8] 同上注,卷六十,页1387。
[9] 同上注,卷六十二,页1413。
[10] 林昌丈《社会力量的合流与孙吴政权的建立约论》,《魏晋南北朝隋唐史资料》第32辑,上海:上海古籍出版社,2015年,页1—22。

为琅琊阳都人，吕蒙为汝南富陂人，吕岱为广陵海陵人，是仪为北海营陵人。虽然根据现有墓葬材料所见之墓主籍贯，尚不能判断来自江北者的墓葬有更趋简约之表现，但随着出土材料的增多，这或许会为将来的研究提供一条有益的思路。

（四）孙吴、曹魏墓葬之比较：以宗室墓为中心

对于三国时期的丧葬情况，一直以来受到考古学界和史学界更多关注的，是文献辑录颇丰的由占据中原北方的曹魏政权所倡导的"薄葬"政策。《三国志·魏书·武帝纪》："（建安二十三年，曹操）令曰：'古之葬者，必居瘠薄之地。其规西门豹祠西原上为寿陵，因高为基，不封不树。'"[1]"（建安二十五年，曹操）遗令曰：'……葬毕，皆除服。其将兵屯戍者，皆不得离屯部。有司各率乃职。敛以时服，无藏金玉珍宝。'"[2]《晋书·礼志》："魏武以礼送终之制，袭称之数，繁而无益，俗又过之，豫自制送终衣服四箧，题识其上，春秋冬夏，日有不讳，随时以敛，金珥珠玉铜铁之物，一不得送。文帝遵奉，无所增加。及受禅，刻金玺，追加尊号，不敢开埏，乃为石室，藏玺埏首，以示陵中无金银诸物也。汉礼明器甚多，自是皆省矣。"[3]《宋书·礼志》："汉以后天下送死奢靡，多作石室、石兽、碑铭等物。建安十年，魏武以天下凋敝，下令不得厚葬，又禁立碑。"[4]又《三国志·魏书·文帝纪》载魏文作《终制》："封树之制，非上古也，吾无取焉。寿陵因山为体，无为封树，无立寝殿，造园邑，通神道。……吾营此丘墟不食之地，欲使易代之后不知其处。无施苇炭，无藏金银铜铁，一以瓦器，合古涂车、刍灵之义。棺但漆际会三过，饭含无以珠玉，无施珠襦玉匣。"[5]与之相较，孙吴政权控制下的南方丧葬规制与墓葬面貌，因文献中有孙皓为葬宠妃张氏于苑中"大作冢，使工匠刻柏作木人，内冢中以为兵卫，以金银珍玩之物送葬，不可称计"的记载，以及虞耸"疾俗丧祭无度"之形容，往往被以"厚葬"概括之。近年来，安阳西高穴曹操高陵[6]、洛阳孟津大汉冢ZM44[7]、洛阳西朱村M1[8]等多座大型曹魏宗室墓陆续重见天日，为研究南北两政权的丧葬礼俗以及三国时的"薄葬""厚葬"模式提供了新的重要参考资料。职是之故，本节拟对曹魏、孙吴政权的最高规格墓葬——宗室墓——进行比较研究，这也有助于在更全面、立体的背景下认识和把握孙吴墓葬的等级规模。

---

[1]〔晋〕陈寿撰，〔宋〕裴松之注《三国志》卷一，页51。
[2] 同上注，页53。
[3]〔唐〕房玄龄《晋书》卷二十，页632。
[4]〔梁〕沈约《宋书》卷十五，北京：中华书局，1974年，页407。
[5]〔晋〕陈寿撰，〔宋〕裴松之注《三国志》卷二，页81。
[6] 河南省文物考古研究所、安阳县文化局《河南安阳市西高穴曹操高陵》；河南省文物考古研究院《曹操高陵》。
[7] 洛阳市第二文物工作队《洛阳孟津大汉冢曹魏贵族墓》，《文物》2011年第9期，页32—47。
[8] 洛阳市文物考古研究院《河南洛阳市西朱村曹魏墓葬》。

目前发掘并正式公布材料的曹魏宗室墓的具体信息见表十四。结合表十中所列孙吴宗室成员与吴帝的墓葬信息，可对曹魏、孙吴政权的"薄葬""厚葬"情况逐项进行比较考察。

首先，虽然目前发掘的曹魏宗室墓尚未见封土，但在西高穴高陵周围发现了寝园遗址和建筑遗存，并且《晋书·礼志》还有"高陵上殿皆毁坏，车马还厩，衣服藏府"[1]的记载，说明"无为封树"的规定可能是在帝陵以下级别墓葬或魏文帝即位之后才付诸实施的。而孙吴宗室墓地面上则多有封土，并且在马鞍山宋山大墓、江宁上坊M1发现了可能与寝殿类墓地建筑有关的遗存[2]，加之《宋书·五行志》中有"太元元年……大风……拔高陵（孙坚陵）树二株，石碑磋动"[3]的记载，说明汉代墓葬地面上的标记性和祭祀性设施应为孙吴墓葬所承袭。与曹魏宗室墓多"不封不树"相比，这类地上纪念性建筑物可谓孙吴宗室墓厚葬的一大表现；但与汉墓的地上建筑设施相较，目前尚未发现孙吴时期的陵垣遗存，显示其较汉代的墓地营建仍有所简省。

其次，虽然曹魏宗室墓墓圹内收台阶的做法是对两汉高等级墓葬营建方法的承袭[4]，但与东汉晚期中原北方地区动辄便前中后三主室、全长超过15米的大型墓以及诸侯王所采用的回廊型墓[5]相比，曹魏宗室墓确实简化显著。不仅中轴线上的主室数量减为两间，至中期以后附于主室两侧的侧室和耳室亦被减省；除高陵外墓内不再使用石质设施，营建墓葬的整体耗费明显降低。孙吴宗室墓的主墓圹规模与曹魏宗室墓基本相当（约15—20米），且除江宁上坊M1墓圹内有二层台外，其他墓圹壁多为平直斜收，营建难度反较曹魏的台阶式墓圹为低。墓室形制方面，二者表现出了较强的共性，前文已有所述[6]。若说孙吴宗室墓有所"厚葬"之处，即大型对称双耳室沿用至吴末晋初，以及墓内较多见石质设施。

再次，曹魏宗室墓似较好地贯彻了"饭含无以珠玉，无施珠襦玉匣"的规定。不过，墓内随葬品数量依然相当庞大，如西高穴高陵和西朱村M1在被盗后剩余遗物仍有400余件。另外，墓中随葬的玉佩饰和玛瑙、水晶、琥珀串饰等贵重之物，虽然有学者指出应为墓

---

[1]〔唐〕房玄龄《晋书》卷二十，页634。
[2] 马鞍山宋山大墓的封土中出有模印青龙、朱雀图案的大青砖，墓道中出土筒瓦和正方形的高浮雕三爪龙纹砖各一块；江宁上坊M1封门墙前东南侧约30米处发现有与墓地建筑相关的遗存，分布范围约200平方米，该区域内的灰坑中填有大量碎砖瓦片及人面纹瓦当。
[3]〔梁〕沈约《宋书》卷三十四，页981。
[4] 张鸿亮《略论东汉至西晋时期的台阶式墓圹——以洛阳大中型墓葬为中心》，《洛阳考古》2016年第4期，页51—59。
[5] 黄晓芬《汉墓的考古学研究》，页155。黄指出，东汉中期以后出现的前中后三主室大墓墓主基本都属于地方豪族阶层，而属于皇室、诸侯王或与之有亲缘关系者比较稀少。
[6] 详见本书第一章第三节。

表十四　曹魏宗室墓葬信息

序号	墓名	墓主	年代	身份	地面建筑	墓圹与封土（主墓圹长/米）	墓室形制与规模（全长/米）	墓内设施	随葬器物	出处
1	安阳西高穴曹操高陵	曹操	黄初元年（220年）	魏武帝	有寝园；陵前和陵南有建筑遗存	无封土；墓道土圹内收7级台阶，20.5	第二类Aa型砖室墓，四侧室，13.5	后主室或有石棺床一具；后室南北侧室出有铁质帐构件，原应张设有帷帐	可复原的遗物约400件，计有金、银、铜、铁、玉、漆、瓷、釉陶、陶、石器等；高规格器物有石主、刻铭石牌、煤精石虎雕、陶鼎、鎏金盖弓帽、铜带钩、玉佩、珠、玛瑙珠、水晶球等	《考古》2010.8
2	洛阳孟津大汉冢ZM44	曹休	太和二年（228年）	长平侯、曹操族子	未发现墓园遗址	无封土；墓道和墓室土圹内收7级台阶，15.6	第二类Ba型砖室墓，三侧室，一耳室，12.3	—	被盗严重，出土遗物80余件，计有陶、铜、铁器和金银饰件等；高规格器物有铜印、带钩、金步摇等	《文物》2011.9
3	山东东阿曹植墓	曹植	青龙元年（233年）	陈思王、曹操子	不详	不详	第二类Aa型砖室墓，11.4	—	出土遗物132件，计有陶、铜、玉、石器等；高规格器物有石主、璧、玉璜、珠、玛瑙球等	《华夏考古》1999.1
4	洛阳西朱村M1	不详	曹魏晚期	曹魏宗室族，祔葬魏明帝高平陵	未发现墓园遗址	无封土；墓道土圹内收7级台阶，墓室南、北、东三壁存6—7级台阶，18.2	第二类Aa型砖室墓，14	出有铁质帐构件和石帐座，墓室内原应张设有帷帐	出土遗物400余件，计有石、陶、铜、铁、漆木器和少量玉、骨器等；高规格器物有石主、璧、刻铭石牌、玉臂鞲、玉饰、琥珀串饰等	《考古》2017.7

184　承运东南：长江中下游的吴晋墓葬与社会

主身前佩戴或珍爱之物,与衣物一样属于"随时以敛"的"用器"而非"汉礼明器"[1],但这也反映出曹魏"薄葬"并未达到"一以瓦器"的节约程度。而在孙吴宗室墓内,亦不见汉代的葬玉,且未发现类似西高穴高陵、西朱村M1所出石圭、璧等玉礼器的替代品。在同样遭到盗掘的前提下,孙吴宗室墓剩余遗物数量也未超过曹魏宗室墓(鄂钢饮料厂M1最多,为412件),并且在种类上还不及曹魏墓丰富(罕见玉器、骨器等种类)。至于墓中随葬较多的制作精美的瓷器,主要与这一阶段南方手工业的发展水平及特点相关,并不能作为孙吴行厚葬的关键性证据。

综上所述,曹魏、孙吴宗室墓的厚薄差异主要反映在地面有无封树方面,而墓葬地下部分的差异并不十分突出。以两政权级别、年代大体可对应的西朱村M1与江宁上坊M1来说,二者主墓圹全长分别为18.2和21.5米,规模相差不多,只是后者附有两对大型耳室;但前者出土随葬器物400余件,包括石、陶、铁、铜、漆木、玉、骨器等,在数量和种类上都超过了后者。虽然史载孙皓大兴厚葬之风,但观两墓之规模,似并未在入葬的厚薄程度上拉开明显的差距。

由此观之,所谓的曹魏"薄葬",实际更多体现在与同地域先前东汉墓的纵向对比之中,包括减省地面设施的营建、减少中轴线上的主室数量和回廊、取缔玉衣制度和各类葬玉等。但"这种简化并不意味着简陋,仍然要体现帝王之尊,也要遵循一定的礼制"[2]。因此在曹魏宗室墓中,依然可见墓圹内收台阶[3]、石质礼器、刻铭石牌等具备等级色彩的因素。

而所谓的孙吴"厚葬",也是与东汉时期南方同等级墓葬相比,规模有所增益。东汉时南方的砖(石)室墓主室全长鲜有超过10米者[4]。江苏邗江甘泉M2[5]和邗江甘泉老虎墩汉墓[6],前者墓主为某一代广陵王,后者为某一代广陵侯或其重臣,可代表南方东汉墓最高规格的面貌。甘泉M2为一回廊型砖室墓,全长8.8米;甘泉老虎墩汉墓由甬道、双耳室以及前、后主室组成,全长14.04米。可见,与中原北方相较,南方东汉墓的规模要逊色得多。因此,虽然曹魏、孙吴墓较同地域东汉墓有一"薄"一"厚"之变化,但最终反映在三国时期的墓葬面貌上,呈现出的其实是江北江南曹魏、孙吴两政权旗鼓相当的局面。不过,在这一均势之下,所蓄积着的大概便是未来南方社会持续上升发展并反超北方的能量。

---

[1] 李梅田《曹魏薄葬考》。
[2] 同上注。
[3] 据张鸿亮的研究,曹魏列侯及以上级别墓葬,墓圹内收7级台阶;等级较列侯略低的墓葬,墓圹内收5级台阶。张鸿亮《洛阳地区汉晋墓研究》,郑州大学博士学位论文,2017年,页236—237。
[4] 黄晓芬《汉墓的考古学研究》,页140—145。
[5] 南京博物院《江苏邗江甘泉二号汉墓》,《文物》1981年第11期,页1—10。
[6] 扬州博物馆《江苏邗江县甘泉老虎墩汉墓》。

二、西晋墓葬的规格问题

西晋平吴,统一全国,长江中下游作为孙吴割据政权核心区的历史告一段落,重新回归于以中原北方为主导的统一政权的控制之下。不过,就墓葬的总体面貌而言,未见西晋中央对南方有太多干涉之举,墓葬形制、随葬品、墓室空间布局等都以在孙吴墓葬基础上的沿袭发展为主,较之前谈不上有质的突变。但是,由于这一时期的南方不再是政权核心成员的葬地之选,也就是相当于孙吴时期第一社会阶层之墓葬全体缺席,使得长江中下游西晋墓葬的规格结构较之孙吴还是发生了相当程度的调整。

目前发现的长江中下游西晋墓葬材料数量已相当可观,其中亦不乏规模大、规格高、随葬品众多的墓葬。这一时期,墓志已在中原北方流行开来,但尚未波及江南,因此在长江中下游,获取墓主身份信息仍有赖于砖文、买地券、木刺、印章等,揭示出的墓主身份下至平民、上及大族,基本涵盖了当时南方社会的各个阶层。同时,还有几座规模较大的墓葬,虽然未发现明确的墓主身份信息,但已基本被学界推定为大族之墓[1],亦可作为研究西晋墓葬规格差异的直接材料。本节拟采取与前一节类似的研究方法,将墓主身份地位大致相当的墓葬归为一类进行大类间的比对,并对一些在前人研究和本书先前论述中被认证为规格较高的墓葬元素(包括石质墓内设施、帷帐、高规格瓷器以及步摇饰)进行重点考察,以归纳总结与西晋南方地区墓葬规格有关之线索,进一步完善对当时社会丧葬礼俗的认识。在此基础上,联系先前的孙吴墓葬,纵向考察墓主身份地位相当的墓葬随朝代更迭而出现的规格变动,以及可用于判定等级的高规格墓葬元素之增减及其使用范围的改变,从墓葬文化的角度尝试勾勒自孙吴至西晋南方社会结构的嬗变历程。

(一)规格差异

根据已知的墓主身份信息,可将长江中下游西晋墓葬的墓主大致分为三个阶层,自上而下分别为大族、官吏以及平民。相关墓葬的具体信息见表十五、表十六、表十七。需要说明的是,本书所指的"大族"是一较中性而宽泛的概念,主要是就家族势力强大与否而言,因此既包括带有武力强宗之意味的豪族,也包括在仕宦、学术等方面世代绵延的世族[2]。

---

[1] 这些墓葬主要属于宜兴周墓墩周氏墓群和吴县狮子山傅氏墓群。
[2] 此处概念界定参考仇鹿鸣《魏晋之际的政治权利与家族网络》,上海:上海古籍出版社,2015年,页35。具体而言,南朝宋刘义庆《世说新语·赏誉第八》记"会稽孔沈、魏顗、虞球、虞存、谢奉并是四族之俊,于时之杰";又"吴四姓旧目云:张文、朱武、陆忠、顾厚",同条注《吴录士林》曰:吴郡有顾、陆、朱、张为四姓,三国之间,四姓盛焉"(徐震堮《世说新语校笺》,北京:中华书局,1984年,页257、268)。宋王应麟在《小学绀珠》卷七《氏族类》中引用《世说新语》,列举了会稽四姓孔、魏、虞、谢,同条又引《吴录》,列举了陈、桓、吕、窦、公孙、司马、徐、傅等吴地八姓。上述记载为判定吴晋时的江东大族提供了文献依据([宋]王应麟《小学绀珠》,上海:商务印书馆,1935年,页237)。

据上述三表，从墓主的社会身份和地位出发，西晋时期长江中下游不同社会阶层成员的墓葬可分别归结为如下面貌。

第一社会阶层，大族墓葬。

墓葬全长基本在6米以上，主室数量多超过两间[1]。墓内可见石质设施和砖台，砖台上或张设有帷帐。随葬品方面，见有精美的瓷堆塑罐、堆塑灯、神兽尊等，并随葬有步摇饰一类的金银饰及鎏金、错金、贴金铜器。

此阶层的墓葬多出自三吴地区的家族墓群[2]，如宜兴周墓墩周氏墓群、吴县张陵山张氏墓群和狮子山傅氏墓群等。周氏家族自周鲂父周宾始著，至鲂子周处和处子玘、札，"一门五侯，吴士贵盛，莫与为比"，东晋初甚至为元帝所惮[3]。张氏家族自汉末即位列吴郡豪门四姓（顾陆朱张），其所掌控的乡土势力之强大，自不待言。吴县狮子山墓群的墓主为东明亭侯傅隽及其家属，是清泉侯傅玄一族的旁支，玄以文学称于世，在西晋朝名望颇高，玄子咸从父弟祗"以讨杨骏勋，当封郡公八千户，固让，减半，降封灵川县公，千八百户，余二千二百户封少子畅为武乡亭侯"，傅隽作为傅祗兄子，故亦获封赐[4]。此外，南昌西湖区老福山M2墓主湛千钤，《太平寰宇记》卷一百六十载"豫章有五姓：熊、罗、雷、湛、章"[5]，可见亦系当时一豪族著姓。要之，当长江中下游不再是政权核心成员之据点后，依托本地宗族乡党力量而发达的土著大族不再直接受制于政权管控，便顺势登上了南方社会结构之金字塔的顶端。

除上述势族外，属于此阶层的墓葬还有采取中原西晋墓葬规制的安乡刘弘墓。刘弘"祖馥，魏扬州刺史。父靖，镇北将军。……以旧恩起家太子门大夫"[6]，最终官至一品宣成公、镇南将军，亦属西晋大族子弟。虽然刘弘未归葬北方，但其墓葬仍采用了符合西晋中央规制的正方形单室形制。刘弘墓的形制与上述家族墓群中的双主室甚至三主室大墓相比或显简陋，但其随葬品中玉器的数量和种类之多，超过吴晋时期南方其他所有墓葬的总和。所出玉剑璏，《晋书·舆服志》明确记载"汉制，自天子至于百官，无不佩剑，其后惟朝带剑。晋世始代之以木，贵者尤用玉首，贱者亦用蚌、金银、玳瑁为雕饰"[7]，加之错金铜弩机、贴金铁匕首等珍品，都昭示出墓主尊贵显赫的身份。

---

[1] 韦正《简论西晋时期的南北士族墓葬》，《东南文化》1994年第4期，页59—73。
[2] 三吴地区即吴晋时吴、吴兴、会稽三郡的统称，相当于本书所划分的苏南浙北和浙南墓葬区的范围。
[3] 〔唐〕房玄龄《晋书》卷五十八，页1572—1577。
[4] 同上注，卷四十七，页1330—1331。
[5] 〔宋〕乐史《太平寰宇记》卷一百六十，北京：中华书局，2007年，页2101。
[6] 〔唐〕房玄龄《晋书》卷六十六，页1763。
[7] 〔唐〕房玄龄《晋书》卷二十五，页771。

第二社会阶层，官吏墓葬。

墓葬全长在5—8米之间，单主室、双主室乃至三主室墓皆有。墓内不见石质设施，或有1个砖台，位于整座墓葬的前部，帷帐偶见。随葬品方面，高规格器物少之又少。与第一阶层墓葬相较，本阶层墓葬不仅建造规模有所减省，石质墓内设施的缺席和高规格器物的罕见也彰显出了两阶层间的差别。

本阶层墓葬的规模与墓主的政治身份之间未形成必然的对应关系。南京板桥新凹子M8和益阳县李宜墓墓主皆官秩二千石，前者全长仅5.54，后者却达8米，建造规模可谓相差悬殊。南京板桥石闸湖晋墓的墓主与上述二墓同级，虽然其建造规模稍逊于李宜墓，但却发现有罕见的高规格器物——2件玉饰和1件玉璜。总体而言，难以看出西晋政权对南方官吏的墓葬有较为严格的管控。

第三社会阶层，平民墓葬。

墓葬全长在4—8.5米之间，以单主室为主，但也有个别双主室墓甚至大型祔葬墓。墓内不见石质设施，偶有1个砖台，位于整座墓葬的前部，未发现帷帐。随葬品方面，基本不见高规格器物。

本阶层墓葬的规模存在严重的内部分化。具备一定经济实力者，可能会打造出诸如扬州胥浦M93一般全长达8.2米的祔葬墓；条件较差者，只能建造诸如扬州胥浦M94一般全长仅4.3米的小单室墓。并且，除非是全长不到5米的小墓，其他属于此阶层的墓葬与第二阶层墓葬的规格差异不甚明显，若未发现较明确的墓主身份信息，实难仅凭出土材料直接判断墓主所属的社会阶层。

（二）规格结构的流变：从孙吴到西晋

西晋时期长江中下游规格最高、内涵最丰富的墓葬，莫过于集优越身份与强大实力于一身的三吴大族之墓。前述第一阶层之墓葬全长基本在6米以上，其中凡在朝为官的三吴大族成员，墓葬全长则在8米以上，规模与孙吴时期封侯的贵族墓葬大体相当。更有甚者如宜兴周墓墩M1、M4，墓室全长分别达13.12和11.3米，且墓内还加设有石门、石案等高规格石质设施。与先前的孙吴墓葬相比，鄂钢饮料厂M1全长14.5米，鄂城孙将军墓全长9.03米，且二墓内均未使用石质设施，可见西晋三吴大族墓的规格可与孙吴第一阶层第二层级墓葬之规格一较高下。与同时期北方中原墓葬相较，三吴大族墓的规模也是有过之而无不及的。宜兴周墓墩M1墓主周处为前将军，官秩仅至二千石；而墓主官阶必定高于周处的洛阳枕头山崇阳陵陪葬墓M4、M5，不过分别长7和7.3米[1]。

---

[1] 中国社会科学院考古研究所洛阳汉魏故城工作队《西晋帝陵勘察记》，《考古》1984年第12期，页1096—1107。

至于大族中未入仕的成员，虽有如宜兴周墓墩M3周靖墓般规模稍小者，但更有吴县张陵山M3这样全长达13米的三室大墓[1]，说明墓葬的营建规模更多取决于墓主的经济实力而非政治地位。总而言之，上述情况共同反映出，在西晋政权接管南方后，对这一区域采取的是整体较为宽容的统治政策，政权的控制和有关规章制度的执行都较为松散，使得三吴土著大族在这一时期获得了较多提升空间，实力较孙吴朝又有所壮大。

三吴地区之外的大族，实力稍显逊色。南昌西湖区老福山M2全长止于7.28米，与三吴大族墓葬的规模相较，高下立判。不过，老福山M2中出有金镂刻双凤饰、琥珀饰、绿松石饰等高规格器，依然可与本地普通官员之墓葬（如南昌东湖区永外正街M1）拉开差距。

较之孙吴，西晋时期长江中下游可用于判定等级的墓葬元素大幅减少。首先，不仅大型对称双耳室，耳室这一结构本身已基本退出了历史舞台，这一时期营建的墓葬一般只打造沿中轴线前后排列的一到两间主室。其次，对称砖台不再流行，于墓室前部设单砖台的布局方式在中下游的核心区普及开来，苏南浙北的家族墓地内则采用设多砖台并在棺位附近放置明器和祭器的独特布局方式[2]。再次，基于南方制瓷技术的进步，陶瓷随葬品的"瓷器化"程度显著提高，瓷器取代陶器成为南方物质文化发展的大势所向，苏南浙北、浙南、江西和湖南地区在西晋时期都基本实现了随葬品"瓷器化"，南京地区也在元康末年基本完成了这一转变[3]，"限定性瓷器化"失效，不再具有特定的社会文化内涵。至于其他高规格墓葬元素，包括石质墓内设施、帷帐以及步摇饰等，基本都只见于大族墓葬中。因此可以说，在西晋时期，著姓大族作为南方显赫社会地位与雄厚经济实力的双重拥有者，几乎垄断了所有的高规格墓葬元素。他们依托大土地所有和乡论名望而获取的自立的社会地位[4]，已经超越了朝廷命员以王朝权力自上而下赋予的官职为保障的政治地位，这也使得普通官吏墓葬与平民墓葬更难以在规格上明确区分开来。

综上所述，西晋时期长江中下游不同社会阶层成员的墓葬情况可归纳为表十八。

（三）墓葬所见中原等级规制因素的渗入

虽然长江中下游西晋墓葬整体上以承接本地孙吴墓葬尤其是孙吴晚期墓葬的特征为

---

[1] 只是吴县张陵山M3中不见石质设施和高规格随葬品。
[2] 详见本书第三章第一节和第三节。
[3] 详见本书第二章第四节。
[4] 〔日〕谷川道雄著，马彪译《中国中世社会与共同体》，上海：上海古籍出版社，2013年，页76。

表十八　西晋时期长江中下游不同社会阶层成员墓葬情况表

社会阶层	墓葬长度（米）	墓 内 设 施	随 葬 品
第一阶层	>6	可见石质设施、砖台和帷帐	瓷器制作精美；有步摇饰等金银饰及鎏金、错金、贴金铜器
第二阶层	5—8	无石质设施，可见单砖台，偶见帷帐	罕见高规格器
第三阶层	4—8.5	无石质设施和帷帐，偶见单砖台	基本不见高规格器

主，但处于西晋统一政权的管辖范围之内，加之西晋中央又形成了一套具有划时代意义的新丧葬制度[1]，长江固为天堑但非屏障，中原的等级规制因素在南方大地亦时有闪现。其中，最引人瞩目的便是安乡刘弘墓。该墓从正方形单室的形制结构到前部摆放随葬品后部横置棺台的布局方式，都是中原北方西晋墓葬规制的体现[2]，因此有必要再将其放入中原北方墓葬的等级体系中进行考察。

就目前发现来看，西晋政权的统治中心——洛阳地区的大型墓葬多具有长度超过25米的墓道[3]，墓室数量不再与墓葬等级挂钩[4]，等级差异主要体现在墓圹内收台阶的数量与墓室的平面形制等方面[5]。墓主官阶为第一、二品者，墓圹可能内收7级台阶，墓室为纵长形单室，设至少2道封门（均有石门）；根据勘探情况，西晋崇阳陵、峻阳陵及周边墓葬均属此类[6]。官阶为第三、四品者，墓圹可能内收5级台阶，墓室为纵长形、方形单室或前后双室，多设2道封门（多有石门）；如元康九年（299年）徐美人墓（洛阳晋墓M8），墓道长37.36米，甬道前部设2道石门，墓室长3.93、宽3.8米（图五七，1）[7]。洛阳地区之外，如山东邹城刘宝墓，由墓道、封门墙、甬道、前室、东西耳室、后室构成，墓道呈斜坡状无内

---

[1] 俞伟超《汉代诸侯王与列侯墓葬的形制分析——兼论"周制"、"汉制"与"晋制"的三阶段性》，载氏著《先秦两汉考古学论集》，北京：文物出版社，1985年，页117—124；齐东方《中国古代丧葬中的晋制》，《考古学报》2015年第3期，页345—365。
[2] 据齐东方的研究，晋墓的制度性变革包含着三种关键性内容：其一，取消了墓上立祠堂、石碑、石表、石兽的做法；其二，墓葬形制逐渐以方形单室墓为主；其三，俑群组成的仪仗成为随葬品的核心组合。参见氏著《中国古代丧葬中的晋制》。
[3] 河南省文化局文物工作队第二队《洛阳晋墓的发掘》。
[4] 刘斌《洛阳地区西晋墓葬研究——兼谈晋制及其影响》。
[5] 以下对洛阳西晋墓葬等级的论述主要据张鸿亮的博士论文写成。参见张鸿亮《洛阳地区汉晋墓研究》，页237—240。
[6] 中国社会科学院考古研究所洛阳汉魏故城工作队《西晋帝陵勘察记》。
[7] 河南省文化局文物工作队第二队《洛阳晋墓的发掘》。

收台阶，全长18.2米，甬道内有1道封门砖墙和1道石门，前室平面略呈正方形，长2.9、宽2.75米，后室为纵长方形，长3.5、宽2.75米（图五七，2）[1]。据所出墓碑，墓主刘宝官拜侍中、使持节、安北大将军、都督，爵封关内侯，为西晋二品官员。反观刘弘墓，墓主虽尊至一品宣成公，其墓道呈斜坡状无内收台阶，全长不清，甬道口以3层砖封门而不见石门，墓室则为边长3.6米的正方形单室，整体规模不但小于二品刘宝墓，比之仅相当于"两千石"的徐美人墓犹有不及，说明该墓的营建远低于所对应的中原墓葬等级标准。对于造成刘弘墓规模偏小的原因，可结合历史记载与相关研究作如下两方面的推测。一方面，刘弘生前曾任荆州刺史、都督荆州诸军事、镇南将军，一手包揽了荆州的军事与行政大权，在任上"劝课农桑，宽刑省赋"，对流民"给其田种粮食，擢其贤才，随资叙用"，深受荆州人民的爱戴[2]。对下既可实行惠民政策，于己则践行节葬行为，是很有可能的。另一方面，刘弘死后，荆州一度出现了巨大的权力空白，为继续维持荆州的稳定，刘弘子刘璠屡次失去北归葬父的机会，直至永嘉三年（309年）中央征其为越骑校尉，被迫仓促离荆，并不得已而委任南平太守应詹代为刘弘营葬[3]。刘弘墓或因此时局而缺少了前期的规划，故在形制规模上简省较多。不过，墓中出土了大量与朝服葬相关的玉佩、玉饰件（图三九，4—5）以及金印、玉印各一，在已发掘的全国范围内的西晋墓葬中都是极少见的，刘弘尊贵的政治身份和地位通过这些高规格的下葬之物以另一种方式被传递了出来。

同时，鉴于刘弘最终葬于南方而非洛阳，该墓虽具有中原化的外观，其内却并未放入

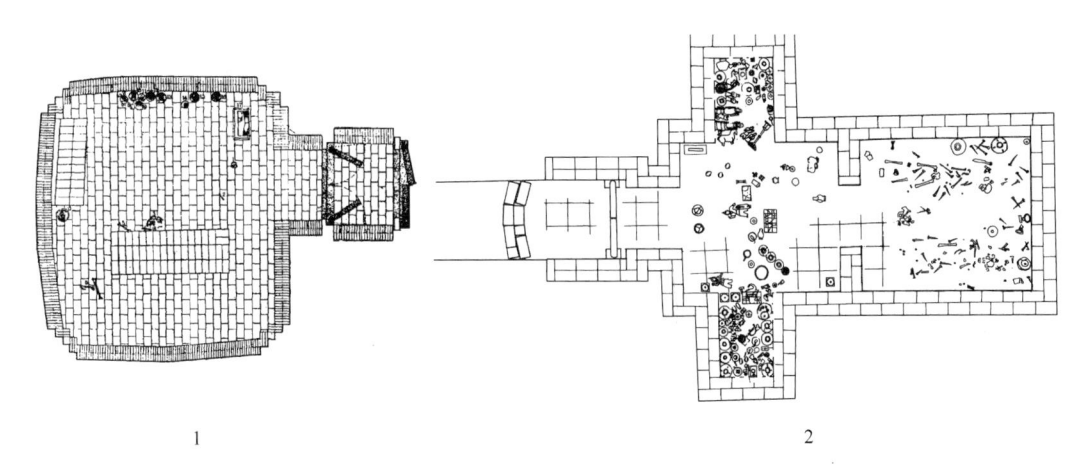

图五七　中原北方大型西晋墓形制结构拾例
（1. 洛阳徐美人墓；2. 邹城刘宝墓）

---

[1]　山东邹城市文物局《山东邹城西晋刘宝墓》，《文物》2005年第1期，页4—26。
[2]　[唐]房玄龄《晋书》卷六十六，页1763—1767。
[3]　杨德炳《刘弘与应詹——围绕刘弘为何葬在湖南安乡问题》，《魏晋南北朝隋唐史资料》第16辑，武汉：武汉大学出版社，1998年，页14—21。

流行于中原北方的石碑、墓志,且随葬品以瓷器为大宗,基本不见陶器,与中原北方以陶器为主的随葬品面貌大相径庭。墓葬形制与随葬品所展现的不同的文化归属,折射出了江北江南两种文化与规制的碰撞和交融。

与刘弘墓的情况相反,宜兴周墓墩M1周处墓在其南方化的外观之下,却出有一套以陶器为主的祭器组合,包括由陶樽、盘、勺构成的馔饮器具以及内表涂朱的陶盘、耳杯、碗等(图五八)。考虑到当时宜兴本地的窑场已能够独立烧造青瓷,且宜兴周氏墓群其他墓葬的随葬品均呈现出了"瓷器化"之面貌,周处墓陶祭器组合的背后便很可能有人为干预和规划的成分存在了。周处生前曾入洛为官,至御史中丞,后为朝廷力战氐人齐万年而殁,追赠平西将军,赐钱百万、葬地一顷[1]。宜兴周墓墩M1墓砖上刻有"议曹朱选将功吏杨春工杨普作"的文字,可证实该墓是由地方政府亲自督造、名匠承建;墓中所出的陶祭器组合,与中原北方西晋墓的随葬品面貌较为接近,或许就是基于这一层中央督办的关系。此外还有南京板桥石闸湖晋墓,墓主为大中大夫、汝阴太守,亦仕于江北,墓中出有玉珌饰和陶帐座,可能也与其仕宦经历有关。如果说刘弘墓代表了北人南葬的情况,周处墓和石闸湖晋墓便是北仕南人归葬的反映。这些南北特色交融而成的个例,虽不能改变南方墓葬整体上以本地传统为主导的文化取向,但总归也为其墓葬面貌增添了一丝别样的色彩。

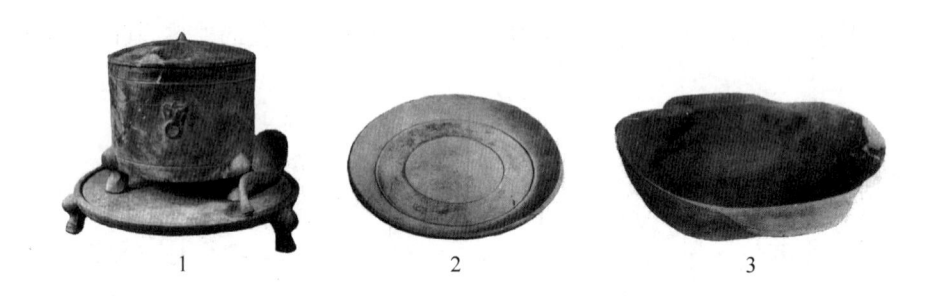

图五八　宜兴周墓墩M1出土陶祭器组合
（1.樽、盘、勺；2.盘；3.耳杯）

----

[1]〔唐〕房玄龄《晋书》卷五十八,页1570—1571。

第五章
墓葬中的文化传统与革新

承运东南

一、孙吴政权丧葬文化建设的过程与所涉丧葬中心

史载孙吴朝仪"采周、汉""拾遗汉事",将其典章制度的源头祖溯周汉,但这并不意味着孙吴朝的礼仪文化全盘照搬前代而毫无建树。就目前所见长江中下游孙吴墓葬的文化面貌而言,虽然其构成元素多因袭自汉,然而其中一些在汉代属于"非主流"文化的范畴,至这一时期为高等级墓葬所采纳,由此一跃而为主流元素(如正方形墓室、四隅券进式穹窿顶、砖台等);一些在承袭固有传统的基础上又有所革新,从而展示出了鲜明的时代特色(如镇墓俑等)。可以说,孙吴政权进行丧葬建设的过程,就是对汉传统因素重新整合并加以改造的过程,最终使得长江中下游形成了与先前汉墓面貌有别的丧葬新格局。本节主要综合前文对墓葬形制、随葬品、墓室空间布局所进行的专题研究,从整体上考察墓葬所见孙吴政权丧葬文化建设之举措和成果,并结合与之相关的历史背景,对其所承载的政治、社会内涵加以阐述。

根据目前所见孙吴墓葬文化之特征与演变历程,其丧葬举措的推行主要集中于都城地区,可分为两个阶段,第一阶段中心在稍远的马鞍山,第二阶段转移至南京近郊;同时,陪都地区依凭其政治区位优势,形成了另一分立的丧葬文化中心。

(一)马鞍山:孙吴丧葬举措推行第一阶段的中心

孙吴建国初期,各地墓葬面貌与本地先前汉墓基本无异。约从赤乌末年(249—251年)起[1],变革开始浮现,且集中见于马鞍山地区。具体表现如下。

墓葬形制结构方面。涌现出了一批大中型的双主室砖墓,前室呈正方形,且多采用四隅券进式穹窿顶;而传统汉式的横前堂,连同多室墓、祔葬墓以及耳室、侧室等附属结构罕见。

陶瓷随葬品方面。在大中型双主室砖墓中基本实现了"瓷器化",同时涌现出了一批特征鲜明的俑类器物,包括眉间多有白毫相的胡人俑、劳作俑、乐舞俑以及头生双角吐长舌、独角兽形和爬行类怪兽状的镇墓俑等。模型明器和俑类产品釉层较薄,胎釉结合不好,有明显挂釉、流釉现象,有些釉层甚至已剥落。这种胎釉特征和俑的造型种类,与同时

---

[1] 赤乌十二年(249年)的朱然墓可被视为孙吴墓葬新面貌酝酿发生的开端。

期长江中游的产品十分接近,应当是自中游输入的。

墓室空间布局方面。耳室仅见于墓主可能为孙吴宗室成员乃至吴帝的大墓中;双主室墓中流行于前主室内对称设置砖台的布局形式,不过砖台上祭器与明器为混杂放置,不见更细化的职能分工;单室墓中则不见耳室和砖台等专门放置随葬品的区域结构。

马鞍山早先只是南京西南长江沿岸上一普通地块,甚至无单独建制可言;唯境内牛渚(今采石)为一军事要塞,再无其他值得注意的政治、文化区位特征。两汉墓葬在马鞍山仅有零星发现,然而到孙吴时,这里突然涌现出数量可观的大中型墓葬,其中还包括宗室成员墓乃至帝陵,并且形成了如上所述的较为规整的新面貌,不得不说是颇值得玩味的现象。再者,两汉至西晋流行归葬[1],但考诸文献,孙吴贵族及高级官吏中并无祖籍在今马鞍山者,而从墓葬中获取的信息也反映出墓主往往非本地人[2],显示马鞍山地区所埋葬的孙吴高级官吏应属不归葬中"葬于所宦之乡"之特例[3]。总之,不论是宗室成员墓乃至帝陵的选址,还是贵族及高级官吏的不归葬,均可说明大中型孙吴墓出现在马鞍山地区,其背后应存在人为力量的干预和政权的指定规划。由此,马鞍山从一名不见经传的地块,一跃而成以宗室成员墓乃至帝陵为中心的高等级墓葬区。

孙吴政权何以会将其高等级墓葬区安排在不起眼的马鞍山?颇疑这与孙氏家族的出身及其立足江东所面临的局势有关。孙氏虽出自吴郡富春,但属于"孤微发迹"[4],背后并无强大的乡土宗族势力撑腰。孙坚早年离开江东随袁术经略中原,孙氏一族始兴。之后,孙策也是作为袁术部将,带领孙坚余兵自北渡江而来,因此在江东土著眼中,孙氏一族与外来江北之人无异。基于如此之局势,面对树大根深的江东大族,孙氏在江东落脚后,出于稳固政权、谋求长治久安的考虑,当有宣示权威之举措,其中可能也包括了创设新的文化规制。马鞍山先前积淀较少,毗邻都城的同时又无土著豪族的束缚,既易于控制,又方便安排规划。将其选定为新的高等级墓葬区,也就为孙吴政权下一步具体实践有关高等级墓葬的新构想搭建起了舞台。事实上,在赤乌末到建衡年间(249—271年),马鞍山

---

[1] 杨树达《汉代婚丧礼俗考》专辟有"归葬"一节:"死于他乡,率归葬。故死者遗令多以为言。而父母或待其子丧之返。又有已由国家赐冢地而亲属仍乞归葬者。有已葬赐地数年而改归者。其归也,有由亲属自载丧归者。有由亲属往丧所迎归者。有由朋友送归者。有由弟子送归者。有由故吏送归者。有由部民送归者。若功臣,则国家使使者护送之归。至若地方长吏遣吏送归,盖特例也。"参见杨树达《汉代婚丧礼俗考》,上海:上海古籍出版社,2009年,页137—143。

[2] 如:朱然及其子祖籍丹阳故鄣;当涂县龙山桥乡吴墓墓主为"吴故夷道督奋威将军诸暨都卿侯"孟赞,祖籍会稽(当涂县文物管理所《当涂县发现东吴晚期地券》,《文物》1987年第5期,页92;马鞍山市文物管理所、马鞍山市博物馆《马鞍山文物聚珍》,图版59)。

[3] 据《汉代婚丧礼俗考》:"亦有不归葬者。其故,或以贫。或以道远。或以死者之违俗云。至若以遗爱之故,特葬于所宦之乡,盖特例也。"参见杨树达《汉代婚丧礼俗考》,页143—144。

[4] [晋]陈寿撰,[宋]裴松之注《三国志》卷四十六,页1112。

的大中型墓葬的确呈现出了相当整齐划一的新面貌，基本可将其视为孙吴丧葬举措初步推行的成果。

在前述各项变革内容中：四隅券进式穹窿顶源自汉末三国初的南阳以及长江中游的汉水流域；随葬瓷器亦有较多来自长江中游的产品，其中，吐长舌的镇墓俑可上溯至长江上游，人面独角兽形镇墓俑是在东汉中原北方独角镇墓俑基础上创新出的地方性样式，爬行类怪兽状镇墓俑则是孙吴时期新创造于长江中游的镇墓俑类型；砖台在东汉时亦多见于长江中游，但双砖台对称布局的形式是孙吴时期的创新之举，或可视为孙吴政权在丧葬建设过程中吸收中游文化因素而成的一项新内容。要之，孙吴政权在马鞍山地区所进行的丧葬文化建设，是在以吸纳长江中游汉文化因素为主的同时，兼及中原北方和长江上游的文化因素，继而对传统因素进行整合并加以创新，从而使孙吴墓葬逐渐呈现出了与东汉有别的面貌。

马鞍山虽然对于孙吴政权迈出丧葬文化建设的第一步功不可没，但这并未使其得以长久作为高等级墓葬区存在。建衡年末（271年）之后，马鞍山地区基本不再见有大中型的高等级墓葬，中游特征明显的陶瓷随葬品和对称砖台的布局形式也随之从马鞍山消失。不过，到吴末晋初之时，先前主要流行于苏南浙北地区的腰鼓形墓室以及骑马俑、牛车等开始在马鞍山出现。这些墓葬文化因素很可能是从镇江、常州一带沿长江南岸自东向西传入马鞍山的，并且不排除有来自镇江、常州的移民迁徙至马鞍山的可能；而移民之所以会选择马鞍山作为落脚之地，或许正是由于孙吴政权当年的一手提携带动了马鞍山的开发。可惜的是，相关的细节湮没在了历史长河之中，文献记载得语焉不详，使得对于墓葬现象所关涉的时局动况的考察只能止于推测。

（二）南京：孙吴丧葬举措推行第二阶段的中心

约在建衡年末（271年）之后，高等级墓葬区挪移至今南京地区，即当时都城建业近郊，新的上层丧葬调整也转而出现于此。具体表现如下。

陶瓷随葬品方面。器具类以瓷质为主，模型明器主要为陶或低温釉陶质。之前流行于马鞍山的中游化器物消失，陶瓷器组合不论胎釉特征还是器型都回归为下游的面貌。

墓室空间布局方面。耳室尚有一定量发现，一般为在前室一侧附单耳室的配置，只有与孙吴宗室相关的大型墓葬配置有以甬道连接的大型对称耳室；耳室内的器物多以模型器为主，象征庖厨或贮藏之所。墓内设砖台的做法得到延续，只是双砖台对称布局的形式不再流行，一墓一般只设一座砖台，位于整个墓葬的前部，其上放置以耳杯、槅、盘为中心的馔饮器具组合，是墓内祭奠活动的中心所在。

墓葬形制结构方面。正方形四隅券进式穹窿顶前室已成绝对主流，基本承袭了在马鞍山墓葬区确立的墓葬形制规制。不过，横前堂、多室墓、祔葬墓依然可见，同时还有一定数量的耳室，因此在整齐程度上较之马鞍山反逊一筹。

都城地区人员构成复杂、人口流动频率高，想要在此推行新的丧葬规划，难度可能相对较大。孙吴政权最初之所以选择马鞍山而非南京作为其丧葬构想的实践基地，这恐怕也是原因之一。不过，至凤凰元年（272年）时，建业已历孙吴政权五十余年的安顿与整治，人口构成基本达到了相对稳定的态势，丧葬调整的推行应已具备了较扎实的社会基础。

这一阶段当政的是孙吴最后一位统治者孙皓。史载皓"粗暴骄盈，多忌讳"[1]，但这可能是其面对内外压力寻求宣示正统之道的结果。对外，孙皓面对的是来自统一蜀汉的曹魏及旋即代魏而立的西晋的巨大政治、军事压力，使其以大量符瑞为基础，宣示孙吴受命于天，且为天下唯一的正统[2]；对内，孙皓并非出自前任景帝孙休一系，故而在丧葬和祭祀方面有所动作，以证称帝的合理与合法性[3]。即位当年（264年），他就追谥其父孙和为文皇帝，改葬其于明陵，并置园邑二百家，之后又分立吴兴郡，治乌程，以便四时奉祠。宝鼎二年（267年）七月，孙皓使守大匠薛珝在都城营立寝堂，十二月，"遣守丞相孟仁、太常姚信等备官僚中军步骑二千人，以灵舆法驾，东迎（孙和）神于明陵"[4]。或许正是以此为契机，孙吴的高等级墓葬区也顺势从马鞍山转移到了都城近郊，从而与景帝陵区划清了界线。在今南京江宁区已发现数座孙皓时期的大型墓葬，包括凤凰元年（272年）的江宁县下坊村吴墓，天册元年（275年）的江宁沙石岗M1和江宁上坊棱角山M1，以及规模超大的江宁上坊M1等。这里很可能是孙皓时期经过规划的高等级墓葬区，其内埋葬有与孙皓关系密切的宗室以及陪陵的高等级贵族，而墓葬区的核心或许就是规划之中的孙皓之陵[5]。在这片墓葬区内，墓葬形制结构继承了在马鞍山推行的丧葬举措的成果，而随葬品和墓室空间布局方面则进行了一些新的调整，总体上形成了较之前阶段有所简化的墓葬面貌（如不见俑类器物、砖台数量被减省等）。更重要的是，在南京高等级墓葬区内定形的墓葬面貌，虽经西晋代吴的时代变革而未受到大的触动，并且在西晋时还逐渐于长江中下游普及开来，成了长江流域一般墓葬特征的代表。

---

[1]〔晋〕陈寿撰，〔宋〕裴松之注《三国志》卷四十八，页1163。
[2] 魏斌《孙吴年号与符瑞问题》，《汉学研究》2008年第1期，页31—55；王安泰《"恢复"与"继承"：孙吴的天命正统与天下秩序》，《厦门大学学报》2016年第5期，页1—7。
[3] 孙皓执政初期的地位并不稳固，据说宝鼎元年（266年）十二月陆凯曾与丁奉、丁固等谋废孙皓，立孙休之子。参见：〔晋〕陈寿撰，〔宋〕裴松之注《三国志》卷六十一，页1404。
[4]〔晋〕陈寿撰，〔宋〕裴松之注《三国志》卷五十九，页1371。
[5] 王志高、马涛、龚巨平《南京上坊孙吴大墓墓主身份的蠡测——兼论孙吴时期的宗室墓》。

（三）鄂州：长江中游分立的丧葬文化中心

在孙吴于马鞍山推行的丧葬举措中，有多项内容承袭或脱胎于长江中游的汉文化因素；而作为居于中游的陪都，鄂州（古武昌）地区的墓葬终孙吴朝都呈现出与下游差别显著的独特面貌。具体表现如下。

墓葬形制结构方面。虽然前室呈正方形者在前后双室墓中占据较高的比重，但采用四隅券进式穹窿顶的不多，并且还有为数可观的横前堂前后双室墓、横前堂并列双后室墓、并列双室墓以及祔葬墓存在。尤其是在最高规格的宗室成员墓中，继承东汉遗制的横前堂和对称耳室沿用至吴末晋初，与下游宗室成员墓乃至帝陵在赤乌年后皆改用正方形四隅券进式穹窿顶前室的情况形成了鲜明对比。

陶瓷随葬品方面。赤乌年以前，以陶/低温釉陶器为主，器型多具东汉遗风；赤乌年以后，瓷质器具所占比重明显上升，陶/低温釉陶模型明器的种类大幅增加，最特别的是俑类器物的登场，包括眉间有白毫相的侍俑、武士俑、劳作俑、乐舞俑、骑马俑，头生双角吐长舌、独角兽形和爬行类怪兽状的镇墓俑，以及佛像俑等，均不见于本地先前墓葬。如前所述，这批陶瓷俑从赤乌末年起曾一度入驻下游的马鞍山地区，只是在凤凰年之后便受到排斥转而消失；但在其原生的中游地区，俑类器物则一直沿用至西晋而不衰。

墓室空间布局方面。耳室发现较多，并且对称配置的耳室相当流行，不仅见于和孙吴宗室相关的最高规格墓葬中，在中上规模的双室、多室墓中也多有设置，甚至在小型的单室墓中也有发现。耳室内的器物主要为模型器和存储类器具，设置目的当在于为死者打造富庶的身后生活空间。砌砖台的做法虽然不及下游普遍，但诚如前述，其本身属于中游固有的传统文化因素，因此将砖台作为祭奠之所的意识是一直存在的。另外，在较高规格的双主室墓中，也出现了于前主室内对称设置砖台的布局形式，且一直延续到吴末晋初才逐渐被单砖台所取代。

横前堂、对称耳室、并列双室、祔葬墓等是东汉时主要流行于江北中原的墓葬结构与形制。这些结构、形制在孙吴时期于长江中游仍多有发现，应是由于长江中游与中原隔江相望，在地理区位上较为邻近，中原东汉墓制对这一区域的影响要远大于下游[1]。另外，长江中游在当时为富庶之地，"夫荆楚……水流顺北，外带江汉，内阻山陵，有金城之固，沃野万里，士民殷富……"[2]从东汉晚期开始，中原地区战乱不已，而"荆州独全"[3]，"士之避乱

---

[1] 蒋赞初《长江中下游孙吴墓葬的比较研究》。
[2]〔晋〕陈寿撰,〔宋〕裴松之注《三国志》卷五十四，页1269。
[3] 同上注，卷六，页214。

荆州者,皆海内之俊杰也"[1]。许多中原大族名士南下荆州,进一步强化了长江中游与中原的联系,从而造就了鄂州地区墓葬形制复杂多样且汉传统延续较久的丧葬局面。

  俑类器物是孙吴时期鄂州地区在墓葬文化方面的创新成果。尤其是种类多样、形态各异的镇墓俑,展现出了独特、别样的文化风貌。随葬镇墓俑的传统在长江中游古已有之,早在先秦时期,受喜巫近鬼的楚文化之浸淫,这里便是楚式镇墓俑的大本营。虽然之后在秦汉中央政权大一统文化政策的管控之下,这一地方性色彩浓厚的文化特征难觅踪迹,但其只是被雪藏而成一道潜流;至不再有统一政权严格把控的吴晋时期,诸多种类的镇墓俑涌现而出,足见本地可上溯至楚的文化血脉并未断裂。不过,随着代表文化正统的晋室渡江南下建立东晋政权,镇墓俑所代表的富于神怪特色的地方文化传统再次受到压制,复归沉寂。直至隋代,当北方地区以北朝晚期崔氏墓为开端流行起神怪、十二辰俑之时,长江中游也开始集中出现一批神怪俑与十二辰俑[2],显示本地的神怪文化传统再次抬头,并焕发出了新的时代风格。

  要之,不论是继承并延续中原汉文化传统,抑或是发扬本地传统并有所创新,鄂州地区的孙吴墓葬总归展现出了独具一格的文化面貌。这说明,鄂州在孙吴时期凭借作为陪都的区位优势而得以保持了较高程度的文化独立性,加之中游文化因素构成了孙吴政权在马鞍山所进行的丧葬文化建设的主要构成部分,显示鄂州地区在孙吴早中期曾拥有较强的文化影响力,由此也造就了长江中游与下游两个墓葬中心并峙的局面[3]。

  然而,在西晋代吴后,随着陪都地位的丧失,鄂州地区独立延续的文化传统失去了保护伞,墓葬面貌逐渐向前述在南京地区定形的孙吴官方丧葬举措第二阶段的成果靠拢:墓葬形制简单化,以长方形单室和正方形前室加长方形后室的双室墓为主,横前堂、耳室、并列双室墓、袝葬墓等逐渐消失;具有明显下游特色的瓷器大量出现;对称砖台不再流行,取而代之的是以单砖台为祭奠中心的布局形式。只是镇墓俑还得以延续,成为鄂州西晋墓葬地方特色的最集中体现。

二、西晋时期长江中下游丧葬文化格局的重组

  西晋代吴后,南京(建业)和鄂州(古武昌)不再作为一方政权之都城和陪都,地位随之下降,这也导致长江中下游的丧葬文化格局被重新洗牌。诚然,之前在南京地区完成的

---

[1]〔晋〕陈寿撰,〔宋〕裴松之注《三国志》卷二十一,页598。
[2] 徐斐宏《北朝晚期至唐初墓葬的演变》,北京大学博士学位论文,2018年,页113。
[3] 韦正《六朝墓葬的考古学研究》,页123。

孙吴丧葬举措第二阶段的成果,被继承并发展为长江中下游西晋墓葬的主流面貌,但更值得关注的是,一些在孙吴时发展平平的地区,至西晋时却表现出了较强的活力,展示出较多地方性特征,使得长江中下游西晋墓葬的文化面貌较之孙吴更趋复杂多样。基于如上之情势,本节将主要聚焦于地方特色较突出的苏南浙北、浙南、湖南、江西墓葬区,对其墓葬面貌特征进行总结,并对其所承载的社会内涵加以阐述。

(一)苏南浙北大族墓地的内部规划及其社会背景

截至目前,长江中下游已发现的主体属于西晋时期的大族墓地有三处,即宜兴周墓墩周氏墓群、吴县狮子山傅氏墓群和张陵山张氏墓群。各墓地内墓葬的独特性具体表现如下。

墓葬形制结构方面。首先,横前堂重新出现于吴县地区,尤其是狮子山家族墓的前室基本都采用了此结构;耳室、前中后三主室墓、祔葬墓等也有发现,昭示出东汉遗风在此地的延续。其次,部分墓葬采用了两侧壁外弧、平面呈腰鼓形的墓室,这也是苏南浙北地区墓葬形制结构的特色之一[1]。更引人注目的是,在吴县狮子山M1、吴县张陵山M3中,腰鼓形(中)后室还与横前堂结合到了一起(图三,22、26),从而造就了更加独特的墓葬形制。

墓室空间布局方面。在宜兴周墓墩周氏墓群和吴县狮子山傅氏墓群内,墓中往往设有多座放置随葬品的砖台(石案),且可能前、后室均有设置;此外还会在后室棺位附近摆放明器和祭器。虽然墓内设砖台是这一阶段普遍流行于长江中下游的做法,但从孙吴晚期开始,通常一墓只设一座,因此不论是吴县狮子山M1、M4以及宜兴周墓墩M1前室中的对称双砖台,还是宜兴周墓墩M1和宜兴周墓墩M4后室中的砖台和石案,都与主流做法存在较大差别。至于在棺位附近放置明器和祭器,则是可上溯至西汉乃至先秦的传统做法[2],东汉时已较少见,更遑论吴晋。

综而观之,在这三处江东大族墓地内,渊源于汉制的文化因素和传统仍占有相当的分量;同时,它们又与孙吴时期新出现的地方特色及流行趋势相结合,展现出了有别于长江下游常见墓葬面貌的独特之处。

更值得关注的是,上述较为独特的墓葬面貌,又以家族墓地为单位呈现出了一定的内部一致性,暗示这很可能是江东大族在丧葬文化方面有所动作的结果。西晋时江东大

---

[1] 详见本书第一章第三节。
[2] 详见本书第三章第三节。

族的实力较孙吴朝有明显壮大,前文已有所述[1]。在社会地位与经济实力获得提升的同时,这些大族也不再满足于单纯的大土地占有,他们对自身修养的重视在逐步增强,文化自觉开始产生。其中,文献记载最为详尽的首推贺循。循祖籍会稽山阴,先祖庆普世代传《礼》,汉世以"庆氏学"谓之;其人"操尚高厉,童龀不群,言行进止,必以礼让","博览众书,尤精礼传"[2],晋室南迁后,王导说司马睿"顾荣、贺循,此土之望,宜引之以结人心,二子既至,则无不来矣"[3],于是拜为太常,"朝廷疑滞皆咨之于循,循辄依经礼而对,为当世儒宗"[4],对于东晋礼仪的制定与完善贡献良多。而就目前发现的大族墓地的墓主来看:吴县狮子山墓群所属之傅氏为清泉侯傅玄一族的旁支,玄以文学称于世,"撰论经国九流及三史故事,评断得失,各为区例,名为《傅子》,为内、外、中篇,凡有四部、六录,合百四十首,数十万言,并文集百余卷行于世"[5];宜兴周墓墩墓群所属之周氏一族,虽无深厚的家学渊源,然周处"励志好学,有文思,……著《默语》三十篇及《风土记》,并撰集《吴书》"[6]。谷川道雄在谈及六朝名望家的支配结构时,曾提及:"到了六朝时代,将其(礼)转移到生活实践的倾向强烈起来,各家争相制定具体的礼节仪式,而且影响到其他家族。"[7]苏南浙北地区以大族墓地为单位呈现出的独特墓葬面貌,或可说明此时的江东大族已开始根据自己对丧礼的理解自主规划墓葬,而非一味追随墓葬文化的流行趋势。墓地内部的统一既是家族凝聚力得到强化的反映,也是其自立社会地位进一步巩固的体现。

在考察西晋大族墓地的同时,如若将眼光稍向前投放,便会注意到,在孙吴时期,这一地区罕见包含多座大型墓葬的家族墓地[8],与西晋时的情况形成了相当鲜明的对比。江东大族在汉末已成具有较大影响的社会势力,所谓"天下英豪布在州郡"[9],是孙权初统江东之时面临的阻碍之一。孙吴政权是在逐步消除吴会大族的顾虑、取得他们的支持、实现"政权的江东化"后,才真正稳固住了根基[10]。而吴县和宜兴作为江东大族故居之地,尤其出自吴县的陆逊和顾雍在孙权当政时相继居于武职和朝官之显位,更使得吴郡顾、陆这

---

[1] 详见本书第四章第二节。
[2] [唐]房玄龄《晋书》卷六十八,页1824—1830。
[3] [宋]司马光《资治通鉴》卷八十六,页2776。
[4] [唐]房玄龄《晋书》卷六十八,页1830。
[5] 同上注,卷四十七,页1323。
[6] 同上注,卷五十八,页1569—1571。
[7] [日]谷川道雄著,马彪译《中国中世社会与共同体》,页225。
[8] 此处所指的大型墓葬即西晋在朝为官的三吴大族成员墓葬所呈现的规模:属第二类或第三类砖室墓,全长在8米以上。
[9] [晋]陈寿撰,[宋]裴松之注《三国志》卷四十七,页1116。
[10] 田余庆《孙吴建国的道路——论孙吴政权的江东化》。

两大"旧族长者"[1]终成孙吴股肱。著姓大族势力既然存在,那么孙吴时期大型家族墓葬罕见的现象,其背后便很可能有政治管控与人为选择的因素存在了。因为孙氏固然是在与江东大族达成合作后才得以建立政权,但在统治的半个多世纪里,为保统治权威,其与江东大族之间的关系并非一味地拉拢与合作,更有打击、面和心背,只是始终处于一种动态平衡之中[2]。无论孙氏与江东大族的较量谁更胜一筹,从罕见包含多座大型墓葬的家族墓地这一现象至少可以看出,当孙吴政权在江东站稳脚跟后,其在丧葬方面对大族强宗可能是有管控之举的。

考古发现可以为上述推测提供一定的旁证。位于马鞍山和南京的高等级墓葬区,透露出了孙吴时大族成员的葬地所在。马鞍山地区所埋葬的孙吴高级官吏属于不归葬,前已述。对此,韦正指出:"东吴于三国之中特优待大臣,将相大臣封侯食邑复客、世袭领兵、世典一方,但死后却一反汉代归葬传统,为特可注意之现象。以情势论,朱然等人墓葬出现于马鞍山未必仅出于东吴政权之压力,或出于其自愿,为尽忠皇室之一种方式也未可知。"[3]但不论出于自愿还是压迫,由于著姓大族的发达需依托本地的宗族乡党力量,其成员死后不归葬原籍,也就意味着脱离了赖以生长的乡土基础,势必抑制家族力量的壮大。反而是到西晋时,随着居于北方的中央政权对江南的管辖趋于松弛,大族成员得以重新回归家族地盘并积蓄力量,包含多座大型墓葬的家族墓地随之涌现,并且还孕育出了独特的墓葬面貌[4]。

遗憾的是,随着东晋政权的建立,政治中心的南移再次影响了江东大族丧葬文化的发

---

[1] 陈宏天、赵福海、陈复兴主编《昭明文选译注》卷五,长春:吉林文史出版社,2007年,页171。
[2] 关于孙氏与江东大族间的关系,史家颇有论述,且意见并不统一。代表性的如:陈寅恪认为孙吴"政治社会之势力全操纵于地方豪族之手"(《述东晋王导之功业》,载氏著《金明馆丛稿初编》,北京:生活·读书·新知三联书店,2015年,页57);田余庆认为孙吴政权在江东化的过程中,为满足对人才的需求,只能"维护江东大族特别是吴四姓的仕宦特权"(《暨艳案及相关问题——再论孙吴政权的江东化》,页324—325);王永平认为孙吴统治带有很大程度的皇权专制色彩,使江南的士大夫阶层遭受了一定的打击(《孙吴政治与文化史论》,上海:上海古籍出版社,2005年,页3—4)。本书不欲在此问题上与诸史家论争,只是从考古材料出发,对可能与实物现象有所关涉的政治社会原因作一推测。
[3] 韦正《马鞍山六朝墓葬片论》,载《马鞍山六朝墓葬发掘与研究》,页183—195。
[4] 2017年,在浙江余姚穴湖发掘的一座孙吴永安七年的墓葬,墓主为当时会稽首望虞氏家族的成员。据发掘简报,考古工作者在穴湖一带曾采集孙吴至刘宋时期虞氏墓砖21种,其中属孙吴时期者4种,故认为穴湖一带应为虞氏家族自孙吴至南朝时期的家族墓地所在(宁波市文物考古研究所、余姚市文物保护管理所《浙江余姚穴湖孙吴时期虞氏墓发掘简报》)。又据《水经注》的记载,虞氏家族的聚居地亦在此附近,介于赭山与穴湖塘之间(《水经注校证》卷二九《沔水》,页687—688)。《三国志·吴书·虞翻传》称虞翻"年七十卒,归葬旧墓"(页1324),恰可与上述考古发现形成照应。虞翻作为出身江东会稽大族的贵胄公子,历仕孙策、孙权,然秉性狂直、傲上不羁,终被孙权两度贬谪,先徙交州,复徙苍梧猛陵,在南土十九年,竟死徙所。虞氏与孙氏的关系也一直处于貌合神离之中,"出仕不至心腹之官,遣谪不罹杀身之祸"(田余庆《孙吴建国的道路——论孙吴政权的江东化》,页287)。虞氏家族成员在孙吴时能够葬于原籍地,可能正是由于其与统治者之间并未形成足够牢固和紧密的君臣关系纽带。

展。东晋之后所见的颜、王、谢、高、李、温等家族墓群皆属于侨姓士族,且集中于建康即南京地区。而在苏南浙北地区,未发现新出的大族墓地,至于前述墓地延续至东晋者,墓葬也改换为官方所推行的正方形单室的形制[1],之前的地方特色难觅踪迹。东、西晋江东大族墓葬呈现出差别明显的面貌特征,显示江东大族丧葬文化的发展之路因晋室南迁,就此被截断。

(二) 浙南墓葬的特征与地域社会情态

浙南墓葬的地方性特征其实是自孙吴延续至西晋的,具体表现如下。

墓葬形制结构方面。首先,本地区的墓葬修筑规模整体偏小,目前所见绝大多数为单室墓,双室墓数量很少,耳室等附属结构罕见;即使墓主出身会稽大族虞氏的余姚穴湖M1,仍为全长不足7米的单室砖墓[2]。其次,就墓葬具体结构而言,墓室顶部多为拱券结构;为数不多的几座双室墓前室多作横前堂,采用正方形前室者仅见1座[3]。与正方形墓室和四隅券进式穹窿顶大势流行于长江下游沿岸地带的情况相比,本地区的墓葬形制结构表现出的明显是对汉传统的承袭。

随葬品方面。本地区随葬器物最突出的特征,莫过于大量青瓷器的出土。即使在小型墓中,亦可能随葬数量可观、制作精良的青瓷器,如上虞江山南穴村M84仅为一长3.72、宽1.26米的小墓,出土器物却达17件,包括青瓷双系罐、盘口壶、鸡首罐、簋、水盂、镳斗和托盘、熏炉等日用器以及灶、仓、鸡舍、箕、筛、堆塑罐等模型明器[4]。这也暗示了在浙南地区,墓葬的体量规模和墓内布置并不能作为判定墓主实力与社会地位的第一标准,必须结合随葬品情况作综合考量。就瓷器组合而言,中原北方风格的劳动工具模型罕见,上虞窑场烧造的诸多动物造型的新器类在本地至西晋太康年末以后才稍稍流行,折射出浙南地方社会在接受新鲜事物方面的相对滞后性。随葬品中还有造型极富特色的堆塑罐,历来颇受学界关注,对于其文化内涵与功能的解读可分为谷物信仰说[5]、灵魂信仰说[6]、儒释道思想杂糅说[7]等,但总体而言都认可堆塑罐应为特定信仰观念的具象化产物。浙南地区作为堆塑罐的发源地和最主要流行区之一,自东汉晚期起方术宗教活动即颇为活跃。

---

[1] 东晋帝王与重臣多使用近方形的墓葬形制(韦正《六朝墓葬的考古学研究》,页282)。吴县张陵山M1、M4~M6年代在东晋,即为近方形单室墓,张陵山M4还随葬了碑状墓志,都是东晋主流墓葬特征的表现。
[2] 宁波市文物考古研究所、余姚市文物保护管理所《浙江余姚穴湖孙吴时期虞氏墓发掘简报》。
[3] 金华地区文管会《浙江金华古方六朝墓》,《考古》1984年第9期。
[4] 上虞县文物管理所《浙江上虞江山三国吴墓发掘简报》。
[5] 最早由陈万里提出,见氏著《中国青瓷史略》,上海:上海人民出版社,1956年,页4。
[6] 最早由张拯亢提出,见《绍兴出土古物调查记》,《文澜学报》1937年第2期,页1—20。
[7] 仝涛《长江下游地区汉晋五联罐和魂瓶的考古学综合研究》。

熹平元年（172年）"会稽妖贼许昌起于句章（今浙江宁波慈城镇），自称阳明皇帝，与其子诏扇动诸县，众以万数"[1]；东汉末建安年间有琅邪于吉往来吴会之间传播道教[2]；孙权在位时，"蜀中有李阿者，穴居不食，传世见之，号为八百岁公……后一旦忽去，不知所在。后有一人姓李名宽，到吴而蜀语，能祝水治病颇愈，于是远近翕然，谓宽为李阿，因共呼之为李八百，……自公卿以下，莫不云集其门，……于是避役之吏民，依宽为弟子者恒近千人，……宽弟子转相教授，布满江表，动有千许"[3]。据此，堆塑罐的使用，应与道教及神仙方术在本地区的流行不无关联。同时，墓内还常随葬铁刀、剑、剪等作为厌胜之物，其背后亦当有方术迷信观念作祟。至于墓内所出金银器，基本不见可能为步摇冠构件的金饰片和饰件。步摇冠的等级性内涵前已有述[4]，其在浙南地区的缺席，或暗示了对于本地区士人的政治参与度以及与政权的联系，不宜做太高估计。

要之，浙南地区墓葬的面貌特征，是在承袭汉传统的基础上，依托本地特色优势制造业，并受本地宗教信仰影响而形成的。其所反映的浙南地区的社会情态，主要可分为三个方面。其一，浙南地区以制瓷业为代表的手工业十分发达，是当时南方的生产重镇，在孙吴时甚至可谓政权的主要经济支柱之一[5]。其二，与长江南岸沿线相比，受中原北方文化因素的影响较小，在更大程度上展现出了南方汉文化沿自己道路继续发展的状态。这应是由于浙南地区位置偏南，汉末北人南徙的浪潮并未深入至此的缘故[6]。其三，地方社会保守性较强，旧有的汉文化传统存续时间颇久，新兴文化因素的注入进程缓慢，甚至本地生产也未能带动新式器物的推广使用。历史学者在有关南方士族的研究中曾指出，六朝会稽士族的一大特点是固守汉代世传经学的家学传统，因而具有相当的保守性[7]。而综合考古材料来看，这种保守性并非社会上层所特有，更可能是本地区整体社会风气的一种表现。

（三）从墓葬文化看长江中游的区位变动

如前所述，入晋后，随着陪都地位的丧失，鄂州地区的墓葬面貌逐渐向下游的南京地

---

[1] 〔晋〕陈寿撰，〔宋〕裴松之注《三国志》卷四十六，页1093。
[2] 《三国志》卷四十六注引《江表传》："时有道士琅邪于吉，先寓居东方，往来吴会，立精舍，烧香读道书，制作符水以治病，吴会人多事之。"（页1110）
[3] 王明《抱朴子内篇校释》卷九，北京：中华书局，1985年，页173—174。
[4] 详见本书第四章第一节。
[5] 刘淑芬《六朝建康的经济基础》，载氏著《六朝的都城与社会》（增订本），南京：南京大学出版社，2021年，页87。
[6] 据胡宝国考证，北来侨人最早成批迁去会稽，要到东晋成帝咸和年间（326—334年）苏峻之乱时（《晚渡北人与东晋中期的历史变化》，载氏著《将无同》，北京：中华书局，2020年，页152）。考古材料的文化特征恰可对这一观点形成佐证。
[7] 参见：唐长孺《读〈抱朴子〉推论南北学风的异同》，载氏著《魏晋南北朝史论丛》，北京：商务印书馆，2010年，页345—376；刘淑芬《六朝会稽士族》，载氏著《六朝的都城与社会》（增订本），页296—347；胡宝国《两晋时期的"南人"、"北人"》，载氏著《将无同》，页119—137。

区靠拢；并且在西晋中期以后，罕见有8米以上的大墓[1]。与鄂州区位优势日渐不再形成对比的是，孙吴时发展有限的湖南、江西地区，开始展现出崛起之姿：一方面，孙吴时两地墓葬发现较少，形制较为简单，至西晋时，不仅墓葬数量增多，耳室、小龛等附属结构也日益多见，呈现出了一定的延迟发展状态；另一方面，两地西晋墓葬还表现出了较鲜明的地方特色。现分别论述如下。

（1）湖南地区

墓葬形制结构方面。在本地区的西晋墓中，多见有正方形单室者，墓室或甬道中还可能配有耳室或小龛，而流行于其他地区的前室呈正方形的双室墓则较罕见；不仅如此，在本地区的吴晋墓葬中，传统的横前堂结构也难觅踪迹，且孙吴墓葬的发现数量实属稀少。

陶瓷随葬品方面。西晋时，随着本地湘阴窑制瓷水平的提高，主要流行于长江下游的贴塑装饰技法得到了较多运用，并由此创烧出了独具特色的精美器具。不过，更为鲜明、突出的特点是大量瓷俑的出现，包括武士俑（有持盾和持刀者）、执物俑、劳作俑、骑马鼓吹俑、文吏俑等。持盾武士俑应具有中原北方的渊源，文吏俑特别是对坐书写俑则为本地区新创造的形象；同时，俑眉间多有白毫相，保持了孙吴以来长江中游所出俑类形象的一贯特色。

湖南地区在两汉时本为长江中游的中心之一，是中原核心区经由长江中游与两广地区相连接的主要通道[2]。这里已经发现了不少东汉的大中型墓葬，如：常南M10由6个墓室组成，包括前室、后室和左右对称的4个侧室，墓内出有"临湘右尉"铜印和玉琮、环、璧、猪等高规格器（图五九，1）；常东M1由8个墓室组成，包括前室、后室和左右各3个侧室，墓内出有"酉阳丞印"和"索左尉印"滑石印，墓主身份应为"四百石"的官吏（图五九，2）[3]。与之相较，孙吴墓葬无论在数量上还是形制结构上，都可谓呈现出了"断裂式"的衰落。湖南地区本是作为沟通南北之通道而得以发达，然三国时孙吴与曹魏划江而治，连接南北的需求大大降低，其区位优势或由此丧失；加之一旁的鄂州（古武昌）地位上升至陪都，也会抢占湖南地区的资源，这些都可能是导致孙吴时此地区墓葬呈现出较"简陋"面貌的原因。不过，孙吴国祚短暂，之后西晋复又一统天下，国家的中心仍在中原，一些重大政治和军事行动继续取道湘江，如平吴之后，杜预在今江汉平原上开凿南抵岳阳的运河，以"内泻长江之险，外通零桂之漕"[4]。在这样的历史背景下，一方面，西晋时

---

[1] 目前所见，西晋时期鄂州地区全长超过8米的大型墓葬仅黄梅县松林咀晋墓一座（黄冈市博物馆《湖北黄梅县松林咀西晋纪年墓》）。
[2] 中国公路交通史编审委员会《中国古代道路交通史》，北京：人民交通出版社，1994年，页146—197。
[3] 湖南省博物馆《湖南常德东汉墓》，《考古学集刊》1，北京：中国社会科学出版社，1981年，页158—176。
[4] 〔唐〕房玄龄《晋书》卷三十四，页1031。

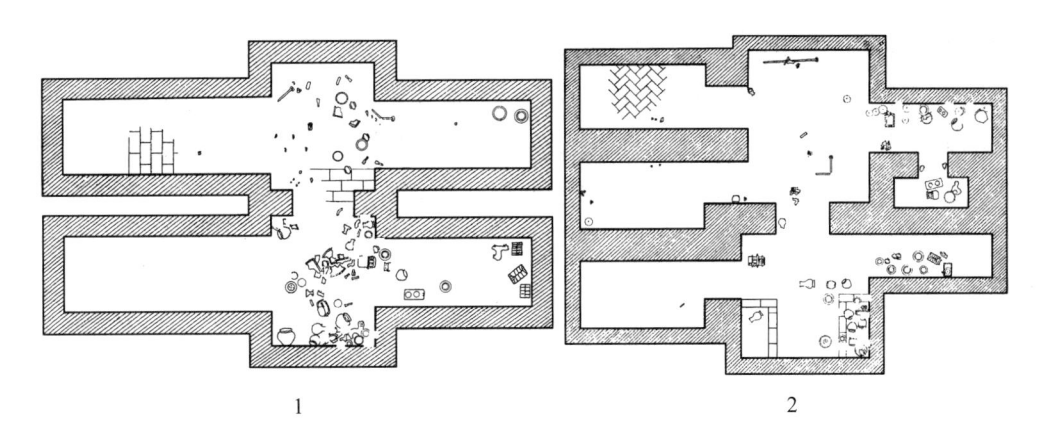

图五九　湖南常德东汉墓

（1. 常南M10；2. 常东M1）

湖南的地位因南北交流恢复畅通而得以重新抬升,大中型墓葬再次涌现,如刘弘墓墓主为官阶一品的镇南将军、宣成公[1],李宜墓墓主官秩"二千石"[2]等;陶瓷随葬品的质量亦有明显提高,创烧出了新器型,特别是大量瓷俑的发现,反映了此时的湖南地区大有取代鄂州而为长江中游地方特色保存中心之势。另一方面,正方形单室墓在湖南地区的西晋墓中占有相当分量,接近西晋政治中心洛阳地区以正方形单室墓为主流的局面,说明作为沟通南北的通道,湖南地区在南北人员的往来过程中,与中原地区建立起了相当紧密的文化联系。

（2）江西地区

墓葬形制结构方面。砖柱墓是江西西晋墓中的绝对主流。这种独特的墓葬形制早在东汉时就已出现于南昌、清江两地,而在江西之外的地区尚不见年代属于东汉的砖柱墓,由此可知砖柱墓为江西本地起源[3]。从孙吴时起,砖柱墓便成了江西墓葬形制结构流行趋势的引领者,且历经数百年,至南朝仍保持着强劲的发展势头。早期砖柱墓的平面结构多呈长方形和凸字形,砖柱多砌于墓室侧壁或转角处；至西晋时,墓葬平面结构开始复杂化,耳室、小龛等附属结构变得多见,在后壁中央加砌直通墓顶的砖柱也渐趋流行。最后一种做法在东汉时已有发现[4],但基本不见于孙吴时,入晋后才逐渐普及开来。

随葬品方面。江西的陶瓷器物组合从东汉以来一直保持着较强的地方独立性,且有

---

[1] 安乡县文物管理所《湖南安乡西晋刘弘墓》。
[2] 益阳地区文物工作队、宜阳县文化馆《湖南省益阳县晋、南朝墓发掘简况》。
[3] 韦正《六朝墓葬的考古学研究》,页128—129。
[4] 黄颐寿《江西清江武陵东汉墓》,《考古》1976年第5期,页331—334。

第五章 | 墓葬中的文化传统与革新　207

自成体系的器物演变序列,尖顶圆帐篷式的禽舍以及鼓腹、平底仓可谓其中的典型器。长江中游和下游最具代表性的器物,如堆塑罐、镇墓俑等,在此地都很罕见,纵使西晋时下游文化因素有所渗入,仍无法改变本地特色器物占据主导地位的局面。加之本地窑场——洪州窑——的存在,更为其文化独立性的延续提供了有力的生产保障。另外,在漆器逐渐退出流行舞台的背景下,成组合的漆质馔饮器具在南昌的西晋墓中仍有不少发现,说明江西地区所具有的独立性或已衍生出了稳定、保守且较封闭的文化圈,使汉传统在这一地区得以维持至西晋而未中断。

不论是砖柱墓的持续流行,还是陶瓷器物组合所展现的鲜明地方特色,抑或是汉文化传统的延续存在,都反映出江西地区的人口和历史自东汉至六朝始终保持较强的稳定性[1],外界因素对其鲜有影响。史载江西宗族兴盛,《三国志·吴书·太史慈传》注引《江表传》:"(太史)慈见(孙)策曰:'鄱阳民帅别立宗部,阻兵守界……子鱼不但不能谐庐陵、鄱阳,近自海昏有上缭壁,有五六千家相结聚作宗伍,惟输租布于郡耳,发召一人遂不可得……'"[2]豪族强宗林立说明江西地方基层社会具有较强的自立性,此亦应是其文化独立性得以延续的重要保障之一。至西晋时,在保持自身稳定的文化特征的同时,江西也开始对周边地区施加文化影响,主要表现在砌砖柱的做法传播开来,以鄂州地区所见较多,下游的南京和马鞍山地区也有零星发现。这一情况无疑是西晋时江西地位抬升之表现,而鄂州地区作为昔日中游的文化中心,此时转换成文化的接收方,更透露出长江中游各地间此消彼长的区位关系。

---

[1] 韦正《六朝墓葬的考古学研究》,页128—129。
[2] 〔晋〕陈寿撰,〔宋〕裴松之注《三国志》卷四十九,页1190。

结　语

"孙吴建国,六朝肇始,史家措意,自古而然。"[1]

明确孙吴及其后西晋时期南方考古学文化在中国考古学文化发展史中的定位,将助益于更全面、准确地认识与把握中国社会、文化实现汉晋之变乃至汉唐之变的过程。

在总结吴晋丧葬文化面貌之前,有必要先对东汉时长江中下游的墓葬面貌特征作一回顾。从东汉早期开始,券顶砖室墓逐渐占据主导地位,此外还存在石室墓、木椁墓以及砖、木或砖、石混用的现象。墓葬多为中轴线配置型,大型墓偶见回廊型结构。在下游,墓葬规模较小,形制结构较为简单,以单室墓最为盛行,但也有前后双室或同穴异室合葬的现象;至东汉晚期,多室墓出现,墓顶结构复杂化,横前堂墓发现增多,个别墓葬附加耳室[2]。在中游,前后双室墓及多室墓占比相对较高,横前堂、耳室等结构在东汉早期即已出现[3]。随葬品多为硬陶质,同时也出现了少量瓷器,以器具类为主,灶、井、仓、家禽牲畜圈等模型明器随葬普遍化,并且在下游新出现了颇具地方特色的五联罐。东汉晚期时,墓内设奠的习俗开始兴盛,形成了较固定的祭器组合,包括陶案、耳杯、勺、火盆与镰斗等;中游则出现了以砖台为祭奠中心的做法。

孙氏统治集团出身本非江东土著大族,在建立政权后,出于树立政治文化权威的需要,也为加强对树大根深的著姓豪族的管控,曾于文化规制方面有所革新,从而使南方的墓葬面貌逐渐显现出新的特征。孙吴中期时,统治政权首先在过去开发不足因而束缚较少的马鞍山规划出了一片高等级墓葬区,进而将之发展成进行丧葬文化建设的"实验基地"。具体来讲,是在以吸纳长江中游汉文化因素为主的同时,融合中原北方和长江上游的文化因素,在短时间内造就了马鞍山地区相当统一的墓葬面貌。然而,在当时人口迁徙频繁、豪族势力不断膨胀的历史大潮中,孙吴政权更多的还是作为拥有强大实力的江东大族寄托宗族命运[4]的政治代言人而存在,根基不稳、风雨飘摇,故而其在马鞍山进行的丧

---

[1] 田余庆《孙吴建国的道路——论孙吴政权的江东化》,页262。
[2] 黎毓馨《论长江下游地区两汉吴西晋墓葬的分期》。
[3] 黄晓芬《汉墓的考古学研究》,页140—144;余静《中国南方地区两汉墓葬研究》,吉林大学博士学位论文,2009年,页48—75。
[4] 田余庆《孙吴建国的道路——论孙吴政权的江东化》。

葬文化建设,维持时间不长,辐射范围也十分狭窄:一方面,新形成的丧葬等级规制并未构成严格森然的体系;另一方面,文化建设的影响力主要局限于马鞍山地区,连当时之丹阳郡全境都未覆盖。至孙吴晚期的孙皓统治阶段,高等级墓葬区挪移到了南京地区,政权第二阶段的丧葬调整也随之展开,由此生成了孙吴丧葬文化建设的"最终成品",并在入晋后逐渐于长江中下游普及,成为墓葬的主流面貌特征。与此同时,长江中游的鄂州地区凭借陪都的区位优势,在吸收继承源自中原的汉文化传统以及发扬创新本地传统的基础上,展现出了独具一格的墓葬面貌,从而造就了长江中下游各自为政的丧葬文化格局。诚然,在永嘉之乱、晋室南渡后,由于东晋政权所推行的官方丧葬政策与上述丧葬文化建设成果迥异,南方地区的墓葬面貌也随之发生了质的变化;但至少在孙吴政权的引领下,南方社会于文化方面表现出的是主动探索的姿态,而非全盘沿袭汉制,或被动接收中原北方的文化因素,这便是在为汉唐文化在南方之嬗变积蓄力量。

不仅如此,在主动的文化探索之外,孙吴管理下的南方社会局势平稳、经济实力提升,也从侧面助益了文化的发展。孙吴是自江北而来的军事势力与江南土著豪族合作建立起来的政权[1],其一方面在官方认可江南大族所领部曲的存在,另一方面也要保证外来武将所领兵士的生存地盘,故而普遍推行兵屯,即兵士不仅从事战争,同时也从事农业生产。孙吴还竭力对以山越为主的宗族组织发动进攻,将其从原本聚居的山林或偏僻地区赶出,以增加国家或豪门地主可支配的劳动力[2]。这些统治举措对于土地开发及恢复和提高生产力,起到了相当积极的作用。物质上的进步亦反映在了丧葬文化方面:一是墓葬规模较东汉时有显著扩大,形制结构和墓室布置趋于复杂化;二是瓷器、铜器、金银器等手工业生产欣欣向荣,大大丰富了随葬品的种类与组合,尤其是制瓷业的发展,推动了随葬品的"瓷器化"趋势,虽然东晋时陶器的地位曾一度经人为抬升而高于瓷器,但终究难挡瓷器普及中国南北并成为主要随葬品的历史发展潮流;三是江南之地成了许多北方士人逃离战乱的避难所,不少先前主要流行于中原北方的汉文化因素被带入江南,并由此得以传承延续;四是较稳定的局势为多元文化因素的滋生提供了土壤,道教兴盛、佛教普及,为丧葬文化的发展注入了更多新鲜元素。

另一条值得关注的线索是,透过墓葬还可观察到江东大族在这一阶段的发展情况。位于长江入海口的苏南浙北地区作为江东大族的大本营之一(即以顾、陆为代表的吴郡大族),孙吴时文化暗流已经涌动,富于特色的腰鼓形墓室已见诸实践。当孙吴政权灭亡而西晋以宽容的姿态接纳南方后,江东豪门所遭受的打击是轻微的:经济上基本没有受

---

[1]〔日〕川胜义雄著,徐谷芃、李济沧译《六朝贵族制社会研究》,页106。
[2] 唐长孺《三至六世纪江南大土地所有制的发展》,上海:上海人民出版社,1957年,页17。

到触动;政治上依然握有较大的地方权力;武装力量也没有被解除[1]。随着土著豪族势力在西晋时继续发展壮大,苏南浙北地区的文化地位亦日上升,腰鼓形墓室也开始向外传播扩散。同时,豪族不再满足于单纯的大土地所有者的身份,他们开始产生文化自觉,以家族墓地为单位的丧葬规划开始崭露头角。与苏南浙北地区相较,生活于浙南地区的大族(即以虞、魏为代表的会稽大族),则以雄厚的经济实力为依托,在这一阶段更多地固守着本地的汉文化传统,显现出了相当程度的保守性。然而,当司马氏政权于四世纪初渡江南下时,不论吴郡还是会稽大族,其在文化修养方面所达到的水平仍远不及北方世族。出于面对高贵的传统权威以及先进文化时所产生的自卑感,三世纪百年间在中原积累下来的社会文化权威,于无形中给后进的江东豪族造成了巨大压力,从而使司马氏政权及众多华北贵族得以较顺利地为南方社会所接纳[2],传统汉人文化由此得以传承,贵族制社会也在江南迎来了发展的顶峰。

概而言之,通过对吴晋时期长江中下游墓葬面貌的勾勒描摹,及对其所具社会文化内涵的分析解读,可以说,孙吴、西晋二朝首先为六朝考古学文化的发展方向奠定了整体基调;在此基础上,其更为在之后近三百年的大分裂时期,汉人文化能够在与占据中原北方的游牧民族相抗衡的过程中保全自己,不断演进,进而重新夺取全国范围内的主导权,做好了充分的准备。早在建安年间,周瑜劝说鲁肃留吴时曾有"承运代刘氏者,必兴于东南"[3]之言,从广义六朝史的角度来看,的确不虚。

---

[1] 唐长孺《三至六世纪江南大土地所有制的发展》,页55。
[2] [日]川胜义雄著,徐谷芃、李济沧译《六朝贵族制社会研究》,页148。
[3] [晋]陈寿撰,[宋]裴松之注《三国志》卷五十四,页1268。

参考文献

一、历史文献

1. 《白虎通疏证》,〔清〕陈立撰,吴则虞点校,北京:中华书局,1994年。
2. 《抱朴子内篇校释》,王明著,北京:中华书局,1985年。
3. 《抱朴子外篇校笺》,杨明照撰,北京:中华书局,1997年。
4. 《本草纲目》(校点本),〔明〕李时珍撰,北京:人民卫生出版社,1982年。
5. 《初学记》,〔唐〕徐坚等辑,北京:京华出版社,2000年。
6. 《后汉书》,〔宋〕范晔撰,〔唐〕李贤等注,北京:中华书局,1965年。
7. 《晋书》,〔唐〕房玄龄撰,北京:中华书局,1974年。
8. 《礼记集解》,〔清〕孙希旦,北京:中华书局,1989年。
9. 《礼记正义》,〔汉〕郑玄注,〔唐〕孔颖达疏,北京:北京大学出版社,1999年。
10. 《墨子》,〔清〕毕沅校注,吴旭民校点,上海:上海古籍出版社,2014年。
11. 《南史》,〔唐〕李延寿撰,北京:中华书局,1975年。
12. 《三国志》,〔晋〕陈寿撰,〔宋〕裴松之注,北京:中华书局,1982年。
13. 《山海经》,冯国超译注,北京:商务印书馆,2009年。
14. 《释名疏证补》,〔汉〕刘熙撰,〔清〕毕沅疏证,〔清〕王先谦补,上海:上海古籍出版社,2022年。
15. 《世说新语校笺》,徐震堮著,北京:中华书局,1984年。
16. 《水经注校正》,〔魏〕郦道元著,陈桥驿校正,北京:中华书局,2007年。
17. 《宋书》,〔梁〕沈约撰,北京:中华书局,1974年。
18. 《隋书》,〔唐〕魏徵、令狐德棻撰,北京:中华书局,1973年。
19. 《太平寰宇记》,〔宋〕乐史撰,北京:中华书局,2007年。
20. 《唐·新修本草(辑复本)》,〔唐〕苏敬等撰,尚志钧辑校,合肥:安徽科学技术出版社,1981年。
21. 《通典》,〔唐〕杜佑,北京:中华书局,1988年。
22. 《小学绀珠》,〔宋〕王应麟,上海:商务印书馆,1935年。
23. 《酉阳杂俎》,〔唐〕段成式等撰,曹中孚等校点,上海:上海古籍出版社,2012年。
24. 《昭明文选译注》,陈宏天、赵福海、陈复兴主编,长春:吉林文史出版社,2007年。
25. 《周礼注疏》,〔汉〕郑玄注,〔唐〕贾公彦疏,北京:北京大学出版社,1999年。
26. 《资治通鉴》,〔宋〕司马光编著,北京:中华书局,2011年。

二、考古资料

27. 安徽省文物工作队《安徽南陵县麻桥东吴墓》,《考古》1984年第11期,页974—978、1020。
28. 安徽省文物工作队、和县文物组《安徽和县西晋纪年墓》,《考古》1984年第9期,页826—832。

29. 安徽省文物考古研究所《安徽马鞍山市佳山东吴墓清理简报》,《考古》1986年第5期,页393、404—409。
30. ——《马鞍山市霍里乡西晋纪年墓》,原载《文物研究》第12辑,合肥:黄山书社,1999年,页104—108;后收入王俊主编《马鞍山六朝墓葬发掘与研究》,北京:科学出版社,2008年,页103—108。
31. 安徽省文物考古研究所、马鞍山市文化局《安徽马鞍山东吴朱然墓发掘简报》,《文物》1986年第3期,页1—15。
32. 安徽省文物考古研究所、马鞍山市文物管理所《安徽马鞍山宋山东吴墓发掘简报》,《江汉考古》2007年第4期,页29—37。
33. 安徽省文物考古研究所、宣城市文物管理所《安徽宣城电厂墓地发掘简报》,《文物研究》第14辑,合肥:黄山书社,2005年,页311—326。
34. 安吉县博物馆、程亦胜《浙江安吉天子岗汉晋墓》,《文物》1995年第6期,页28—39。
35. 安乡县文物管理所《湖南安乡西晋刘弘墓》,《文物》1993年第11期,页1—12。
36. 长沙市文物工作队《长沙发现一座晋代木椁墓》,《考古学集刊》3,北京:中国社会科学出版社,1983年,页150—153。
37. ——《湖南望城县东吴墓》,《文物》1984年第8期,页43—45。
38. 常州市博物馆、金坛县文管会《江苏金坛县方麓东吴墓》,《文物》1989年第8期,页69—78、96。
39. 郴州地区文物工作队《湖南郴州晋墓》,《东南文化》1991年第5期,页202—205。
40. 重庆市文化局、湖南省文物考古研究所、巫山县文物管理所《重庆巫山麦沱古墓群第二次发掘报告》,《考古学报》2005年第2期,页185—206。
41. 大冶市博物馆《大冶河口六朝早期墓》,《江汉考古》1999年第2期,页37—40。
42. 当涂县文物管理所《当涂县发现东吴晚期地券》,《文物》1987年第5期,页92。
43. 当涂县文物事业管理所《当涂太白乡陈山西晋墓》,原载《文物研究》第3辑,合肥:黄山书社,1988年,页34;后收入上揭《马鞍山六朝墓葬发掘与研究》,页78—79。
44. 鄂城县博物馆《鄂城东吴孙将军墓》,《考古》1978年第3期,页163—167。
45. ——《湖北鄂城四座吴墓发掘报告》,《考古》1982年第3期,页257—269。
46. 鄂州博物馆、湖北省文物考古研究所《湖北鄂州鄂钢饮料厂一号墓发掘报告》,《考古学报》1998年第1期,页103—131。
47. 鄂州市博物馆《湖北鄂城吴晋墓发掘简报》,《考古》1991年第7期,页608—613。
48. ——《鄂州市五里墩晋墓发掘简报》,《江汉考古》1993年第4期,页18—23、48。
49. ——《鄂钢综合原料场M30发掘简报》,《江汉考古》1995年第3期,页21—27。
50. 鄂州市博物馆、湖北省文物考古研究所《湖北鄂城新庙大鹰山孙吴墓发掘简报》,《江汉考古》2022年第1期,页46—55。
51. 奉化县文管会、宁波市文管会《奉化白杜汉熹平四年墓清理简报》,浙江省文物考古所编著《浙江省文物考古所学刊1981》,北京:文物出版社,1981年,页208—211。
52. 傅冬根《清江山前东吴墓》,《江西历史文物》1986年第2期,页31—32。
53. 甘肃省博物馆《甘肃武威磨咀子汉墓发掘》,《考古》1960年第9期,页15—28。
54. ——《酒泉、嘉峪关晋墓的发掘》,《文物》1979年第6期,页1—11。
55. 甘肃省考古研究所《酒泉十六国墓壁画》,北京:文物出版社,1989年。

56. 甘肃省文物管理委员会《酒泉下河清第1号墓和第18号墓发掘简报》,《文物》1959年第10期,页71—75、77。
57. 高至喜《浏阳姚家园清理晋墓二座》,《文物》1960年第4期,页88—89。
58. 葛家瑾《南京御道街标营第一号墓》,《文物参考资料》1956年第6期,页38、47。
59. 谷建祥《南京市山阴路口西晋墓》,《东南文化》1985年第00期,页36—39。
60. 广德县文化局《广德县双河乡长安村西晋墓清理报告》,《文物研究》第2辑,合肥:黄山书社,1986年,页25—27。
61. 汉川县文物管理所《汉川严家山发现西晋墓》,《江汉考古》1987年第4期,页42—44。
62. 含山县文物局《安徽含山县道士观西晋墓地发掘简报》,《江汉考古》2014年第6期,页17—25。
63. 杭州市文物考古所、余杭区博物馆《余杭义桥汉六朝墓》,北京:文物出版社,2010年。
64. 杭州市文物考古研究所《余杭凤凰山汉六朝墓》,北京:文物出版社,2020年。
65. 杭州市文物考古研究所、杭州市萧山区文物局、杭州市萧山区博物馆《萧山东蜀山墓地》,北京:文物出版社,2021年。
66. 杭州市文物考古研究所、余杭博物馆《杭州余杭汉六朝墓》,北京:文物出版社,2017年。
67. 河南省文化局文物工作队《信阳长台关第2号楚墓的发掘》,《考古通讯》1958年第11期,页79—80。
68. 河南省文化局文物工作队第二队《洛阳晋墓的发掘》,《考古学报》1957年第1期,页169—185。
69. 河南省文物考古研究所、安阳县文化局《河南安阳市西高穴曹操高陵》,《考古》2010年第8期,页35—45。
70. 何文竞、吴玲《六朝从这里开始 苏州地区发现的大、中型六朝早期墓葬》,《大众考古》2020年第11期,页41—45。
71. 贺云翱《南京草场门发现晋墓》,《考古》1987年第4期,页380。
72. 何赞《湘江长沙综合枢纽工程坝区考古发掘简介》,载湖南省文物考古研究所编《2010湖湘文化考古之旅》,页65—66。
73. 衡东县文物局《湖南衡东大浦西晋南朝墓发掘简报》,《湖南考古辑刊》第8集,长沙:岳麓书社,2009年,页118—121。
74. 衡阳市博物馆《湖南衡阳茶山坳东汉至南朝墓的发掘》,《考古》1986年第12期,页1079—1093。
75. 衡阳市文物工作队《湖南耒阳城关六朝唐宋墓》,《考古学报》1996年第2期,页237—277。
76. 湖北京九铁路考古队、黄冈市博物馆《湖北蕲春枫树林东汉墓》,《考古学报》1999年第2期,页179—210。
77. 湖北省博物馆《湖北汉阳蔡甸一号墓清理》,《考古》1966年第4期,页193—196。
78. ——,《鄂城两座晋墓的发掘》,《江汉考古》1984年第3期,页41—48。
79. 湖北省文物管理委员会《武昌莲溪寺东吴墓清理简报》,《考古》1959年第4期,页189—190。
80. 湖北省文物考古研究所《湖北赤壁古家岭东吴墓发掘报告》,《江汉考古》2008年第3期,页33—42。
81. 湖北省文物考古研究所、鄂州市博物馆《湖北鄂州市塘角头六朝墓》,《考古》1996年第11期,页1—27。
82. 胡继高《记南京西善桥六朝古墓的清理》,《文物参考资料》1954年第12期,页75—78。

83. 湖南省博物馆《长沙两晋南朝隋墓发掘报告》,《考古学报》1959年第3期,页75—105。
84. ——,《长沙南郊的两晋南朝隋代墓葬》,《考古》1965年第5期,页225—229。
85. ——,《湖南常德东汉墓》,《考古学集刊》1,北京:中国社会科学出版社,1981年,页158—176。
86. ——,《湖南郴州市郊东汉墓发掘简报》,《考古》1982年第3期,页252—254。
87. ——,《中国博物馆·湖南省博物馆》,北京:文物出版社,1983年。
88. ——,《湖南资兴晋南朝墓》,《考古学报》1984年第3期,页335—360。
89. 湖南省文物管理委员会《湖南常德西郊区古墓葬群清理小结》,《文物参考资料》1955年第5期,页51—56。
90. 湖南省文物考古研究所、益阳市文物管理处《湖南益阳梓山湖孙吴、宋墓发掘简报》,《湖南考古辑刊》第9集,长沙:岳麓书社,2011年,页128—154。
91. 湖州市博物馆《浙江湖州窑墩头古墓清理简报》,《东南文化》1993年第1期,页156—161。
92. ——,《湖州长超山发现孙吴时期纪年墓》,《东方博物》第37辑,杭州:浙江大学出版社,2010年,页91—93。
93. 华国荣《江苏南京市江宁县下坊村发现东吴青瓷器》,《考古》1998年第8期,页92—93。
94. 黄冈市博物馆《湖北黄梅县松林咀西晋纪年墓》,《考古》2004年第8期,页93—96。
95. 黄义军、徐劲松、何建萍《湖北鄂州郭家细湾六朝墓》,《文物》2005年第10期,页34—46。
96. 黄颐寿《江西清江武陵东汉墓》,《考古》1976年第5期,页331—334。
97. 江宁区博物馆《南京江宁镇上湖孙吴墓清理简报》,载所编《南京文物考古新发现》,南京:江苏人民出版社,2006年,页29—33。
98. 江西省博物馆《江西瑞昌马头西晋墓》,《考古》1974年第1期,页27—32、39。
99. ——,《江西南昌晋墓》,《考古》1974年第6期,页373—378。
100. ——,《江西南昌东汉、东吴墓》,《考古》1978年第3期,页158—163。
101. ——,《江西南昌市郊的两座晋墓》,《考古》1981年第6期,页500—503。
102. 江西省博物馆考古队《江西清江晋墓》,《考古》1962年第4期,页186—189。
103. 江西省历史博物馆《江西南昌市东吴高荣墓的发掘》,《考古》1980年第3期,页219—228。
104. 江西省瑞昌市博物馆《江西瑞昌朱湖古墓群发掘简报》,《南方文物》2003年第3期,页32—40。
105. 江西省文物工作队《江西南昌市发现三座晋墓》,《考古》1986年第9期,页809、810—812。
106. ——,《江西靖安虎山西晋、南朝墓》,《考古》1987年第6期,页538—541、575。
107. 江西省文物工作队、新干县文物陈列室《江西新干县西晋墓》,《考古》1983年第12期,页1122—1124。
108. 江西省文物管理委员会《江西南昌徐家坊六朝墓清理简报》,《考古》1965年第9期,页459—461。
109. 江西省文物考古研究所、吉水县博物馆《江西吉水城郊2号西晋墓》,《文物》2001年第2期,页4—11。
110. 江西省文物考古研究所、江西吉水县博物馆《江西吉水县晋墓发掘简报》,《南方文物》2013年第4期,页27—30。
111. 江西省文物考古研究所、江西南昌市博物馆《江西农业大学化工厂汉晋墓葬发掘简报》,《南方文物》2016年第2期,页90—94。

112. 江西省文物考古研究所、江西南昌县博物馆《江西南昌县小蓝乡西晋墓发掘简报》,《南方文物》2006年第1期,页33—36。
113. 江西省文物考古研究所、江西省新余市博物馆《江西新余市钱家山西周遗址及竹山村三国墓与宋墓考古发掘简报》,《南方文物》2006年第2期,页31—36。
114. 江西省文物考古研究所、宜春市博物馆《江西宜春下浦坝上古墓群发掘报告》,《江西文物》1991年第2期,页1—27。
115. 江西省文物考古研究院《七星伴月　茔域千年——江西赣江新区七星堆六朝墓群考古发掘取得阶段性重大成果》,《中国文物报》2019年12月6日第7版。
116. ——,《江西南昌市蛟桥镇东汉、西晋墓发掘简报》,《南方文物》2023年第4期,页59—69。
117. 江西省文物考古研究院、九江市博物馆、瑞昌市博物馆《江西瑞昌鲁家西晋墓葬发掘简报》,《南方文物》2023年第2期,页62—71。
118. 江西省文物考古研究院、九江市文物保护中心、瑞昌市博物馆《江西瑞昌市白杨镇西晋永熙元年墓发掘简报》,《南方文物》2023年第2期,页56—61。
119. 江苏省文物管理委员会《江宁县黄家营第五号六朝墓清理简报》,《文物参考资料》1956年第1期,页42—44。
120. ——,《南京近郊六朝墓的清理》,《考古学报》1957年第1期,页187—191。
121. ——,《南京出土六朝青瓷》,北京:文物出版社,1957年。
122. ——,《江苏句容陈家村西晋南朝墓》,《考古》1966年第3期,页152—154。
123. 江文《江宁县秣陵公社发现西晋太康四年墓》,《文物》1973年第5期,页69。
124. 金华地区文管会《浙江金华古方六朝墓》,《考古》1984年第9期,页816—825。
125. 金琦《南京甘家巷和童家山六朝墓》,《考古》1963年第6期,页303—318。
126. 考古研究所洛阳发掘队《洛阳西郊晋墓的发掘》,《考古》1959年第11期,页606—610。
127. 李鉴昭《南京市南郊清理了一座西晋墓葬》,《文物参考资料》1955年第7期,页157—158。
128. 李鉴昭、屠思华《南京梅家山六朝墓清理记略》,《文物参考资料》1956年第4期,页14—18。
129. ——,《南京石门坎乡六朝墓清理记》,《考古通讯》1958年第9期,页66—69。
130. 李蔚然《南京南郊邓府山发现六朝古墓》,《考古通讯》1955年第2期,页52。
131. ——,《南京西善桥六朝墓的清理》,《考古通讯》1958年第4期,页57—59。
132. ——,《南京六朝墓葬》,《文物》1959年第4期,页21—25。
133. ——,《南京高家山的六朝墓》,《考古》1963年第2期,页108。
134. ——,《南京南郊六朝墓葬清理》,《考古》1963年第6期,页340—342。
135. 李艳天、刘平生《安徽南陵长山西晋纪年墓发掘报告》,《东南文化》2002年第5期,页40—42。
136. 李希朗《江西吉水富滩东吴墓》,《南方文物》1996年第3期,页6—10。
137. 梁志明《浙江绍兴官山岙西晋墓》,《文物》1991年第6期,页55—63。
138. 临安市文物馆《临安小山弄西晋纪年墓发掘简报》,《东方博物》第31辑,杭州:浙江大学出版社,2009年,页74—81。
139. 临武县文物管理所、龙碧林《临武县马塘三国墓葬清理简报》,《湖南考古辑刊》第6集,长沙:岳麓书社,1994年,页121—122。
140. 刘廉银《湖南长沙左家塘西晋墓》,《考古》1963年第2期,页107。
141. 刘林《宜丰潭山清理一座西晋墓》,《文物工作资料》1977年第2期,页4。

142. ——,《南昌市东吴高荣墓的发掘》,《江西历史文物》1980年第1期,页24—30。
143. 刘诗中、许智范《新干县塔下西晋墓》,《江西历史文物》1983年第2期,页13—16。
144. 刘玉新《山东省东阿县曹植墓的发掘》,《华夏考古》1999年第1期,页7—17。
145. 罗敦静《湖南长沙发现战国和六朝的洞室墓》,《考古通讯》1958年第2期,页41。
146. 洛阳博物馆《洛阳涧西七里河东汉墓发掘简报》,《考古》1975年第2期,页116—123、134。
147. 洛阳市第二文物工作队《洛阳五女冢267号新莽墓发掘简报》,《文物》1996年第7期,页42—53、95。
148. ——,《洛阳孟津大汉冢曹魏贵族墓》,《文物》2011年第9期,页32—47。
149. 洛阳市文物工作队《洛阳曹魏正始八年墓发掘报告》,《考古》1989年第4期,页313—318。
150. 洛阳市文物考古研究院《河南洛阳市西朱村曹魏墓葬》,《考古》2017年第7期,页71—81。
151. 罗宗真《江苏宜兴晋墓发掘报告——兼论出土的青瓷器》,《考古学报》1957年第4期,页83—106。
152. 马鞍山市博物馆《安徽马鞍山寺门口东吴墓发掘简报》,《东南文化》2007年第3期,页32—36。
153. 马鞍山市文物管理所《安徽省马鞍山市朱然家族墓发掘简报》,《东南文化》2007年第6期,页34—40。
154. ——,《马鞍山采石东吴墓发掘简报》,原载《文物研究》第14辑,合肥:黄山书社,2005年,页331—337;后收入上揭《马鞍山六朝墓葬发掘与研究》,页46—53。
155. ——,《马鞍山采石翠螺山东吴墓发掘简报》,载《马鞍山六朝墓葬发掘与研究》,页54—58。
156. ——,《马鞍山市盆山发现六朝墓》,原载《文物研究》第6辑,合肥:黄山书社,1990年,页153—157;后收入上揭《马鞍山六朝墓葬发掘与研究》,页80—83。
157. ——,《马鞍山东苑小区六朝墓清理简报》,原载《文物研究》第11辑,合肥:黄山书社,1998年,页151—159;后收入上揭《马鞍山六朝墓葬发掘与研究》,页84—94。
158. ——,《马鞍山市马钢二轧厂晋墓清理简报》,原载《文物研究》第14辑,合肥:黄山书社,2005年,页327—330;后收入上揭《马鞍山六朝墓葬发掘与研究》,页109—113。
159. ——,《安徽省马鞍山市独家墩三国早期墓发掘简报》,《东南文化》2008年第6期,页37—40。
160. 马鞍山市文物管理所、马鞍山市博物馆《安徽马鞍山桃冲村三座晋墓清理简报》,《文物》1993年第11期,页13—18、34。
161. ——,《马鞍山文物聚珍》,北京:文物出版社,2006年。
162. 南波《南京西岗西晋墓》,《文物》1976年第3期,页55—60。
163. ——,《江苏句容西晋元康四年墓》,《考古》1976年第6期,页360、396—397。
164. 南昌县博物馆《江西南昌县发现三国吴墓》,《考古》1993年第1期,页91—94。
165. 南京博物院《邓府山古残墓清理记》,上海:上海出版公司,1952年。
166. ——,《南京邓府山古残墓二次至四次清理简介》,《文物参考资料》1955年第11期,页24—30。
167. ——,《江苏溧阳孙吴凤凰元年墓》,《考古》1962年第8期,页412—413。
168. ——,《宜兴县汤渡村古青瓷窑址试掘简报》,《文物》1964年第10期,页39—40。
169. ——,《江苏宜兴晋墓的第二次发掘》,《考古》1977年第2期,页115—122。
170. ——,《南京市卫岗西晋墓清理简报》,《文物》1983年第10期,页70—71。

171. ——,《江苏江宁县张家山西晋墓》,《考古》1985年第10期,页908—914。
172. ——,《南京市卫岗南京农业大学西晋墓发掘简报》,《东南文化》1991年第5期,页133、199—201。
173. ——,《江苏吴县张陵山张氏墓群发掘简报》,《南方文物》2005年第4期,页14—18。
174. 南京博物院、南京市文物保管委员会《南京栖霞山甘家巷六朝墓群》,《考古》1976年第5期,页316—325。
175. 南京博物院、南京市文物保管委员会、江苏省文物管理委员会、江苏省博物馆《江苏省出土文物选集》,北京:文物出版社,1963年。
176. 南京大学历史系考古专业、湖北省文物考古研究所、鄂州市博物馆《鄂城六朝墓》,北京:科学出版社,2007年。
177. 南京市博物馆《南京郊县四座吴墓发掘简报》,《文物资料丛刊》第8辑,北京:文物出版社,1983年,页1—15。
178. ——,《南京北郊五塘村发现六朝早期墓》,《文物资料丛刊》第8辑,北京:文物出版社,1983年,页65—67。
179. ——,《江苏江宁官家山六朝早期墓》,《文物》1986年第12期,页17—22。
180. ——,《南京狮子山、江宁索墅西晋墓》,《考古》1987年第7期,页611—618。
181. ——,《南京江宁晋墓出土瓷器》,《文物》1988年第9期,页81—89。
182. ——,《南京雨花台区四座西晋》,《东南文化》1989年第2期,页138—142。
183. ——,《江苏南京卡子门外六朝早期墓》,《考古》1990年第11期,页1021—1023。
184. ——,《一九八七年至一九八八年南京邓府山六朝墓群清理简报》,《东南文化》1992年第2期,页158—173。
185. ——,《江苏南京邓府山吴墓和柳塘村西晋墓》,《考古》1992年第8期,页733—740。
186. ——,《南京市尹西村西晋墓》,《华夏考古》1998年第2期,页29—34。
187. ——,《江苏南京市北郊郭家山东吴纪年墓》,《考古》1998年第8期,页21—26。
188. ——,《江苏南京郭家山八号清理简报》,《华夏考古》2001年第1期,页25—28、49。
189. ——,《南京唐家山孙吴墓》,《东南文化》2001年第11期,页37—43。
190. ——,《南京长岗村五号墓发掘简报》,《文物》2002年第7期,页4—10。
191. ——,《南京殷巷西晋纪年墓》,《文物》2002年第7期,页11—14。
192. ——,《南京小行西晋、五代墓葬》,载《南京文物考古新发现》,页62—65。
193. ——,《南京栖霞区大山口六朝墓葬发掘简报》,载《南京文物考古新发现》,页77—82。
194. ——,《南京张王庙晋墓发掘简报》,载《南京文物考古新发现》,页89—93。
195. ——,《南京雨花台区丁墙村、鼓楼区峨嵋岭六朝早期墓发掘简报》,载《南京文物考古新发现》,页94—97。
196. ——,《南京大光路孙吴薛秋墓发掘简报》,《文物》2008年第3期,页4—15。
197. ——,《南京市郭家山11号墓发掘简报》,《东南文化》2009年第3期,页32—35。
198. 南京市博物馆、江宁区博物馆《南京江宁区周岗镇尚义采石场西晋纪年墓》,载《南京文物考古新发现》,页83—88。
199. 南京市博物馆、江宁区博物馆、雨花台区文化广播电视局《南京市麒麟镇西晋墓、望江矶南朝墓》,《南方文物》2002年第3期,页16—21。

200. 南京市博物馆、江宁县博物馆《南京市东善桥"凤凰三年"东吴墓》,《文物》1999年第4期,页32—37。
201. 南京市博物馆、六合区文化旅游局《南京六合横梁西晋墓发掘报告》,载《南京文物考古新发现》,页66—70。
202. 南京市博物馆、南京师范大学文物与博物馆学系《南京仙鹤山孙吴、西晋墓》,《文物》2007年第1期,页22—34。
203. 南京市博物馆、南京市江宁区博物馆《南京江宁上湖孙吴、西晋墓》,《文物》2007年第1期,页35—49。
204. ——《南京将军山西晋墓发掘简报》,《文物》2008年第3期,页16—23、55。
205. ——《南京江宁谷里晋墓发掘简报》,《文物》2008年第3期,页24—31。
206. ——《南京江宁上坊孙吴墓发掘简报》,《文物》2008年第12期,页4—34。
207. ——《南京江宁鳄儿岗晋墓发掘简报》,《文物》2013年第11期,页28—35。
208. 南京市博物馆、南京市栖霞区文化局《江苏南京市尧化镇六朝早期墓》,《考古》1998年第8期,页27—30。
209. 南京市博物馆、南京市雨花台区文管会《江苏南京市板桥镇杨家山西晋双室墓》,《考古》1998年第8期,页31—34。
210. 南京市博物馆、雨花台区文化广播电视局《南京市雨花台区孙吴墓》,《考古》2013年第3期,页26—41。
211. 南京市博物馆、南京市雨花台区文化局《南京丁墙村"天册元年"东吴墓》,载《南京文物考古新发现》,页24—28。
212. ——《南京雨花台区长岗村李家洼六朝墓群》,载《南京文物考古新发现》,页36—42。
213. ——《南京窑岗村30号孙吴墓发掘简报》,《东南文化》2009年第1期,页57—63。
214. 南京市江宁区博物馆《南京滨江开发区15号路六朝墓清理简报》,《东南文化》2009年第3期,页36—40。
215. ——《南京江宁孙吴"天册元年"墓发掘简报》,《东南文化》2009年第3期,页26—31。
216. 南京市考古研究所《南京板桥新凹子两座西晋纪年墓》,《中国国家博物馆馆刊》2015年第12期,页60—77。
217. 南京市考古研究院《南京市鼓楼区幕府山两座东吴墓的发掘》,《考古》2023年第9期,页55—78。
218. 南京市文物保管委员会《南京六朝墓清理简报》,《文物》1959年第5期,页231—236。
219. ——《南京中华门外晋墓清理》,《考古》1961年第6期,页339—340。
220. ——《南京板桥镇石闸湖晋墓清理简报》,《文物》1965年第6期,页37—44。
221. ——《南京迈皋桥西晋墓清理》,《考古》1966年第4期,页224—227。
222. 南阳市文物工作队《南阳市第二化工厂21号画像石墓发掘简报》,《中原文物》1993年第1期,页77—81。
223. 倪振逵、葛家瑾、乔彩英、徐锦铭《南京赵士冈发现三国时代孙吴有铭瓷器》,《文物参考资料》1955年第8期,页156—157。
224. 宁波市文物考古研究所、宁波市鄞州区文物管理委员会办公室《浙江宁波市蜈蚣岭吴晋纪年墓葬》,《考古》2008年第11期,页44—53。

225. 宁波市文物考古研究所、宁波中国港口博物馆《浙江宁波北仑小港郑家湾六朝墓发掘简报》，《南方文物》2017年第3期，页127—130。
226. 宁波市文物考古研究所、余姚市文物保护管理所《浙江余姚穴湖孙吴时期虞氏墓发掘简报》，《文物》2020年第9期，页20—25。
227. 彭泽县文化馆《彭泽旧县塔下晋墓》，《江西历史文物》1986年第2期，页36。
228. 蒲圻赤壁西晋考古发掘队《蒲圻赤壁西晋纪年金氏墓》，《江汉考古》1992年第4期，页29—32。
229. 秦光杰《江西南昌市郊吴永安六年墓》，《考古》1965年第5期，页258—259。
230. 青阳县文物管理所《安徽青阳县五星东吴—西晋墓发掘简报》，《文物研究》第20辑，北京：科学出版社，2013年，页242—249。
231. 衢县文化馆《浙江衢县街路村西晋墓》，《考古》1974年第6期，页379—381。
232. 瑞安县文物馆《浙江瑞安隆山晋墓清理简报》，《文物资料丛刊》第8辑，北京：文物出版社，1983年，页50—53。
233. 山东省文物管理处《山东福山东留公村汉墓清理简报》，《考古通讯》1956年第5期，页16—19。
234. 山东省文物考古研究所《山东潍坊后埠下墓地发掘报告》，载所编《山东省高速公路考古报告集（1997）》，北京：科学出版社，2000年，页234—286。
235. 山东邹城市文物局《山东邹城西晋刘宝墓》，《文物》2005年第1期，页4—26。
236. 山西省文物管理委员会《山西长治唐墓清理简报》，《考古通讯》1957年第5期，页53—57。
237. 上虞县文物管理所《浙江上虞江山三国吴墓发掘简报》，《东南文化》1989年第2期，页135—137。
238. 沈宜扬《湖北当阳刘家冢子东汉画像石墓发掘简报》，《文物资料丛刊》第1辑，北京：文物出版社，1977年，页122—130。
239. 嵊县文管会《浙江嵊县六朝墓》，《考古》1988年第9期，页800—813。
240. ——，《浙江嵊县大塘岭东吴墓》，《考古》1991年第3期，页206—216。
241. 施祖青《鄞县宝幢乡沙堰村几座东汉、晋墓》，《东南文化》1993年第2期，页85—89。
242. 四川省文物考古研究所《丰都三峡工程淹没区调查报告》，载所编《四川考古报告集》，北京：文物出版社，1998年，页282—350。
243. 宋永祥《安徽郎溪的三座晋墓》，《东南文化》1989年第2期，页133、143—147。
244. 苏州市考古研究所《江苏苏州虎丘路新村土墩三国孙吴M1发掘简报》，《东南文化》2019年第6期，页26—41。
245. ——，《江苏苏州虎丘路新村土墩三国孙吴M5发掘简报》，《东南文化》2020年第6期，页40—48。
246. 苏州市考古研究所、苏州博物馆《虎丘黑松林墓地》，北京：文物出版社，2022年。
247. 孙平《湖南常德东吴墓》，《考古》1992年第7期，页667—671。
248. 唐山《新建县昌邑东吴墓》，《文物工作资料》1976年第2期，页8。
249. ——，《江西波阳西晋纪年墓》，《考古》1983年第9期，页858。
250. 唐昌朴《江西南昌东吴墓清理简记》，《考古》1983年第10期，页903—907。
251. 通城县博物馆《湖北通城高冲钱塘山二号墓发掘简报》，《江汉考古》1992年第2期，页8—12。

252. 王步艺《芜湖赭山古墓清理简报》,《文物参考资料》1956年第12期,页43—47。
253. 王宏伟《苏州发现三国时期东吴大墓》,《新华日报》2016年11月24日第11版。
254. 王莲瑛《余姚西晋太康八年墓出土文物》,《文物》1995年第6期,页40—41、78。
255. 王善才、胡金豪《湖北新洲旧街镇发现两座西晋墓》,《考古》1995年第4期,页381—384。
256. 王志敏、朱江、李蔚然编《南京六朝陶俑》,北京:中国古典艺术出版社,1958年。
257. 武汉市博物馆《武汉黄陂滠口古墓清理简报》,《文物》1991年第6期,页48—54、96。
258. 武汉市博物馆、东西湖区文化局《武汉市东西湖柏泉农场古墓群清理简报》,《江汉考古》1998年第1期,页37—47。
259. 武汉市博物馆、江夏区文物管理所《江夏流芳东吴墓清理发掘报告》,《江汉考古》1998年第3期,页59—66。
260. 武汉市文物管理委员会《武昌任家湾六朝初期墓葬清理简报》,《文物参考资料》1955年第12期,页65—73。
261. 吴文讯《江苏六合瓜埠西晋墓清理简报》,《考古》1973年第2期,页88—89。
262. 吴县文物管理委员会《江苏吴县狮子山西晋墓清理简报》,《文物资料丛刊》第3辑,北京:文物出版社,1980年,页130—138。
263. ——《江苏吴县狮子山四号西晋墓》,《考古》1983年第8期,页707—713。
264. 厦门大学历史系、江西省文物考古研究院、靖安县博物馆《江西靖安老虎墩遗址汉晋墓与器物坑发掘报告》,《考古学报》2021年第4期,页583—607。
265. 襄樊市博物馆《湖北襄樊市两座东汉墓发掘》,《考古》1993年第5期,页404—407。
266. ——《湖北襄樊市区东汉墓发掘简报》,《考古与文物》1993年第4期,页22—25。
267. ——,《湖北襄阳城内三国时期的多室墓清理报告》,《江汉考古》1995年第3期,页16—20、54。
268. 襄樊市考古队《襄樊长虹南路墓地第二次发掘简报》,《江汉考古》2007年第1期,页15—27。
269. 湘阴县博物馆《湘阴县城关镇东吴墓》,《湖南考古辑刊》第4集,长沙:岳麓书社,1987年,页52—57。
270. ——,《湖南湘阴城关镇西晋墓》,《江汉考古》1989年第4期,页25—28。
271. 新安江水库考古工作队《浙江淳安古墓发掘》,《考古》1959年第9期,页464—468。
272. 徐繁《繁昌新潮东吴墓》,《文物研究》第5辑,合肥:黄山书社,1989年,页181—185。
273. 胥浦六朝墓发掘队《扬州胥浦六朝墓》,《考古学报》1988年第2期,页233—256。
274. 烟台市博物馆、龙口市博物馆《山东龙口市东梧桐晋墓发掘简报》,《考古》2013年第4期,页20—32。
275. 扬州博物馆《江苏邗江县甘泉老虎墩汉墓》,《文物》1991年第10期,页62—70。
276. 扬州市文物考古研究所《江苏扬州三星村西庄六朝墓葬及窑址发掘简报》,《东方博物》2016年第4期(第61辑),页10—17。
277. 叶玉奇《江苏吴县何山出土晋代瓷器》,《东南文化》1989年第2期,页159—161。
278. 叶润清《安徽当涂"天子坟"东吴墓》,《大众考古》2016年第7期图版。
279. ——,《安徽当涂发现高等级东吴宗室墓葬"天子坟"》,《中国文物报》2017年3月10日第8版。
280. 叶润清、殷春梅、杨彭、罗海明《安徽当涂"天子坟"孙吴墓发掘收获》,载国家文物局编《2016

中国重要考古发现》，北京：文物出版社，2017年，页106—109。
281. 宜兴陶瓷公司《陶瓷史》编写组《江苏宜兴南山六朝青瓷窑址的调查》，载文物编辑委员会编《中国古代窑址调查发掘报告集》，北京：文物出版社，1984年，页45—50。
282. 益阳地区文物工作队、宜阳县文化馆《湖南省益阳县晋、南朝墓发掘简况》，《文物资料丛刊》第8辑，北京：文物出版社，1983年，页45—49。
283. 尹焕章《南京石门坎发现魏正始二年的文物》，《文物》1959年第4期，封二。
284. 尤振尧《江苏仪征三茅晋墓》，《考古》1965年第4期，页209—211。
285. 余家栋《江西新建清理两座晋墓》，《文物》1975年第3期，页69—71。
286. ——《南昌市清理一座西晋墓》，《江西历史文物》1978年第4期，页3。
287. 岳阳市文物工作队《临湘县义子山东周、三国东吴墓发掘简报》，载湖南省博物馆编《湖南博物馆文集》，长沙：岳麓书社，1991年，页152—160。
288. 张钟云、李开和《和县张集乡西晋墓发掘简报》，《文物研究》第11辑，合肥：黄山书社，1998年，页147—150。
289. 浙江省博物馆《青色流年：全国出土浙江纪年瓷图集》，北京：文物出版社，2017年。
290. 浙江省文物管理委员会《浙江瑞安桐溪与芦蒲古墓清理》，《考古》1960年第10期，页30—36、46。
291. 浙江省文物考古研究所《沪杭甬高速公路考古报告》，北京：文物出版社，2002年。
292. ——《浙江汉六朝墓报告集》，北京：科学出版社，2012年。
293. 浙江省文物考古研究所、嵊州市文物管理处《嵊州市祠堂山汉六朝墓葬发掘简报》，《东方博物》第47辑，杭州：浙江大学出版社，2008年，页71—85。
294. 镇江博物馆《镇江东吴西晋墓》，《考古》1984年第6期，页514、528—545。
295. ——《镇江"香江现代名城"汉—清代墓葬发掘报告》，载所编《印记与重塑：镇江博物馆考古报告集（2001—2009）》，镇江：江苏大学出版社，2010年，页158—172。
296. ——《镇江"优山美地"小区六朝墓发掘简报》，载《印记与重塑：镇江博物馆考古报告集（2001—2009）》，页184—199。
297. ——《镇江丁卯小窑湾六朝及宋代墓发掘报告》，载《印记与重塑：镇江博物馆考古报告集（2001—2009）》，页231—245。
298. ——《镇江金家湾墓地六朝至唐代墓葬发掘简报》，《江汉考古》2016年第2期，页40—52。
299. 镇江博物馆、镇江市文管办《镇江丁卯"江南世家"工地六朝墓》，《东南文化》2008年第4期，页17—27。
300. 镇江市博物馆、金坛县文化馆《江苏金坛出土的青瓷》，《文物》1977年第3期，页60—63。
301. 志凡《南昌清理两座古墓葬》，《江西历史文物》1980年第3期，页17—18。
302. 中国社会科学院考古研究所、河北省文物管理处《满城汉墓发掘报告》，北京：文物出版社，1980年。
303. 中国社会科学院考古研究所洛阳汉魏故城工作队《西晋帝陵勘察记》，《考古》1984年第12期，页1096—1107。
304. 中国社会科学院考古研究所铜绿山工作队《湖北铜绿山东周铜矿遗址发掘》，《考古》1981年第1期，页19—23。
305. ——《湖北铜绿山古铜矿再次发掘——东周炼铜炉的发掘和炼钢模拟实验》，《考古》1982年第1期，页18—22。

306. 朱献雄《安徽青阳县清理一座西晋残墓》,《考古》1992年第11期,页1003、1050—1051。
307. 朱振文《安徽全椒县卜集东吴砖室墓》,《考古》1997年第5期,页90—93。

三、研究论著

308. 白彬《湖北武昌任家湾东吴初年道士郑丑墓再研究》,《江汉考古》2006年第4期,页58—66、72。
309. 宾娟《吐舌状镇墓兽及其文化意义的探讨》,《四川文物》2013年第6期,页46—56。
310. 常泽宇《苏州虎丘路新村土墩M5"吴侯"小考》,《东南文化》2022年第4期,页135—139。
311. 陈万里《中国青瓷史略》,上海:上海人民出版社,1956年。
312. 陈寅恪《述东晋王导之功业》,载氏著《金明馆丛稿初编》,北京:生活·读书·新知三联书店,2015年,页55—77。
313. 程酷茜《汉唐墓葬中的施帐现象研究》,南京大学硕士学位论文,2018年。
314. 程义、陈秋歌《苏州虎丘路三国大墓墓主身份再考》,《中原文物》2022年第3期,页104—108。
315. 〔日〕川胜义雄著,徐谷芃、李济沧译《六朝贵族制社会研究》,上海:上海古籍出版社,2007年。
316. 戴贝贝《马鞍山地区六朝墓葬的初步研究》,安徽大学硕士学位论文,2013年。
317. 范凤妹《江西出土的六朝青瓷》,《江西文物》1991年第4期,页88—90、113。
318. 范佳楠《魏晋南北朝铜容器研究》,北京大学硕士学位论文,2013年。
319. 付龙腾《孙吴陵墓制度新探》,《东南文化》2022年第2期。
320. 高至喜《略论湖南出土的青瓷》,载中国考古学会编《中国考古学会第三次年会论文集》,北京:文物出版社,1984年,页155—164。
321. 葛剑雄《中国移民史 第二卷·先秦至魏晋南北朝时期》,福州:福建人民出版社,1997年。
322. 〔日〕谷川道雄著,马彪译《中国中世社会与共同体》,上海:上海古籍出版社,2013年。
323. 管维良《汉魏六朝铜镜中神兽图像及有关铭文考释》,《江汉考古》1983年第3期,页85—93。
324. ——《汉魏六朝铜镜的社会观察》,《四川文物》1990年第3期,页25—29。
325. 韩国河《试论汉晋时期合葬礼俗的渊源及发展》,《考古》1999年第10期,页69—78。
326. ——《秦汉魏晋丧葬制度研究》,西安:陕西人民出版社,1999年。
327. 韩国河、朱津《三国时期墓葬特征述论》,《中原文物》2010年第6期,页53—61。
328. 何文竞、徐苏君《苏州地区六朝墓综述》,载苏州市考古研究所、苏州博物馆编《虎丘黑松林墓地》,北京:文物出版社,2022年,页46—71。
329. 贺中香《略论鄂城两晋青瓷》,《景德镇陶瓷》1984年第S1期,页101—104。
330. 胡宝国《两晋时期的"南人"、"北人"》,载氏著《将无同》,北京:中华书局,2020年,页119—137。
331. ——《晚渡北人与东晋中期的历史变化》,载氏著《将无同》,北京:中华书局,2020年,页138—162。
332. 黄晓芬《汉墓的考古学研究》,长沙:岳麓书社,2003年。
333. 蒋玄怡《访均山青瓷古窑》,《文物》1960年第2期,页38—40。
334. 蒋赞初《长江中游地区东汉六朝青瓷概论》,《江汉考古》1986年第3期,页71—75。
335. ——《关于宜兴陶瓷发展中的几个问题》,载《中国古代窑址调查发掘报告集》,页64—69。
336. ——《关于长江下游六朝墓葬的分期和断代问题》,原载中国考古学会编《中国考古学会第二次年会论文集》，北京：文物出版社，1982年，页196—205；后收入氏著《长江中下游历史考古论文集》，北京：科学出版社，2000年，页74—84。

337. ——，《长江中游六朝墓葬的分期和断代——附论出土的瓷器》，原载中国考古学会编《中国考古学会第三次年会论文集》，北京：文物出版社，1984年，页140—147；后收入上揭《长江中下游历史考古论文集》，页85—93。

338. ——，《长江中下游孙吴墓葬的比较研究》，原载《东南文化》1998年增刊2，页78—81；后收入上揭《长江中下游历史考古论文集》，页94—100。

339. ——，《湖北鄂城六朝考古的主要收获》，原载中国考古学会编《中国考古学会第四次年会论文集》，北京：文物出版社，1985年，页285—294；后收入上揭《长江中下游历史考古论文集》，页107—117。

340. 〔日〕金文京著，何晓毅、梁蕾译《三国志的世界：后汉 三国时代》，桂林：广西师范大学出版社，2014年，页180。

341. 孔祥星、刘一曼《中国古代铜镜》，北京：文物出版社，1984年。

342. 孔祥星、刘一曼、鹏宇《中国铜镜图典》，上海：上海古籍出版社，2020年。

343. 李梅田《长江中游地区六朝隋唐青瓷分期研究》，《华夏考古》2000年第4期，页83—99。

344. ——，《曹魏薄葬考》，《中原文物》2010年第4期，页17—20、69。

345. ——，《魏晋南北朝墓葬中的弧壁砖室现象研究》，《中国国家博物馆馆刊》2012年第7期，页22—33。

346. ——，《汉唐之间的墓主受祭图及其流变》，《中国美术研究》第41辑，上海：上海书画出版社，2022年，页4—12。

347. 李如森《汉代丧葬礼俗》，沈阳：沈阳出版社，2003年。

348. 李婷《墓内祭祀的继承与流变——基于六朝都城地区的墓内祭祀空间的考古学观察》，云南民族大学硕士学位论文，2015年。

349. 李蔚然《南京六朝墓葬的发现与研究》，成都：四川大学出版社，1998年。

350. 李晓辉《六朝墓中的镇墓兽——古代图腾孑遗》，《东南文化》1989年第2期，页166—170。

351. 黎毓馨《论长江下游地区两汉吴西晋墓葬的分期》，载浙江省文物考古研究所编《浙江省文物考古研究所学刊》，北京：长征出版社，1997年，页258—295。

352. 李珍《广西古代滑石器研究》，《广西民族研究》2001年第1期，页80—85。

353. 栗中斌《谈朱然家族墓的年代和墓主身份》，《东南文化》2004年第4期，页34—35。

354. ——，《马鞍山市宋山墓的年代和墓主身份考》，《东南文化》2007年第4期，页39—44。

355. ——，《试析安徽马鞍山寺门口东吴墓的形制——兼论长江中下游地区六朝时期祔葬墓的类型》，《东南文化》2009年第3期，页51—57。

356. 林昌丈《社会力量的合流与孙吴政权的建立约论》，《魏晋南北朝隋唐史资料》第32辑，上海：上海古籍出版社，2015年，页1—22。

357. 刘斌《洛阳地区西晋墓葬研究——兼谈晋制及其影响》，《考古》2012年第4期，页70—83。

358. 刘华军《镇江地区六朝墓葬的初步研究》，南京师范大学硕士学位论文，2015年。

359. 刘淑芬《六朝建康的经济基础》，载氏著《六朝的都城与社会》（增订本），南京：南京大学出版社，2021年，页66—88。

360. ——，《六朝会稽士族》，载氏著《六朝的都城与社会》（增订本），南京：南京大学出版社，2021

年,页296—347。

361. 刘卫鹏《浙江六朝墓概述》,《西部考古》第12辑,北京:科学出版社,2016年,页259—287。
362. 刘永池《浅谈湘阴窑》,《中国古陶瓷研究》第9辑,北京:紫禁城出版社,2003年,页16—29。
363. 刘玉健《湖南地区六朝墓葬研究》,湖南师范大学硕士学位论文,2017年。
364. 卢兆荫《略论两汉魏晋的帷帐》,《考古》1984年第5期,页454—467。
365. 洛阳市第二文物工作队、严辉《曹操墓和曹休墓的比较与研究》,《中国文物报》2010年9月17日第5版。
366. 罗宗真《六朝考古》,南京:南京大学出版社,1994年。
367. ——《魏晋南北朝考古》,北京:文物出版社,2001年。
368. 罗宗真、王志高《六朝文物》,南京:南京出版社,2004年。
369. 齐东方《三国两晋南北朝时期的祔葬墓》,《考古》1991年第10期,页938、943—949。
370. ——《祔葬墓与古代家庭》,《故宫博物院院刊》2006年第5期,页26—51。
371. ——《中国古代丧葬中的晋制》,《考古学报》2015年第3期,页345—366。
372. 乔梁《美玉与黄金——中国古代农耕与畜牧集团在首饰材料选取中的差异》,《考古与文物》2007年第5期,页47—52。
373. 仇鹿鸣《魏晋之际的政治权利与家族网络》,上海:上海古籍出版社,2015年。
374. 全洪《试论东汉魏晋南北朝时期的铁镜》,《考古》1994年第12期,页1118—1126。
375. 石佳《三国两晋南北朝时期出土漆器的研究》,南京大学硕士学位论文,2017年。
376. 施杰《交通幽明——西汉诸侯王墓中的祭祀空间》,《古代墓葬美术研究》第二辑,长沙:湖南美术出版社,2013年,页73—93。
377. 宿白《魏晋南北朝考古》试用讲义,北京大学考古系,1974年。
378. ——《四川钱树和长江中下游部分器物上的佛像——中国南方发现的早期佛像札记》,原载《文物》2004年第10期,页61—71;后收入氏著《魏晋南北朝唐宋考古文稿辑丛》,北京:文物出版社,2011年,页211—223。
379. 孙海彦《两汉至南北朝时期金属首饰研究》,吉林大学硕士学位论文,2013年。
380. 唐长孺《三至六世纪江南大土地所有制的发展》,上海:上海人民出版社,1957年。
381. ——《孙吴建国及汉末江南的宗部与山越》,载氏著《魏晋南北朝史论丛》,北京:商务印书馆,2010年,页1—26。
382. ——《读〈抱朴子〉推论南北学风的异同》,载氏著《魏晋南北朝史论丛》,北京:商务印书馆,2010年,页345—376。
383. ——《读陶渊明赠长沙公诗序论江南风俗》,载氏著《山居存稿续编》,北京:中华书局,2011年,页110—111。
384. 田波《汉代出土滑石器研究》,江苏师范大学硕士学位论文,2013年。
385. 田余庆《孙吴建国的道路——论孙吴政权的江东化》,原载《历史研究》1992年第1期,页70—89;后收入氏著《秦汉魏晋史探微》,北京:中华书局,2004年,页262—295。
386. ——《暨艳案及相关问题——再论孙吴政权的江东化》,原载《中国文化》第4期,页75—86;后收入氏著《秦汉魏晋史探微》,北京:中华书局,2004年,页296—327。
387. 童岭《三国东吴的视角及其东亚影响》,《南大人文社科》2018年第2期,页61—63。
388. 仝涛《长江下游地区汉晋五联罐和魂瓶的考古学综合研究》,四川大学博士学位论文,2006年。

389. 万绳楠整理《陈寅恪魏晋南北朝史讲演录》，合肥：黄山书社，1987年。
390. 王安泰《"恢复"与"继承"：孙吴的天命正统与天下秩序》，《厦门大学学报》2016年第5期，页1—7。
391. 王锋钧《铜镜出土状态研究》，《中原文物》2013年第6期，页22—30。
392. 王结华《宁波地区两晋墓葬发掘与研究》，《东南文化》2006年第4期，页28—33。
393. 王培新《乐浪文化——以墓葬为中心的考古学研究》，北京：科学出版社，2007年。
394. 王永平《孙吴政治与文化史论》，上海：上海古籍出版社，2005年。
395. 王志高、马涛、龚巨平《南京上坊孙吴大墓墓主身份的蠡测——兼论孙吴时期的宗室墓》，《东南文化》2009年第3期，页41—50。
396. 王志高、董庐《六朝买地券综述》，《东南文化》1996年第2期，页49—54。
397. 王志高、王俊《马鞍山朱然家族墓时代及墓主身份的分析》，《东南文化》2008年第5期，页20—28。
398. 魏斌《孙吴年号与符瑞问题》，《汉学研究》2008年第1期，页31—55。
399. 韦正《简论西晋时期的南北士族墓葬》，《东南文化》1994年第4期，页59—73。
400. ——《东汉、六朝的朝服葬》，《文物》2002年第3期，页72—78。
401. ——《马鞍山六朝墓葬片论》，载王俊主编《马鞍山六朝墓葬发掘与研究》，北京：科学出版社，2008年，页183—195。
402. ——《江西六朝墓葬综述》，《南方文物》2009年第4期，页114—123。
403. ——《六朝墓葬的考古学研究》，北京：北京大学出版社，2011年。
404. ——《六朝早期俑的地域特征和相关问题》，《南方民族考古》第七辑，北京：科学出版社，2011年，页255—278。
405. ——《金珰与步摇——汉晋命妇冠饰试探》，《文物》2013年第5期，页60—69。
406. ——《北朝晚期墓葬壁画布局的形成》，《艺术史研究》第16辑，广州：中山大学出版社，2014年，页145—188。
407. ——《从"归纳"到"解释"：汉唐考古研究的趋势》，《东南文化》2016年第4期，页6—10。
408. 魏正瑾、易家胜《南京出土六朝青瓷分期探讨》，《考古》1983年第4期，页347—353。
409. 吴桂兵《两晋墓葬文化因素研究》，南京：南京大学出版社，2017年。
410. 吴桂兵《孙吴墓葬制度述考》，载《建康问学》编委会《建康问学：麦舟和他的弟子们》，南京：凤凰出版社，2022年，页107—154。
411. 武翔《江苏六朝画像砖研究》，《东南文化》1997年第1期，页72—96。
412. 吴礽骧《酒泉丁家闸五号墓壁画内容考释》，《敦煌学辑刊》1983年第00期，页106—116。
413. 吴小平《六朝青铜容器的考古学研究》，《考古学报》2009年第2期，页185—216。
414. 夏湘蓉、李仲均、王根元《中国古代矿业开发史》，北京：地质出版社，1980年。
415. 〔日〕小南一郎《汉代の祖灵观念》，《东方学报》(京都)66，1994年3月，页1—62。
416. 谢明良《六朝陶瓷论集》，北京：生活·读书·新知三联书店，2019年。
417. 熊寿昌《论鄂城东吴孙将军墓与鄂钢饮料厂一号墓之墓主人身份及其相互关系》，《东南文化》2000年第9期，页34—40。
418. 徐伯鸿《江浦出土西晋佛像贴塑青瓷盘口壶》，《东南文化》1992年第Z1期，页157—158。
419. 徐斐宏《北朝晚期至唐初墓葬的演变》，北京大学博士学位论文，2018年。

420. 徐劲松、李桃元《武汉黄陂滠口古墓与孙吴宗室墓葬》,《长江文化论丛》第一辑,北京:中国文史出版社,2002年,页218—229。
421. 徐苹芳《唐宋墓葬中的"明器神煞"与"墓仪"制度——读〈大汉原陵秘葬经〉札记》,《考古》1963年第2期,页87—106。
422. 徐永利《试论中国古代四隅券进式墓葬穹窿的分布与源流》,《兰州理工大学学报》第37卷,2011年9月,页82—90。
423. 杨德炳《刘弘与应詹——围绕刘弘为何葬在湖南安乡问题》,《魏晋南北朝隋唐史资料》第16辑,武汉:武汉大学出版社,1998年,页14—21。
424. 杨泓《谈中国汉唐之间葬俗的演变》,原载《文物》1999年第10期,页60—68;后收入氏著《汉唐美术考古和佛教艺术》,北京:科学出版社,2000年,页1—10。
425. ——,《三国考古新发现——读朱然墓简报札记》,原载《文物》1986年第3期,页16—24;后收入氏著《汉唐美术考古和佛教艺术》,2000年,页37—50。
426. ——,《跋鄂州孙吴墓出土陶佛像》,原载《考古》1996年第11期,页28—30;后收入上揭《汉唐美术考古和佛教艺术》,页291—295。
427. 杨树达《汉代婚丧礼俗考》,上海:上海古籍出版社,2009年。
428. 杨文衡《中国古代对滑石的认识和利用》,《自然科学史研究》第13卷(1994年第2期),页185—192。
429. 杨哲峰《汉墓结构和随葬釉陶器的类型及其变迁》,北京大学博士学位论文,2005年。
430. 姚义斌《六朝画像砖研究》,南京艺术学院博士学位论文,2004年。
431. 余静《中国南方地区两汉墓葬研究》,吉林大学博士学位论文,2009年。
432. 俞伟超《汉代诸侯王与列侯墓葬的形制分析——兼论"周制"、"汉制"与"晋制"的三阶段性》,载氏著《先秦两汉考古学论集》,北京:文物出版社,1985年,页117—124。
433. 张鸿亮《洛阳地区汉晋墓研究》,郑州大学博士学位论文,2017年。
434. 张科《论瑞昌马头"西晋"墓的年代与归属——兼谈孙吴时期的不归葬》,《东南文化》2021年第6期,页77—87。
435. 张拯亢《绍兴出土古物调查记》,《文澜学报》1937年第2期,页1—20。
436. 赵超《式、穹窿顶墓室与覆斗形墓志——兼谈古代墓葬中"象天地"思想》,《文物》1999年第5期,页72—82。
437. 赵娜《孙吴宗室墓葬的考古学研究》,山东大学硕士学位论文,2020年。
438. 赵胤宰《长江中下游汉六朝砖墓的建筑结构与技术研究》,北京大学博士学位论文,2007年。
439. 郑睿瑜《浙江地区六朝墓葬的考古学研究》,西北大学硕士学位论文,2017年。
440. 中国大百科全书总编辑委员会《考古学》编辑委员会、中国大百科全书出版社编辑部编《中国大百科全书·考古学》,北京:中国大百科全书出版社,1986年。
441. 中国公路交通史编审委员会《中国古代道路交通史》,北京:人民交通出版社,1994年。
442. 中国硅酸盐学会主编《中国陶瓷史》,北京:文物出版社,1982年。
443. 朱浒《六朝胡俑的图像学研究》,《中国美术研究》2015年第1期,页56—69。
444. 邹厚本主编《江苏考古五十年》,南京:南出版社,2000年。

插图索引

图一　长江下游吴晋墓葬分布示意图……7
图二　长江中游吴晋墓葬分布示意图……10
图三　长江中下游吴晋墓葬形制类型示意图……拉页
图四　曹魏大中型墓葬典型形制……53
图五　南京郭家山M7平面图……55
图六　马鞍山宋山大墓与鄂钢饮料厂M1墓葬形制对比图……56
图七　邗江甘泉老虎墩汉墓形制……58
图八　吴县狮子山家族墓群墓葬形制图……59
图九　汉末魏晋腰鼓形墓室拾例……61
图十　西晋弧壁墓室拾例……63
图十一　长江中下游吴晋祔葬墓拾例……66
图十二　南京地区第一组典型陶瓷器……74
图十三　南京地区第二组典型陶瓷器……75
图十四　南京地区第三组典型陶瓷器……77
图十五　南京地区第四组典型陶瓷器……78
图十六　皖南地区第一组典型陶瓷器……81
图十七　皖南地区第二组典型陶瓷器……82
图十八　皖南地区第三组典型陶瓷器……83
图十九　苏南浙北地区第一组典型陶瓷器……86
图二十　苏南浙北地区第二组典型陶瓷器……87
图二一　浙南地区第一组典型陶瓷器……90
图二二　浙南地区第二组典型陶瓷器……91
图二三　浙南地区第三组典型陶瓷器……91
图二四　鄂州地区第一组典型陶瓷器……94
图二五　鄂州地区第二组典型陶瓷器……96
图二六　鄂州地区第三组典型陶瓷器……97

图二七	鄂州地区第四组典型陶瓷器	99
图二八	江西地区第一组典型陶瓷器	102
图二九	江西地区第二组典型陶瓷器	103
图三十	湖南地区第一组典型陶瓷器	106
图三一	湖南地区第二组典型陶瓷器	107
图三二	吴晋时期长江中下游镇墓俑区系谱系图	拉页
图三三	相关镇墓俑形象拾例	111
图三四	江宁上坊M1的瓷模型和俑	119
图三五	吴晋时期长江中下游典型铜镜拾例	123
图三六	吴晋时期长江中下游典型铜器拾例	125
图三七	吴晋时期长江中下游典型漆器拾例	126
图三八	吴晋时期长江中下游典型金银器拾例	126
图三九	吴晋时期长江中下游典型石（玉）器拾例	129
图四十	南京地区吴晋墓室空间布局拾例（之一）	136
图四一	南京地区吴晋墓室空间布局拾例（之二）	138
图四二	南京地区吴晋墓室空间布局拾例（之三）	141
图四三	南京地区吴晋墓室空间布局拾例（之四）	142
图四四	皖南地区吴晋墓室空间布局拾例	145
图四五	苏南浙北地区吴晋墓室空间布局拾例	147
图四六	浙南地区吴晋墓室空间布局拾例	151
图四七	鄂州地区吴晋墓室空间布局拾例（之一）	154
图四八	鄂州地区吴晋墓室空间布局拾例（之二）	157
图四九	鄂州地区吴晋墓室空间布局拾例（之三）	159
图五十	江西地区吴晋墓室空间布局拾例	161
图五一	江西地区吴晋墓双耳杯与托盘组合拾例	162
图五二	湖南地区吴晋墓室空间布局与祭器组合拾例	164
图五三	东汉墓内砖台布局拾例	166
图五四	当涂"天子坟"吴墓中的车马具构件	172
图五五	江宁上坊M1的石质墓内设施	176
图五六	马鞍山采石M1帷帐位置	177
图五七	中原北方大型西晋墓形制结构拾例	191
图五八	宜兴周墓墩M1出土陶祭器组合	192
图五九	湖南常德东汉墓	207

表格索引

表一	长江下游吴晋纪年墓形制表	36
表二	长江中游吴晋纪年墓形制表	49
表三	南京地区吴晋年代可考墓葬陶瓷器物组合表	拉页
表四	皖南地区吴晋年代可考墓葬陶瓷器物组合表	拉页
表五	苏南浙北地区吴晋年代可考墓葬陶瓷器物组合表	拉页
表六	浙南地区吴晋年代可考墓葬陶瓷器物组合表	拉页
表七	鄂州地区吴晋年代可考及典型墓葬陶瓷器物组合表	拉页
表八	江西地区吴晋年代可考及典型墓葬陶瓷器物组合表	拉页
表九	湖南地区吴晋年代可考及典型墓葬陶瓷器物组合表	拉页
表十	孙吴宗室成员与吴帝墓葬信息	拉页
表十一	孙吴贵族与官吏墓葬信息	拉页
表十二	孙吴平民墓葬信息	拉页
表十三	孙吴时期长江中下游不同社会阶层成员墓葬情况表	179
表十四	曹魏宗室墓葬信息	184
表十五	西晋大族墓葬信息	拉页
表十六	西晋官吏墓葬信息	拉页
表十七	西晋平民墓葬信息	拉页
表十八	西晋时期长江中下游不同社会阶层成员墓葬情况表	190

后　记

当空气开始变得黏稠，同时干燥的热风与暴晒的烈日也毫不退让地宣示着自己的主权时，便是华北充满了不协调的夏天诡笑着登场了。在这浑浊却依旧耀眼的日光下，我迈入考古这个行当已经过去了16个年头。回想起2008年6月底高考放榜之时，那个因为分数压线而把北大考古文博学院放在了第一志愿的孩子，她那时完全没有想过会将自己的未来都交付于这一专业。抱着走一步看一步的心态，却又好似冥冥中注定一般成为一名考古学"青椒"，命运安排的奇妙之处，或许就在于此。虽然早已过了可以将心情起伏轻易付诸笔尖的年纪，但回首过往，仍不免有所感慨。姑且化作寥寥数语，记录于下。

本书是在博士论文《长江中下游孙吴、西晋墓葬中的文化与礼俗》的基础上完成的。在确定博士论文选题之前，我的关注点一直在北方，硕士论文和博士期间发表的文章探讨的都是北朝墓葬的相关问题。2017年暑假在洛阳龙门香山寺遗址的发掘工地，和导师韦正老师聊起了博士论文选题方向。韦老师提到孙吴墓葬应当还有不少可再深挖的研究空间，而彼时我恰好因为一篇约稿而对孙吴墓葬材料做了初步搜集，也确实发现了一些感兴趣的点（当时主要被吐长舌镇墓俑吸引了），遂在15分钟内就决定要把博士论文的研究对象锁定为孙吴墓葬。然而，之后写作的推进速度与选题方向的决定速度严重不成正比。形成阻碍的难题主要有二。一是孙吴墓葬中有不少重要材料归属信息并不明确，能发现纪年文字砖、地券等可供判定大致准确年代的遗物已属难得，若能明确墓主身份，则可算得上奢侈了；而我先前接触较多的北朝墓葬大多随葬墓志，墓主名讳、家世、下葬年代等信息全都清晰呈现在眼前。材料在承载历史信息方面的不足，为进行关涉社会、文化层面的探讨增加了不确定性，也使得我必须打破既有的写作思维与路数，理出新的论述逻辑。二是可供研究参考的文献记载较为有限。一方面，对南方地区的丧葬情况，正史记录语焉不详；另一方面，在对某些文化现象进行解释时，需要从人口迁徙、区域中心转移等细微史实入手，而这些在传统史料中往往记述简略。虽然我在写作过程中有努力探索克服上述困难的路径，但结果仍不尽如人意，利用墓葬材料所做的复原当时社会的探讨尚存在不少推测猜想的成分。但我还是想把这些或许不成熟的思考呈现出来，一者请方家批评指正，为自己后续的研究收集宝贵意见和建议；二者希望能为学界同仁的相关研究提供一点小小的启发,若果真如此,则善莫大焉。同时,我也期待着未来会涌现出更多相关的重要发现,能够验证或支撑我修正既有推测。近年来,南昌七星堆墓群、苏州虎丘路新村墓群、南京丁奉墓等大墓陆续问世,考古事业的蓬勃发展让我对这份期待充满信心。

在考古专业的求学中,在人生中第一本专著的写作中,有太多师友给予了我前进的动力。这里首先要感谢我的导师韦正老师。从大一下学期老师教授"中国古代史(下)"开始,当时课程的期末论文,之后的学士、硕士、博士学位论文,无不是在老师的指导下完成的。老师的谆谆教诲,陪伴我完成学业,走上了今天的工作岗位。工作之后,每每有新写就的文章,还是习惯先请老师把关,才感安心;而老师每次都是认真审阅,给出的建议常常一语中的,点醒梦中人。有此良师,实可谓人生之幸运。

感谢本科实习带队的张弛、秦岭、张海诸师。在河南邓州八里岗新石器时代遗址的四个月间,是诸位老师带我走进了真正的考古学。感谢硕博学习期间教授专业课程的赵化成、齐东方、杨哲峰、倪润安、陈凌诸师,训练了我写作考古学论文的专业基本功。如今赵化成老师已仙逝,在此也遥寄对老师的深切缅怀之情。

感谢从百忙中抽空前来参加博士论文开题、预答辩、答辩的高崇文、杨哲峰、魏正中、陈凌、陈侃理、刘毅、肖小勇、李梅田、黄义军诸师。老师们在论文写作各个阶段提出的宝贵意见和建议,既是当年论文能够顺利完成的学术保障,也为后来论文继续修改增补形成今日之书稿指引了方向。

感谢南开大学历史学院诸位前辈老师们对我的关照和提携,也感谢学院领导们为教师创造了良好的工作环境和氛围。这些帮助让我得以较迅速、顺利地完成从学生到教师的角色转换,同时稳步推进着自己的科研计划。

感谢上海古籍出版社的缪丹师姐,为此书的出版忙前忙后,付出了诸多辛劳。感谢伯父、石家庄日报社老报人王继山先生为本书封面题签。

感谢同门的方笑天、王倩、徐斐宏、谢绮、乔苏婷、刘绎一以及畅四四层的小伙伴杨菁、刘天歌、刘婷、刘亦方。过去我们每天高嚷着"啥都没有只有爱",让温暖的集体生活成为焦虑的博士学习过程中的一缕慰藉;现在大家散在天南海北,于不同的岗位上发光发热,但依然不断隔空相互扶持,共同进步。

想来,16年浸淫于考古专业,教会我最多的是"务实"。我已不再是当年那个想报考中文系的孩子,不再热衷于堆砌辞藻和虚构不切实际的情感与情节,而更愿意去探寻历史真相,去追索先人最直接、最实际的意图与规划。不过,务实并未让我丢失生活的乐趣,我庆幸自己还有音乐和美食:电音、鼓点和热血歌词可以为我一天的搬砖打上一针鸡血,好吃的食物则是一天搬砖结束后犒赏自己的最好调剂。

就到此为止吧。感慨的话说多了就是矫情,唯愿将各种情分烙印于心。

是为记。

Abstract

This book chooses the Sun-Wu and Western Jin tombs in the middle and lower reaches of the Yangtze River as the research object, regards them as a continuous changing entity, and tries to grasp the origin and development of the tomb culture under specific historical background of the Sun-Wu kingdom and the Western Jin dynasty combining with historical documents as well as former archaeological and relevant historical research achievements. This is for the purpose to concretely and microcosmically interpret the characteristics and changes of political and social culture at that time based on information borne in tombs, and to further position the archaeological culture of the Sun-Wu kingdom and the Western Jin dynasty in South China into the development history of Chinese archaeological culture.

In order to dig out information of burial customs, political culture and social features hidden behind the archaeological remains, the book inspects tomb materials at the region unit mainly from three aspects which are tomb forms and structures, types and combinations of burial objects, and spatial layouts inside the tombs. In terms of tomb forms and structures, through typological analysis, it is considered that square tomb chambers constituted the mainstream tomb form in the middle and lower reaches of the Yangtze River during that period, while the spatial and temporal distribution of arc-walled chambers and *fuzang* (affiliated-buried) tombs reflected the growth of new local characteristics and the continuation of old cultural traditions. In terms of burial objects, through detailed distinction of the texture and origin of the ceramics in the same type, it is concluded that there was a common process in which pottery/low-temperature glazed pottery was replaced by porcelain in the middle and lower reaches of the Yangtze River during that period. Then, by comparing the sequence of porcelain-replacement in different regions and the origin of porcelain, analysis of the cultural elements borne in the ceramics as well as the explanation of the communication and interaction among different regions was conducted. In addition to the overall study, a small monographic discussion on the tomb-guarding figurines is made which summarizes the images of the tomb-guarding figurines seen at that time and teases out their cultural sources, so as to more concretely manifest the burial customs in different regions of the middle and lower reaches of the Yangtze River during that period. In terms of the spatial layouts inside the tombs, a summarization of the types of spatial layouts in different regions is made first. Then, centering on brick platforms which were popular at that time and of local characteristics, this book teases out the development route as well as the evolution of the function and nature of the brick platforms, and observes related local social tradition issues.

After the basic research is the comprehensive investigation of the tombs which is connected with the political and social background of that period, trying to propose deeper interpretations of the tomb materials mainly from two angles. The first angle aims to extract specification information from the tombs, outline the specification structure of the Sun-Wu tombs and its changes in the Western Jin dynasty, and then discuss control and intervention measures of the regimes on tombs. The analysis shows that control of the tombs by the Sun-Wu regime was mainly confined to the imperial tombs, and there was no complete and strict administration mechanism for the tombs of nobles, officials and civilians. In late Sun-Wu kingdom period, the administration became laxer and the disparity in the size of tombs further increased. When it came into the Western Jin dynasty, as the local magnates became the dual owners of social status and economic strength in South China, they almost monopolized all the high-standard burial elements, making it more difficult to distinguish ordinary official tombs from civilian tombs in terms of specifications. The second angle tries to restore the burial culture construction process of the Sun-Wu kingdom as well as the burial culture and social development in South China under the control of the Western Jin regime by analyzing cultural traditions and innovative factors in the tombs along with the continuation and changes of the tomb appearance. The analysis shows that the burial measures of the Sun-Wu kingdom were mainly carried out around its capital Jianye (today's Nanjing), and can be divided into two stages. The center of the first stage was Ma'anshan which was located a little further, while the center of the second stage was the environs of Nanjing, where a new tomb appearance that gradually popularized in the middle and lower reaches of the Yangtze River after entering the Western Jin dynasty was finally created. Meantime, ancient Wuchang city (today's E'zhou), relying on its location advantage as the accompanying capital, showed a distinctive tomb appearance, thus creating a fragmented situation of the burial culture in the middle and lower reaches of the Yangtze River. By the Western Jin dynasty, as great changes occurred in the political location of the middle and lower reaches of the Yangtze River, the powerful Jiangdong magnates began to conduct independent burial plans in family cemeteries in southern Jiangsu and northern Zhejiang region; southern Zhejiang region showed the state of the south Han culture continuing to develop along its own road to a greater extent by inheriting the Han tradition, relying on local characteristics and advantages of manufacturing industry and being influenced by local religious beliefs; and the cultural vitality of Jiangxi and Hunan regions was much more enhanced than in the Sun-Wu kingdom period, showing more local features and starting to influence the surrounding regions. Thus, the middle and lower reaches of the Yangtze River in the Western Jin dynasty formed a more complex and diverse burial cultural situation than in the Sun-Wu kingdom period.

Keywords: The Sun-Wu kingdom; the Western Jin dynasty; the lower reaches of the Yangtze River; the middle reaches of the Yangtze River; tombs; society

魏晋南北朝考古

❖ **光宅中原**
拓跋至北魏的墓葬文化与社会演进
倪润安 著

❖ **将毋同**
魏晋南北朝图像与历史
韦 正 著

❖ **葬之以礼**
魏晋南北朝丧葬礼俗与文化变迁
李梅田 著

❖ **纹样与图像**
中国南北朝时期的石窟艺术
［日］八木春生 著 姚 瑶 等译

❖ **回望桑干**
北朝、辽金考古研究
王银田 著

❖ **承运东南**
长江中下游的吴晋墓葬与社会
王 音 著

上海古籍出版社

图书在版编目（CIP）数据

承运东南：长江中下游的吴晋墓葬与社会 / 王音著.
上海：上海古籍出版社，2024.8.
——ISBN 978-7-5732-1227-6
Ⅰ.K878.84
中国国家版本馆CIP数据核字第2024581T73号

承运东南

长江中下游的吴晋墓葬与社会

王　音　著

上海古籍出版社出版发行

（上海市闵行区号景路159弄1-5号A座5F　邮政编码201101）

（1）网址：www.guji.com.cn
（2）E-mail: guji1 @ guji.com.cn
（3）易文网网址：www.ewen.co

上海丽佳制版印刷有限公司印刷

开本 787×1092　1/16　印张 15.5　插页 13　字数 302,000
2024 年 8 月第 1 版　2024 年 8 月第 1 次印刷
ISBN 978-7-5732-1227-6
K·3641　定价：118.00 元

如有质量问题，请与承印公司联系